I0876790

CORPVS SCRIPTORVM ECCLESIASTICORVM LATINORVM

EDITVM CONSILIO ET IMPENSIS
ACADEMIAE SCIENTIARVM AVSTRIACAE

VOL. LXVI

HEGESIPPI QVI DICITVR HISTORIAE LIBRI V

EDIDIT

VINCENTIVS VSSANI

VINDOBONAE
HOELDER-PICHLER-TEMPSKY
MCMLX

HEGESIPPI QVI DICITVR HISTORIAE LIBRI V

EDIDIT

VINCENTIVS VSSANI

PARS POSTERIOR:

PRAEFATIONEM CAROLI MRAS
ET
INDICES VINCENTII VSSANI
CONTINENS

VINDOBONAE
HOELDER-PICHLER-TEMPSKY
MCMLX

OMNIA IVRA RESERVATA

© HÖLDER-PICHLER-TEMPSKY KG., WIEN 1960

VINDOBONAE
Ex universitatis Vindobonensis officina typographica
Adolphi Holzhausen Successorum

INDEX GENERALIS

Abbreviationes ad Praefationem VI

PRAEFATIO Caroli Mras VII
De libris manuscriptis VIII
De titulo huius operis XXIII
De Ambrosio tamquam translatore XXV
De auctoris aetate XXXI
De Isaac ex Iudaeo XXXIII
De mente huius scriptoris anonymi XXXIII
De Iosepho Slauo XXXVII
De Iosippi opere:
A. De prologo XLII
B_1. De historiae narratione XLII
B_2. De duorum librorum (II et V) exitu XLIII
B_3. De partibus AI huic historiae insertis...... XLIV
C. De orationibus XLV
De editionibus XLVIII

I. INDEX LOCORVM V. Vssani 425

II. INDEX NOMINVM ET RERVM V. Vssani 433

III. INDEX GRAMMATICVS, quem V. Vssani confecit et C. Mras examinauit, auxit, emendauit 495

Corrigenda in uoluminis LXVII parte priore 628

Abbreviationes ad Praefationem

AI = Iosephi Antiquitates Iudaicae, libri XX (Ἱστορίαι τῆς Ἰουδαϊκῆς ἀρχαιολογίας, βίβλοι εἴκοσι).
AlL = Archiv für lateinische Lexikographie.
BI = Iosephi De bello Iudaico, libri VII (Ἱστορία Ἰουδαϊκοῦ πολέμου, βίβλοι ἑπτά).
CSEL = Corpus scriptorum ecclesiasticorum Latinorum.
ThlL = Thesaurus linguae Latinae.
TU = Texte und Untersuchungen zur Geschichte der altchristlichen Literatur.
∼ = similia sunt.

PRAEFATIO CAROLI MRAS

Lectori beneuolo salutem!

Editore mortuo — Vincentius Vssani, professor et senator regni Italici decessit anno MCMLII° postridie Kal. Febr. — editoris sumere personam opus est arduum magisque homini octogenario qualis ego sum. Eius editionis modus edendi et apparatus criticus ab omnibus recensoribus ualde laudati erant: u. e. g. has ephemeridas: Gnomonis uol. VIII (1932), p. 665—667 (Stählin), PhW. 52 (1932), 1423—1425 (Manitius), ThLZ 61 (1936), p. 10 (Seesemann), Analect. Bolland. t. L (1932), p. 375 (Delehaye), ita tamen ut praefationem magnopere desiderarent. Hanc praefationem cur non ediderit — dubium an adumbrauerit — doctricem Ludmillam Krestan, actuariam indefatigabilem Academiae nostrae non docuit cum ipsa ipsum a° MCML conueniret; uix elicuit Indicem grammaticum. Praeparasse autem uidetur praefationem, quoniam quaedam ad eam congessit, ut ipse in editione uerbis *de scripturis uocabuli* (uel *de scriptura uocis*) *u. Praef.* testatus est: p. 3, l. 4 (*Macchabaei, Caesar, Iosephus*), p. 5, l. 25 (*Iohannes*), p. 7, 7 (*Hierosolyma* et *Hierosolymitanus*), p. 11, 19 (*Caesar*), p. 16, 14 et 29, 14 (*Iope*), p. 34, 11 (*Herodes*), p. 195, 16 (*Iordanes*). Qua de causa actuaria nostra ex nepti eius et (ut uidetur) unica herede quaesiuit, num quid ab eo relictum esset praefationis. Tulit responsum negatiuum. Nec plus profeci epistula mea. Sic XXV annis postquam haec editio prodierat, ego ab Academia nostra iussus munus suscepi praefationis conscribendae. Sed quid facerem? Vt ipse libros manuscriptos adirem, uix posceres. Consului igitur catalogos (preater codices M et T, quos ipse perscrutatus sum). Sed eheu! Ita uix sufficiebant, imprimis tacebant de manibus correctricibus, etiam E. A. Lowe (*Codices antiquiores, pars III*). Itaque multas imagines luce depingendas curaui et multa quaesiui ex praefectis earum bibliothecarum in quibus codices quibus usus est Vssani, asseruantur.

Quibus cum gratias ago maximas, immo ingentes et beneuolentiae et patientiae, haud ignoro me minus facere quam debeo. Quam multa quaesierim, ex eo metiaris quod uicarius praefecti bibliothecae Ambrosianae e quiete caelesti augustae bibliothecae illius quaestionibus meis excitatus et consternatus cum abnueret exclamauit „Ci uorrebbe un libro!" et Lowe mihi indicauit, cuius in opere iamdudum mihi noto nihil noram legi de manibus correctricibus.

De libris manuscriptis

Iam enumerabo codices quibus editor usus est.

Codex Mediolanensis (bibliothecae Ambrosianae C 105 in f., M^{I} et M^{II}, M et M^{2} Vssani) continet CCXIX folia, quorum LXXVI M^{I} (pars uetustior), CXLIII M^{II}. Pars recentior cum partem codicis comprehendat maiorem eiusque librarius totum constituerit codicem, de ea prius agam. Totum codicem a patribus S. Benedicti Bobiensibus Cardinali Federico Borromeo, cum bibliothecam conderet Ambrosianam anno 1606° oblatum esse „munere uicissim ab ipso donatis" in folio recenti legitur. In cooperculo ligneo, sed corio inducto, pagina interna legas „restaurato nella Badia di Grotta ferrata (dicembre 1953)". De hoc codice egerunt E. A. Lowe (*Codices Latini antiquiores, pars III*, Oxonii 1938) p. [16] et Paulus Collura (in *Fontibus Ambrosianis*: La precarolina e la carolina a Bobbio, Milano 1943) p. 54s. Ipse cum Mediolani hunc codicem perscrutarer, quae hi auctores aut omiserant aut minus diligenter indicauerant, addidi. Sed ut iam dixi, prius de M^{II}. Haec pars initio mutilo incipit a uocibus *sed cum* (edit. p. 23, 30 = I 15, 2) et primum deficit uoce *immolabatur* (ed. p. 280, 4 = IV 25, 3), f. 135; quae in textu sequuntur, exciderunt usque ad p. 289, 27 Vss. (IV 30, 2) *exer*(citu) f. 136^{r}. Membrana est uilis, aspera, male confecta, scriptura minuscula praecarolina, orta ex cursiua, foeda ac lectu difficillima. Paginae — 295 mm × 240 mm ⟨230 × 200⟩ — columnis non diuiduntur; numerus linearum uariat (inuenias XXIII lineas et plures). Abbreuiationibus librarius utitur multis, etiam minus uulgaribus. Hic librarius M^{I} et M^{II} coniunxit. Id quando sit factum, carmen a Stephano quodam magistro confectum docet f. CXXI De synodo Ticinensi quam rex Cunibertus anno DCIIC conuocauerat. Id carmen post librum Iosippi tertium exaratum est in spatio paginae integrae et tertiae eius partis ($1^{1}/_{3}$). Fr. Steffens (*Lateinische Palaeographie* 1929^{2}) in tabula 27d parte eius carminis phototypice depicta eandem ait manum eius esse qui id exarauerit carmen, atque eius qui M^{II} scripserit, quam opinionem ueram esse ipse uidi hac imagine cum foliis luce depictis meis M^{II} comparatis. Scriptura autem M^{II} eandem respicit aetatem, *i. e.* finem saeculi septimi. Quid igitur concludas? Stephanum magistrum non solum id composuisse carmen, sed totum M^{II} exarasse; libro tertio absoluto postquam regem Cunibertum acceperit ut synodus illa conuocaretur praecepisse, carmen in laudem composuisse illius regis compositumque libro Iosippi tertio adiunxisse. Qui quam male litteris fuerit imbutus ex his uersibus (apud Steffens l. l.) intellegas: *synodum quinta qui totus concordat cum IIII . . . aduocari praecipit rex Cunincperctus urbi ubi resedet.* Stephanus igitur circa illum annum totum constituit codicem. Quid ergo? Num malum atramentum paginas partis M^{I} corrosit (id quod in codice quodam Graeco repperi: cf. K. Mras, *Eusebius, Werke* 8. Bd., Berolini 1954, p. XXXVI). Id si fuisset, uestigia uideres ut in illo codice sic in paginis partis M^{I} quae adhuc extant.

Stephanus foliis solutis antiqui codicis (quorum pleraque perierant) potitus ea quae perierant, suppleuit parte M^{II}. Longitudinem linearum archetypi codicis M^{II} inde metiaris, quod una uidetur pertinuisse ab *optulerat* usque ad *Iosepho* (II 12, 1 = ed. p. 163, 22s.). Ita se excipiunt hae partes: f. 136^{r} M^{I} incipit *-citu Vitelli* (ed. p. 289, 27 = IV 30, 2); f. 137^{r} M^{II} *obruebat* (ed. p. 291, 5 = IV 32); f. 139^{v} M^{II} desinit *fugauit* (ed. p. 298, 10 = V 2, 1; pars tertia fere folii uacat); f. 140^{r} M^{I} *demetrium* (ed. p. 298, 10 = V 2, 1); f. 149^{v} M^{I} desinit *cui(us)* (ed. p. 310, 8 = V 9, 2); f. 150^{r} M^{II} *(cui)us* (desinit f. uerso, cuius pars parua uacat); M^{I} f. 151^{r} *ex partibus* (ed. p. 312, 25 = V 10, 3); desinit f. 153^{v} (*tamen* ed. p. 316, 17 = V 13, 2); f. 154^r *propius* M^{II}; desinit f. 157^v *sitis* (ed. p. 326, 14 = V 16, 1; pars exigua huius folii uacat); M^I f. 158^r *uexare* (perperam Vssani; ed. p. 326, 14 = V 16, 1); M^I codicis fine quoque mutilo deficit in uoce *excitatus* f. 219 (ed. p. 401, 19 = V 46, 2).

Codice compacto librarius partis M^{II} quaternionum (quaterniones enim sunt plerique) foliis ultimis uersis in marginibus inferioribus numeros adscripsit numeris M^I seruatis. Ipse legi hos numeros: f. 2^v II in rectangulo arte satis rudi delineato (unde apparet in codicis initio folia XIV saltem perisse), f. 10^v III in simili rectangulo; f. 17^v IV; f. 25^v V; f. 33^v VI; f. 41^v VII; f. 49^v VIII, f. 57^v VIIII, f. 65^v X (etiam f. 58^r), f. 73^v XI, f. 81^v XII, f. 89^v XIII, f. 97^v XIV, f. 105^v XV, f. 106^r et f. 113^v XVI, f. 121^v XVII, f. 129^v XVIII, f. 135^v XVIIII, f. 153^v XXXIII, f. 165^v XXXIV (numerus quasi euanuit), f. 173^v XXXVI, f. 181^v XXXVII, f. 189^v XXXVIII, f. 197^v XXXVIIII, f. 205^v XL, f. 213^v XLI (ultimus est numerus).

Folia primum et nonum sunt rescripta, quorum scriptura inferiore (est autem cursiua saeculi sexti) carmen de VII fratribus Machabeis et Recepta medica exarantur (Lowe, tab. 324).

Iam de M^I: membrana eius optima est et talis qualis antiquis fuit temporibus; nam hic codex saeculo quinto uel sexto exaratus erat. Scriptura semiuncialis et elegans, lectu facilis, originem ducens a scriptorio quodam Italiae septemtrionalis. M^I et M^{II} si comparaueris, quantum intersit inter humanitatem et barbariem, facile perspicias. Paginae — 295 mm × 245 mm ⟨210 × 180⟩ — binis diiuduntur columnis uicenarum quinarum linearum. Atramento librarius usus est eius coloris qui Italice bruno uocatur, abbreuiationibus paucis.

De manibus correctricibus ab editore ita dissentio, ut hunc codicem statuam ab una tantummodo manu esse correctum, ut quam dicit manum secundam, modo ipsius sit librarii M^{II}, modo ea quam dicit secundam, modo ea quam dicit tertiam, uelut ed. p. 32, 1 = I 20 (ubi Vssani errat):

submiscere in contextu est exaratum a librario, *sūmis* ante hanc uocem superscripsit m. 2 ex alio codice (Vssani perperam: *submiscere s. l. m. 3*); p. 52, 15s. = I 30, 1 *et Atratino adstruentibus*: m. 1 M^{II} (non m. 2 Vss.); p. 105, 21 = I 43, 2 *exclamauit*: m. 1 (non m. 2 Vss.); p. 106, 18 = I 43, 3 *cum saeva regni*: m. 1 (non m. 2 Vss.); p. 153, 12s. = II 9, 1 *pascere quam aliorum opibus nixa aduersum*: suppl. in margine inferiore (f. 80^{r}) m. 1 (non m. 2 Vss.); p. 293, 20 = V 1, 3 *missilibus — Iohannes*: m. 1 (non m. 3 Vss.); p. 306, 13s. = V 6, 1 (Vss. non prorsus distincte): *alii pacem* m. 1 in contextu, *alii bellum optarent* suppl. m. 2 (f. 146^{v}); p. 315, 23 = V 12, 2

(f. 153^{r}): $\mathit{c\bar{u}}\left|\frac{\mathit{inferiore}\ \text{m. 2}}{\mathit{superiore}^{m}\ \mathit{m}\ \text{add. m. 2}}\right.$ (*cū* | *superiore* m. 1 in contextu);

p. 315, 27 = V 13, 1 *callidus* suppl. m. 2; p. 337, 2 = V 18, 3 *mortis* suppl. m. 2 (non m. 3 Vss.); p. 349, 13 = V 22, 1 *cithara* (pro *cera*) m. 2 (non m. 3 Vss.). Apparet manum alteram codicem M emendasse ante saeculum X, quoniam codex T (qui saeculo decimo exaratus est) textum codicis M reddidit talem qualis erat manu altera huius codicis correctus.

Codex Taurinensis D IV 7 (T; bibliothecae uniuersitatis et nationalis). In quarto. Saeculo decimo exaratus est. Membrana obscura neque optima. Folia sunt CXXIX, e quibus uni (inter folia 41 et 42) numerus ascriptus non est. Hic codex integer atque prorsus fere illaesus est. Incipit: De excidio HIEROSOLMITANO (sic, m. posteriore) INCIPIT LIBER EGESIPPI I.

QUATTVOR LIBROS RE *gnorum quos* (librarius litteris prosequitur minusculis). Finitur f. 128^{r} . . . *ignis consumpsit* (potius quam *consumsit*; haec ultima uox tempore ualde detrita est, uix ut legi possit), reliqua pars huius folii uacat, uiginti quattuor lineae graphio incisae uacuae sunt. Ex quaternionibus constat, quorum paginae — 270 mm × 185 mm ⟨222 × 134⟩ — columnis non diuiduntur et tricenarum senarum sunt linearum. Scriptura, non ubique elegans, atramento obscuro facta (titulis rubris) facile legitur. Hic codex a pluribus uidetur esse exaratus librariis (atramentum uariat), qui librarii paucis usi sunt abbreuiationibus, sed ab una tantummodo manu eadem aut paulo posteriore aetate correctus (uix ex alio codice), uelut f. 126^{r} 21 ed. p. 412, 21 (l. V, 53, 1) *perimerentur* (pro *proeliaretur*) et p. 416, 19 (V 53, 1) *hic tumulus* (in contextu perperam *ictus nullus* duabus lineis inductum). At quam Vssani alibi dicit m. 2, mihi quidem uidetur ipsius librarii, uelut f. 2^{r} 34 ed. p. 7, 19 (I 1, 9), *Antigono* (*s. l. T m. 2* Vss.), f. 5^{r} 34, p. 17, 12 (I 12, 1) *Pellam* (*s. l. T m. 2* Vss.), p. 22, 13 (I 14, 2) *pallione* (pro *Fallionem*) *proelio fudit Hircani atque antipatris* (*suppl. mg. m. 2* T Vss.). Hunc codicem uerisimile est partem fecisse illius nuclei librorum manu scriptorum quos Victorius Amadeus princeps, cum hanc conderet bibliothecam, anno MDCCXX^{o} donauit. Ipse hunc codicem perscrutatus sum. Quem cum Vssani mihi uideretur censere ex codice M descriptum esse (*cf.* eius editionis p. 23, 401, 418), ipse Augustae Taurinorum hanc opinionem examinare decreui.

Ecce quae locis enucleaui persuasiuis: ed. p. 41, 8 (I 25, 4) *natura* s. l. m. 2 (3 Vss.) M^{II}: T in contextu;

p. 105, 21 (I 43, 1) *exclamauit* suppl. m. 1 (non 2 Vss.) M^{II}: T in contextu; ibidem: *ut* (post *excl.*) om. M^{II} et T;

p. 106, 18 (I 43, 3) *cum saeva regni* suppl. m. 1 (non 2 Vss.) M^{II}: T in contextu;

p. 124, 11s. (I 45, 9) *corporis* — *cuiuis* prorsus omis. soli M^{II} T;

p. 151, 13s. (II 9, 1) *magnitudine* — *ualidiores*: omis. M^{II} T;

p. 153, 12s. (II 9, 1) *pascere* — *aduersum*: suppl. in marg. inf. m. 1 (non 2 Vss.) M^{II}: T in contextu f. 44^{r}, 14;

p. 293, 20 (V 1, 3) *missilibus* — *Iohannes* suppl. m. 1 (non 3 Vss.) M^{II}: T in contextu f. 85^{r}, 20s.

p. 315, 16 (V 12, 2) maximi est momenti: *enim hostem* (perperam pro *cum hoste*): soli M^{I} et T (f. 92^{r}, 25);

p. 315, 23 (V 12, 2) $c\bar{u}\left|\frac{\textit{inferiore}\ \text{m.}\,2}{\textit{superiore}^{m}\,\textit{m}\ \text{add. m.}\,2}\right|$ M^{I}: T *inferior*$\bar{e}$ *cum superiore* (*inferior*$\bar{e}$ fortasse ex correctione m. l., supra *superiore* uirgula erasa);

p. 315, 27 (V 13, 1) *callidus* suppl. m. 2 M^{I}: T in contextu f. 92^{r} 35;

p. 337, 2 (V 18, 3) *mortis* add. m. 2 (non m. 3 Vss.) M^I: T in contextu;

p. 337, 8 (V 18, 3) *cruci adfigebantur* (pro *cruciabantur*) m. 2 (non m. 3 Vss.) M^I ex correctione: T (*aff.*) in contextu (f. 99^v 17) sine correctione;

p. 343, 7 (V 20, 3) *secundis* suppl. M^I m. 2: T in contextu.

His locis luce clarius apparet codicem T re uera ex codice M esse descriptum tali qualis erat a manu altera relictus uicemque gerere huius codicis et in principio et in fine mutili.

Ceteros codices non ipse uidi, sed praefectos illarum consului bibliothecarum et adiutus a Rudolfo Hanslik, professore iuuene uniuersitatis Vindobonensis, codicum Latinorum peritissimo, eorum codicum imagines quas luce depingendas curaueram, examinaui:

Codex Leidensis (*Voss. Lat.* F. 17) Bibliothecae illius uniuersitatis, H. In folio. Hic codex saeculo decimo exaratus est in membrana nunc uitiosa foraminibus rimisque. CCXIV foliorum est, quorum duae sunt partes, foliorum 1—164 pars (quorum plurima quaternionibus continentur) et foliorum pars a 165—214 (quinionibus et singulis quaternione et senione nunc comprehensa); sed exciderunt l. V 2—29 (ed. Vssanianae p. 295, 12 *obierant* — 367, 26 *quinta*, fortasse III quaterniones). Haec folia tribus sunt scripta manibus, eiusdem tamen saeculi decimi (f. 1—80, f. 81—164, f. 165—214). Paginae — 345 mm × 260 mm ⟨290 × 200, sed a f. 165—214: 285 × 200⟩ — columnis non diuiduntur ac linearum sunt quadragenarum quaternarum. Scriptura est minuscula Carolina, quae facile legitur. Atramentum eo colore est qui Italice bruno uocatur; tantummodo in folio primo titulus rubris exaratus est litteris. Paucis usi sunt librarii abbreuiationibus. Hic codex in Francogallia ortus in bibliotheca fuit Pauli Pétau (qui uir doctissimus anno MDCXIV° decessit) et Alexandri, eius filii (cuius catalogus librorum adhuc in bibliotheca Leidensi asseruatur). Paulus Petauius quod multos possidebat libros ex monasterio S. Maximini Miciacensi (S. Mesme à Micy), opinioni haud absonum est arbitrantis hunc quoque codicem eiusdem fuisse monasterii. Alexander hunc codicem Christinae uendidit reginae illi Suecorum. Postea fuit Isaaci Vossii philologi, cuius bibliotheca anno MDCXC° a bibliotheca Leidensi empta est.

Manus correctrix saeculi est undecimi (uidi imagines harum uocum quas ea suppleuit, ex alio scilicet codice): *declinari in summa locorum frequentia* (suppl. m. 2 in marg. sin. f. 180^v I 44, 4 = ed. Vss. p. 112, 26), *ac deterrimos sortirentur* (II 13, 8 = ed. Vss. 171, 14s., suppl. in marg. sin. f. 188^v m. 2), *terra marique irrumpentibus qui destinati fuerant. occupauit* (II 14, 2 = Vss. p. 172, 6, suppl. m. 2 in marg. inf. eiusdem folii).

Codex Bernensis (Bern, Burgerbibliothek, 180) B. In quarto. Hic codex pluribus exaratus est manibus quae uicissim se exceperunt, circa annum DCCCL, in membrana bona ac bene praeparata, sed ualde recisa. Foliorum est CLVI, quae quaternionibus continentur. Folia 16., 18., 27., schedulae sunt (membranaceae scilicet), quibus omissa quaedam altera saeculi undecimi parte exarata sunt. (B^s apud Vssani): I 20, 3 (Vss. p. 45, 20) *sed* — I 28, 7 (Vss. p. 47, 7) *hospitalitatis*; I 29, 5 (Vss. p. 49, 14) *insolentia* — I 29, 8 (Vss. p. 50, 13) *infunderentur*; I 36, 2 (Vss. p. 72, 27) *cui* — I 37, 2 (Vss. p. 74, 14) *clarior*. Hic codex desinit (non mutilus) in uoce *flagitium* (V 53, 1 = Vss. p. 415, 11). Paginae — 315 mm × 245 mm ⟨240 × 160⟩ — columnis non diuiduntur et omnes uicenarum nonarum sunt linearum. Scriptura minuscula est Carolina satis elegans, nam facillime quidem legitur. Atramentum eo colore est qui Italice bruno uocatur, modo claro, modo obscuro. Tituli librorum rubent. Abbreuiationibus librarii usi sunt paucis. Manus correctrices diuersae sunt saeculi noni, uelut l. V 16, 1 (Vss. p. 331, 17) ubi ad *pecorique uniuerso* in marg. f. 121^r m. 2 notauit *uel pecoribusque uniuersis* (uix ex alio codice). Locis nonnullis dubites an quam Vssani dicit manum alteram, non sit potius ipsius librarii, uelut l. I 43, 6 (Vss. p. 109, 2) *parcam ego illi* (suppl. marg. m. 2B Vss.) et ibidem (Vss. p. 109, 6) *lacrimans* (*s. l. m. 2B* Vss.). Hic codex se Floriaci fuisse (ibique putes ortum esse) ipse testatur ad ultimam uocem *flagitium* addito EXP LIBER SCI BENEDICTI ABBATIS FLORIACENSIS. Veri simile est saeculo XVI° Petri Danielis (Pierre Daniel) humanistae fuisse; constat postea fuisse Jacobi (Jacques) Bongars et anno MDCXXXII° cum bibliotheca Bongarsiana Bernensi accessisse.

Codex Vesontionensis (Besançon, bibliothèque municipale, 833) Z. Quaecumque catalogus non indicauerat (Catalogue général des bibliothèques de France, IIIe *série, départements* 32) p. 525, mihi indicauit bibliothecarius iussu praefecti (bibliothécaire en chef). In quarto. Hic codex saeculo decimo in finem uergente aut ineunte undecimo (in catalogo perperam nono ascribitur saeculo) exaratus est in membrana inaequali ac nunc quidem multis perforata foraminibus. Foliorum est CXLII quae quaternionibus comprehenduntur. Duae sunt lacunae, altera cum duo folia excidissent orta, sed saeculo undecimo alia manu (in catalogo haec manus XIII° saeculo ascribitur) suppleta (l. I 45, 2 = ed. Vss. p. 122, 2 *ducitur* usque ad I 45, 6 = p. 123, 13 *de* [*fendendis*]), altera, uno orta folio amisso, adhuc exstat (l. III 12, 3 = p. 205, 22 *tamen* — III, 14 = p. 208, 20 *descenderet*). Praeter hanc lacunam hic codex integer aetatem tulit. Paginae — 293 mm × 217 mm ⟨235 × 165⟩ — columnis non diuiduntur et omnes tricenarum ternarum sunt linearum. Scriptura elegans facile legitur. Tituli et litterae initiales librorum rubent. Paucis usus est librarius abbreuiationibus. Quam manum correctricem Vssani dicit alteram, mihi quidem uidetur ipsius esse librarii: l. I 30, 15 = Vss. p. 57, 16 *balneatum isset* super linea in qua *balneum* (omisso *esset ingressus*) et IV 9, 5 = p. 258, 8 ubi hic codex solus ante *defureret* (sic) s. l. addidit *satis*.

De origine constat, quoniam in primo legitur folio: „*Monasterii Morbacensis.*" Cooperculum ligneum saeculo XVI° ineunte factum est et pelle inductum quae in dorso tantummodo exstat.

Codex Cassellanus (Landesbibliothek Kassel Mss. theologici 65) C. In folio. Hic codex egregie describitur in catalogo (*Die Landesbibliothek Kassel 1580—1930, 2. Teil, Handschriftenschätze* . . ., beschrieben von Gustav Strack, p. 9—11). Diligentissime de eo codice agitur a Caesare quoque in Weberi et Caesaris editione, p. 401s. Membrana in qua hic codex exaratus est, ualde tenuis est, foliorum pars rescripta, ita tamen, ut quaecumque antea ibi fuerant, prorsus delerentur. Exaratus est altera sexti saeculi parte scriptura pulcherrima semiunciali. Folia sunt CLVIII. Nonnullis foliis amissis hic codex incipit l. I 13, 2 (= ed. Vss. p. 20, 5) *at illa*. Paginae — 275 mm × 205 mm ⟨235 × 165⟩ — tricenas senas habent lineas aut plus minusue; nam numerus uariat. Plures manus aut correxerunt aut notas ascripserunt. Quaecumque scriptura exarata sunt cursiua quae Anglosaxonica uocatur, aut a S. Bonifatio exarata sunt aut ab aliquo eius comite. Quae postea emendata sunt, saeculo octauo ascribas uel nono. De diuersis huius codicis manibus describendis Paulus Lehmann pluribus bene meritus est commentationibus (*Fuldaer Studien*, Sitzungsber. Bayer. Akad. d. Wiss. 1925, phil.-hist. Kl., 3. Abhandlung, *cf.* imprimis p. 15; *Fulda und die antike Literatur*, Festschrift zum 150jähr. Jubiläum der Landesbibliothek Fulda 1928, p. 13).

Hic codex ex monasterio patrum S. Benedicti Fuldensi oriundus uicissitudinibus illius belli quod XXX annorum uocatur turbulentis Cassellam translatus est.

Codex Augiensis (Reichenau) LXXXII (Karlsruhe) A. Describitur in hoc catalogo: A. Holder, *Die Reichenauer Handschriften*, I. Bd. *Die Pergamenthandschriften* (Leipzig 1906) p. 223s. In membrana plerumque forti et nunc quidem foraminibus aliquot perforata saeculo nono ineunte exaratus est. Iam in catalogo Augiensi anno DCCCXXII° confecto enumeratur. In folio. Foliorum est CXXXV quae plerumque quaternionibus continentur. Paginae — 323 mm × 211 mm ⟨256/260 × 168/162⟩ — columnis non diuiduntur et tricenas quinas lineas habent aut plus minusue. Atramentum nonnullis locis colorem traxit rubicundum; sed tituli aliquot et litterae initiales rubent. Scriptura non ubique sibi constans facile legitur. Haec desunt: l. IV 6, 2 (= ed. Vss.

p. 248, 11) *hominibus* — IV 15, 2 (Vss. p. 263, 19) *suo* (a uoce *quoque* pro *quod* rursus incipit) et l. V 15 (= ed. Vss. 321, 24) *imposuit* — V 18, 2 (= Vss. 336, 6) *proderat*. In libro autem primo foliis commutatis textus in A sic currit: I 13, 3 (= Vss. p. 20, 12) *deducta* + I 14, 2 (= Vss. p. 22, 4) *talentis trecentis* usque ad I 15, 2 (= Vss. p. 23, 27) *pacti* + I 13, 3 (= Vss. p. 20, 12) *ubi* usque ad I 14, 2 (= Vss. p. 22, 4) *certaminis* + I 16, 3 (= Vss. p. 25, 24) *sponte* usque ad I 17, 1 (= Vss. p. 27, 16) *sacerdotes tamen* + I 15, 2 (= Vss. p. 23, 27) *conuentionem* (sic) *ad munitiones* usque ad I 16, 3 (= Vss. p. 25, 24) *sanctum tuum* + I 17, 1 (= Vss. p. 27, 16s.) *usque ad ultimum*. Abbreuiationibus librarius usus non est nisi usu iam receptis.

Trames originis huius codicis inde detegi uidetur, quod in f. 1r legitur: *incipit sancti Cipriani praefatio super quinque libros historiae Ioseppi de bello Iudaico*. Eiusdem Cypriani nomen in folio ultimo uerso legitur: *quodque tuus famulus cyprianus gaudeat actus*. Is Cyprianus cum uideatur esse episcopus ille urbis Telonis Martii (nunc Toulon), qui claruit inter annos DXXIV et DXLVI (*cf.* Catalogi l. l.), inde colligas memoriam scriptam huius codicis ex australi originem ducere Gallia.

Cooperculum ligneum est et corio inductum.

De manibus correctricibus: quam Vssani dicit secundam, noni est saeculi, quam tertiam, decimi quarti saeculi; haec certe suppleuit ex alio codice.

Codex Vaticanus Palatinus CLXX, V.

Quaecumque hic de eo codice publici iuris facio, praeterquam quae de manibus correctricibus dico, abbatis reuerendissimi Anselmi M. Albareda sunt, praefecti nunc bibliothecae Vaticanae. Nam in catalogo quo *codices Palatini bibliothecae Vaticanae* enumerantur potius quam describuntur, tom. I p. 29 (1886) haec sola leguntur: *170. Membranaceus in folio oblongo, s. IX vel X* (ego formas respiciens litterarum mihi persuasi saeculo nono hunc codicem exaratum esse), *f. 84*. Membrana est grossa et rudis. Foliorum fasciculi quamquam plurimi sunt quaterniones, tamen non desunt, qui II, VII, IX, X constant foliis. Foliis autem internis tribus duplis quarti fasciculi amissis (inter f. XXIV^{v} et XXV^{r}; numeri enim ascripti sunt post mutilationem) haec exciderunt: l. I 44, 7 (= ed. Vss. p. 115, 25) *veritatem* — II 8, 1 (= p. 143, 28) *itaque*; altera lacuna duobus orta est foliis amissis (inter f. 83^{v} et 84^{r}): V 49, 3 (= p. 404, 10) *in defossis* — V 53 (= p. 413, 6) *necati*. Paginae — 310 mm × 360 mm ⟨240/250 × 290/300⟩ — omnes quadragenarum sunt linearum et binis diuiduntur columnis. Librarius uno usus est atramento quod non uariat (praeter partem libri quinti tituli rubentem) et paucis abbreuiationibus. Scriptura eius facile legitur.

De manibus correctricibus: quam Vssani l. I 44, 2 (= p. 111, 5) dicit m. 2 (*eadem uersutia qua supra simulabat fratrum intercessorem*: *suppl. mg. m. 2 V*) saeculi decimi est (respice litteram d gothicam), haec manus ea certe suppleuit ex alio codice; sed III 1, 1 (= p. 182, 5—7): *atque — uirtute* (*suppl. mg. inf. m. 2 V*) saeculi est noni (u. formas litterarum b et d). At quae Vssani dicit manus esse alterius in l. II 12, 1 (= p. 164, 2 s.) *remansit — nobis* (*suppl. mg. V m. 2*) et IV 26, 1 (= p. 282, 12—15) *Domitianus — filius* (*suppl. mg. m. 2 V*) mihi quidem ipsius uidentur esse librarii.

Hic codex anno MDCXXII° cum ceteris bibliothecae libris Palatinae accessit Vaticanae.

Frustulum huius historiae in codice Parisino exstat miscellaneo, quem precibus meis inductus bibliothecarius Parisinus (conservateur adjoint des manuscrits) humanissime sic descripsit:

Codex Parisinus 13.367 (Bibliothèque Nationale) P. In quarto. Ea codicis pars qua hoc continetur historiae frustulum (*i. e.* f. 235^{v}—240^{v}; parte priore minores Augustini traduntur libri) saeculo septimo in membrana mediocri exarata est atramento pallido, magis nigro tamen quam in parte priore (nihil rubet in parte Hegesippi) atque paucis abbreuiationibus. Paginae — 245/240 mm × 205/200 mm [175 × 160] — uicenas quinas lineas habent longas; una igitur columna est. Trames originis eius codicis hic est: ortus Corbeiae in monasterio Corbeiensi Parisios translatus est in monasterium S. Germani a Pratis (S. Germain des Prés); unde ad extremum illi accessit bibliothecae.

De codice eo Ernestus Kalinka egit *Analectis Latinis* (Wiener Studien XVI (1895) p. 93—111), quorum Analectorum caput III inscribitur *Ad Iosephum latinum.* Legitur in illo codice: *incipit de historia Iosippi ubi Agrippa rex populum Iudaeorum adloquebatur cum uellent recedere a dominatione romani imperii*; *inter reliqua sic ait: unius igitur culpa* (l. II 9, 1 = ed. Vss. p. 148, 2) usque ad *inlacrimavit* (II 9, 2 = p. 157, 14) *explic. contio agrippae ad populum iudaeorum.* Idem uir doctus primus cognouit textum codicis P differre a textu codicis C. Manus ait hunc codicem duas expertum esse correctrices saeculis nono (m. 2) et decimo (m. 3), alio tamen codice nequaquam usas.

Frustulum hoc Parisinum sectam sequitur codicis M^{II}, at frustulum Aenipontanum sectam prorsus exprimit codicis C:

Membranae Aenipontanae, I. Eruta sunt ex cooperculo libri prelo excusi quo scriptores historiae Augustae continentur, quattuor fragmenta duorum quaternionis foliorum. De iis egit Antonius Zingerle, Anzeiger der Akademie der Wissenschaften in Wien, phil.-hist. Kl. 31 (1894), p. 41—43: *Fragmente des sogenannten Hegesippus in der Universitätsbibliothek in Innsbruck.* Hae membranae quae binis diuiduntur columnis saeculo octauo uel nono exaratae sunt scriptura Anglosaxonica. Haec insunt: *qui* (l. III 2, 1 = ed. Vss. p. 185, 11) usque ad *quod in*(dignus) ibidem (= p. 186, 28) et *inter* (III 3, 8 = p. 190, 24) usque ad *spatia* (III 5, 2 = p. 192, 17). De manus alterius aetate propter paucitatem nihil constat.

His annis fragmenta duorum foliorum eiusdem quaternionis eiusdem codicis in bibliotheca olim Palatina Vindobonensi inuenta sunt (*Codd. Seriei nouae* n. 3643, nota insigniui $I^{\text{Vind.}}$), de quibus Fr. Unterkircher egit in ephemeride cui nomen est *Librorum*, uol. V (1955) p. 248—250; f. 1^v contextum edidit p. 250.

His fragmentis quae comprehenduntur — III 3, 1—7,

f. 1r a (red)*eamus* — *transmisso* = p. 187, 5 ed. Vss. usque ad l. 10 et a *committi* — *aestu*(mauerunt) = a l. 18 usque ad l. 23; f. 1v ab *inditum* (cuius uocis tantummodo uestigiola exstant) — *Iosephus* = p. 188, 4 usque ad l. 9 et a (dereli)*quisset* — *transfu*(ndere) = a l. 16 usque ad l. 22; f. 2r ab (h)*ostibus* — *expertus est* = p. 189, 1 usque ad l. 7 et ab *hịis* — *Ptho*(lomaeo) = a l. 14 usque ad l. 19; f. 2v ab (Agrip)*pae* — *Tiberiadem* = a l. 26 usque ad p. 190, 5 et a (por)*tisque* — *deducerent* = a l. 12 usque ad l. 17 — haec media sunt inter ea quae fragmentis Aenipontanis continentur; nam haec quaternionis foliorum tertii et sexti frustula sunt, Vindobonensia autem illius codicis deperditi eiusdem quaternionis foliorum quarti et quinti.

Codices Casinenses. Editione iam ad finem perducta (*cf.* ed. p. 418) Vssani inuenit codicem Casinensem, de quo egit in *Casinensibus* (*Miscellania di studi Cassinesi pubblicati in occasione del XIV centenario della fondazione della badia di Montecassino*, 1929). Commentatio eius (p. 601—614) inscribitur *Vn ignoto codice Cassinese del così detto Egesippo e i suoi affini.* Hic codex Casinensis permagnus habet f. LXX (490 mm × 360 mm) quae binis diuiduntur columnis et plerumque tricenarum senarum sunt linearum. Exaratus est saeculo undecimo scriptura Beneuentana. Affinitate cum eo imprimis sex codices coniunguntur: Vatic. Lat. 1987 (s. XIV), 1998 (s. XI?), Laurent. LXVI 1 (s. XI), LXVII 17 (s. XV), LXXXIX sup. 15 (s. XI), Neap. V F. 34 (s. XII). E carmine quod inest codici Vatic. 1987 elucet (*cf.* u. 7 *Hunc Iosepi librum veterum monimenta tenentem*) anno DCCCCXCI Mansonem abbatem qui tum fuit (986—996) exemplar huius recensionis conficiendum curasse. Sed quae p. 610ss. Vssani affert huius recensionis indicia (lacunam I 41, 6 *denique* — § 9 *cohibebatur* [= ed. p. 97, 8—99, 20] folio transsulto ortam et partem magnam, II 8, 2 *in vincula raperetur* — II 9, 2 *miles in castro est* [= p. 144, 6—157, 22], a libro secundo ad quintum submotam post *perierimus* l. V 53 = p. 412, 6), iis nequaquam inducimur ut nos taedeat istorum codicum in editione mentionem non fieri. Certe haec recensio non facit cum recensione codicis C, cum l. II 13, 1 (= ed. p. 166, 19) *aristogratia* (pro *aristocratia*) exhibeat ut recensio codicis M (at recensio codicis C *aristoboli gratia*) et II 12, 1 (= p. 163, 27) *uiuens* (sic recensio codicis M, quam Vssani commendat πάλιν ζῶν pro ζῶν ratus apud Iosephum AI XVIII, 64 seriorem esse lectionem [*uiuens iterum* praebet recensio codicis C]).

Horum igitur codicum ex lectionibus quid colligitur? Lectiones memorabiles exscribens cum contulerim et perpenderim, mihi constat duas contextus recensiones ut ita dicam fuisse. Falso Kalinka (*Wiener Studien* XVI [1895] l. l.) ubi de codice agit Parisino, eumque secutus Vssani (ed. p. 418) codicem Cassellanum ait operam redolere non indocti correctoris. Immo contra ea duae contextus sunt formae et ratio edendi non ita se habet ut altera recensione electa alteram respuas, sed ut secundum sensum ac cogitationum tenorem modo hanc eligas, modo illam. Qua ratione magis usus est Vssani (quamquam se codice Ambrosiano ait fultum esse, ed. p. 418, ut homo Italus scilicet codice Italico) quam Weber et Caesar, codice Cassellano fulti. Hae duae recensiones quo modo differant ut perspicias, locos afferam nonnullos ab illo incipiens loco de quo Kalinka egit l. l. Est in oratione regis Agrippae ad populum Iudaeorum, ed. p. 151, 13—15 (l. II 9, 1): *magnitudine corporum et contemtu mortis ceteris validiores* (sc. Germani) *retinaculum ante suum Rhenum putabant, nunc salutis defensorem.* Haec leguntur in editione Vssaniana. Sed *magnitudine — ualidiores* omis. P M^{II} H B V^{1}, habent C eiusque asseclae (sed conferas Iosephi BI II 377 Niese ἀλλ' οὗτοι . . . μείζω τῶν σωμάτων ἔχοντες τὰ φρονήματα καὶ τὴν μὲν ψυχὴν θανάτου καταφρονοῦσαν, τοὺς δὲ θυμοὺς τῶν ἀγριωτάτων θηρίων σφοδροτέρους); *retinaculum ante suum* habent codices P M^{II}, *ante ferociae suae retinaculum* C eiusque asseclae: *cf.* Ios. ibidem Ῥῆνον τῆς ὁρμῆς ὅρον ἔχουσιν. Prioris sententiae partis utra sequenda sit forma, dubium non est; sed posterioris partis estne respuenda recensio quam praebent P M^{II} in ista historia quae nequaquam ex Iosepho ita pendet, ut uerba de uerbis sint expressa?

Ecce alia recensionum duarum exempla:

p. 30, 4 (I 18) satias (recte) M^{II}, satietas C;
p. 31, 18 (I 19, 4) releuandum (recte) M^{II}, reuelandum C;
p. 47, 8 (I 28, 7) grauissime M^{II}, gratissime (r.) C;
p. 67, 3 (I 34) urbi M^{II}, usui (r.) C;
p. 67, 15 (ib.) CCCC (r.) C, ecce M^{II};
p. 74, 14 (I 37, 2) Mariammen (r.) M^{II}, ariannen C;
p. 96, 27 (I 41, 6) intimauisset (r.) C, aestimauisset M^{II};
p. 119, 7 (I 44, 8) ad ultionem (r.) M^{II}, adulationem C;
p. 136, 9 (II 3, 2) putauit (r.) M^{II}, uocauit C;
p. 142, 14 (II 6, 3) quoscumque propius (r.) M^{II}, quocumque proprius C;
p. 162, 27 (II 11, 4) subiret (r.) C, subiceret M^{II};
p. 177, 3 (II 15, 8) diffidens (r.) M^{II}, diffugiens C;
p. 183, 23 (III 2, 1) delinimentis (r.) M^{II}, deliramentis C;
p. 214, 28 (III, 17) dei, unde (r.) C, deinde M^{II};
p. 230, 16 (III 24) cotidiana (r.) M^{II}, romana C;
p. 249, 9 (IV 6, 5) ducta successio (r.) C, ductu successo M^{II};
p. 274, 26 (IV 22, 1) temtamentum (r.) C, temperamentum M^{II}.

Magis etiam iuuat discere quid intersit inter M^{I} et C (qui codices tamen ex eodem oriundi sunt archetypo[1]):

p. 306, 6 (V 6, 1) subito M^{I}, tam facile C (apud Iosephum nihil est quod conferas);
p. 326, 18 (V 16) precationis (r.) M^{I}, orationis C;
p. 367, 13 (V 28) missilibus M^{I} (item p. 293, 20 = IV 1, 3 M^{II} m. 1, non m. 3), missibilibus C (item p. 293, 20); posteriore Latinitatis aetate utraque uox in usu erat;
p. 378, 18 (V 27, 2) pauxillitatem M^{I}, pusillitatem C.

Alia exempla sunt: p. 303, 16 (IV 3, 3) iter (r.)] ter M^{I}, omis. C; p. 305, 11 (IV 4, 4) primum (r.) M^{I}, plurimum C; 328, 27 (V 16) defendendum (r.) M^{I}, differendum C; 329, 3 (ibid.) resederant (r.) C, desiderant M^{I}; 339, 30 (V 19) tinnitu (r.) M^{I}, et in ictu C; 352, 22 (V 22, 1) dolorem (r.) M^{I}, laborem C; 399, 25 (V 46, 1) militem Vespasianum (r.) M^{I}, milites Vespasianus C.

---

[1] u. p. 361, 24 (= V 26, 2): (interiorem murum quasi) in C litteram (duxit): in caeli terra(m) $M^{I}C$.

Codicis M^{II} sectam praeter P sequuntur BHZ et codices Casinenses (quae ratio inter hos codices et M^{I} intercedat, de hac re ut statuas, exempla non sufficiunt), codicis C sectam praeter I (et $I^{Vind.}$; ecce mendum maxime insigne: III 3, 6 = p. 190, 1 ed. Vss. *Taricheaticum* solum in $I^{Vind.}$ C V, in A simillimum) et A codex V. A cum C artissima coniungitur affinitate, ut Vssani in editione eorum codicum consensum littera notet (α); sed ne existimaueris A ex C esse transscriptum: id ne statuas sescenti obstant loci, uelut p. 235, 22 (= III 26, 2) *hi suppares* C *his apparent* A; 346, 24 (= V 22, 1) *aliut* C *dauid* (antecedit *sed*) A; p. 377, 15 (= V 36, 1) ubi textus tenorem confusum ac corruptum exhibet A, non C; cuius codicis originem ad Cyprianum, episcopum Telonis Martii, referri supra dixi (p. XVII).

Manus secunda codicis V textum repraesentat codicis Z (*cf.* p. 10, 5 = I 6, 1 *dixerint* et p. 11, 26 = I 7, 2 *requies animo*), manus tertia codicis C textum codicis V (*cf.* p. 177, 28 = II 15, 8 *quorum societatem* et 193, 16 = III 4, 2 *diutius*).

Codex M^{I} differt a codice C; est alia recensio.

De titulo huius operis

Inscriptio deest in codicibus M^{II} C quorum initia, ut supra dixi, mutila sunt. Ceteri codices (u. ed. p. 3) ita inscribuntur (*litteris maiusculis*, nisi contraria dico): incipit liber Egesippi I T (u. supra); incipit liber hist. b. Egesippi (m. 2 *in rasura*; *ante rasuram* iosipi hi ..... m. 1) translatus ab Ambrosio epo H; in hoc corpore continentur egesippi hystoriae libri numero quinque B; incipit tractatus sancti Ambrosii episcopi de historia iosippi (ioseppi Z) captiui translatus (translata V) ab ipso ex greco in latinum ZV; incipit sancti cipriani praefatio super quinque libros historiae ioseppi de bello iudaico A (u. supra de A p. XVII).

Editionis p. 128: (io m. 1, Ege m. 2, ge *litteris minusculis*, E *maiuscula*) sippi lib. primus. expl. incp. secd ambrosi epi de grego transtulit in latinum M^{II} (ambrosi — latinum *litter. min.*);

explicit. liber. primus. (primus *omis.* A) incipit (eiusdem *add.* A) liber secundus: ceteri codices.

Ed. p. 181: finit liber II incp liber III M^{II}; explicit liber beatissimi Ambrosii secundus translt ex egesippo (*ex* iosippo) H; hystoriae egesippi (*litteris non capitalibus in rasura*) liber secundus explicit incipit liber tertius B; explicit liber secundus incipit liber tertius CAZV.

Ante librum quartum codicibus neque nomen auctoris inest nec nomen translatoris (u. ed. p. 238).

Ed. p. 292: finit lib. IIII incp. liber V M^{II}; explicit liber quartus incipit liber quintus HBCV; finit liber quartus incipit liber quintus antiquitatum ioseppi Z; explicit ioseppi storiarum liber IIII de bello iudaico / incipit eiusdem historiographi liber V de clade / et excidio urbis hierosolymae A.

Ed. p. 417: codex M^{I} in fine mutilus (u. supra p. X) caret subscriptione; beatissimi ambrosii / epi trast (= *transtulit*) ex iosepo(?) historiografo (*ex — historiografo* m. 1, ex egesipo m. 2) explicit H; explicit hierusalem liber quintus Z; explicit liber V V^2; finitus liber quintus C; finit liber quin/tus historiae / iosephi de bello / iudaico feliciter A (quid in eiusdem codicis folio ultimo uerso legatur, u. supra de A, p. XVII).

Ex his locis patet auctoris nomen manu prima codicum (praeter TB) ubique Iosippi (uel similiter) scriptum esse, Egesippi tantummodo in TB. Accedit quod frustulum codicis P haec habet: *incipit de historia Iosippi.* Sed codex T, apographum codicis M, quoniam hunc codicem exprimit manu altera correctum, is autem ante librum secundum Egesippi nomen exhibet ex Iosippi mutatum, statuendum est in codice T ante librum primum Egesippi nomen sumptum esse ex codice M^{II} iam manu altera correcto. Veram igitur huius historiae inscriptionem opinor primitus fuisse *Iosippi historiarum de bello Iudaico libri V.*

Hegesippi uel Egesippi nomen ortum esse ex Iosippi iam Benedictus Niese haud immerito dixit (*Flavii Iosephi opera*, uol. I, p. 5[1]), sed V. Vssani (*Casinensium* l. l. p. 606[2]) immerito hanc negat originem, quam ad uerum refert Hegesippum (quem ex Eusebii Historia Ecclesiastica constat commentaria, ὑπομνήματα, de prisca confecisse ecclesia), collata codicis B nota ad l. III caput alterum: *incipit quae Egesippus uicinus apostolorum de gestis apostolorum Petri et Pauli commentatus est.* At nota illa codicis B sumpta est ex Hieronymi De uiris illustribus, capite XXII: *Hegesippus uicinus apostolorum temporum.* Postquam illo tramite ex *Iosepus* ortum est Iosippus, mihi quidem uidetur monachus quidam Eusebii Historiae Ecclesiasticae memor a Rufino translatae Hegesippi finxisse nomen quod simili tum efferebatur sono (Ijisippos).

De Ambrosio tamquam translatore

De Ambrosio tamquam translatore (quem dicunt codices HVZ ante librum primum, H etiam ante librum III et post lib. V, M^{II} ante lib. II):

Cassiodorus *Instit. diuin. litt.* I 17: „Qui (sc. Ioseppus)“, inquit, „etiam et alios septem libros captiuitatis Iudaicae mirabili nitore conscripsit, quorum translationem alii Hieronymo[1], alii Ambrosio, alii deputant Rufino.“ Quarum institutionum auctoritati quasi canonicae Otto Scholz, *Die Hegesippus-Ambrosiusfrage* (Dr. Max Sdralek, Kirchengeschichtliche Abhandlungen, uol. VIII, Vratislauiae 1909) p. 170 Hegesippum qui dicitur nomen ait debere Ambrosii tamquam translatoris, quamquam Iuliana (non Vincentius!) Vssani (*Studi preparatorii ad una edizione della traduzione in sette libri del Bellum Iudaicum*, Bolletino del Comitato per la preparazione della edizione nazionale dei classici greci e latini, Nuoua serie, fascicolo I, Roma 1945, p. 85—102) contendit Cassiodorum non dicere Hegesippum qui dicitur (retractationem potius ait esse quam translationem p. 85), sed illam ueram septem librorum translationem, quam inde a duo-

[1] Immerito propter Hieronymi Epist. 71, 5: Porro Iosephi libros et sanctorum Papiae et Polycarpi uolumina falsus ad te rumor pertulit a me esse translata.

decimo demum saeculo sub Rufini nomine ferri[1], deesse autem in indice Gennadiano operum Rufini, u. caput XVII). Haec opinio etsi uera sit, mihi tamen uidentur qui haec Cassiodori uerba legissent, ea non ad Rufini, sed ad Hegesippi qui dicitur operam rettulisse potiorem. Iam quaerendum est, num sint quae intercedant inter Iosippum et Ambrosium. Eos qui Ambrosium huius historiae credunt translatorem, uelut Hermannum Rönsch (*Die lexikalischen Eigentümlichkeiten des sogenannten Hegesippus*: Romanische Forschungen I, p. 256—321, Erlangen 1883; non tamen ita disserit, ut aduersarios prorsus respuat), Maximilianum Ihm (*Studia Ambrosiana*: Jb. f. klass. Philologie, Suppl. XVII 1890), G. Landgraf (AlL XII, p. 465—472), C. Weyman (AlL XIV, p. 41—61), M. Schanz (*Geschichte der röm. Literatur* IV 1², 1914, p. 109s.) maxime mouit similitudo sententiae illius apud Iosippum (V 53,1 = ed. p. 410, 17ss.): *Vnde nonnullis gentibus mos est, ut ortus hominum fletibus, occasus gaudiis prosequantur, quod illos ad aerumnam genitos doleant, hos ad beatitudinem redisse gratulentur, illorum animas ad seruitutem uenisse ingemescant, istorum ad libertatem regressas gaudeant* cum Ambrosii De excessu fratris II 5: *Fuisse etiam quidam feruntur populi qui ortus hominum lugerent obitusque celebrarent; nec inprudenter enim eos qui in hoc uitae salum uenissent maerendos putabant, eos vero qui ex istius mundi procellis et fluctibus emersissent, non iniusto gaudio prosequendos arbitrabantur.* At est sententia tralaticia inde ab Herodoti l. V 4, apud Latinos quoque, uelut Pomponium Melam (II 18) et Valerium Maximum (II 6, 12) quos Otto Faller, Ambrosii operum illius uoluminis (CSEL uol. LXXIII) recens editor, allegavit, illum dicentem: *Alii* (Thraces) *redituras putant animas obeuntium, alii etsi non redeant, non extingui tamen, sed ad beatiora transire, alii emori quidem, sed id melius esse quam uiuere, itaque lugentur apud quosdam puerperia natique deflentur, funera contra festa sunt et uelut sacra cantu lusuque celebrantur,* hunc affirmantem:

[1] Ita iam opinatus est Caesar in editione Weberi et Caesaris, p. 393.

Thraciae uero illa natio merito sibi sapientiae laudem uindicauerit quae natales hominum flebiliter, exequias cum hilaritate celebrans sine ullis doctorum praeceptis uerum condicionis nostrae habitum peruidit. Verba si captaueris, maiorem etiam quam inter Iosippum et Ambrosium similitudinem dices intercedere inter Pomponium Valeriumque et Ambrosium, quippe cum Ambrosii uerba lugendi et celebrandi apud illum desint, apud hos inueniantur. Ad figuram transeo rhetoricam, annominationem scilicet (uel ut recenti utar uoce, alliterationem): *cf.* (Landgraf AlL XII, p. 472): Iosippi V 2, 1 (= ed. p. 299, 13s.) *misericordia quae sola solet ableuare miserias, solari aerumnas* et Ambrosii De excessu fr. I 37 *quod sine te solacium capiam qui solus maerentem solari solebas* aut Iosippi I 36, 2 (= ed. p. 72, 15s.) *huic continuo honorem contulit et mortem intulit* et Ambrosii ibid. *qualem te nunc ego, frater, aspicio iam nulla mihi uerba referentem, iam nulla offerentem oscula.* Arte oratoria quoniam imbuti erant et Ambrosius et Iosippus, figurae rhetoricae neque huic ab illo discendae erant neque illi ab hoc. Clausulas Ciceronianas apud Iosippum V. Vssani (*La questione e la critica del così detto Egesippo*: Studi ital. di filologia class. XIV, 1906, p. 245—361) p. 296—299 se fingit inuenisse, immo uero arte quadam (si artem dixeris) construxit. At contra Iosippus quoniam Sallusti sumpsit personam, iis clausulis prorsus caret, etiam in orationibus, ut in illa pulcherrima regis Agrippae, l. II 9, 1 (sed Demosthenicam illam inuenias frequenter adhibitam hexametri clausulam, *e. g.* p. 145, 19 adcumulatur, 146, 25 de praesidibus querimonia, 147, 13 impatientia, 148, 8 perniciosum, 25 sustinuere, 149, 11 sunt fugientem, 19 legibus famulantur, 151, 12 Germania credidit, 22 Pannoniorum, 153, 10 adseruere, 20 subiciuntur); non minore arte excellit V 53, 1 (*quem nos quasi epilogum quendam claudendo operi deplorabilem more rhetorico non praetermisimus*, p. 408, 3s.): arripuisse ministerium (tres dactyli), p. 416, 13. Etiam in prologo (Sallusti persona nondum sumpta) unam saltem clausulam inuenias dactylicam (p. 4, 8 suscepisse negotium). Sed Ambrosius Ciceronianis uti solebat clausulis, quas (ut taceam de celeberrimis illis orationibus De excessu fratris, De obitu Valentiniani, De obitu Theodosii) in oratione quoque non exculta adhibebat. Legendo Explanationem symboli (a quodam notario uel catechumeno notis exceptam, *cf.* quae dicit Otto Faller in CSEL,vol. LXXIII, p. 15*) sonoras illas clausulas audias; Ambrosio igitur sponte currebant. At Iosippi ars constabat et repetitionibus (ἐπαναφοραῖς) et annominationibus uel allitterationibus (uelut p. 368, 11 = V 29 *perfidis perfidia*) et antithetis; excellit trimembribus (itaque nequaquam delendum p. 187, 14 = III 3, 2 *quos ordines quid muneris*).

Ex his igitur inquisitionibus apparet neque in sententiis neque in arte oratoria quicquam decretoriae similitudinis intercedere inter Iosippum et Ambrosium.

Nunc uocabula perscrutemur.

Hermanni Rönsch libro (u. supra, p. XXVI) et Alexandri Souter glossario (*A Glossary of Later Latin*, Oxford 1949) et Indice grammatico Vssaniano fultus uocabula Iosippi contuli cum ThlL et ubi deficiebat cum Forcellinio.

A. Vocabula rara quae tantummodo apud Iosippum et Ambrosium inueniuntur:

ableuare: uestimenta ed. p. 137, 26 (= II 4), *translate*: dolorem 147, 18 (= II 9, 1) et 352, 22 (= V 22, 1); miserias 299, 13 (= V 2, 1). Apud Ambrosium frequenter: De Iacob 2, 11, 51 (aerumnam), De uirginibus 3, 7, 33 (fidem), Exhort. uirginit. 6, 34 (onera condicionis), De uid. 6, 36 (dolorem), De bono mortis 5, 16 (animam), De fuga saec. 7, 38 (ableuare se a saeculo, ableuare se a corpore), De Isaac 3, 6 (abducebat se et ableuabat uitiis saeculi huius).

fefellit opinio (omisso accusatiuo) p. 8, 15 (= I 2, 1) et 11, 16 (= I 7, 1). *Cf.* Ambros., De offic. I 18, 72 nec fefellit sententia.

infirmibus (pro *infirmis*) p. 200, 5 = III 8, 2 (codex Z solus *infirmioribus*). Sexies apud Ambrosium, sed ubique l. u., *cf.* ThlL, uol. VII 1, p. 1441, 34s.

pauxillitas: p. 378, 18 = V 37, 2 *pauxillitatem hominis*. *Cf.* Ambros. 6 Hexaëmer. 9, 54 ut neque enormis proceritas sit neque uilis et abiecta pauxillitas (sc. corporis humani).

placidare p. 286, 4 (= IV, 27) placidatur a fragoribus. *Cf.* Ambros., De Cain et Abel I 3, 11 graues motus nostrae adulescentiae fida senectutis statione placidantur; Praef. in ps. 45, 3 nec ulla in profundo mentium definitionis stabilitate placidantur; Epist. 43, 12 quasi bonus arbiter . . . placidans eos. At *placiditas* iam apud Varronem: R. R. II, 1, 4.

Redoperire (= retegere) p. 383, 23 = V 40, 2. *Cf.* Ambros., De Noë et Arca 20, 72 (redoperuit et retexit); 30, 115 (redopertus: sc. Adam); De Nabuthe 1, 2 (redoperi terram).

refragium p. 282, 29 (= IV 26, 3) et 362, 15 (= V 27). *Cf.* Ambros., In psalmos 35, 17 (studio, non refragio).

repulsorium p. 193, 15 = III 5, 2 (*Persarum repulsorium*, Antiochia scilicet). *Cf.* Ambros., In ps. 118 serm. 4, 15 uerbum enim Dei repulsorium taediorum est.

Resultatio (= resonantia) p. 268, 14 (= IV 17). *Cf.* Ambros., Hexaëm. 3, 5, 21; In ps. 1, 9, 1. At resultare (= resonare) iam apud Vergilium.

B. Voces et constructiones Iosippi communes cum aliis neque tamen cum Ambrosio:

adsuescere *transitiue* p. 18, 13 = I 12, 3 (adsuerunt se Pharisaei mulieri). Iam apud Hor. Sat. II 2, 109: Hic qui pluribus adsuerit mentem corpusque superbum; I 4, 105: Insueuit pater optimus hoc me.

Comparatiuus pro superlatiuo (ut posteriore Latinitatis aetate) p. 5, 25 = I 1, 4; 71, 24 = I 36, 2; 86, 16 = I 40, 5 (*seniore regis filia*, at apud Iosephum *BI* I 483 τὴν πρεσβυτάτην τῶν ἑαυτοῦ θυγατέρων).

conterminare p. 283, 12 = IV 27. Sex loci apud Ammianum; aliorum loci in ThlL non afferuntur.

cruciari id quod *cruci (ad)figere* p. 337, 8 = V18, 3.Apud alios quoque auctores nec tamen apud Ambrosium.

datur intellegi p. 139, 26s. = II 5, 2. Non apud Ambrosium.

esuries p. 335, 18 = V 18, 2; extrema Latinitatis aetate.

intaminatus (= incontaminatus) p. 324, 2 = V 16. Iam apud Horatium. At Ambrosius dicit *incontaminatus*, *cf.* De exc. fr. I 1 (*hostiam incontaminatam*).

magis omissum ante *quam*, particulam comparatiuam, p. 93, 12 (= I 40, 13); 359, 14 (= V 24, 4). Non apud Ambrosium.

nescius sequente accusatiuo p. 244, 6 (= IV 4, 1) parem nescius. Non apud Ambrosium.

quod (sequente coniunctiuo) post *dubitare* p. 386, 21 (= V 41, 2). Non apud Ambrosium.

scena id quod *translate* theatrum p. 84, 4ss. = I 40, 1 cuius, sc. Antipatri, uita nihil aliud erat nisi quoddam uersutiarum conciliabulum, scena improbitatis, argumentum scelerum, flagitiorum mysterium (apud Iosephum BI I 470 simpliciter τὸν Ἀντιπάτρου βίον οὐκ ἂν ἥμαρτέν τις εἰπὼν κακίας μυστήριον); 99, 12 = I 41, 9; 249, 13 = IV 6. 5. Sic Apuleius Met. IV 26.

sponsus id quod maritus p. 89, 20 (= I 40, 9). Hoc significatu haec uox est in inscriptionibus et Vulgata.

uice priore p. 191, 23 (= III 4, 3). Hac significatione auctores inde a quarto post Chr. n. saeculo usi sunt (Souter).

C. Vocabula quae Iosippus solus praebet:

aerumnior (= aerumnosior) p. 98, 27 = I 41, 9. *Cf.* Gloss. V 344, 33 a⟨e⟩rumnus infortunus et II 433, 41 σκληρός durus aerumnus rigidus.

excitor: belli excitores p. 160, 10 = II 10, 4 et 194, 8 = III 5, 3 et 371, 1 = V 30, 1; -toribus belli 252, 18 = IV 7.

inexcruciatum p. 346, 19 — V 22, 1.

insuebatur sagittis p. 264, 7 = IV 15, 2.

lenocinanter p. 74, 26 = I 37, 3. Est unicus locus etiam apud Souter.

refrigēre (Souter: with acc. *shrink from*): impetum non refrigebant p. 8, 2 = I 1, 9 (sed hac in parte C et M^{II}, codices antiquissimi, principiis mutilis, desunt).

stipamen p. 142, 13 = II 6, 3 (turbae stipaminum).

Accedit quod *comperto ea* p. 133, 22 (= II 2, 2) locutio est ab Ambrosi mente ac dictione prorsus aliena.

In uniuersum iudicanti ac perpensanti in dictione Iosippi plura differunt ab Ambrosii dictione quam cum ea consentiunt[1]. Sed quid argumentor, quid disputo? Qui orientem cum Oronte confudit, non potest esse Ambrosius ne adulescentulus quidem. Legitur enim III 5, 2 (= p. 193, 1—5): *fluuius eam* (sc. Antiochiam) *medius intersecat, qui a solis ortu oriens non longe ab urbe in mare conditur, quem de originis suae tractu Orientem ueteres appellauerunt, ut uulgo putetur locis nomen dedisse, cum inde acceperit* (ceterum *Oriens* nihil habet commune cum *Oronte*, sed inter *Orientem* et *Orontem* nihil differt nisi una syllaba).

De auctoris aetate

Sed quoniam Ambrosius non transtulit, quis transtulit? Id ut eruamus, de auctoris agendum est aetate. Josephus Wittig, *Der Ambrosiaster „Hilarius“* (Dr. Max Sdralek, Kirchengeschichtliche Abhandlungen, uol. IV, Vratislauiae 1906) p. 54 ait Hegesippi l. V c. 15 (ed. p. 319, 26—320, 5) quae Theodosius annis 367 s. feliciter gesserit notari, ignorari autem Gothorum bella (annorum 379—382), collata J. F. Gronouii Monobiblo *Obseruatorum in scriptoribus ecclesiasticis* (1651), p. 5; *cf.* etiam V. Vssani, *Studi It.*, uol. XIV, p. 306. Hic locus Iosippi ita fertur: *quid adtexam Brittanias interfuso mari a toto orbe diuisas, sed a Romanis in orbem terrarum redactas? tremit hos Scothia, quae terris nihil debet, tremit Saxonia inaccessa paludibus et inuiis saepta regionibus, quae licet furta belli uideatur audere, et ipsa frequenter captiua Romanis accessit triumphis. ualidissimum genus hominum perhibetur et praestans ceteris, piraticis tamen myoparonibus, non uiribus nititur, fugae potius quam bello paratum* (nihil apud Iosephum quod conferas, aliter atque l. II 9, 1 = ed. p. 151, 13—15, u. supra p. XXI). Addendus est locus de Constanti-

[1] Alia inuestigandi ratione usus idem statuit I. P. McCormick *A study . . . in Hegesippus* (Cathol. Uniuers of Amer., Patristic Studies, uol. XLIII, 1935), u. imprimis eius summarii p. 211 ss. — Iosippi dictio est quarti saeculi (nondum quinti), colore Sallustiano fucata (u. p. XXVIIs.). Illius more ac ritu auctoris genetiuis indulget in -um desinentibus et infinitiuis historicis.

nopoli (III 5, 2 = p. 193, 14s.): *nunc quarto* (loco, sc. Antiochia), *postquam Constantinopolim excreuit ciuitas Byzantiorum.*

Sed quis auctor huius historiae est Ambrosio non probato? Wittig l. l. non rectam ingressus est uiam, sed tramitem peruersum. Commentatione enim nisus uiri docti G. Morin, qui Ambrosiastrum qui dicitur inde ab Erasmi temporibus, *i. e.* auctorem commentariorum in tredecim epistolas beati Pauli, et Quaestiones Veteris et Noui testamenti Isaac, homini Christiano ex Iudaeo, attribuerat (*L'Ambrosiastre et le juif conuerti Isaac*: Revue d'histoire et de littérature religieuses IV 2, p. 97—121, Paris 1899)[1], hac scilicet nisus commentatione non solum Ambrosiastrum et Quaestiones, sed etiam Gaudentii sermones Isaacis esse contendebat (p. 31). Neque in ea re acquieuit, sed auctorem historiae de qua agimus et aliorum librorum (quos p. 63 enumerat) eundem ait esse, hoc uero magis affirmans quam argumentis probans. Nam cum in Ambrosiastri principio (*cf. In epist. ad Romanos*, cap. I ad uersum primum, P. L. uol. XVII) legatur: *Apud ueteres nostros ratione nomina componebantur, ut Isaac propter risum et Iacob propter calcaneum*, patere Isaac (= Γέλωτα, *cf.* Eusebii Praepar. Evang. IX 19, 3) et Hilarium et Gaudentium eiusdem hominis esse nomina, quippe quae idem significent. Contra ea dico Quaestiones et Ambrosiastrum (eiusdem esse auctoris Alexander Souter in editione sua Quaestionum Veteris et Noui testamenti euicit, CSEL, uol. L, 1908, p. XII[1] et XXIV) non posse ei tribui qui hanc confecit historiam, quoniam Quaestionum dictio Iosippi dictione magis est uulgaris. Quod tibi par ac consentaneum uidebitur, haec si perspexeris Quaestionum: *ab id quod*; *cum id quod*; *debet* id quod *oportet*; *extollitus*; *intra* i. q. *infra* (ut apud Italos qui nunc sunt); *minoro*; *modo* i. q. *nunc* (apud Italos australes qui nunc sunt, *mò*); *paupera* fem.

De Gaudentio autem magis ridendum est quam arguen-

[1] Quam opinionem postea retractauit: *Hilarius l'Ambrosiastre* (Revue Bénédictine XX, 1903, p. 113—131): auctorem esse Decimum Hilarianum Hilarium.

dum, quippe qui ipse profiteatur se ex gentilibus oriundum esse: *cf.* Tractatum IX 17 (p. 79, lin. 148s. ed. Ambros. Glueck, CSEL, uol. LXVIII) *nam canes eramus nos quondam gentes et filii erant aliquando Iudaei*; X 24 (p. 100, 229s.) *nos utique eramus gentes*; I 8 (p. 20, 44ss.); I 18 (p. 22, 101s.); IX 30 (p. 83, 253s.).

De Isaac ex Iudaeo

Restat, ut de Isaac disputemus, quem Wittig, ut supra dixi, magis affirmauit quam argumentis probauit huius historiae esse auctorem. Quis fuit? Audi Hieronymum, *Comment. in Epist. ad Titum*, cap. III, u. 9 (μωρὰς δὲ ζητήσεις καὶ γενεαλογίας καὶ ἔρεις καὶ μάχας νομικὰς περιίστασο· εἰσὶν γὰρ ἀνωφελεῖς καὶ μάταιοι): *Audiui ego quendam de Hebraeis, qui se Romae in Christum credidisse simulabat, de genealogiis Domini nostri Iesu Christi quae scripta sunt in Matthaeo et Luca, facere quaestionem, quod uidelicet a Salomone usque ad Ioseph nec numero sibi nec uocabulorum aequalitate consentiant. Qui cum corda simplicium peruertisset, quasi ex adytis et oraculo deferebat quasdam ut sibi uidebatur solutiones, cum magis debuerit iustitiam et misericordiam et dilectionem Dei quaerere et post illa, si forte occurrisset, de nominibus et numeris disputare. Satis forsitan de Hebraeorum supercilio et plus quam necesse fuerit dixerimus.* Th. Zahn, *Der Ambrosiaster und der Proselyt Isaak* (Theolog. Literaturblatt 1899), p. 313—317 ab Hieronymo cognouit notari illum Isaac, papae Damasi aduersarium, qui caput eius in periculum uocauit, Vrsini, competitoris eius, socium. In Auellanae collectionis (CSEL, uol. XXXV) capit. 13, 5 eius relegatio ab imperatoribus Gratiano et Valeriano promulgatur: *Hisacem remotus Hispaniae angulus titulo damnationis inclusit.*

De mente huius scriptoris anonymi

Vt hanc quaestionem disceptem, auctor huius historiae quae senserit et qua mente fuerit, perquirendum est. Est homo Iudaeus et gente et mente, baptismate tamen Christianus factus, cui dulce est inter maiorum (quos patres dicit) uersari habitacula (profiteor quoscumque allegauerim locos, iis nihil inesse quod a Iosepho pendeat): IV 18 (= ed. p. 269, 20—270, 4) *Nobis autem ... cordi est patrum ex Aegypto egredientium usque in terram resurrectionis repetere uestigia, ut si cui forte nostra in manus ueniant, non nostra legat, sed patrum relegat. Dulcius est enim inter maiorum uersari habitacula et ueterum dicta factaque recensere memoria atque eorum inhaerere gratiae*; qui patriam perisse legem dolet ueteremque cultum: l. IV 5 (= p. 247, 12—15): *sed iam tempus est ut quae Hierosolymis gesta sunt adoriamur, non ingenio freti, sed ne patriae legi ueterique cultui nostri doloris uideamur negasse ministerium*; quem, ut ait ipse (V 2, 2 = p. 301, 11—15) *oportuit uberiore quadam deploratione praeire funus quoddam patriae sollemnitatis et uelut quasdam exequias prosequi ac soluere iusta maiorum institutis*, quibus uerbis ad eam respicit deplorationem, quae sectione priore capitis continetur secundi libri quinti, cum aliis figuris exornatam rhetoricis tum repetitione (ἐπαναφορᾷ) quincuplici: *exsurge nunc, Moyses*; *exsurge, Aaron*; *suscitare et tu, Iesu Naue*; *suscitare, Dauid*; *suscitare, Helisee.* Qua mente fuit, ea commotus custodem sacrae gazae uituperauit, quod cum a Romanis comprehensus esset, metu coactus permulta Romanis tradidit. Itaque non acquieuit Iosephi sententiae (BI VI 391 ἅπερ αὐτῷ βίᾳ ληφθέντι τὴν τῶν αὐτομόλων συγγνώμην ἔδωκε = V 48, p. 403, 7s. *unde et ueniabile apud suos flagitium fuit*), sed subiunxit (lin. 8ss.): *tamen, etsi uoluntas defuit, deesse uirtus non debuit ... refugere ... debemus facti ministerium et indicium proditionis.* Idem cum l. V 44, 1 prodigia quaedam ex Iosepho enarrat quae circa templum futura praenuntiabant, non ex Iosepho se excusat non accusatus: p. 392, 1—9: *nec quisquam arbitretur aliena nos a cultu nostro* (sc. Christiano) *et disciplina locutos, primum quia non quid nobis uideatur adstruimus, sed quid acciderit quaeue opiniones tunc temporis fuerint, quid prudentes senserint, quid imprudentes. neque cum de secta Iudaeorum aliquid dictum est, ita scriptum uideatur a nobis, quasi in ueritate cultus eorum, non quasi in umbra et figura praemissos contexeremus, ut sequerentur perfectiora.* Haud immerito Scholz l. l., p. 194 mentionem hic facit prouerbii Francogallici quo qui se excuset, se accusare dicitur.

Homo Iudaeus uiditne Palaestinam ibique fuit? Hac in re primum haereas. Galilaeam ex Iosepho describens non ex Iosepho addit (III 6, 3 = p. 196, 19—21): *inenarrabile quanto decori sit, cum uento impulsi palmarum ordines concrepant et suauiores solito funduntur dactylorum odores.* Id ut maiorem adderet dictioni uigorem num addiderit, hic dubites. Sed quoniam cum Syrorum describit turpe pecuniae studium (V 24, 3), consuetudinis non ex Iosepho facit mentionem, quae tunc temporis in usu fuit (p. 358, 8—11: *quod etiam nunc in huiusmodi hominum genere reperias et nonnullis Aegyptiorum, ut curandis funeribus negotientur et officia humanitatis uendant mercaturae compendiis*), patet ipsum uidisse quae describeret[1].

Mireris hominem orientalem Orientem et Orontem confundere (u. p. XXXI). Ne mireris autem hominem confudisse qui ipse suum profiteatur ingenium incultius (*cf.* IV 18 = p. 269, 20s. *nobis autem quibus incultius ingenium est*; conferas etiam Prologi § 2: *non ingenii ope fretis*). Sed qua mente ac ratione nonnulli uiri docti cum Ambrosium huius historiae arbitrarentur esse auctorem, eum (cuius ingenium, contra atque huius auctoris, cultissimum erat) talem confusionem sustinebant exponentem?

Christianum se ubique hic scriptor profitetur, *e. g.* V 2, 1 (= p. 301, 1—3) *numquam illa urbs periit, nisi quando vere templum dei domesticis manibus crucifixerunt* ii quorum lex patria et cultus fuerant umbra non ueritas (*cf.* IV 5 = p. 247, 15 et illum locum, quem supra allegaui, V 44, 1 = p. 392, 2—9); Iudaeis probro dat perfidiam: Prolog. 1.

Supra dixi de Isaac ex Iudaeo, nunc de scriptore huius

---

[1] Partes Palaestinae australes non uidetur cognosse, IV 23, 2 (= p. 277, 11—13) *terebinthus illic magna arbor a constitutione mundi fuisse adseueratur. nunc tamen utrum adhuc maneat incertum nobis est* (uerba *nunc* — *est* ipsius sunt, non Iosephi).

historiae, item ex Iudaeo. Nonne censendum est Isaac et hunc scriptorem esse eundem? Id autem facilius proponas quam argumentis euincas. Non solum enim homines comparandi sunt eorumque mens ac ratio, sed etiam opera eorum.

Isacis duo opuscula feruntur, alterum sub eius nomine (*Fides Isatis ex Iudaeo* [Isatis pro Isacis, litteris t et c confusis] codex C habet, unus ex duobus quibus hoc opusculum traditur, in altero codice omisso nomine inscribitur *Liber de trinitate*, unde apparet hanc Fidem fragmentum esse eius opusculi, quod Gennadius in appendice Hieronymi *Virorum Illustrium* cap. 26 Isaac testatur scripsisse), alterum in eo codice quo uno traditur (Ambrosiano, olim Bobiensi) sine nomine auctoris inscribitur *Expositio fidei catholicae*; quoniam autem haec Expositio haud pauca habet communia cum Fide Isacis (u. nouam editionem, p. 346), dubium uix potest esse, quin ea quoque eiusdem sit auctoris. In noua editione illa complectitur sex paginas et dimidiam, haec unam paginam et dimidiam. Cum Iacobus Sirmond editionem principem fecisset Fidei Isacis, ter edita est (ab Ioanne (Hans) Zeuschner, *Sdralek e. q. s.* (u. p. XXV) uol. VIII, 1909, p. 99—148, ab Alexandro Souter anno 1930, ab A. Hoste anno 1957, *Corporis Christianorum Seriei Latinae*, uol. IX, p. 337—343, adiuncta Expositione p. 347s.).

Quicumque leget Fidem (Expositio breuissima est), eius menti obuersabitur homo orientalis digitis calculans et computans. Audi Fidei tenorem: *Quinque enim sunt omnia, quae sunt haec, sed tria et duo fiunt in diuisione. haec autem quae tria sunt secundum sermonem humanum et secundum quod tria sunt, diuiduntur et uere tria sunt et habent inter se aliquid propter quod tria non sunt, sed unum . . . Duo autem quae a tribus diuisa sunt, haec sunt diuinitas et opera eius . . . igitur tria quae diuisa sunt a duobus, haec sunt: deus pater innascibilis, non ex aliquo, et deus filius unigenitus, ex aliquo, hoc est ex patre, et spiritus sanctus innascibilis ex aliquo, hoc est ex patre, et sunt haec quae, cum tria sunt, unum sunt.* Hanc Fidem quam Gennadius l. l. obscurissimae dicit esse disputationis et inuoluti sermonis, ego iudico uno abstrusae absurditatis tenore dialecticique sermonis et conceptam et conscriptam esse. Haec igitur Fidei materia, hic finis (quem Graeci σκοπόν dicunt). Alia huius historiae materia, cuius scriptor narrandi studio tenebatur, non argumentandi. Vocabula autem in comparationem non possunt uocari. Fides enim, quamquam multorum uerborum, tamen paucorum est uocabulorum (nam eadem uerba saepe iterantur). In iis autem uocabulis — ceterum tritis — non inuenias quae cum huius historiae compares uocabulis, nisi aliquo aestimes momento, quod Isaac ut Iosippus Spiritum sanctum dicit, non sanctum Spiritum.

Itaque ut huic argumentationi iam finem imponam, Isaac propter mentem tamquam huius historiae auctor excludi quidem non potest, sed non sunt argumenta quibus eum esse auctorem euincas.

De Iosepho Slauo

Ecce necopinato ex inferis phantasma exortum est, Iosephus Slauus. Editus enim est in Actis Uniuersitatis Dorpatensis B (continentur Humaniora) V (Tartu, olim Dorpat, 1924) hic liber Alexandri Berendts et Conradi Grass: Flauius Iosephus, De bello Iudaico, l. I—IV secundum translationem Slauicam lingua Germanica editi et cum textu Graeco comparati (titulo ne decipiaris: continetur solum principium; secutae sunt aliae partes: IX, Tartu 1926; X, Tartu 1927; XI, Tartu 1928; plures libri quam quattuor, quod sciam, editi non sunt). Idem A. Berendts de hac translatione iam anno 1906 lingua egerat Germanica TU Nouae Seriei, uol. 14, fascic. 4: Testimonia de Christianismo in translatione Slauica Iosephi Belli Iudaici. Berendts cum in Actis B V, p. 23 contendit Iosephum opus suum lingua Aramaea confectum bis Graece transtulisse, quarum translationum priorem simpliciorem et magis uulgarem fuisse, ualde errat. Iosephus enim ipse de una sola translatione loquitur Graeca, BI I 3 Niese προυθέμην ἐγὼ τοῖς κατὰ τὴν Ῥωμαίων ἡγεμονίαν Ἑλλάδι γλώσσῃ μεταβαλὼν ἃ τοῖς ἄνω βαρβάροις τῇ πατρίῳ συντάξας ἀνέπεμψα πρότερον ἀφηγήσασθαι et 6 ἄτοπον ἡγησάμενος περιιδεῖν πλαζομένην ἐπὶ τηλικούτοις πράγμασι τὴν ἀλήθειαν καὶ Πάρθους μὲν καὶ Βαβυλωνίους Ἀράβων τε τοὺς πορρωτάτω καὶ τὸ ὑπὲρ Εὐφράτην ὁμόφυλον ἡμῖν Ἀδιαβηνούς τε γνῶναι διὰ τῆς ἐμῆς ἐπιμελείας ἀκριβῶς . . . ἀγνοεῖν δὲ Ἕλληνας ταῦτα καὶ Ῥωμαίων τοὺς μὴ ἐπιστρατευσαμένους. Quod enim Iosephus Slauus oratione utitur recta, ubi Iosephus Graecus eam rem oratione refert obliqua et arte quadam composita, id uirum doctum induxit ut duas statueret translationes (*cf.* Actorum B V, p. 26—31). At non Iosephus auctor uulgarem edidit translationem, sed Iosephi Slaui archetypum Graecum (de quo u. p. XLII) ut a uulgo intellegeretur, uulgari exaratum erat dictione.

Quid enim est Iosephus Slauus? Est opus quod Graece Συλλογήν dicas, Latine Collectionem uel potius Collectanea, quorum fundamentum est Malalae historia retractata; mixta autem et quasi inuoluta haec sunt collectanea partibus Iosephi Slaui et finiuntur chronicis chronistae urbis Perejasslawl, quae chronica ad annum MCCLXI referuntur (*cf.* Acta B V, p. 9—22; huius operis codicum plurimum ualet codex quidam saeculi XV). In TU l. l., p. 6ss. Berendts octo capitibus de illis egerat testimoniis. Capitibus primo et secundo nihil commune est cum Iosippo. In tertio capite de Ioanne Baptista agit ab Herode minore occiso. Iosephus Slauus Herodem ait Philippo fratre mortuo demum Herodiadem, uxorem eius, in matrimonium duxisse, sed Iosippus fratre etiamtum uiuo: II 5, 3 = p. 140, 10 *fratris uiuentis uxorem eripuerat* (apud Iosephum Graecum ea de re neque in BI neque in AI sermo est). Quod Berendts dicit (p. 21), cum Iosippi uerba (ibid. l. 10s.) *praesertim habentem* (sc. Herodiadem) *semen de germano ipsius* in adulterio hominis cum uxore hominis uiui sensu careant, ad Iosephum Slauum (*i. e.* ad archetypum eius Graecum) referenda esse, prorsus non intellego. Ceterum Iosippus euangelia (Matth. 14, 3s.; Marc. 6, 17s.) secutus est, secundum quae et ipsa Herodes Herodiadem habebat uxorem, quamquam cum Philippo fratre eius uiuo iuncta erat matrimonio.

Differt Iosephus Slauus in narratione de Ioannis Baptistae occisione. Nam Iosippo II 5, 3 (= p. 140, 5) dicente *in carcerem trusit Iohannem* (ubi capite truncatus est: Ios. AI XVIII 119; Eu. Matth. 14, 10, Marc. 6, 27) Iosephus Slauus Ioannem ait (*cf.* l. l., p. 22) semper Herodem arguisse ubicumque inuenisset et tamdiu, donec rex eum iusserit obtruncari.

De Christo: Iosippus II 12, 1 (= p. 164, 18—20) dicit: *nam cum alii precando meruerint facere quae fecerunt, hic in potestate habebat ut omnia quae fieri uellet, imperaret.* Similia Iosephus habet Slauus (p. 23). Certe Iosippus ea non sumpsit ex Iosepho Slauo (*i. e.* ex eius archetypo Graeco uel potius ex archetypo illius archetypi), sed nouerat et indicabat, quantum actiones distarent apostolorum qui precando meruissent facere, quae fecerunt, et Iesu qui quae fieri uellet, imperaret. Verbis ed. p. 164, 15—17 (= II 12, 1) *excidium quoque templi futurum adnuntiavit, sed non eos templi iniuria commovit, sed quia in flagitiis ab eo et sacrilegiis corripiebantur, hinc ira exarsit ut interficerent eum*, his uerbis, ut ait Berendts (p. 24), nonne Iosippus acerrime contradicit tabulae quartae illarum tabularum quae a Iosepho Slauo memorantur, ubi legebatur Iesum ut regem non regnasse, sed esse crucifixum, quod urbis excidium adnuntiasset et templi desolationem?[1] Sed cui Iosippus illius meminisse tabulae (dummodo fuerit) et ex Iosepho Slauo (*i. e.* ut iterum moneo, ex archetypo eius Graeco) ea uidetur sumpsisse? Et quae leguntur apud Iosippum V 44, 3 (= p. 395, 2—7) *quod secundum illud tempus futurus esset uir, qui de regione eorum imperium adsumeret in orbem terrarum ... id alii ad Vespasianum referendum putarunt* (sicut Iosephus BI VI 312s.), *prudentiores ad dominum Iesum*, haec est interpretatio Christiana, quam ne mireris Iosephum Slauum praebere sicut Eusebium H. E. III 8, 11 et codicem Iosephi

---

[1] Ne decipiaris nota illa in *Indice nominum et rerum* sub lemmate *Hierosolymitanus* p. 463. In stela enim illa a C. Clermont Ganneau inuenta et edita (Revue archéologique, Nouvelle Série XXIII [1872], p. 214ss. et 290ss.) nequaquam legitur Christum regem non regnasse, sed supplicio affectum esse, sed alienigenae in spatium sacri interius ingredi uetantur.

Vrbinatem s. XI nota recentiore ad hunc Iosephi locum apposita (u. Niese, Iosephi operum, uol. VI, p. X): ... ἀλλὰ γὰρ ὁ χριστὸς μόνος τηνικαῦτα καὶ τῆς ἰουδαίας ὡρμήθη· καὶ τῆς οἰκουμένης ἦρξε· καὶ ἔτι νῦν ἄρχει κτλ.

Ceterum Iosippus cum Tacito nonnulla habet communia, uelut famam qua bitumen lacus Asphaltitae ferebatur ferro uel alia praeacuta metalli specie abscindi non posse, cedere autem sanguini mulierum menstruo (*cf.* Tacit. Hist. V 6 et Iosippi IV 18 = p. 271, 2—5): haec descriptio similior est Taciti descriptioni quam illis quae apud Iosephum BI IV 480s. leguntur προσήρτηται τῷ μηρύματι (τῆς ἀσφάλτου) τὸ σκάφος ἕως ἂν ἐμμηνίῳ γυναικῶν αἵματι καὶ οὔρῳ διαλύσωσιν αὐτήν, οἷς μόνοις εἴκει. Vaticinium quoque illud apud Tacitum cum interpretatione pagana est, Hist. l. V 13 *pluribus persuasio inerat antiquis sacerdotum litteris contineri eo ipso tempore fore ut ualesceret Oriens profectique Iudaea rerum poterentur. quae ambages Vespasianum ac Titum praedixerunt.*

Vincentius Vssani anno MCMXIV (Rivista di filologia e d'istruzione cl. uol. 42, p. 417ss., *Su la più antica storia del testo di Flavio Giuseppe*[1]) Iosippum et Iosephum Slauum opinatus erat ad archetypum quoddam spectare (u. imprimis p. 427). At editis iam Iosephi Slaui libris multis post annis (Rendiconti della Pontificia Accademia romana di archeologia, uol. VIII [1931/32], p. 227—237, *L'Egesippo e il Giuseppe Slavo*) contraria affirmabat et argumentis probare conabatur Iosephum Slauum pendere ex Iosippo. Examinemus igitur quae attulit! In iis quae Iosephus Graecus BI I 157 tradidit: παραδοὺς δὲ ταύτην (τὴν Συριακὴν ἐπαρχίαν) τε καὶ τὴν Ἰουδαίαν καὶ τὰ μέχρις Αἰγύπτου καὶ Εὐφράτου Σκαύρῳ διέπειν minus diligenter καὶ τὰ usque ad Εὐφράτου et Iosippus (*cf.* I 18) et Iosephus Slauus omittunt. Fabatum quem Iosephus BI I 575 Καίσαρος διοικητὴν dixit, Iosippus I 44, 8 (= p. 117, 29s.) recte dicit Romanae rei moderatorem et intimum Caesaris (quoniam is institutus erat a Caesare procurator), Iosephus Slauus procuratorem Romanum. Γράμματα (BI I 620),

[1] Caue credas Iosephi textum ex Plinio interpolatum esse.

i. e. unam epistulam, Iosippus cum I 44, 6 (= p. 114, 3) dicit epistulas, loco illo Iosephi Graeci deceptus esse non uidetur, quia seriore Latinitatis aetate epistulae unam significare poterant epistulam (*cf.* Löfstedt, *Syntactic.*, part. I, ed. alt. p. 43); in eodem capite (§ 8) epistulam Caesaris (BI I 633 τὰ παρ' αὐτοῦ γράμματα) modo litteras appellat, modo epistulam (*cf.* 119, 1 *in litteris tuis*, 3 *tuam epistulam*, 4 *litteras Caesaris*). BI autem loco deceptus est Iosephus Slauus (*mit Briefen*). Sed BI I 199 ubi Caesar Antipatro concedit ut restituteret moenia patriae diruta, et Iosippus et Iosephus Slauus decepti sunt. Apud Iosephum enim τῆς πατρίδος intellegendum est *urbis patriae*, Iosippus autem (I 25, 3 = p. 40, 24) terrae patriae intellexit (*muros Iudaeae qui bello diruti erant*; at conferas § 4 = p. 41, 1s. *et primo quem Pompeius destruxerat murum*, sc. Hierosolymorum, *in ueterem statum reformauit*). Similia praebet Iosephus Slauus (*daß er hinzubauen dürfe die niedergelegten Mauern in allen Städten*). Coniurationis in Herodem maiorem (BI I 599s.) particeps erat Mariamme, uxor eius. Sed utra Mariamme? Non celeberrima illa, Alexandro genita, sed primi sacerdotis filia, ut ait Iosephus (ἡ τοῦ ἀρχιερέως θυγάτηρ). Iosippus quamquam I 43, 7 (= p. 110, 2) non addit „primi sacerdotis filia", tamen hanc Mariammen nequaquam cum celeberrima illa confundit, quippe cuius necem antea (cap. 37, 6 = p. 77, 18) narrauerit. Sed utramque confudit Mariammen Iosephus Slauus (*weil sie tot war*, sc. Alexandri filia, ideo eius coniurationis particeps non nominatur). Quae Bello Iudaico de lacu Asphaltita ab Iosepho narrantur, non prorsus eadem esse atque quae ab Iosippo, supra (p. XL) dixi. Idem ualet in Iosephum Slauum.

At ualde me mouet (sicut mouit Vincentium Vssani) quod est apud Iosippum II 5, 4 (= ed. p. 140, 22s.) *et fugatus* (sc. Herodes minor) *in Hispaniam una cum uxore Herodiade maerore animi consumtus est.* Et similiter apud Iosephum Slauum: *unter vielem Kummer*; in BI II 183 simpliciter narratur καὶ Ἡρώδης μὲν ἐν Σπανίᾳ (sic codices; Γαλλίᾳ Niese) συμφυγούσης αὐτῷ καὶ τῆς γυναικὸς τελευτᾷ. Haec Iosippi et

Iosephi Slaui sententia unde orta est? Incertum, nisi censueris Herodem utrique poenam dedisse uisum esse Ioannis Baptistae ab eo occisi (de Iosippo conferas II 5, 2 = p. 139, 24s.) sicut uulgo eiusdem occisionis poenam uisus est dedisse clade ab exercitu eius accepta (*cf.* Iosephi AI XVIII 116).

Archetypum Iosephi Slaui ad illa tempora refertur bellorum quae Christianae rei causa suscepta sunt, quibus temporibus non solum Christiani infideles inpugnabant, sed etiam Graeci in Latinos inuehebantur quos corruptibiles increpabant (u. Vssani, l. l. p. 235). Certe Iosippus nihil sumpsit ex archetypo istius Iosephi Slaui; num quid illud Iosephi Slaui archetypum ex Iosippo sumpserit, incertum.

Phantasma igitur illud Iosephi Slaui ad inferos rursus descendat.

De Iosippi opere

A. De prologo

In prologo Iosippus historiam ait Iudaeorum inde a regibus usque ad incendium templi contineri et IV Regnorum libris, quos ipse historiae in modum composuerit, et libris Maccabaeorum et Iosephi opere (De bello Iudaico scilicet), quem tam laudat ut relatorem egregium quam reprehendit ut consortem perfidiae Iudaeorum, quod non tam religioni et ueritati attentus fuerit quam rerum indagini et sermonum sobrietati. Christianam igitur Iosephi operis suam profitetur editionem, ut eruat aliqua uel de reuerentia sacrae (i. e. Mosaicae) legis uel de sanctae (i. e. diuinae) constitutionis miraculo.

B_1. De historiae narratione

Incipit: *Bello Parthico quod inter Macchabaeos duces gentemque Medorum diuturnum ac frequens uariaque uictoria fuit, incentiuum dedit sacrilegii dolor.* Cur „Bello Parthico“ et „Medorum“, cum Macchabaei bellum gesserint aduersus Seleucidas, Syrorum reges? Quoniam Seleucidarum quasi heredes exstiterant Parthi, sicut illi Medorum i. e. Persarum. Aliter Iosephus narrare incipit BI I 31: Στάσεως τοῖς δυνατοῖς

Ἰουδαίων ἐμπεσούσης καθ᾽ ὃν καιρὸν Ἀντίοχος ὁ κληθεὶς Ἐπιφανὴς διεφέρετο περὶ ὅλης Συρίας πρὸς Πτολεμαῖον τὸν ἕκτον. Iosippus enim in hac narratione non Iosephum secutus est, sed Maccabaeorum libros, ut ex his elucet rebus: 1. Sacerdos ille defectionis auctor ab Iosippo sicut libris Maccabaeorum Matthathias uocatur, a Iosepho Ματθίας; 2. Iosipp. I 1, 2 (= ed. p. 4, 24s.) *uerum etiam immolantem simulacris hostias de popularibus suis nanctus gladio transfixit* = Macc. I 2, 23s. (Iosephus de eo tacet; Bacchides a rege custos missus et a sacerdote occisus [BI I 36] neque ab Iosippo nec Maccabaeorum libris nominatur); 3. Iosipp. ibid. l. 26s. *Asidaeis in societatem adscitis* = Macc. I 2, 42 (de Asidaeis nihil apud Iosephum, neque in BI neque in AI); 4. Iosipp. ibid. p. 5, 2s. *bellique sabbato adoriendi auctor fuit* (sc. Matthathias): cf. Macc. I 2, 41 (contraria dicentem facit Iosippus Eleazarum rebus iam desperatis V 22, 1 = ed. p. 351, 16); Iosephus autem hac de re tacet.

B_2. De duorum librorum (II et V) exitu

Iosippus post Maccabaeos cum Iosephi BI ordinem rerum plerumque seruaret, duobus tamen libris efficaciorem imposuit exitum, secundo et quinto. In secundi libri capite ultimo (18) de Simone quodam narrat Iudaeo Scythopolitano qui cum Iudaeos peregrinos extrinsecus irruentes depulisset, cum ceteris Iudaeis Scythopolitanis oppressus, uxore et filiis ab ipso necatis, sibi ipse manus attulit. Est in BI II 476; Iosephi sectionum 477—646 Iosippus partem capiti suo duodeuicesimo praemisit, partem libro tertio attribuit, ut mirabili Simonis facinore finis libri secundi illustraretur. Libro autem quinto Iosippus Iosephi comprehendit libros quintum, sextum, septimum. Libri quinti capite uicesimo quinto (25, 2) sextus incipit BI liber, capite autem undequinquagesimo transitus fit a libro sexto BI (392—400) ad septimum (1, 26, 20, 27—33, 36—40). Iosephi libros sextum et septimum (hunc praecipue) Iosippus nonnisi cursim ac raptim excerpsit. Huic tamen libro quinto et operi suo finem addidit efficacissimum (V 53, 2 = p. 416, 20ss.) quo narrat anum quandam solam superfuisse, quae infantes quinque in aquaeductu absconderet ceteris Iudaeis Masadae a Romanis circumclusis sibi ipsis mortem inferentibus. Apud Iosephum autem et hac sectione (399) liber septimus non finitur et minus efficax est quod dicit nonnullas mulieres e cuniculis emersisse (VII 404) quam quod Iosippus: *una mulier sola superfuit.*

B_3. De partibus AI huic historiae insertis

Tenorem narrationis interrupit uel potius amoeniorem reddidit narratiuncula amoenissima ex Iosephi AI (XVIII 65—80; BI 0) inserta, Paulinae cum equite Romano tamquam Anubide concumbentis (II 4). Abrupte ad hanc narratiunculam transitur a Iosippo (*eo*, sc. Tiberio, *imperante*) ut apud Iosephum (XVIII 65) Καὶ ὑπὸ τοὺς αὐτοὺς χρόνους. Arreptis autem semel Antiquitatibus et propinquis lectis sectionibus (85—88 et 62) quibus Pilatus memoratur, eius quoque mentionem facit (II 5, 1; BI 0); et quoniam ea quae sectionem 62 sequitur sectione Iosephus Christum nominat, de Christo quoque agit (II 5,2; fusius capite duodecimo post narrationem stragis Iudaeorum Alexandrinorum: *Luebant enim scelerum suorum supplicia, qui postquam Iesum crucifixerant diuinorum arbitrum* e. q. s.); Pilatum autem deterrimum comparans eodem capite cum Herode Agrippa malo Ioannis Baptistae occisionem quam iste fieri iussit (§ 3) ex eodem narrat Antiquitatum libro (§§ 116—119; BI 0).

Sed unde mutuatus est Iosippus l. III c. 2 narrationem quam exposuit de Petro (ac Paulo)? Nam ex Eusebii H. E. libri II capitis 14 exiguitate non potest esse deriuata. Et unde sumpsit III 5, 2 de Persis Antiochiam necopinato opprimentibus, quae narratio ex fonte Iosippo et Ammiano Marcellino (XXIII 5, 3) communi deriuata est; neuter enim neutrum exscripsit, quoniam apud Iosippum mimus conspicit Persas, apud Ammianum autem uxor et socia eius.

Ut igitur summam faciam, Iosippus Iosephi BI post Maccabaeos in narratione secutus est, ita tamen interpretatus ut uerbum non ex uerbo exprimeret.

Personam auctoris sui modo aliam esse significat (V 44, 2 = p. 395, 6 *id alii ad Vespasianum referendum putarunt*: BI VI 313; IV 27 = p. 283, 25s. *si fides adsertis adest*: BI IV 610), modo eandem esse atque suam (IV 9, 4 = p. 257, 19 *miserabiliore, ut mihi uidetur, exitu*: BI IV 312).

C. De orationibus

In orationibus autem quibus Iosephus opus exornauit suum, Iosippus suo indulgebat ingenio; quod ut demonstrem, de tribus inuestigabo orationibus, de Agrippae ad populum (II 9), de Iosephi ad socios (III 17), de Eleazari (V 53).

II 9 = BI II 345—401

p. 146, 21s. quid opus est libertatem attollere ~ Ios. 348 οἶδα μὲν οὖν ὅτι πολλοὶ . . . τὰ τῆς ἐλευθερίας ἐγκώμια τραγῳδοῦσιν (= cantant, hodie τραγῳδοῦν); 149, 20s. Agesilaum scrutatorem (sic secundum codd. Hα V ipse editor legendum esse censet *Addend.* p. 420) Asiae = Ios. 359 τὸν ἐρευνήσαντα τὴν Ἀσίαν Ἀγησίλαον; 150, 17 oceano secreti (Britanni) ~ Ios. 378 περιβεβλημένους ὠκεανόν; 21 transfretantibus (sc. Romanorum nauigiis) ~ Ios. ib. πλεύσαντες (Ῥωμαῖοι); 151, 8s. Romanis tamen supra nubes uiantibus et ultra columnas Herculis imperium propagantibus ~ Ios. 375 ὑπὲρ πὰς Ἡρακλείους στήλας ἐκτείναντες τὰ ὅπλα καὶ διὰ νεφῶν ὁδεύσαντες (Ῥωμαῖοι) τὰ Πυρηναῖα ὄρη; 13s.: cf. p. XXI; 152, 5s. Persarum . . . quoque obsides uidemus ~ Ios. 379 Πάρθοι (quibus Iosippi aetate Persae successerant) ὁμήρους πέμπουσιν Ῥωμαίοις; 24 decies DCCL milia hominum = Ios. 385 πεντήκοντα πρὸς ταῖς ἑπτακοσίαις μυριάδας; 153, 5s. Syrtes . . . terribiles etiam solo auditu ~ Ios. 381 αἱ φοβεραὶ καὶ τοῖς ἀκούουσιν Σύρτεις; 11 quibus (populis) fulta Carthago Scipionis dexteram non tulit ~ Ios. 380 οἳ (Καρχηδόνιοι) τὸν μέγαν αὐχοῦντες Ἀννίβαν καὶ τὴν ἀπὸ Φοινίκων εὐγένειαν ὑπὸ τὴν Σκιπίωνος δεξιὰν ἔπεσον; 12 maluitque (Carthago) Romam duabus anni partibus aduersum se pascere ~ Ios. 383 οἳ (Καρχηδόνιοι) μησὶν ὀκτὼ τὸ κατὰ τὴν Ῥώμην πλῆθος τρέφουσιν; 18 Tauroscythae ~ Ios. 366 τὸ τῶν Ταύρων φῦλον (desunt apud eum Scythae nomades); 20 XL naues = Ios. 367 τεσσαράκοντα ναῦς; 156, 5 nihil -10 sustinemus ~ Ios. 395.

III 17 = BI III 362—382

Declinat sui occisionem et Iosephus et Iosippus, sed hic oratione multo prolixiore; similia haec: p. 212, 29 (naturae) — 213, 9 caeleste et p. 217, 20 deus — 218, 4 resoluimus ~ Ios. 371s.; p. 213, 13 utrumque — 14 donauit ~ Ios. 365 δειλὸς δὲ ὁμοίως ὅ τε μὴ βουλόμενος θνήσκειν ὅταν δέῃ, καὶ ὁ βουλόμενος ὅταν μὴ δέῃ; 214, 8 nec — 10 demergant ~ Ios. 363 καλὸν ἐν πολέμῳ θνήσκειν, ἀλλὰ πολέμου νόμῳ, τουτέστιν ὑπὸ τῶν κρατούντων; 13 utinam fallant ~ Ios. 382 τὴν τῶν ψευσαμένων ἀπιστίαν νίκης μείζονα ἀποφέρων παραμυθίαν; 215, 16—18 si possum eorum manus timere, dignus sum qui manibus peream meis. si parcunt illi aduersario, cur ego non parcam mihi ~ Ios. 364 εἰ μὲν οὖν τὸν Ῥωμαίων ἀποστρέφομαι σίδηρον, ἄξιος ἀληθῶς εἰμι ξίφους καὶ χειρὸς τῆς ἐμῆς, εἰ δ' ἐκείνους εἰσέρχεται φειδὼ πολεμίου, πόσῳ δικαιότερον ἂν ἡμᾶς ἡμῶν αὐτῶν εἰσέλθοι; 20 nostis — 23 auerterim ~ Ios. 380 παρ' οἷς διὰ τοσούτων ἔργων ἐπεδειξάμεθα τὰς ἀρετάς; 26s. sed suaue — uiuere cum libertate ~ Ios. 365 καλὸν γὰρ ὑπὲρ τῆς ἐλευθερίας ἀποθνήσκειν et 367 ἀλλὰ δουλείαν (ἑαυτοῖς ἐπιστήσομεν), ἐρεῖ τις. πάνυ γοῦν νῦν ἐσμεν ἐλεύθεροι; 216, 20 quid etiam — 217, 2 est ~ Ios. 369 ἀλλὰ μὴν ἡ αὐτοχειρία καὶ τῆς κοινῆς ἁπάντων ζῴων φύσεως ἀλλότριον καὶ πρὸς τὸν κτίσαντα θεὸν ἡμᾶς ἐστιν ἀσέβεια et quae sectione 370 exponuntur; 217, 12—14 huiusmodi istud est, ac si uidens gubernator tempestatem futuram tempestatis gratia declinandae nauem fluctibus mergat ~ Ios. 368 ὡς ἔγωγε καὶ κυβερνήτην ἡγοῦμαι δειλότατον, ὅστις χειμῶνα δεδοικὼς πρὸ τῆς θυέλλης ἐβάπτισεν ἑκὼν τὸ σκάφος (Ios. nauis imagine ex Iosepho sumpta etiam 5s. eiusdem paginae usus est: et gubernatorem si commissam sibi nauem saxo inlidat, persequimur); 218, 5 miles — 10 flagitio ~ Ios. 373 καὶ κολάζειν μὲν τοὺς ἀποδράντας οἰκέτας δίκαιον νενόμισται κἂν πονηροὺς καταλείπωσι δεσπότας, αὐτοὶ δὲ κάλλιστον δεσπότην ἀποδιδράσκοντες τὸν θεὸν οὐ δοκοῦμεν ἀσεβεῖν; 25 alii — 30 furore ~ Ios. 377s. τοὺς γοῦν ἀναιροῦντας ἑαυτοὺς παρὰ μὲν ἡμῖν μέχρις ἡλίου δύσεως ἀτάφους ἐκρίπτειν ἔκριναν καίτοι καὶ πολεμίους θάπτειν θεμιτὸν ἡγούμενοι, παρ' ἑτέροις δὲ καὶ τὰς δεξιὰς τῶν τοιούτων νεκρῶν ἀποκόπτειν ἐκέλευσαν, αἷς ἐστρατεύσαντο καθ' ἑαυτῶν, ἡγούμενοι καθάπερ τὸ σῶμα τῆς ψυχῆς ἀλλότριον, οὕτως καὶ τὴν χεῖρα τοῦ σώματος; 219, 3—5 animas quoque eorum non paradisus recipit, sed inferorum tenebrae saeuaque supplicia ~ Ios. 375 ὅσοις δὲ καθ' ἑαυτῶν ἐμάνησαν αἱ χεῖρες, τούτων ᾅδης μὲν δέχεται τὰς ψυχὰς σκοτεινότερος (218, 21—23 tollite eum in tenebras exteriores, ibi erit fletus et stridor dentium: his uerbis Saluatoris [Mathh. 22, 13] Iosephum Iudaeum Iosippus fingit usum); 219, 5 haec—29 mori ab Iosepho prorsus aliena sunt.

V 53 = BI VII 323—336 et 341—388

Eleazarus, princeps Iudaeorum Masadae a Romanis circumclusorum apud Iosephum bis contionatus est, alteram habuit orationem, postquam nonnullos animo defecisse intellexit. Sed Iosippus eum semel facit contionantem. Exemplis sacrae scripturae (Abrahae, Iosiae, Abelis) non Iosephus, sed Iosippus usus est. Obserua p. 408, 5s. Abramidae uiri, genus regale, sacerdotalis gratiae uirtute insuperabiles. P. 409, 4 quid — 411, 2 mos sit ~ Ios. 343 ὅτι συμφορὰ — 357 ὑβρίζοντες; 411, 2 iam — 26 opprobrio ~ Ios. 323—334; 31 an — 413, 10 fuderit ~ Ios. 360—369 (de numeris Iudaeorum a gentilibus caesorum uide Ioseph. II 457, 468, 477s. ac VII 368 [Damasci gentiles secundum Iosephum occiderunt ὀκτακισχιλίους πρὸς τοῖς μυρίοις, secundum Iosippum autem V 53, 1 = p. 412, 24 VIII milia]); 413, 12 ubi — 416, 8 pauebant (non tamen apud Iosephum 416, 7 certe — 8 refugiumt) ~ Ios. 375—388; 416, 10 nobis —16 abundauerit ~ Ios. 335s. De arte eius orationis rhetorica paucis quae supra (p. XXVII) tetigi, iam addam: geminationem (p. 413, 25) *nuda nuda* et trimembre (uoce *marmore* ter incisa clauduntur p. 413, 20s. et p. 414, 30 *post uincula, post carcerem post iugum*).

In narratione supra (p. XLIV) dixi Iosippum Iosephum post Maccabaeos esse secutum, ita tamen interpretatum, ut uerbum non ex uerbo exprimeret. Secutus est rerum ordinem ac tenorem. Orationes autem liberrime finxit neglecto tenore Iosephi sententiis hinc inde arreptis, ut quae apud Iosephum sequerentur, saepe praemitteret, et quae antecederent, postponeret, ex suo autem et Iosephi augeret sententias et suas adderet plurimas.

Qui quam libere egerit cum suas inculcaret sententias, uno ostendam exemplo: Iosephum a Tito Hierosolymitanos patrio sermone alloqui iussum haec facit illis temporibus absona disserentem: V 15 (= p. 319, 28s.) *tremit hos* (Romanos) *Scothia, . . . tremit Saxonia*; alterum exemplum u. p. XLVII (ed. p. 218, 21ss.).

Et in narratione et in orationibus Sallusti quam sumpserat personam seruabat clausulis Ciceronianis (quas Vincentius Vssani a se repertas esse finxit) ubique spretis (u. p. XXVII). De dictione Iosippi Sallustiana diligentissime disseruit Fridericus Vogel: Ὁμοιότητες Sallustianae; IV de Hegesippo (Erlangen 1878). Nuper Vincentius Bulhart nonnulla ad textum Iosippi proposuit: *Textkritisches und Exegetisches zum Hegesippus* (in Mnemosynes quarta serie, uol. VI, 1953, p. 314—317).

De editionibus

Nunc nihil mihi restat nisi ut editiones huius scriptoris quae ante hanc Vincentii Vssani editionem prodierunt, recenseam. Iam recensuit Carolus Fridericus Weber in sua et Iulii Caesaris editione, p. III (nonnulla emendauit et addidit Iulius Caesar in praefatiuncula sua p. 403s.). Editio princeps prodiit Ascensiana forma maxima (Parisiis a. MDX, iterata annis MDXI et MDXXIV). Ex hac editione pendet editio Mediolanensis a. MDXIII apud Alexandrum Minutianum (u. Caesaris praefat. p. 403). Edidit Cornelius Gualtherus Gandauensis, quae editio (quam Weber p. III perperam dicit principem) inscribitur *Hegesippi scriptoris grauissimi de bello Iudaico et urbis Hierosolymitanae excidio libri quinque. Accedunt nunc primum annotationes per Cornelium Gualtherum*

Gandauensem, Coloniae MDLIX[1], MDLXXV[2]. Edidit Renatus Laurentius Barrius (De la Barre) Historiam christianam ueterum patrum (Parisiis MDLXXXIII[1], MDLXXXIX[2]), ubi paginis 123—182 Iosippus continetur (transsumpta est haec editio in Magnam Bibliothecam Patrum Parisiensem MDCLIV, tom. VII et in Magnam bibliothecam ueterum patrum, Coloniae MDCXVIII, tom. IV et in Maximam bibliothecam ueterum patrum et antiquorum scriptorum ecclesiasticorum, Lugduni MDCLXXVII, tom. V cum praefatione et notis R. Laur. Barrii). Edidit Andreas Gallandius Bibliothecam ueterum patrum antiquorumque scriptorum ecclesiasticorum graecolatine, Venetiis MDCCLXXI[1], MDCCLXXXVIII[2] tom. VII. Ex editione Coloniensi secunda pendet Barrii editio, ex Barrii editio quam confecit Gallandius.

Hegesippus qui dicitur siue Egesippus De bello Iudaico ope codicis Cassellani recognitus. Edidit Carolus Fridericus Weber. Opus morte Weberi interruptum absoluit Iulius Caesar professor Marburgensis, Marburgi MDCCCLXIV, paginis III s. et 1—404. Paginis III[a] et IV[a] Weber profitetur se fundamenti loco uerba exhibuisse qualia in codice Cassellano legantur, scribendi rationem a librario seruatam secutum. Paginis 388—404 continetur praefatiuncula Iulii Caesaris, quam disputationem appendicis loco huic editioni subiungendam Caesar curauit: (*De librorum Hegesippi nomine inscriptorum origine et fatis* [edita iam erat Indicibus lectionum in academia Marburgensi per semestre hibernum a. MDCCCLXIII—MDCCCLXIV habendarum]): p. 390 memoratur Ioannes Fridericus Gronouius, qui in Monobiblo obseruatorum in scriptoribus ecclesiasticis (Dauentriae MDCLI) etiam de Hegesippo disputauit, ut Alexius Symmachus Mazochius in Commentario in uetus marmoreum S. Neapolitanae ecclesiae Kalendarium (Neap. MDCCXLIV), uol. III, p. 780—792; p. 392: Iosippum non ex Rufino pendere, quod ille Graecis utatur mensium nominibus, hic Latinis; p. 392[5]: errorum ab Hegesippo in interpretando Iosepho commissorum exempla, pleraque a Gronouio, Monobiblo, c. XVI (p. 165 ss.) notata; p. 398: Caesar Ambrosium auctorem huius historiae esse neque probat neque negat; p. 399: Hieronymianae Sacrae scripturae uersionis certa uestigia nusquam reperiri; p. 399[11]: Sallusti imitationem indicasse Gronouium l. l. p. 234; p. 401 s.: De codice Cassellano; p. 403: De Caesaris ratione edendi.

Vindobonae A° MDCCCCLVII°, mense Decembri.

Carolus Mras.

I. INDEX LOCORVM

Nonnullos locos, qui antea me fugerunt, in hunc indicem recepi, menda mea aut typothetarum emendaui.

Scriptura Sacra:

Gen. 1, 10 . . 55, 20; cf. 68, 20 sq.
1, 26 . . . . . . cf. 409, 14 sq.
3, 8 . . . . cf. 218, 16
*3, 9 . . . . 218, 18
3, 24 . . . . cf. 218, 17
4 . . . . cf. 387, 3 sq.
4, 10 . . cf. 63, 21; 120, 19 sq.
8, 8 (11) . . . . . cf. 331, 21
12, 14—20 . . . cf. 323, 26 sqq.[1])
14, 9—16 . . . cf. 324, 16 sqq.
18, 6 . . . . cf. 213, 15
19, 24—25 . . . cf. 386, 14 sqq.
20, 1—18 . . . cf. 323, 26 sqq.
22 . . cf. 387, 6 sqq.; 408, 11 sqq.
22, 12 . . . . . . cf. 387, 7 sq.
*22, 12 . . . . . . cf. 387, 3. 12
26, 14 sqq. . . . cf. 324, 13 sqq.
26, 26 . . . . . . cf. 324, 20 sq.
*27, 41 sqq. . cf. 324, 22 sqq. (cf. Ambros. De Iacob II 4, 14)
*32, 1 . . . . . . cf. 324, 26 sq.
32, 2 . . . . cf. 325, 1
32, 7 . . . . . . cf. 325, 2 sq.
32, 24 28 . . . . cf. 325, 1 sq.
41, 43 . . . . cf. 320, 12
44 . . . . cf. 320, 14
46 . . . . cf. 320, 8
47, 12 . . . . cf. 320, 13
*49, 10 . . . cf. 4, 9—13; 131, 8
49, 18 (u. Luc. 2, 30) . 290, 20
Exod. 5, 14 . . . . . cf. 349, 22
7, 12 . . . . . . cf. 325, 4
9, 23 . . . . cf. 325, 5
10, 22 . . . . . . cf. 325, 5 sq.
*13, 5 . . . . . . cf. 197, 16 sq.
13, 21 . . . . . . cf. 386, 10 sq.
14, 12 . . . . . . cf. 320, 16 sq.
14, 16 . . . cf. 149, 8; 295, 20 sq.
*14, 10. 21—23 . . cf. 325, 5 sqq.
14, 22 . . cf. 153, 16 u. l.; 386, 5; 397, 6 sq.
*15, 4 et 1 . . . . cf. 325, 9 sq.
15, 8 . . . . cf. 298, 25
Exod. 15, 23—25 . . . cf. 386, 10
16—17 . . . . . cf. 386, 6 sqq.
17, 11 . . . . cf. 327, 23
23, 17 . . . . cf. 208, 5
*23, 26 . . . . cf. 198, 3[2])
32, 32 . . . . . cf. 211, 4 sq.
Leu. 6, 2 sqq. . . . cf. 217, 25 sq.
15, 25 (28) . . . . . cf. 331, 12
Num. *16, 24. 26 . . . 332, 1 sqq.
16, 30 (32) (Deut. 11, 6) . cf. 120, 6 sq. 8 sq.; 386, 15 sq.
16 (17), 48 (13) . . 211, 5 sqq.; 215, 11; 295, 25 sqq.
Deut. 25, 5 . . . . . cf. 140, 11
32, 15 . . . . cf. 298, 19
32, 49 }
34, 1. 5 } . . . cf. 213, 16—19
Ios. 6 . cf. 295, 27 sqq.; 325, 17 sqq.
7, 15 . . . cf. 218, 17; 219, 17
10, 12 sqq. . . . . . cf. 327, 24
10, 13 . . . cf. 385, 23 sq.; 386, 10
13, 8 . . . . cf. 195, 3
Iudd. 7, 5 cf. 327, 24 sq.; 335, 5 sq.
*7, 16. 20 . . . cf. 325, 21 sqq.
11, 30 sqq. . . . cf. 387, 9 sqq.
16, 17 . . . . . . cf. 327, 25 sq.
I Reg. 2, 12—17 . . cf. 325, 25 sq.
3, 13 . . . . cf. 325, 25
4, 11 . . . . . . cf. 325, 27 sq.
6, 2 sqq. . . . . . cf. 325, 28
*7, 12 . . . . . . cf. 327, 26 sq.
8 . . . . cf. 321, 18 sq.
*9, 2 . . . . cf. 321, 20 sq.
15, 11 . . . . cf. 328, 9
16, 23 . . . . cf. 296, 3 sq.
17, 47 . . . . cf. 323, 21
31 . . . . cf. 211, 7—15
31, 2—4 . . . . cf. 215, 1—8
*31, 4 . . . . 211, 12 sqq.
II Reg. *1, 23 . . . . 211, 19—23 (cf. Ambros. De off. III 9, 61)
3, 28 *et sim.* 385, 6
5, 5 . . . . cf. 321, 22

[1]) uel potius Gen. 20, ubi deum in somnis Abimelech, rex Gerarae, uidisse narratur, qui Abrahae Sarram post Pharaonem abstulerat.

[2]) Ibi *et* cum uersione Armeniaca et Philone Armeniaco; cf. Brooke et McLean, *The Old Testament in Greek* I 2 ad locum.

II Reg. 11, 27 . . . . cf. 327, 27
12, 30 sq. . . . . cf. 327, 26 sq.
15, 14 . . . . cf. 328, 2
*18, 9 . . . . 120, 10 sqq.
*21, 16—17 . . . . cf. 340, 12 sqq.
22, 6 (= Ps. 18, 6) . 71, 16; 216, 24
*24, 17 . . . . cf. 211, 23—25[1]
III Reg. 1 . . . . . . cf. 321, 18
14, 8 . . . . cf. 321, 25
17 . . . . cf. 386, 12 sq.
21, 19 . . . . cf. 350, 2
IV Reg. 2, 11 . . . cf. 385, 24 sq.
*2, 19—22 . . . 267, 20—268, 5
*3, 8 sqq. . . . cf. 326, 11 sqq.[2]
3, 22 . . . . . cf. 398, 25 sqq.
4 . . . . cf. 386, 12 sq.
6, 19 sqq. . . . . cf. 296, 9 sq.
6, 24—27 . . . . cf. 327, 1 sqq.
*7, 6 sq. cf. 296, 10 sq. (cf. Ambros. De off. III 20, 120)
9, 30 . . . . cf. 279, 18
18, 28 sqq. . . . . cf. 326, 2 sqq.
19, 14 sqq. . . . . cf. 326, 2 sqq.
19, 35 . cf. 385, 26 sq.; 398, 22 sq.
*20, 8—11 . . . cf. 311, 25 sqq.
*24, 12 cf. 352, 3 sq. *et Addenda*; 372, 5 sqq.
24, 16 . . . . . . cf. 365, 28 sq.
25, 7 sqq. . . . . cf. 329, 2 sq.
25, 7 . . . . . . cf. 352, 8 sq.
25, 27 sqq. . . . . cf. 352, 12 sq.
I Par. 22, 6—8 . cf. 309, 25—310, 2
*II Par. 14, 10 (11) . cf. 328, 4 sqq.
16, 7 sqq. . . . . . cf. 328, 7
25, 6 sqq. . . . . . cf. 328, 14
26, 16—21 . . . . cf. 166, 8 sqq.
*29, 3 (?) . . . . cf. 381, 4 sq.
35, 20 sqq. . . . . cf. 328, 9 sqq.; *408, 13 sqq.
I Esr. 1, 23 (25) sqq. cf. 328, 9 sqq.; *408, 13 sqq.
*IV Esr. 7, 32 . cf. 364, 13; 414, 7
Ps(alm.) 4, 5 . . . . cf. 289, 8 sq.
18, 6 (= Prou. 21, 6) 71, 16; 216, 24
22, 5 . . . . 311, 14
30, 5 . . . . 116, 8
*33, 8 . cf. 218, 11 sq. (cf. Ambros. Expos. sec. Lucan II 84, Explan. Ps. 43, 54, 3)
35, 4 . . . . cf. 226, 11
77, 25 . . . . cf. 386, 9
78, 1 . . . . 25, 22—24
Ps(alm.) *78, 1—3 . . cf. 300, 6—11
*80, 7 . . . . 26, 5—6[3]
93, 14 . . . . cf. 219, 23
108, 29 . . . . . . cf. 127, 19 sq.
113, 3 . . . cf. 325, 16; 351, 7; 385, 22 sqq.; 397, 9. 25 sq.
115, 2 (Rom. 3, 4) . . . 120, 1—2
140, 2 . . . . . . cf. 311, 11 sq.
141, 2 . . . . . . cf. 324, 9 sq.
141, 8 . . . . 214, 2 sq.
Prou. *18, 6 . . . . . 216, 15 sq.
18, 8 . . . . 216, 11 sq.
*18, 9 . . . . 216, 16 sqq.
*21, 1 . . . . . . cf. 303, 6 sq.
26, 27 . . . . cf. 119, 16
Eccle. 10, 18 . . . . cf. 242, 12 sq.
Hiob *3, 3 . . . . . 213, 19 sq.
*3, 20 . . . . 213, 22 sqq.
*3, 23 . . . . 213, 24 sq.
*9, 28—29 } *10, 19—20 } . . 213, 26—214, 2
22, 16 . . . . 216, 13
29, 6 . . . . cf. 386, 7
Sap. 14, 3 . . . . cf. 400, 13 sqq.
15, 4 . . . . . . cf. 247, 16 sq.
Eccli. 25, 1—2 . . . cf. 83, 18—19
46, 1 . . . . . . cf. 325, 14 sq.
Iud. 4, 9 *et sim.* . . . cf. 326, 7
8, 11 . . . . cf. 328, 8
Ion. 1, 10 . . . . . . cf. 411, 26
Esai. *13, 6 sq. . . . cf. 392, 20 sqq.
30 . . . . cf. 329, 4
38, 5—8 . . . . . . 311, 25 sqq.
49, 26 . . . . cf. 252, 9
56, 12 . . . . . . cf. 252, 7 sq.
Hier. 15, 3 } 16, 4 } . . . cf. 297, 16 sq.
45 (38), 17 sq. . cf. 328, 24 sqq.; 352, 6 sqq.
48 (41), 17 . . . . cf. 329, 3 sq.
49 (42), 4 sqq. . . cf. 329, 4 sqq.
Thren. I 1 . . cf. 295, 13; *413, 18
Ezech. 37 . . . . . cf. 386, 12 sq.
Dan. 3, 19 sqq. . . . cf. 398, 2 sq.
3, 23—24 . . . . . cf. 386, 6
3, 52 sqq. . . . . . cf. 398, 3
9, 27 . . . . . . cf. 373, 1 sqq.
12, 1 . . . . . . cf. 373, 1 sqq.
Mach. I 1, 11 sqq. . . cf. 4, 15 sqq.
2, 15 sqq. . . . . cf. 4, 22 sqq.
8, 12 sqq. . . . . cf. 322, 5 sq.

---

[1] ubi *percute* cum Ambrosio Expl. Ps. 118, 22.
[2] fortasse tribus regibus cum quinque confusis, de quibus p. 324, 16.
[3] cum codice Alexandrino, qui praebet αὐτῶν.

Mach. I 9, 4 sqq. . . cf. 5, 12 sqq.
12, 6 sqq. . . . . cf. 94, 16 sq.
13—15 . . . . . cf. 5, 27 sqq.
II 1, 23 . . . . . . cf. 384, 14
7. . cf. (298, 11 sq.;) 350, 18 sqq.
7, 9. 11 . . . cf. 385, 19 sqq.; 386, 12 sq.
9, 5. 9 . . . . . cf. 124, 9 sq.
10, 29 sq. . cf. 385, 25; 398, 17 sq.
11, 8 sqq. . . . . . cf. 385, 25
11, 34—38 . . . . cf. 322, 5 sq.
14, 15 . . . . . . cf. 391, 13 sq.
IV 17, 2 . . . . cf. 298, 9 sqq.
Matth. 14, 3 . . . . . cf. 140, 5
*14, 4 . . . . 165, 21 sq.
16, 19 . . . . cf. 212, 29
(18, 18) . . . . . . cf. 212, 29
*21, 13 . . . . . . cf. 297, 12 sq.
*22, 13 . . . . . cf. 218, 21 sqq.
23, 37. 35 . . . cf. 297, 21 sqq.
*24, 29 . . cf. 385, 7. 25 sq.; 398, 18
24, 44 . . . . cf. 242, 25
26, 53 . . . . cf. 63, 24
27, 51 . . . . cf. 392, 24
*29, 29 . . . . cf. 385, 7
Marc. *4, 21 . . . . cf. 311, 16 sq.
6, 17—18. 20 . cf. 139, 28 sqq.; 164, 25 sqq.
*6, 18 . . . . 140, 4 sq.
12, 13—17 . . . . cf. 139, 19 sq.
12, 17 . . . . . . cf. 157, 24 sq.
12, 42 sq. (40) . . cf. 390, 27 sq.
16, 14 . . . . 164, 8 sq.
Luc. 1, 68 . . . . . cf. 137, 28 sq.
2, 30 . . . . 296, 20
4, 29 . . . . cf. 55, 22; 202, 22
7, 14 . . . . cf. 185, 8
*7, 15 . . . . cf. 185, 10
21, 12 . . . . cf. 186, 13
21, 25 . . . 392, 10 sq.; cf. *u. l.
*21, 26 . . cf. 385, 7. 25 sq.; 398, 18
*23, 18—19 . . . . . 296, 25—27
Ioh. 1, 11 . . . . . . cf. 373, 14
1, 29 . . . . cf. 310, 19
*2, 19 . . . . 301, 3 sq.
3, 36 . . . . cf. 329, 25
*4, (7) 20—24 . 207, 28—208, 7
7, 42 . . . . cf. 155, 18
Ioh. 10, 15 . . . . . cf. 219, 1 sq.
11, 45 . . . . . . cf. 163, 11—12
Act. 3, 15 . . . . . cf. 163, 16 sq.
8, 10 . . . . . . cf. 184, 22 sq.
9, 34 . . . . . . cf. 185, 8 sq.
11, 5 . . . . cf. 77, 22
Rom. *2, 11 *et sim.* . . cf. 164, 14
2, 15 . . . . . cf. 39, 18 sqq.
2, 26 . . . . 5, 2
*7, 24 . . . . cf. 212, 28
I Cor. *10, 3 . . . . . cf. 216, 14
II Cor. 3, 3 . . . . cf. 380, 28 sq.
4, 7 . . . . cf. 217, 21 sq.
5, 6 . . . . . cf. 409, 29 sqq.
5, 17 . . . . cf. 247, 20
7, 10 . . . cf. 217, 29; 409, 19
*10, 4 . . . . . cf. 325, 10 sqq.
Gal. 5, 6 . . . . 296, 16
5, 7 . . . . cf. 228, 21 sq.
Eph. 2, 14 . . . . . cf. 298, 22 sq.
4, 29 . . . . 82, 16 sq.
Phil. 1, 21 . . . . . cf. 214, 5 sq.
2, 10 . . . . cf. 208, 7
Col. *1, 20 . . . . . cf. 311, 7 sqq.
2, 8 . . . . . . cf. 185, 27 sq.
*2, 21 sq. . . . . . cf. 113, 13
II Tim. 1, 14 . . . . . cf. 213, 7
3, 5 . . . . cf. 346, 2
4, 7 . . . . cf. 362, 27
4, 7—8 . . . cf. 408, 25 sqq.
Hebr. 2, 10 . . . . . cf. 301, 6
*8, 5 . . . . cf. 392, 8
9, 2—7 . . . . cf. 28, 4 sqq.
*9, 3—4 . . . . cf. 311, 22 sq.
*9, 4 . . . . . . cf. 298, 16 sq.
*9, 6—8 . . . cf. 310, 23 sqq.; 413, 14 sqq.
10, 1 . . . . cf. 208, 4
*10, 1 . . . . . . cf. 247, 15
11, 29 . . . . cf. 385, 21
11, 31 . . . . . . cf. 325, 20 sq.
I Petr. 2, 21 . . . . . cf. 186, 10
3, 7 . . . . cf. 18, 16
3, 22 . . . . cf. 365, 17
II Petr. 1, 19 . . . . . cf. 3, 5
3, 10 . . . . cf. 301, 10 sq.
I Ioh. 2, 1 . . . . cf. 296, 21

Auctores alii et testimonia:

Acta Sanctorum Mai III (1866) p. 9 sq. . . 183, 9 sqq.
Actus Petri cum Simone (Acta Apostolorum apocrypha I. Edd. Lipsius et Bonnet, Lipsiae 1891) XXIII. XXVIII. XXXII. XXXV—XXXVII . . . . 184, 4—186, 27
Adamnanus
De locis sanctis II 10 (CSEL. XXXIX 261, 7 sqq.) 277, 3 sqq.

Adamn. De locis sanctis II 18 (CSEL. XXXIX 267, 16—18) . . 271, 8—10
II 19 (ib. 268) . . 234, 3—235, 7
II 30 (ib. 278, 15—17) . . 283, 8—11
II 30 (ib. 281, 2—15) . . 284, 2—14
II 30 (ib. 278, 17—281, 2) . . 284, 14—286, 11

Ammianus Marcellinus
XXIII 5, 3 . . . 192, 12 sqq.

Ambrosius et Ambrosiana
Apol. Dauid I 3, 11 . . 85, 11 sq.
3, 14 . . . . . . 327, 27 sq.
4, 16 . . . . 36, 8 sq.
6, 29 . . . . . . 120, 12 sq.
7, 33 . . . . . 340, 12 sqq.
Apol. Dauid II 10, 51 . 327, 27 sq.
De Abraham I 2, 7—9 . 323, 26 sqq.
I 28 (CSEL. XXXII 523, 15 sq.) 85, 11 sq.
De bono mortis 7, 26. 409, 10 sqq.
10, 45 . . . . 414, 7
De Cain et Abel II 9, 36 . . 217, 7; 365, 30; 410, 2 sqq.
II 9, 37 . . . . . 408, 28 sqq.
II 9, 37 sq. . 63, 21 sq.; 120, 19 sq.
De excessu fratris I 19 . 354, 31 sq.
II 5 . . . . . . 410, 17 sqq.
II 28 . . . . . . 120, 12 sq.
De fide II Prol. 11, 12 310, 2 sqq.
De Iacob II 4, 14 . 324, 22 sq.
De Ioseph 11, 62 . . . 320, 14
De Isaac 8, 64 . . . 409, 26 sq.
8, 65—67 . . . 408, 26—27
De Noe 10, 31 . . . 78, 3 sqq.
31, 116 . . . . . . 79, 6 sqq.
De obitu Valent. 58 . 382, 23 sqq.
De officiis I 48, 238 . 247, 10 sqq.
III 12, 78 . . . . 387, 9 sqq.
De paradiso 13, 65 sq. . . 85, 11 sq.
14, 70 . . . . . 218, 16 sqq.
De sacram. IV 1 . . 310, 23 sqq.; 413, 13 sqq.
De uirginit. 2, 5 sq. . . 387, 9 sqq.[1])
3, 11 . 139, 27 sqq. (164, 25 sqq.)
Epist. I 4, 3 sq. . . 310, 25 sqq.
I 37, 35 sqq. . . 410, 22 sqq.
I 44, 18 . . . . 310, 23 sqq.
I 63, 51 (*obiecit*). 295, 25 (*obiectu*)
I 63, 52 . . 120, 8—9; 386, 15 sqq.
Exhort. uirg. I 7 (u. Ps.-Ambros. Epist. III 2) . . . . 3, 15 sq.
Explan. Ps. 35, 13 . . 164, 26 sqq.
35, 15, 2 . . . . 252, 4
36, 20, 3 . . . . 218, 17 sqq.
36, 25. 2 . . . . 243, 18 sqq.
37, 41, 4. 298, 20 sqq.; 301, 5 sqq.
38, 24 sqq. . . . 247, 10 sqq.
39, 8 . . . . . 215, 11—14
43, 5. 1 . . . . . 120, 8—9
43, 54 . . . . . 218, 11 sqq.
48, 9, 2 . . . . 218, 17 sq.
118, 14, 27 . . . . 120, 9 sq.
118, 18, 22 . . . . 310, 7 sqq.
118, 21, 21 . . . 186, 27 sqq.[2])
Expos. sec. Lucan I 22 247, 20 sq.; 310, 23 sqq.; 413, 14 sqq.
III 38 sq. 327, 27
VII 98 . . . . . . 311, 16 sqq.
Hexam. IV 8, 33 . . 183, 20 sqq.
V 3, 7 . . . . . . 383, 2
V 14, 45 . . . . . . 270, 10
V 21, 69 . . 269, 5; 361, 1
VI 9, 59 . . . . . . 55, 22
Sermo c. Auxent. 13 . 186, 8 sqq.

Baeda
De locis sanctis CSEL. XXXIX
313, 24—314, 2 . . 267, 15 sqq.
314, 6—9 . . . . 24, 14 sqq.
314, 2—13 . . 268, 23—269, 14
314, 13—15, 4. 266, 12—267, 14
315, 6—316, 9 . 233, 13—235, 7
316, 11—13 . . . . 271, 8—10
316, 21—317, 14 . 270, 8—271, 5
317, 16—19 . . 271, 10—272, 5
317, 19—318, 2 . . 267, 7—11
321, 3—13 . 284, 14—285, 19
321, 13—14 . . . 285, 19—20
321, 14—15 . . . 285, 23 sqq.
Chron. Gall. a. 511 (MGH., Chron. min. I)
(p. 639) 285 . . . . 136, 7 sqq.
300 . . . . 140, 22 sqq.

Cicero
De diuinatione I 35 . . 256, 11
De finibus II 112 . . 149, 7 sq.
De off. I 84 . . . . 259, 25—28
I 90 . . . 256, 25 sq., 263, 8
De re publ. I 1 . . . . 205, 27
VI 14. 214, 3 sq.; 409, 4 sq. 27 sqq.
VI 15 . . . . . 217, 20 sqq.
VI 16 . . . . . 218, 14 sqq.; 366, 1 sqq.; 410, 2 sqq., 28 sq.
De sen. 10 . . . . 259, 25—28
75 . . . . 365, 9 sqq.

[1]) cf. De obitu Valentiniani 49.
[2]) cf. De interpellatione Iob I 1, 2.

Tuscul. I 101 . . . 365, 1 sqq.
In Pis. 42 . . . . . . 252, 4
81 (Pron. cons. 34) . 397, 24 sq.
Phil. II 65 . . . . . 252, 4 sq.
105 . . . . . . 368, 19
Pro Mil. 10 . . . . . . 359, 9
Pro Rosc. Am. 37 . . 79, 7 sq.
68 . . . . 158, 15
134 . . . . 297, 13; 387, 10

Claudianus
Cons. Stil. I 258 . . . . 176, 19
III Cons. Honorii 97 . 295, 17 sq.; 398, 17 sq.

[Clemens Romanus]
Const. Apost.
VI 9, 1 (Funck) . . 184, 7 sq.
VI 9, 2 sqq. . . 185, 18—186, 2

Curtius Rufus IX 4, 30—5 . . 339, 17 sqq.

Ennius (Vahlen²)
Ann. 370 . . . 259, 26—29[1])

Eucherius
De situ etc. CSEL. XXXIX
131, 1—132, 14. . 194, 17—196, 4
132, 15—134, 13. . 197, 3—198, 19

Eusebius
Hist. Eccl. II 14—15; 25, 5 . . 183, 18 sq., 20 sqq.
III 8, 11 . . . . 395, 6 sqq.

Horatius
Carm. I 3, 26 . . . . . 93, 7
34, 12 . . . . . . 32, 1
37, 13 . . . . 149, 11 sq.
II 19, 28 . . . . . . 251, 1
III 1, 34 . . . . . . 204, 6
2, 13 . . . . 355, 22 sq.
2, 17 sq. . . . 353, 29 sq.
24, 8 . . 71, 16; 216, 24
IV 4, 41 . . . . . . 398, 24
4, 44 . . . . . . 398, 19
C. Saec. 42. . 211, 3 sq.; 353, 10 sq.
Epod. 2, 45 sq. . . . 197, 22
9, 29 . . . . 153, 14
15, 19 . . . . 197, 21
Sat. I 1, 7 sq. . . . 221, 11—13; 241, 25 sqq.
I 1, 110 . . . . . . 197, 22

Iosephus
Locis similibus Iosephi Graeci, qui singulis paginis adscripti sunt, hi sunt addendi, quos deprehendi, postquam suo tempore imprimi potuerunt
BI I 19 . . . . 330, 2
II 13 . . . . . 130, 21 sqq.
II 585—587 . . 244, 4 sqq.
VI 104 . . . . 352, 4 sqq.
AI V 136 sqq. 194, 21
Praeterea Conradus Grass interpretationem illam Slauicam nuper edidit librorum I—IV belli Iudaici, ab Alexandro Berendts in Germanicum sermonem conuersam (Acta et Commentationes Vniuersitatis Tartuensis B. Humaniora 1924—1927)

Isidorus
Etym. IX 2, 66 . . . 405, 6—8
2, 100 . . . 319, 29—320, 3
2, 102 . . . . . 319, 26—27
3, 7 . . . . 148, 5 sq.
3, 16 . . . . . . 322, 17—18
XIII 18, 6 . . . . . 153, 5 sq.
19, 3 sq. . . 270, 6—271, 10
19, 5 . . . . 136, 7 sq.
19, 6 . . . . . 233, 9—13
21, 17 . . . . . . 193, 2 sqq.
XIV 3, 42 sq. 152, 1
3, 16 . . . . . . 192, 14 sq.
3, 20—21. . 198, 8—13; 197, 15—18
3, 22 . . . . . . 197, 3—5
3, 23 . 194, 14—15. 17; 196, 11
3, 24—25 . 271, 10—272, 5
3, 27 . . . . . 284, 2—3
3, 28 . . 284, 10; 286, 9—11
4, 25 . . . . 151, 4 sq.
5, 19 . . . . . 135, 23 sq.
6, 2 . . . . . 319, 26—27
6, 15 . . . . 153, 14
XV 1, 18 . . . . 29, 15 sq.
1, 26 . . . . . . 136, 7 sq.
1, 34 . . . . . 283, 7—10
2, 37 . . . 284, 22—285, 5
3, 13 . . . . . . 7, 8 sqq.
XVI 2, 1 (XI 1, 41) . 270, 24—271, 2
XVII 7, 2 . . . . . 193, 10 sq.
8, 14 . . . . . 269, 5—10
XVIII 11, 1 sq. . 203, 13—204, 4
XIX 1, 21 . . . 319, 29—320, 5
XX 2, 11 . . . . 365, 2 sq.
10, 10 (XV 2, 37). 284, 22—285, 5

[1]) u. Cicero De off. I 84 et De senect. 10; Verg. Aen. VI 846.

Itiner. Burdig. CSEL. XXXIX
24, 5—8 . . . . . . 268, 1—2
24, 16—18 . . . . 270, 8—16
Iuuenalis
7, 163 sq. . . . . . 398, 19 sq.
10, 148 sqq. . . . cf. 398, 13 sqq.
[Linus] Martyrium beati Petri apostoli. Ed. A. H. Salonius. Helsingf., 1926
IV (27, 2—6) . . 186, 10—18
VI—VII (29, 11—30, 3[1]) . . 186, 18—26
VIII (31, 14—18) . 186, 27—187, 1
Liuius VIII Periocha et VIII 7, 15 . . 231, 16—19
XXXVII 36, 9 . 215, 23 sq.; 369, 3
Lucanus VI 60 . 215, 23 sq.; 369, 3
VII 728 sq. . . . . 368, 18 sq.
VII 823 sqq. . . . 345, 28 sqq.
Macrobius
In Somn. I 9, 10 . . 366, 1; 410, 1
I 10, 6 . . . . 409, 4
Minucius Felix
Oct. 33, 3 . . . . . . 331, 18 sq.
Naeuius
Trag. fr. u. 54 Ribb.[2] . . 252, 5
Orosius I 5, 10 *interpolata*. 272, 2—5
Ouidius
Metam. [IV 790 (VIII 5). 214, 6; 277, 2][2])
VI 189 . . . . 154, 17
VI 349 . . . . 375, 18
VI 509 sq. 349, 24
[VII 618 . . . . . . 382, 23]
[IX 259 . . . . . . 86, 14]
IX 712 . . . . . . 320, 14
[XV 368 . . . . . . 377, 10]
Passio Apostolorum Petri et Paulli (Acta Apost. apocrypha I, 223 sqq. Edd. Lipsius et Bonnet)
VIII—XIII . . 184, 9—187, 1
Philo, De uita Mosis II [III] 111, 133—135 . . . . . 310, 6 sqq.
Plinius
N.H. V 72 } VII 65 } . . . . 269, 15 sqq.
XII 115—118 . . . 24, 16 sqq.
[Quintilianus]
Decl. mai. XII
7 (p. 223 sq. Lehn.). 335, 22 sqq.
27 (p. 244 Lehn.). . 382, 27 sq.; 385, 2 sq.
28 (p. 244 Lehn.) . . 387, 19 sqq.
Sallustius
Cat. 6, 3 . . . . 310, 4
7, 7 . . . . 5, 13; 230, 14
9, 4 . . . . 307, 29 sq.
10, 3 . . . . 84, 25
11, 3 . . . . 358, 21
12, 1 . . . . 358, 23
20, 9 . . . . 363, 24
37, 5 . . . . 248, 1
52, 30 . . . . . 231, 16—19
55, 6 . . . . 50, 10; 273, 25
58, 7 . . . . 302, 19
58, 15 . . . . . . 13, 7 sq.
58, 17 . . . . . . 302, 24 sq.
58, 21 . . . . . . 391, 12 sq.
60, 2 . . . . 276, 22 sq.
Iug. 5, 1 . . . . 4, 16
5, 7 . . . . 34, 22 sq.
7, 5 . . . . 5, 12
9, 4 . . . . 5, 8
11, 7 . . . . 71, 13
13, 1 . . . . 20, 13
14, 4 . 176, 10 sq.; 229, 22 sq.; 356, 4 sq.; 359, 14 sq.; 409, 25
14, 18 . . . . 408, 11
17, 1 . . . . 222, 30
48, 3 . . . . 267, 9
53, 7 . . . . 313, 16
58, 3 . . . . 242, 9 sq.
78, 3 . . . . 153, 6 sq.
79 . . . . 153, 1—5
79, 6 . . 266, 13; 360, 28 sq.
82, 3 . . . . 361, 20
85, 10 . . . . 95, 6 sq.
85, 41 . . . . 281, 16
93, 3 . . 15, 15; 71, 7; 179, 16; 274, 1
95, 3 . . . . 78, 23
101, 8 . . 5, 18; 304, 25 sq.
104, 2 . . . . 10, 19
106, 5 . . . . 303, 14[3])

---

[1]) ibi 29, 17 *Domine, quo uadis* cum Hegesippi cod. B.

[2]) Loci uncis inclusi Vergilianis locis similes sunt.

[3]) Praeterea ex Sallusti Bello Iugurthino *Bocchi* nomen p. 51, 3 et 11 pendet, cum Hegesippo, qui dic., de Malicho, Arabum rege, scribenti obuersetur Bocchi, Mauretaniae regis, facinus, qui Iugurtham Romanis tradidit.

Sallust. Hist. (Maurenbrecher)
I 42 . . . . 52, 26
77,7. . 144, 17 sq.; 244, 14 sqq.
84 . . . . 49, 12
112 . . 56, 22; 61, 26; 320, 1
150 . . . . . 23, 20; 275, 11
II 24 . . . . . . 322, 11 sq.
70, 1 . . . . . . 207, 14
95 . . . . 30, 4 sq.
98, 6 . . . . 399, 22
III 24 . . 363, 12; 391, 12 *u. l.*
54 . . . . . . 224, 8 sqq.
74 . . . . . . 237, 23 sq.
76 . . . . 153, 18
101 . . . . . 6, 4; 402, 4
IV 40 . . . . 271, 5
V 25 . . . . 263, 8
Inc. 4 . . . . 407, 18
9 . . . . 6, 17
16 . . . . 403, 17
Seneca
Agam. 26 sq. 383, 2
Phaed. 705 . . . . . . 113, 7
Thy. *passim* . . . . 381, 27 sqq.
De clem. I 25, 5 . . . . 295, 1
Solinus
Momms.[2] 100, 1 . . . . 154, 12
155, 8 sqq. . . . . 272, 2—5
Suetonius
Nero 48—49 . . . 273, 19 sqq.
Tacitus
Germ. 3 (*concentus*) . 254, 6 sq.
14 . . . . 331, 16; 377, 10
Ann. I 9—10 . . . 128, 12 sqq.
III 44 . . . . . . 13, 7 sq.
XII 5 . . . . . . 162, 8 sq.
XV 11 . . . . . 263, 2 sqq.
Hist. I 53 . . . 23, 20; 275, 11
II 5 . . . 44, 15; 161, 4 sq.
87 . . . . 244, 15
II 20 . . . . . . 170, 21 sq.
IV 20 (*uet. militiae*) . . 24, 18
V 6 . . 24, 15 sqq.—*gnari locorum*[1]) 33, 4; 175, 14
V 6—7 . . . . . 269, 15 sqq.
Terentius
H(e)autontim. 143 (lectio Bembini) 244, 3 (?); 251, 24[2])
Vergilius
Ecl. I 66 . . . . . 319, 26—27
70 . . . . 414, 9
III 102 . . . . 344, 12
VI 10 . . . . 73, 20; 86, 17
X 59 sq. 243, 14
Georg. I 47 sq. 405, 12
Georg. I 143 . . . . 389, 15
159 . . . . 334, 13
293 . . . . 346, 14
376 . . . . 381, 17
488 . . . . 391, 17
II 135 . . 365, 22 sq.; 411, 23
137 . . . . 152, 1
145 . . . . . 331, 16; 377, 10
150 . . . . 196, 15
306 . . . . 341, 8; 369, 13 sq.
500 . . . . 236, 6
511 . . . . . 52, 5; 149, 6 sq.
III 10 . . . . 414, 16
32 . . . . 341, 10
202 sq. 267, 8
261 sq. . . . . . . 223, 11 sq.
348 . . . . . 214, 6; 277, 2
369 . . . . . 306, 8; 376, 15
408 . . . . 182, 18
469 . . . . 215, 13 sq.
IV 109 . . . . . . 269, 5; 361, 1
236 sq. 364, 30
565 . . . . 343, 5
Aeneis I 14 (II 22). . 258, 12; 277, 2
82 . . . . 391, 6
93 . . . . 346, 7 sq.
105 . . . . 397, 5 (153, 15 sq.)
156 . . . . 302, 7 sq., 20
301 . . . . 185, 30
422 . . . . . 201, 7; 260, 20
II 54 . . . . 389, 7
57 . . . . 416, 1
64 . . . . 221, 4 sq.
93 . . . . 186, 3 sq.
97 . . . . 9, 15 sq.; 248, 7
215 . . . . 205, 19
309 . . . . 100, 26
339 . . . . 368, 26
347 . . . . 30, 25
403 sq. . . . . . . 415, 29 u. l.
408 . . . . 315, 8 sq.
481 sq. 203, 23
663 . 349, 15; 352, 16; 415, 26 sq.
717 sqq. . . . . 374, 25 sq.
783 . . . . 86, 14
803 . . . . 262, 22 sq.
III 28 . . . . 332, 20
32 . . . . 341, 10
46 . . . . 294, 3
57 . . . . 358, 11
67 sq. 382, 23
106 . . . . 153, 14 sq.
121 . . . . 125, 20
138 . . . . . . 78, 4; 235, 20
140 . . . . 334, 9

[1]) cf. Sall. Hist. III 99. — [2]) cf. Ambros. De Nab. 4, 15.

Aen. III 256 . . . 7, 20
296 . . . 85, 16
317 . . . 181, 9
495 . . . 17, 19
574 (= Georg. I 473) . 389, 9
590 . . . 344, 7
706 . . . 285, 12
711 . . . 415, 22
IV 13 . . . 59, 9; 396, 3
28 sq. . . . 135, 3 sq.
169 sq. . . . 347, 22 sq.
438 sq. . . . 120, 28 sq.
602 . . . 383, 20 sq. et 24
670 . . . 390, 13 sq.
684 sq. . . . 355, 1
690 . . . 125, 27 sq.
V 16 . . . 362, 14 sq.
163 . . . 285, 10
202 . . 79, 29; 89, 14; 382, 15
305 . . . 366, 12
320 . . . 144, 11; 235, 23
329, 335 . . . 369, 13 sqq.
435 . . . 341, 7 sq.
438 . . . 316, 20
455 . . . 220, 6 *u. l.*
520 . . . 355, 10
611 . . . 342, 2
693 sqq. . . . 256, 8 sqq.
VI 83 sq. . . . 362, 25 sqq.
96 . . . 201, 26
179 . . . 254, 24
223 . . . 285, 6
346 . . . 135, 2 sq.
503 . . . 402, 19
547 . . . 339, 27
604 . . . 384, 17
674 . . . 264, 9
798 . . . 193, 20
819 . . . 349, 17
845 sq. . . . 259, 28 sq.[1])
879 sq. . . . 364, 29
VII 33 . . . 270, 10
84 . . . 68, 20
165 . . . 12, 22 sq.
173 . . . 354, 1
285 . . . 320, 12
345 . . . 12, 1 sq.
425 . . . 17, 1
465 . . . 331, 16
493 sq. . . . 381, 17
501 sq. . . . 355, 16
598 . . . 17, 19
623 . . . 161, 21 sq.
661 . . . 138, 7
748 . . . 405, 10
VII 749 . . . 237, 23 sq.
VIII 254 . . . 240, 17
474 . . . 279, 14; 363, 16
490 . . . 282, 22
651 . . . 398, 1
727 . . . 151, 17
833 . . . 125, 20
IX 74 sq. . . . 341, 18
189 . . . 209, 7; 368, 1
201 sqq. . . . 408, 11
236 . . 209, 7; 288, 2; 368, 1
255 . . . 351, 5
386 . . . 335, 26; 398, 1
461 . . . 246, 8; 326, 24
485 sq. . . . 385, 23
486—493 . . . 355, 6—18
493 . . . 12, 22
503 sq. . . . 367, 29
534 . . . 326, 8
809 . . . 339, 30
X 13 . . . 150, 24
59 . . . 349, 5 sq.
342 . . . 315, 11
348 . . . 315. 10
398 . . . 201, 25; 305, 4
412 . . . 240, 25
428 . . . 180, 8
488 (Georg. II 306). 341, 7 sq.
666 . . . 40, 15
680 . . . 113, 22
733 . . . 142, 16
781 . . . 369, 7; 376. 23
796 . . . 369, 24; 408, 18
891 . . . 331, 16
898 . . . 99, 19
XI 283 sq. . . . 366, 27
335 . . . 130, 21
370 . . . 304, 25; 366, 5 sq.
395 . . . 6, 4; 402, 4
515 . . 56, 22; 61, 26; 320, 1
611 . . . 176, 19
687 . . . 411, 5 sq.
741 sqq. . . . 378, 3 sqq.
842 . . . 315, 7 sq.
XII 171 . . . 387, 7 sq.
395 . . . 355, 24 sq.
603. 216, 24; 257, 21; 406, 3[2])
668 . . . 220, 6 *u. l.*
691 . . . 246, 8; 326, 26
707 . . . 57, 16; 148, 21 sq.; 161, 13; 255, 21; 401, 1. 6
804, 805 . . 58, 6 sq., 240, 22; 309, 4; 312, 15 sq.; 374, 19
901 sqq. . . . 204, 13 sq.
902 . . . 367, 8

[1]) u. Ennium. — [2]) cf. Ambros. Tob. 3,11; 14,46; Expl. Psalm. 40,24,4.

II. INDEX NOMINVM ET RERVM[1]

*Aaron, *u. l.* aharon, *indeclinabile, sed nom.* 165, 25; 211, 15; 215, 11. 14; *gen.* 166, 6; 167, 8; 311, 23; *acc.* 332, 1; *uoc.* 295, 23; *abl.* 171, 7. a principio summus sacerdos fuit, qui ad filios suos *transmisit sacerdotii praerogatiuam, a quibus per ordinem successionis constituti sunt sacerdotii principatum gerentes 165, 25 sqq.; uirga eius 298, 16; 311, 23.

*Abarim *acc.* 213, 16. 17. *mons, quem Moyses moriturus ascendit, nunc Ǵebel Nebā.*

*Abel 409, 1; *cf.* 387, 3.

*Abessa (*Ios.* Ἀβεσσαῖος, Ἀβισχῖος, *Sept.* Ἀβεσσά, *Vulg.* Abisai; *Ambros. CSEL* XXII 2, 318, 10 sq.; 319, 7. LXIV 174, 13; 206, 23 Abessa, *sed* Abisai LXII 140, 15. 23; 205, 6). comes regis Dauid 340, 14.

*Abessalon *acc.* (*Ios.* Ἀβεσσάλωμος, Ἀψάλωμος, *Sept.* Ἀβεσσαλώμ, *Palimps. Neapol.* Abessalom, Ambros. *Expl. Ps. 118, CSEL* LXII, *cf.* LXIV *in Indice nominum* Abessalon), *regis Dauid filius* 120, 10 sqq.

Abilam *acc.* 264, 27 (*BI* ἄβιλα *Lat.* adila *neut.*); *hodie Tel el-Kefrein.*

*Abiron, Abyron *acc.* 120, 9; 332, 1 (386, 15 sq.; *Ios.* Ἀβίραμος Ἀβειρών; *Sept.* Ἀβειρών; *Vulg.* Abiron). *Hebraeus seditiosus contra Moysen.*

Abraham *nom.* 213, 15; 323, 26; 324, 5. 10; 408, 11; *gen.* Abrahae 219, 23; 387, 5; *dat.* Abrahae 324, 17; *acc.* Abraham 277, 7; 324, 11 (*Ios. plerumque* Ἄβραμος, *raro* Ἀβραάμ, *de qua re cf. Destinon-Niese,* p. XXIV, *sed* Abraham *Ant. Vulg. Ambros.*; *cf. De Abr.* I 2) pater *appellatur* 277, 7; 323, 26; 324, 11; 387, 5; 408, 11. fuere etiam, qui habitasse in ea (urbe Chebron) patrem Abraham dixerint — filiosque eius illic sepulchrum habere 277, 7 sqq. cum Pharao eius uxorem abduxisset, bello abstinuit, adsumsit orationis piae arma 323, 26 sqq. pater Abr. in filio unico docuit non mortem eius, sed immortalitatem futuram, si (quis) pro religione immolaretur 408, 11 sqq. ***quod ei culpae uertit Titus* 387, 3 sqq.

[1]) In codicibus Iosephi Graeci laudandis iisdem siglis usus sum, quibus Destinon-Niese. Latinae interpretationis codices Vatican. Latin. 1992, Belli Iudaici (*Lat.*) saec. X.—XI., Antiquitatum 1998 (*AI Lat.*) ipse excussi quaedam ex Iosephi Slauici libris V—VII mecum communicauit B. (V.) Istrin per litteras, quas mihi misit Sergius d'Oldenburg, secretarius Academiae Leningradensis. quae nomina uel facta una stellula praeposita notaui, in Iosephi Bello Iudaico Graeco desiderantur; quae duabus stellulis, in Iosephi scriptis omnibus Graecis frustra requiras. de nominibus hominum in uniuersum animaduertas Hebraica nomina, cum uiros significent in Sacra Scriptura laudatos, plerumque non declinari; nominatiuum singularem *-ας* litteris Graeco sermone finitum eorum nominum, quae Romanae originis sunt, *-a* littera sola terminari, ut *Agrippa.*

**Abramidae uiri *i. e. Hebraei* 408, 5. *hoc nomine inter antiquiores solus Ambrosius uidetur esse usus Epist.* XXXVII 37.

*Achab (*Ios.* Ἄχαβος, *Sept.* Ἀχαάβ, *Ant. Vulg. Ambros.* Achab) Iudaeus A. causa mortis eius (Nabuthae prophetae) factus est 373, 18.

Achaia 97, 9; 178, 15; 181, 20; 199, 22; 274, 8.

Achiabus, *Herodis* (1) *consobrinus*, ictum, *quo hic sibi mortem consciscere uolebat*, inpediuit 126, 1 sqq.

**Achilleae subolis et prosapiam et uocabulum praeferens Pyrrus 321, 9.

Acme 122, 7, *gen.* Acmes 122, 9, *acc.* Acmen 122, 5, *abl.* Acme 125, 18, ancilla Iuliae (*i. e.* Liuiae) ab Antipatro (2) epistulas Salomes nomine compositas Herodi (1) transmittit 122, 5 sqq. epistula Acmes ad Antipatrum reperta 122, 9 sqq. de ea supplicium sumptum ad Herodis querellam 125, 18.

Acrabattenorum terra (*BI* III 48 Ἀκραβετηνῶν τοπαρχία, sed ἀκραβα- *VR*, accrabattenam *Lat.*) montuosa atque campestris (*i. e. regio, cuius caput Acrabatta, hodie ʿAqrabeh*) 197, 5 sq.

Actiacum bellum, certamen 60, 15; 64, 15; 65, 2.

actor quidam mimorum 192, 24.

*Adam *nom. et uoc.* (*Ios.* Ἄδαμος; *Sept.* Ἀδάμ; *Ant. Vulg. Ambr.* Adam) 218, 16. 18. dicitur ei: Adam, ubi es? quasi ei, cuius apud deum non sit praesentia 218, 18 sqq. *Cf.* Ambr. *Expl. Ps.* 36, 20; 38, 36; 39, 19 sq.

Adiabeni 155, 4. *gens, quae Adiabenen incolebat, apud Syros mediae aetatis Ḥadyab.*

Adiabenus 341, 17 *u. Addenda ad loc.* aulam regiam condiderat genere proxima regis Adiabeni *quae BI et Lat.* IV 569 *est Grapte* 280, 8.

**Aeacides: Pyrrus Aeac. 228, 23.

**Aeacidarum nomen, quod Machedonia frustra se regibus suis inposuisse reminiscitur 321, 7.

Aegyptii 38, 3; 155, 8; 167, 19 (*u. Addenda*); 298, 7; 319, 22; 325, 4. 7; 329, 3; 358, 9; 397, 19; 412, 29. 30. Iudae Aegyptii (*Ios.* Ἰουδαῖοι Αἰγύπτιοι) 37, 20; **in nonnullis Aegyptiorum reperias, ut curandis funeribus negotientur et officia humanitatis uendant mercaturae compendiis 358, 9 sqq.

Aegyptius, Aegyptii 155, 17; arat Aegyptius Romanis 321, 3; Aegyptius amor (*i. e.* Cleopatrae) 65, 12; Aegyptii Iudae *u.* Iudae. Aegyptium mare 283, 18. 22; Aegyptiae phalanges 228, 25; Aegyptius pseudopropheta 143, 7; **spado Aegyptius (*i. e.* Pothinus) 36, 15.

Aegyptus 4, 18; 13, 11; 29, 18; 32, 27; 37, 1; 38, 20; 39, 10; 51, 10; 52, 10; 67, 2. 10; 69, 8; 73, 26; 75, 26; 108, 1; 109, 24; 144, 25; 152, 11. 24; 166, 12; 167, 10; 222, 20; 237, 5. 8; 277, 5. 8; 282, 27; 283, 9. 10. 12; 286, 16; 287, 6; 292, 18; 320, 8. 22; 323, 26; 329, 8; 399, 6; 400, 8; *describitur* 283, 11 sqq.; 152, 11 sqq.

aeleas *CV u.* Elcaa.

Aeneas *Iudaeus, transfuga ad Romanos*, Castoris insidias eludit 316, 15 sqq.

Aethiopes 153, 9; 283, 13.

*Africa (*i. q. prouincia Africa, Carthago*) 149, 22; 259, 27; 398, 10. 15.

Agesilaus (*Lacedaemoniorum rex*) -um scrutatorem Asiae 149, 20. *u. Addenda.*

Agiras (*BI* Ἀγίρας, Hudson Χαγείρας; *Lat.* ceagiras, *IS* agir *Istrin*) *qui in defendendis Hierosolymis uirum se fortem praestitit* 341, 17.

Agrippa (1) (*Ios.* Ἀγρίππας) M. Agr. *dux Augusto gratissimus, Herodis amicus.* rex a Caesare infra -am diligebatur, ab A. infra Caesarem 67, 18 sq.

Agrippa (2), Aristoboli filius, ex Beronice susceptus 101, 21. Romam aduenit cupiens **aduersum Herodem tetrarchen apud Tiberium iudicio decernere 136, 16 sqq. despectus Germanici filium Gaium studiosius excolit, in uincla ducitur 136, 18 sqq. a Caesare (**Tiberio?) rex factus 140, 17 sq. plurimum *Gai* imperio potuit 141, 7 nec minorem potentiam exercuit imperitante Claudio 141, 11 sq. dum uellet muro ambire maximo Hierosolymam, ut Romanis fieret inexpugnabilis, morte praeuentus opus inperfectum reliquit 141, 7 sqq. Herodias, regis -ae soror 165, 1.

Agrippa (3), *Agrippae* (2) *filius*, in locum eius a Claudio Caesare rex subrogatus 141, 15 sq. Iudaeorum discessionem a Romanis frustra prohibere conatur 144, 23 sqq. eius oratio ad populum Hierosolymis habita 145, 6 sqq. pulsus urbe in regnum suum concedit 157, 16 sqq. tria milia equitum mittit ad Eleazari turbas opprimendas 159, 14 sqq. aedes eius a sicariis incensae 160, 19 sqq. legatos Hierosolyma mittit Romanorum ueniam pollicens 173, 14 sqq. Philippus princeps militiae regis -ae ad Cestium confugit 178, 13 sq. eius gratiam societatemque Tiberias urbs deposcit 189, 25 sq. cum Vespasiano ad bellum Iudaicum adueniente se Antiochiae iungit 193, 25 sqq. eius regni fines 195, 1. eius gratia Tiberiadi uenia data 227, 14 sqq. ab eo Panium ornatum regali munificentia 234, 20. captiui quot e regno eius Vespasianus ceperat, ei donati 238, 6 sqq. cum propior muros Gamalae obsessae succederet, funda uulneratur 239, 20 sqq. a Vespasiano ad Galbam missus, cum mortuum comperisset, ad Othonem contendit 274, 7 sqq. *praeterea cf.* 189, 14; 226, 14 sqq.

Agrippina, *Claudii uxor*, tantum fraudibus ualuit, ut Neronem Romano imperio principem daret 141, 19. *qui matri non pepercit 273, 16. 25.

Agrippium (*Ios.* Ἀγρίππειον) domus regiae ab Herode (1) exstructae habitaculum de nomine Agrippae (1) appellatum 68, 10.

Aiax *aut* Aiacis uicus (*BI* IV 511 *PA* άιν, *MLVRC* ναιν, 517 ναιν, *Lat.* aiam, *nom. et acc.*, *IS* Nain, *BI ante uocabulum uici semper uerbum* ν *littera finitum habet*: 511 καλουμένην, 517 τήν) in uico, cui nomen Aiacis, muros parauit 275, 16. *fortasse ʿAin Fārah.*

Alani 405, 4. 27; 406, 8; *406, 13 (*eorum incursio cum Scytharum confunditur; cf. Rivista di Filologia* XLII, 1914, p. 424 sqq.).

Albinus, *Iudaeae procurator*, nequitiam superiorum praetergressus, sed Floro successore inter bonos relatus 144, 4 sqq.; 171, 15 sqq. Iesum Ananiae corripi flagellis iubet, deinde defessus inutili supplicio dimittit 393, 23 sqq. *u.* Festus.

Alc(h)imus *u.* Iacimus.

**Alcmena Iouem suscepit 138, 3.

Alexander (1) *Magnus*, *Macedonum rex*, Alexandreae conditor 283, 7 sqq. Magnus Al. condita urbe ex aequo Iudaeis et Aegyptiis attribuit priuilegia et habitationes diuersas 412, 28 sqq. Al. M. Caspiam portam Tauri montis praerupto inposuit 193, 21 sqq.; portam ferratam M. Al. praerupti montis imposuit iugo, qua indomitas gentes cohiberet 405, 6. ***cum Romanis comparatur* 149, 26 sqq. ***cum Antiochi Commageni filio* 339, 16 sqq. ***cum Dauid* 340, 12 sqq. eius uincendi euentus 339, 17; 340, 15. *praeterea commemoratur* (152, 19); 192, 13.

Alexander (2) (*Iannaeus*), *Iohannis Hyrcani filius, ab Aristobolo* (1) *fratre* arta custodia detinetur 8, 26. *hoc mortuo* mulier regem constituit -rum 13, 2. penes -rum et regnum et sacerdotium usque ad diem uitae eius mansit supremum 168, 5 sqq. fere quinquaginta Iudaeorum milia A. interemit 14, 11 sq. Demetrius (1) rex aduersus -rum in bellum excitatur 14, 24 sq. Antiocho Dionisio transitum negare cupit 16, 13. *ab Areta superatus* 17, 10. Pellam euertit et iterum Theodori possessiones sibi adiungere parat 17, 12 sq. consilio Diogenis de potentissimi -dri amicis, octingentos ab -dro cruci suffixos memorabant 19, 2 sqq. mors -dri 16, 7; 17, 24. Alexandriam (1) coniugem moriens A. regni praeesse uoluit gubernaculo 168, 9 sq. *praeterea cf.* 13, 7 sq. 12 sqq.; 14, 7 sqq.

Alexander (3), *Aristoboli* (2) *filius natu maior, cum Romam captiuus traheretur*, elapsus custodibus domum reuertit 29, 7 sq. *turbas in Iudaea contra Hyrcanum* (2) *excitans, uirtute praecipue M. Antoni a Gabinio superatus pacem petit* 30, 6 sqq. *cum Gabinius in Aegypto bellum gereret, rursus arma capit, ad Itabirium montem iterum funditur* 33, 6 sqq. *deinde a Cassio* pacis condicionibus deuinctus 34, 24 sqq. *postremo ciuili Romanorum bello, cum partibus Caesarianis nimis fauere uideretur, Pompei iussu a Scipione iugulatur* 35, 23 sqq. *Mariamme eius filia* 46, 5; 56, 6; 70, 17. *praeterea commemoratur* 36, 5; 39, 1; 40, 16.

Alexander (4), *Herodis* (1) *filius ex Mariamme* (1), regio cultu *alitur et educatur* 71, 25 sqq. *heres materni in Herodem odii et consors periculorum Aristoboli* (4) *fratris insidiis Antipatri* (2) *adpetitus* Romam attractus reus magici aduersum se criminis ante Caesarem ab Herode statuitur *et absoluitur* 78, 19 sqq. *rex a patre constituitur* 81, 12 sqq. *sed rursus Antipatri artibus in suspicionem incidit* 83, 23 sqq. *eunuchorum indicia ab Antipatro corruptorum* 87, 8 sqq. *ab Archelao* (1) *socero patri reconciliatur* 89, 9 sqq. *postea ab Eurycle Lacone dolis inretitus* 94, 4 sqq. *cum eo de patre conquestus* 95, 3 sqq. intentati parricidii *reus constitutus* 97, 26 sqq. *capitis damnatus iussu patris strangulatur* 101, 11 sqq. *filii eius* 101, 19 sq. *praeterea commemoratur* 84, 25 sqq.; 102, 6; 103, 5; 104, 2; 105, 12; 106, 7. 26; 111, 2; 133, 24; 134, 5; 135, 1; *u.* Pseudo-Alexander.

Alexander (5), *Alexandri* (4) *filius* ex Glafyra genitus 101, 20.

Alexander (6) *siue* Alexas *Herodis* (1) *amicus, cui inuita nubere Salome* (1) *est coacta* 104, 13 sqq. (Alexandro *Heg.*, *BI* I 566 Ἀλεξᾷ, *Lat.* alexae, *IS* Alexias) legatum sanguinis *ei ex testamento Herodes* mandauit 125, 1 sqq. (Alexa *abl.*, *u. l.* Alexandro; *BI* I 660 Ἀλεξᾶν, *Lat.* alexa *abl.*, *IS* Alexis).

Alexander (7) *Tiberius, Aegypti praefectus*, orta Alexandreae inter gentiles et Iudaeos contentione inuadendi Iudaeos militibus potestatem dedit 162, 17 sqq. sexaginta Iudaeorum milia intra urbem fusa 413, 9 sqq. (*BI* II 497 πέντε μυριάδες: *item Lat. et IS.*). *Vespasiano fauet* 286, 15 sqq. *in obsidione Hierosolymorum Titus* secundam uigiliam -dro deputauit 343, 21.

Alexan[der] (8) 66, 25 *u.* Alexas (1).

Alexandrea (*u. l.* Alexandria) *Aegypti urbs* (51, 17; 110, 1; 152, 18. 25; 162, 17; 187, 9; 199, 22; (236, 14); 283, 7; 287, 7; 291, 28; 292, 7; (312, 25); 407, 15; 412, 26) *ab Alexandro M. condita et nominata* 152, 18 *et* 283, 7 sqq. condita urbe ex aequo Iudaeis et Aegyptiis attributa priuilegia et habitationes diuersae 412, 29 sqq. -eae orta inter gentiles et Iudaeos contentio, *inde strages Iudaeorum a Ti. Alexandro, Aegypti praefecto, facta* 162, 16 sqq. portus urbis *describitur* 284, 14 sqq.

Alexandria (1), *cum IS, sed Ios. Lat.* Ἀλεξάνδρα (*cf. Thes. l. Lat.* I 1534, 37 sqq. Ussani, *Studi critici in onore di E. Stampini* p. 105 sq.). *Al., Aristobolo* (1) *nupta, causa mortis innocentis Antigoni* (1) *fuit* 10, 18 sqq., *eo mortuo* constituit Alexandrum (2) regem 13, 1 sqq. *ei nupta heres regni constituitur* 17, 26 sqq.; 168, 11 sqq. *quod mulier indole* supra feminei sexus condicionem *praedita, sed* muliercula secundum scientiam iuris diuini *nimio erga Pharisaeos obsequio administrauit* 18, 4 sqq. *regnum adepta* Hyrcanum (2) patri substituit in sacerdotium 168, 17 sqq. *bellum gerit contra Ptolomaeum* (6) 19, 18 sqq. *Tigranen, Armeniae regem,* muneribus mulcebat 19, 22 sqq. *seditionem Aristoboli filii reprimere parans moritur* 20, 5 sqq. omnium heredem Hyrcanum reliquit 168, 25 sqq.

⟨Alexandria⟩ (2) (*BI Lat.* I 186, *AI* XIV 126 Ἀλεξάνδρα; *in IS nomen deest*) *Aristoboli* (2) *filia altera* (*cum codd. Iosephi PA qui praebent* τὴν ἑτέραν, *cum MVLRC Lat. IS* νεωτέραν *habeant*) *Philippioni, deinde eius patri Ptolomaeo* (6) *nupta* 36, 8 sqq.

Alexandria (3) (*AI* Ἀλεξάνδρα; *sed in BI, Lat. IS nomen deest*), *Hyrcani* (2) *filia, Alexandro* (3) *nupta Aristoboli* (3) *siue Ionathae* (4) *mater, ei ab Antonio* (1) *sacerdotium petit* 74, 5 sqq. conlato cum **Sossio (*AI*: Dellio *uel* Gellio) consilio imagines *filiorum Mariammes et Ionathae ad Antonium mittit* 74, 17 sqq. fugae eius ad Antonium apparatus cognitus 75, 12 sqq. -driae precibus uel insimulationibus Ionathen *Herodes* (1) sacerdotem creauit 170, 10 sqq. *eadem commemoratur* 72, 24 sq.; 73, 2 sqq. — *u.* Aristoboli (2) uxor.

Alexandrina urbs 312, 25 *u.* Alexandrea; -us lacus 236, 14.

Alexandrium castrum munitum *ab Alexandro* (2) *conditum in colle* (*monte*), *qui nunc Qarn Ṣarṭabeh* 23, 16; 24, 4; 30, 17; 32, 2; (96, 15).

⟨Alexas⟩ (1), Alexan[der] *acc.* (*BI* Ἀλεξᾶν *PAM,* Ἀλέξανδρον *LVRC Lat., om. IS*) ex amicis Antoni uirum, *cuius veniam Herodes frustra ab Octaviano petiuit* 66, 25 sqq.

Alexas, Alexa (2) *abl., u.* Alexander (6).

Alexas, Alexa (3) *abl.* (*BI, IS* Ἀλεξᾶς), *unus ex Iohannis* (6) *coniuratis* 370, 8.

allophyli *de Philistaeis* 325, 27.

Alpes 150, 24; iuga Alpium 151, 4. -ium muro 397, 17.

*Amalech (*Ios.* Ἀμάληκος): denique uictus A. 372, 23. *Amalecitarum* *populum significat, ut Ex.* 17, 8 sqq.

*Amalechita: quia se de genere A. de eius (Saul) morte falso iactauerat 211, 16.

Amathus (1) (*BI* Ἀμαθοῦς), *acc.* Amathun 14, 1, Amathuntem 31, 14. *castellum Theodori ab Alexandro* (2) *expugnatum* 14, 1 sqq. caput unius ex quinque conuentibus, in quos Iudaeam Gabinius diuisit 31, 14. *hodie Tell ʿAmmatā.*

(Amathus) (2), *acc.* Amathun. (*BI* ἀμμαοῦν, ἐμμαοῦν; *Lat.* amaum; *IS* Amaus), *oppidum Iudaeae a Vespasiano occupatum* 265, 26 sqq. *nunc ʿAmwās, quod Hegesippus confudit cum* Ἀμμαθοῦς, *aquis calidis prope Tiberiadem.*

amathus (3): aquarum uapor Syriae sermone a. appellari fertur 266, 1. (amathus *etiam Lat.*; *BI* ἀμμαθοῦς *L* ἀμμαοῦς *cet.* ammaus *IS*).

Amessias, *acc.* Amessiam (*u. l. CV* amasiam, *Ios.* Ἀμασίας, *Sept.* Ἀμεσσείας; Amessias *Ps.-Augustin. Quaest. Vet. et Novi Testam.* 85), *rex Iudae, quem* inuoluit consortium degeneris societatis 328, 14 sq.

Ana 17, 3 (*BI* κανά *VRC*, ἀνάν *PAM*, ἄνα *L* ἄννα *L p. c., Lat. u.* Destinon-Niese, *praef.* p. LXI) *Arabiae* uicus, *ubi reliquiae exercitus Antiochi* (6) alimentorum inopia consumtae sunt.

Ananias (1), *frater* (*patruelis*) *Oniae* (*AI* XX 236 Ἀνανίας ὁ τοῦ Ὀνίου ἐξάδελφος, *sed edd.* Ὀνίας *Hudsonum secuti*). A. pergens in Aegyptum petit a Ptolomaeo (5) et Cleopatra (5), ut illic princeps sacerdotum subrogaretur 167, 9 sqq.

Ananias (2) Iohannis (4) *Iudaeorum ducis pater* 188, 6.

Ananias (3) sacerdos, claro genere ortus, *a Simone Geraseno caesus* 353, 25 sq.

Ananus (1), Ionathae (5) filius, cum suis muro *a Iudaeis* deicitur 174, 5 sqq.

Ananus (2), princeps sacerdotum Hierosolymitanae urbis negotiis et praecipue instaurandis muris praeficitur 187, 15 sqq. *seditiosos in templo obsidet* 248, 24 sqq. *circumuenitur a Iohanne Gischalensi* 250, 14 sqq. *aduenientibus Idumaeis* portas claudi iubet 251, 7 sq. *intempesta nocte nullam custodiae curam gerit, ita ut Idumaeis* portae aperirentur 256, 6 sqq. iacuit insepultus 297, 13 sq. *praeterea commemoratur* 255, 6; 275, 1 sqq.

Andromeda 223, 7.

angelus, angeli 218, 11; 295, 17; 326, 9; 408, 24. angelorum legionibus (*ex Script.*) 63, 24. concilium (*ex Script.*) 324, 26 sq. panem (*ex Script.*) 386, 9.

⟨Anhelus⟩, *abl.* Anhelo (*u. l.* anaelo, *Ios.* Ἀνάνηλος, Ἀνάηλος), *uir ignobilis ab Herode* (1) *princeps sacerdotum creatus* 170, 15 sqq.

L. Annius Gerasam *a Vespasiano missus* insidiis urbem cepit 272, 14. *Niese L. Annium Bassum consulem a. 70 p. Chr. intellegit.*

annus feriatus ex lege septimus 6, 31.

antesignarius: uelut a. quasi ad prooliandum promtior — conuerso equo fugae se dedit 276, 21.

(Anthedona): *acc.* Anthedonam (*CV* athedonan, *Ios. IS* Ἀνθηδών, sed hoc loco *V* ἀθηδόνα) *maritimam urbem* Herodi (1) *Caesar Octauianus* donauit 67, 14. *hodie el-Blākhiyyeh.*

Antifilus, *contubernalis quidam Antipatri* (2), *uenenum a fratre medico acceptum ex Aegypto affert ad Herodem* (1) *interimendum* 108, 1 sq.; 110, 1 sq. subicitur quaestioni mater -i et *alius* frater ipsius *dolumque produnt* 109, 24 sqq. epistulas per -li seruulum Antipater (2) nomine

Salomes compositas ad Acmen perferri iusserat 122, 6.

(Antigone): *acc.* Antigonen, *quo nomine Sossius supplicem Antigonum* (2) *conuiciatus est* 58, 20.

Antigonus (1), *Iohannis Hyrcani filius, cum Aristobolo* (1) *fratre Samariam obsessam capit* 7, 20 sqq. *a fratre crudelissimo regnum adepto unus ex tota familia honoribus afficitur* 8, 21 sqq. *qua re inuidiam aulicorum in se excitauit* 9, 14 sqq. clarus militiae gestis A. domum reuertit 9, 24 sq. *fratris iussu imprudens opprimitur* 9, 15 sqq.

Antigonus (2), *Aristoboli* (2) *filius natu minor, Romam captiuus ducitur* 29, 8 sqq. *fuga in Iudaeam reuersus rursus capitur, Romam missus in Bithyniam relegatur* 32, 17 sqq. Ptolomaeus (Mennaeus) suscepit -um 36, 7 sqq. in Syria Caesari occurrit, *ut Antipatrum* (1) *et Hyrcanum* (2) *accuset* 38, 25 sqq. *Herodem* (1) *aggressus proelio funditur* 45, 30 sqq. *Parthorum ope in regnum restituitur* 48, 8 sqq. in Hyrcanum (captiuum) facto impetu aures eius dentibus suis abscidit 50, 1 sqq. Iosephus, frater Herodis, obsidentis -ni copias fudit 53, 2 sq. *Romanorum duces contra se missos pretio corrupit* 53, 4 sqq. Ptolomaeum (Herodis ducem) improulso impetu iugulari coegit, Iosephum quoque deleuit 56, 23 sqq. *sed obsessus ab Herode et Sossio Hierosolymis se Sossio tradit* 58, 1 sqq. *qui eum* abduxit ad Antonium (1), *qui eum* securi percussit 59, 8 sqq. *praeterea commemoratur* 169, 22; 170, 6.

Antigoni (2) soror, *quae Hyrcaniam castellum diu retinuit* 60, 17 sq.

Antiochi munitiones (*BI* Ἀντιόχου φάραγξ; *Lat.* antiochi faranx; *IS* Pharaga) *locus munitus ab Alexandro* (2) *dirutus* 17, 16.

Antiochia, *hodie Anṭâkijeh*, **urbs conditoris sui nuncupata uocabulo 192, 14 tertio loco antea ex omnibus, quae in orbe Romano sunt, ciuitatibus aestimata, **nunc quarto, Persarum quondam caput, nunc repulsorium 193, 12 sqq. (*cf. Vogel, De Hegesippo p. 9 sq.*; *adde Libanium, Orat.* XI 70) *uetusta ibi odia contra Iudaeos et strages eorum afficto crimine incendii facta* 406, 18 sqq. *descriptio et situs* 192, 11 sqq. *theatrum* 192, 24 sqq. *porticus et tetragonus platea* 407, 4. *praeterea* 46, 21; 57, 3; 94, 1; 287, 5; 372, 4; 406, 14, 18, 27.

Antiocheni *initio belli Iudaici inhabitantibus secum Iudaeis pepercerunt* 162, 13 sq.

Antiochenae synagogae *a regibus Persarum* (*Seleucidis*) *magnificentissime donatae* 406, 19 sqq.

Antiochus (1), *A. III. Magnus, Antiochi Illustris pater* 4, 18. Romani victores Hannibalis et -i 202, 8. -o partem regni reseruauerunt 323, 2.

Antiochus (2), *A. IV. Illustris*, ritus Hebraeorum neglegi mysteriaque eorum profanari iusserat, *quod Matthathian sacerdotem in arma excitauit* 4, 20 sqq. *Aegyptum suo imperio adiunxit 4, 18 sq. (*cf. AI* XII 243; I *Mach.* 1, 17. ***ei a Romanis* regnum refusum 399, 11 sqq. *et Addenda.* **eius* saeuitia *in septem* Macchabaeis et matre *eorum excruciandis* 350, 18 sqq. (II *Mach.* 7).

Antiochus (3), *A. V. Eupator*, occiso Onia, sacerdotum principe, in locum eius substituit Iacimum 167, 3 sqq. *eius bellum contra Iudan Macchabaeum* 5, 12 sqq.

Antiochus (4), *A. VII. Sidetes, cum Iohanne Hyrcano bellum gerit* 7,

5 sqq. *auro accepto obsidionem Hierosolymorum relinquit* 7, 9 sqq. *Parthis bellum infert occasionemque Iohanni Hyrcano praebet Syriam inuadendi* 7, 16 sqq.

Antiochus (5), *A. VIII. Aspondius* (*BI* Ἀσπένδιος; *Lat.* spondium; *IS* Aspondinischen): A., cui nomen Aspondius, *Samaritanis auxilium ferens ab Aristobolo* (1) *et Antigono* (1) *debellatur* 7, 22 sqq.

Antiochus (6), *A. XII. Dionisius* (*BI codd.*, *IS* Διονύσιος, *Lat.* dyonisius) A. etiam Dionisius appellatus, a Seleuco ultimus 16, 11 sqq. -i aduersum Arabas expeditio, *in qua cecidit* 16, 10 sqq.

Antiochus (7), *rex Commagenus* 338, 23; 340, 16.

Antiochus (8), *A. Commageni filius, Romanorum socius, frustra Hierosolymorum moenia escendere conatur* 338, 23 sqq.

Antiochus (9), *Antiochenus ex Iudaeo patre genitus idemque Iudaeis Antiochenis infestissimus* 406, 25 sqq.

Antipas (1), *Herodis* (1) *et Malthaces Samaritanae filius* 103, 24. Herodes -pan heredem imperii testamento scripsit 122, 16 sq. *mutato testamento* -pan tetrarcham reliquit 126, 9 sq.; 127, 8. *A. cum Archelao* (2) *apud senatum de regno certat* 129, 14 sqq. *a Caesare* (*Augusto*) *tetrarcha constituitur* 133, 10. mutato uocabulo Herodes nuncupatur 136, 1 sq.; 139, 28 sq. in honorem Tiberii Tiberiadem condidit 136, 7 sq. (***Philippi* 140, 2) *fratris uxorem Herodiadem* ausus est sollicitare, ut sibi nuberet 164, 29 sqq. *cum Areta (2) bellum infeliciter gerit 165, 11 sqq. *Baptistam Iohannem neci tradidit 139, 24 sqq.; 164, 21 sqq. *Romam profectus, ut et ipse, ut Agrippa* (2), *rex crearetur a* ** *Tiberio* (*ita etiam IS*; *Ios.* Gaio), *in Hispaniam* (*sic etiam BI*, *Lat.*, *IS* II 183, *sed AI* XVIII 252 Γαλλίας) *fugit*, ubi **maerore animi (*IS* unter vielem Kummer) consumtus est 140, 14 sqq. perfidiae et crudelitatis suae pretium luit deiectus **regno 139, 24 sq. *cum Herode* (3) *confunditur* 110, 9 sqq. **diuinitus praecautum uidetur, ut licet nondum facti sui merito tamen ob pretium futurae inprobitatis regno abdicaretur. nam quis eum regem perpeti potuisset, qui tetrarcha tam insolens fuit, ut tolerari nequiret? 110, 10 sqq. *u.* Agrippa (2).

Antipas (2), *Agrippae* (3) *regis propinquus, Hierosolymitanorum ad eum legatus* 159, 21. *a seditiosis quasi proditor interficitur* 248, 18.

Antipater (1), Idumaeus 20, 28 (*gen.* Antipatris 22, 13. 14; 33, 16; 45, 4; *u. l.* 52, 10; 265, 16), *persuadet* Aretae (1), *ut Hyrcano* (2) *regnum ab Aristobolo* (2) *ereptum restituat* 21, 6 sqq. *sed cum Scaurum Aristobolus auro corrupisset Fallionemque proelio fudisset, spes eius lapsae sunt* 21, 17 sqq. Pompeium *cum Hyrcano adit* tamquam iusti arbitrum 22, 16 sqq. per -trum (in Arabia) laborantibus Romanis Hyrcanus *alimenta* ministrat idemque de consilio Scauri Aretam monet, ut soluat bellum pecunia 29, 25 sqq. *contra Alexandrum* (3) *in Iudaeam reuersus bellum gerit* 30, 23 sqq. Gabinius ad eius arbitrium rei publicae Hierosolymitanae negotia componit 33, 16 sq. *uxor et filii eius* 34, 12 sqq. post (Pompei) necem amicitiam Caesaris expetit 36, 22 sq. *partes Caesaris in Aegypto consiliis et armis tuetur, multa uulnera excipit ad Iudaeorum exercitum* (Ἰουδαίων στρατόπεδον) *pugnans* 37, 7 sqq. quare -trum Caesar inter amicos recepit, deinde ateliam quoque contulit 38, 18 sqq. *ab Antigono* (2) *accusatus apud Caesarem uictor euadit* 39, 3 sqq. totius Iudaeae procurator factus est 40, 23. a Caesare impetrat, ut muros Iudaeae, qui bello diruti fuerant, exaedificaret 40, 24 sqq. (Hierosolymorum) murum in ueterem statum restituit 41, 1 sq. *contra eum et filios inuidia exorta* 42, 12 sqq. *causa mortis eius* 44, 18 sqq. *a Malicho ueneno interficitur* 44, 22 sqq. *quam mortem Herodes de sententia Cassi ultus est* 44, 27 sqq. hospitalitatis copulatus necessitudine *cum M. Antonio* (47, 7 sqq.; 52, 6; 131, 19) *et cum diuo Iulio* 52, 11 sqq. *praeterea commemoratur* (50, 21;) 131, 11; 169, 5.

Antipater (2), *gen.* Antipatris *u. l.* α*V* 93, 18; 105, 22; 107, 26; 108, 3; 110, 14; 111, 15; 114, 1. 3. 13; *datiuus* (?) Antipatri 115, 2; *acc.* Antipatrem (*B a. c.*) 115, 1. *Herodis* (1) *filius ex Doside*: dimissa matre, ne oculi (Mariammes), novae nuptae, eius conspectu offenderentur, *domo atque Hierosolymis arcetur* 70, 20 sqq. *cum ceteros filios Herodes suspectos haberet*, publice condito testamento solus (Ant.) regni successor designatur, omni cultu regio praeter diadema *ornatur* 79, 11 sqq. adpetere germanos insimulationibus non desinit 79, 17 sqq. 28 sqq.; 83, 23 sqq. *interfectis fratribus matrimonia nepotum ab Herode disposita soluit, Aristoboli* (4) *ipse filiam uxorem ducit* 101, 14 sqq. *patris interitus machinator deprehenditur* 105, 14 sqq. in iudicium uocatus parricidi conuincitur, in uincula ducitur 113, 27 sqq. epistulas potentium uirorum nomine aduersus Archelaum (2) et Philippum fratres, *alias* Salomes (1) nomine composuerat plenas in regem contumeliarum 110, 18 sqq.; 122, 3 sqq. conuictus parricidii morti adiudicatur uel relegationi 125, 19 sqq. propter creditam Herodis mortem exsultans a custodibus postulauit, ut uinculis resolueretur 126, 2 sqq. *quod Herodes cum comperisset*, percussores *misit*, qui eum interficerent caesumque in Hyrcania sepeliri iussit 126, 5 sqq. *praeterea* 94, 21 sqq.; 110, 18 sqq.; 111, 17 sqq.; 113, 7 sqq.; 121, 3 sqq. — uxor *eius* 113, 24 *Antigoni* (2) *filia* (*AI* XVII 92).

Antipater (3), *Salomes* (1) *filius, contra Archelaum* (2) *apud senatum orationem habuit* 129, 17 sqq.

Antipater (4), Samaritanus Antipatri (2) procurator ab Herode (1) ad supplicia arcessitur 107, 25 sqq.

Antipatri *nomen falso codd. pro* Antigoni (2) 330, 4 sq. *praebent*.

Antipatris: *Antipatris nomine ciuitas appellata 265, 16 (cf. *AI* XVI 143); 16, 14; 172, 21; 178, 1 (Antipatridem); *a Vespasiano occupata* 265, 16. *hodie Qal 'at Rās el-'Ain.*

Antonia castrum, cui nomen primo Baris, postea Antonia fuit, ab Antonio triumuiro donata appellatione **cum urbis dignitate 10, 27 sqq.; 314, 17. castrum (ante templum Hierosolymitanum) Aquiloni obiacens Herodes (1) communiuit, quod appellauit Antoniam propter Antoni gratiam nullo inferius superiorum palatiorum 68, 1 sqq.; 377, 3. *a Iudaeis seditiosis occupatum et incensum* 160, 25 sqq. *deinde a Tito* 367, 28. qui iubet dirui munitionem eius funditus 370, 15 sq. *praeterea* 20, 7. 15; 157, 22; (169, 1;) 312, 3; 314, 14 sqq.; 318, 5; 340, 22;

362, 28; 367, 28; 368, 31; 369, 23; 370, 15; 376, 6; 379, 16; 394, 28.
**Antoniani *i. e. Antonii Primi milites* 290, 2.
Antonius (1) Marcus (30, 21), *triumuir* (10, 28) *bello contra Alexandrum* (3) *gesto in Iudaea* praeclarum documentum suae fortitudinis dedit 30, 21 sqq. *item contra Aristobolum* (2) *in Iudaeam reuersum* 32, 4 sqq. eum hospitio recepit Antipater (1) 47, 8 sqq. una cum Octauiano Caesaris exitium ultu ire parat 44, 17 sqq. Cassium Brutosque opprimit 46, 9 sqq. Herodem (1) et Phasaelum (1) tetrarchas ordinauit 47, 10 sqq. *Romae Heroden* (1) *regno pulsum benigne excipit* 51, 27 sqq. *de eius sententia* Herodi regnum senatus consulto defertur 52, 17 sqq.; 131, 18 sq. per Dellium Ventidio et Siloni iubet, ut Herodem in regnum suum deducant 53, 7 sqq. Antigonum (2) captiuum securi percutit 59, 8 sqq. Cleopatrae (4) amoribus addictus 46, 23 sqq.; 59, 13 sqq. *cum regina suo regno Iudaeam atque Arabiam adiungere uellet, regibus pepercit, tamen* amicos eorum perculit (*BI codd. PA*) et possessionis maximam partem ademit 59, 20 sqq. **insolentia muliebri Augustum in se excitauit 60, 14. ab eo superatur certamine Actiaco 64, 15. defungitur 67, 10. *ad eum Mariammes et Ionathae imagines* ** *Sossi consilio ab Alexandria* (3) *missae* 74, 18 sqq. *cf.* Antonia castrum 10, 27 sqq.; 68, 1 sq.
Antonius (2) *tuendae Ascaloni a Romanis praefectus Iudaeos urbem obsidentes magna strage facta pellit* 191, 8 sqq.
Antonius (3) centurio *in expugnatione Iotapatae dolo interfectus* 209, 17 sqq.
Antonius (4): *Vespasianus* Antonium **praecepit **praefectum tertio ordini militari in Italiam se effundere 287, 11 sqq. *apud Cromonam Vitellianos superat* 289, 6 sqq. *Caecinam ad Vespasianum mittit* 290, 3 sq. circa Romam omnes Vitellianos fudit 291, 1 sqq. Romam ingreditur 291, 15 sqq. *praeterea nominatur* 290, 9 sq.
*Anubis *deus* 137, 13 sqq.
Apameni bello Iudaico exorto soli fere Iudaeos secum inhabitantes non persecuti sunt 162, 13 sq. (*Apamea hodie Qal 'at el-Maḍīq*).
Apollinis templum Romae a Caesare (Augusto) conditum multisque ornatibus uenustatum 129, 15 sq.
**apostoli: duodecim ap. per duodecim panes *in templi mensa propositos significabantur* 311, 15. **iam tempus aderat, quo sancti uocarentur apostoli Petrus et Paulus 186, 7. **apostoli gloria (Petri) 185, 18.
**Appia (via) 35, 10.
Aquilo *uentus* 68, 1.
Arabes (*acc.* Arabas, *dat.* Arabis 97, 13, *de quo cf. Verg. Aen.* VII 605, *sed* Arabi *Weber, qui de Sylleo intellegit, Iosephi Graeci et Lat. et IS premens uestigia*) 14, 1; 16, 10. 22; 29, 17; 34, 18. 21; 53, 1; 60, 21; 61, 5. 9. 25; 62, 3; 63, 26; 64, 7. 25; 66, 16; 155, 7; 357, 20; 358, 25; 359, 1. **quibus et non minor auaritia (quam Syris) et feritas barbaricae propior immanitati 357, 20 sq. incidunt (Iudaeorum transfugas) adhuc uiuentes, ut aurum (ingestum) requirant 357, 24 sqq.
Arabs 29, 28, Arabum rex 16, 12; Arabi (*gen.*; *cf. Thes. l. Lat. II 390, 59 sq.*) regis 169, 8 = Areta (1), Arabem 50, 21 = Bocchum. Sylleo Arabi 97, 11. A. peritissimus de

iaculatoribus, *qui Iohannem* (7) *transfixit* 313, 6 sq.

Arabia 13, 26; 21, 16; 22, 6. 14; 29, 21; 30, 19; 34, 12. 18; 50, 18; 51, 3. 5. 7; 59, 21; 60, 22; 61, 17; 86, 29; 105, 17; 169, 5; 198, 5; 266, 21; 271, 9. Arabia = Arabes 358, 6. de sucis Arabiae poculum 105, 17 sq. Arabiae imperitans potentissimus rex 59, 21 sqq. *est BI et Lat. et IS* Μάλιχος. *u.* Bocchus.

Arabica Petra: in -cam -am contendit 49, 22.

Arbela, uicus Galilaeae, *qui hodie Irbid* 55, 2.

Archelaus (1), Cappadocum rex, Alexandri (4) socer (79, 3), opimo conuiuio suscipit Roma redeuntes generum et Heroden (1) patrem, *quos Augustus reconciliauerat* 81, 5 sqq. rursus in periculum Alexandro adducto in tempore aduenit, ut opem ferret 89, 9 sqq. *quam ob rem magnifice ab Herode et propinquis eius donatus in regnum reuertit* 93, 21 sqq. *sed ex renouato iudicio solus ex propinquis quasi suspectus arcetur* 98, 8 sqq. *praeterea* 94, 3; 103, 5; 134, 16.

Archelaus (2), Herodis (1) filius et Malthacos Samaritanae 103, 24. *ei, dum Romae educatur, Antipater* (2) *insidiatur* 110, 17 sqq. cum ei Herodes Antipan (1) antea praetulisset (122, 17), postea eum regem instituit 126, 9. *iudicia uulgi et oratio Antipatri* (3) *apud senatum contra eum* 129, 4 sqq. *accusantis, quod* **nouem milia Iudaeorum *interfecisset* (*sic etiam Lat., BI* τρισχιλίους, *IS* 30 000), pro quo Nicholaus respondit 132, 3 sqq. Caesar (Augustus) -um genti Iudaeorum praeposuit rectoris munere non regni honore 133, 6 sq. accusatus apud Caesarem Viennam relegatur 134, 10 sqq. Glafyram post Alexandri (4) fratris obitum uxorem duxerat 134, 13 sqq. eius consuetudo in ordinandis sacerdotibus 170, 19 sqq. *praeterea cf.* 135, 14 sq.; 170, 26; 322, 10. *eius nomen falso pro Antipatri* (2) (*in omnibus codd. praeter B*) 94, 21 sqq. *et* (*in codd. M*^{2} *H*) 104, 5.

arcoballistae, instrumenta in excisionem urbis aduecta 177, 25 (*BI* ὀξυβελεῖς).

Areta (1), Aretas (*u. l.* araeta, arhetas, *Ios.* Ἀρέτας), *Arabum rex, contra Antiochum XII. pugnat eumque obtruncat* 16, 10 sqq. a Damascenis ad regnandum expetitur 17, 6 sq. Iudaeam incursat, Alexandrum Iannaeum superat, sed reuertitur in sua 17, 9 sqq. *ei ab Antipatro* (1) *persuadetur, ut Hyrcanum* (2) *restituat* 21, 6 sqq. *Aristobolum* (2) *superat, Hierosolyma obsidet* 21, 20 sqq. terrore Romanorum obsidionem soluit 22, 8 sq. Petrae a Scauro circumsessus bellum soluit pecunia 29, 27 sqq. *praeterea commemoratur* 169, 8.

(Areta) (2), *gen.* Aretae, *rex Petreus*; **filiam ultus exercitum Herodis Antipae delet* 165, 4 sqq.

Arethusa urbs in Syriae mediterraneis 29, 14. *nunc er-Restan.*

Arfa (*BI* Ἀρφᾶ) *uicus nobis incertus*, a quo initium longitudinis **Iudaeae 198, 10 (*sed BI: regni Agrippae* 3).

Argiuus: simulacro Iunonis -ae 70, 1.

Ari *gen.*, Simonis (9) et Iudae (8) *pater* 370, 11. *cf.* arissimone. *idem gen.*: Arini 309, 7 (*ibi in BI* ἀρινοῦ *L*, arini *ex* armi *Lat.*, ἀριανοῦ *PAM*, ἀρειανοῦ *VR*, ἰαείρου *C*).

Ariannes *nomen pro Mariammes in codd. αV saepius occurrit, uelut* 70, 16; 71, 21; 72, 1. 5. 6; 74, 3. 14. 28;

76, 6. 22 etc. (*cf.* Ussani, *Glotta* IV 261 sq.; Weissbrodt, *Mitteil. aus d. Pergamenthandschrift des Heges.* p. 49 sqq.).

**Aricia *oppidum apud Romam, quod hodie L'Ariccia* 186, 2.

aries, *machina muralis, describitur* 203, 13 sqq. *u.* excisor.

Arini *u.* Ari.

arissimone *falso pro* Ari Simone *Z* 370, 11, *sed eodem loco, BI* VI 92 ἀρισίμων *PAMV* ἀρισίμω *R*, marsimon *Lat.*, arsimon *Syr.*, Vrisimon *IS.*

Aristeus scriba clarae originis a Simone (2) percussus 354, 3 sqq.

Aristobolus (1) *ut Lat., sed Ios.* Ἀριστόβουλος, Iohannis Hyrcani filius, cum Antigono (1) fratre Samariam obsidet *fugatoque Antiocho VIII. expugnat* 7, 19 sqq. principatum sacerdotii ad regni potentiam uertit et diadema sibi imponere ausus est 8, 15 sqq.; 168, 3 sq. matrem et fratres uinctos arta custodia detinebat praeter unum Antigonum 8, 21 sqq. *quem postea interficit* 9, 2 sqq. *poenas parricidii letali morbo luit* 11, 20 sqq. *uxor eius* Alexandria (1).

Aristobolus (2) (aristobuli *u. l.* 10, 17; 330, 1; *Ios.* Ἀριστόβουλος), *Alexandri Iannaei filius minor, sed* acrior animo *ab Alexandria* (1) *matre regnante omnis* potestatis expers *reseruatur* 18, 11 sqq. *matris aegrotantis* occasione rapta infulas regni induit 19, 28 sqq. *quod debellato Hyrcano* (2) *retinet* 20, 9 sqq. ab Areta (1) uictus, qui Hyrcanum fouebat, Hierosolyma confugit 21, 6 sqq. obsessionem urbis Scaurus soluit 22, 6 sq. hostes fundit 22, 11 sqq. Pompeio Syriam ingresso primum Alexandrio castro, deinde Hierosolymitanis moenibus se abdit 23, 16 sqq. Pompeio appropinquanti se tradit 24, 21 sqq. qui expugnatis Hierosolymis Romam captiuum deduxit 29, 4 sqq. in Iudaeam fuga reuersus turbas excitat, *iterum* captus Romam dirigitur 31, 24 sqq. *unde belli ciuilis temporibus a Caesare demum remissus est,* ut Pompeium a tergo urgueret 35, 8 sqq. sed ueneno interimitur inter suos 35, 15 sqq. *praeterea eius mentio fit* 45, 30; 46, 5; 70, 15; 74, 8 (auum sibi regem fuisse); 168, 20 sqq.; 330, 1.

Aristoboli (2) uxor in castro reclusa cum filiis ab Alexandria (1) et postea pacto liberata 20, 6 sqq. Macheruntis munitiones Romanis tradidisse **fertur, qua re filii eius captiui a senatu in **Bithyniam dimissi sunt 32, 20 sqq. (*in BI et IS* I 174 Iudaea *pro* Bithynia, *in IS mulieris nulla mentio, sed filii ob misericordiam dimissi*). *eadem significari uidetur* 36, 5 (*cf. adn. crit.*); *sed locus turbatus, cum Alexandriae nomine, quod nurus et filiae fuit* (*BI* I 186), *mulier appelletur; rursus nulla de ea mentio in IS.*

Aristobolus (3) *u.* Ionathes (4).

Aristobolus (4) (*Ios.* Ἀριστόβουλος), *Herodis* (1) *filius ex Mariamme* (1), regio cultu educatur 71, 25 sqq. *de eo cf.* Alexander (4). ei Beronice (1), Salomae (2) filia, nupta 79, 2 sqq. *a patre fratri Alexandro reconciliato rex constituitur* 81, 12 sqq. *rursus Antipatri artibus in suspicionem incidit* 83, 21 sqq. uxorem *quasi ignobili genere natam contumeliis* incessebat 85, 12 sq. *ab Eurycle* circumuentus 95, 12 sqq. *ab socru proditus* cum fratre uincitur 97, 11 sqq. *contra eum quasi parricidam sententia mortis prolata* 98, 1 sqq. strangulatur 101, 11 sqq. filii eius 101, 20 sqq. (165, 29). *praeterea u.* 102, 6; 104, 3. 8; 105, 13; 106, 7. 27; 111, 3; 133, 19; 134, 1; 136, 16.

Aristobolus (5), *Aristoboli* (4) *filius et Beronices* (1) 101, 21.
aristocratia *apud Iudaeos* 166, 19.
Armenia 21, 28; 405, 28; 406, 11. A. **Portarum intenta custodiae 153, 21 sqq. *quod* si *BI* VII 245 *audias, de Hyrcanorum rege dicas. eadem apud Hegesippum* 405, 13 sqq.
Armenii 19, 22. 25.
Artabazes, **Parthorum rex, Tigranis (1), potentissimi regis, filius ab Antonio (1) Cleopatrae (4) quasi uile mancipium addictus 60, 8 (*BI cum Lat. praebet* παρῆν ἐκ Πάρθων ἄγων... Ἀρταβάζην τὸν Τιγράνου παῖδα. *Artabazes uero hic rex Armeniorum, non Parthorum fuit. in IS locus deest*).
*Artaxerxes (*u. l.* Xerxe), *Persarum rex*, -e superbior 129, 2. qui Iudaeis religionem suam obseruantibus pepercit, cum Herodes (1) in eos saeuierit.
Artorius (sic *BI*, praeter *C*, *qui* Σερτώριος, *et IS*, argorius *Lat.*) miles quidam Romanus 380, 24.
**Asaf (*u. l.* Iosaph) 328, 4 *rex, cui nomen in AI* Ἄσανος, *AI Lat.* asaph, *apud Septuag.* Ἀσά, *Vulg.* Asa. *Scriptura* **Asaph *reperitur in fragmentis Wirceburgensibus Hier.* *41* (*48*), *11 et Euangelii sec. Matth.* I 7, 8; *in Ps.-Aug. Quaest. V. et N. Testam.* *85* (*CSEL.* L 146, 18).
*Asamonaei 167, 21.
*Asamonaeum genus 170, 8.
⟨Ascalon⟩ *acc.* Ascalonam 36, 6; Ascalonem (*u. l.* Ascalonam) 191, 3; Ascalona 292, 20; *abl.* Ascalone 37, 4 *urbs, hodie ʿAsqalān.*
Ascalonitae 412, 25.
Asia *pars orbis* 149, 13; *283, 11; *321, 3.
Asia *i. e.* A. minor 149, 21; **153, 18.
**Asidaei a Matthathia *aduersus Antiochum Illustrem* socii adsciscuntur 4, 26 sq.
Asphaltius lacus (ἡ Ἀσφαλτὶς λίμνη) 124, 16; 235, 5; 264, 22; 265, 1; 267, 2. 5; 269, 15; *de natura aquae fusius agitur* 269, 15 sqq. *cum* ***271, 2 sqq. facit IS*: ‚vermögen sie (*Stücke*) nicht abzuschneiden, weder mit Eisen, noch mit irgend etwas anderem'. *nunc sermone Arabico Baḥr Lūṭ.*
Asphaltios fines 266, 16.
Aspondius *u.* Antiochus (5).
Assyrii 155, 18; 166, 25; 167, 19 *u. Addenda*; 298, 8; 319, 21; 320, 22. 23; 326, 2. 9; 329, 2. 9; 398, 22. Assyriorum infidelitas 331, 6. *saepe cum Babyloniis confusi.*
Assyrius = Assyrii 321, 3; 331, 7.
atelia 38, 22.
Athenae, quae leges aliis dabant, nunc alienis legibus famulantur 149, 18.
Athenienses pro libertate totius Graeciae incendio patriam tradiderunt 149, 5. principes totius Graeciae 149, 17.
Athenio (*BI* Ἀθηνίων), *dux Aegyptius* a Cleopatra Herodi (1) adiunctus *contra Arabas bellum gerenti, ut eum bellantem proderet* 61, 2 sqq.; 62, 22.
Atlanticum mare 153, 8.
Atratinus, *L. Sempronius A. in senatu pro Herode uerba facit* 52, 15 sqq. (atratinus *Lat.*, ἀτραντῖνος *PM*, ἀτραγαντῖνος *LVR*, Tragantinus *IS*).
Augustus 60, 14; 64, 22; 69, 26, 140, 22; *u.* Caesar (3).
aulicus puer 12, 6; -cum ministerium 18, 19, aedificium 69, 4 (*BI* βασιλείοις); aulicos (= *domesticos regis*) 111, 5; **(Hebraei) cessere aulicis (*i. e. abdicauerunt se priuilegio a deo donato*) 25, 25.
(in) Aulonam (*BI* κατὰ τὸν ὑπὸ Ἰουδαίων πατρίως Ἀκανθῶν αὐλῶνα καλούμενον; acanthon aulona *acc. Lat.*)

uallis Iudaeae: uentum in -am, unde aberat Hierosolyma stadiis triginta nihil amplius 301, 24; *quae hodie Wādī eṣ-Ṣuweiniṭ* (?).
Azotus, *urbs in mediterraneis Syriae, quae hodie Asdūd siue Esdūd* 29, 13.

Babylon *urbs uel regio* 3, 3; 8, 20.
Babylonia *regio* (Ios. ἐν Βαβυλῶνι) 329, 2.
Babylonii 128, 23; 130, 27; 301, 9; 329, 19; 373, 20. *cum Syris confusi* 298, 10; 329, 22.
Babylonius Sylas 191, 1.
*Babylonius rex (= *Euilmeraduch*) 352, 12.
Bachath(a)e (*BI Lat. IS* Βαχά) *Galilaeae superioris extremus uicus* 195, 12, *qui hodie Ḫirbet eṭ-Ṭabaqah.*
balsamum *quomodo nascatur et colligatur* 24, 15 sqq. *u.* opobalsamum. *praeterea commemoratur* 59, 28; 269, 8.
** baptismum Iohannes Baptista propter purificationem animae et corporis instituerat 164, 24 sq.
*Baptista *u.* Iohannes (3).
**⟨Barabbas⟩ *latro Christo a Iudaeis antepositus, acc.* -an 296, 25 sqq.
barbari *i. q.* Parthi 48, 3 sqq. *de iis* natura barbaros esse infideles 48, 17. barbaricam auaritiam 50, 19, barbaram *i. e.* Cleopatram (3) 65, 21.
Baris *castrum prope templum,* cui postea Antonia nomen fuit 10, 27; 20, 7.
Barzafranes (*BI plerumque* Βαζαφράνης *PA*, Βαρζαφάνης *MLCVR*, brazafranem, -e *et* barzaffanes *Lat.*, Barzaphanius *IS*), Persarum (*i. e.* Parthorum) satrapes, *Syriam occupat* 48, 3 sqq. *per eum Pacorus* (1) *sollicitatus est,* ut Antigono (2) regnum daret 48, 6 sqq. *eius perfidia* 48, 18 sqq. Hyrcanum (2) captiuum Iudaeis supra Euphraten inhabitantibus, miseratus sortem eius, concedit 71, 1 sqq., *ubi falso Persis* (*i. e. Parthis*) *imperitare dicitur.*
Bassus *u.* Caecilius.
Bathyllus, Antipatri (2) libertus, alterum ueneficii genus Ferorae et eius uxori detulit, quo ad mortem Herodis (1) uterentur 110, 14 sqq.
Bemeselel (*BI* βεμέσελιν *acc.* uel βεμεσέλην, *Lat.* meselim, *IS* Emeselis), urbs 15, 26, *hodie Mitiliyyeh.*
*Beniamin, Iacob filius 320, 14.
Beritos (*Ios.* Βήρυτος) 266, 22, *acc.* Beryton 98, 3. urbs, *quae hodie Beirūt.*
bernice *ut fere IS, pro* Beronice *nom.* (*H*) 101, 21; *gen.* bernicis (*H*) 144, 19; *cf. De Lagarde, Onomastica sacra*[2] 67, 27 (*Hieronymus*) *et* 188, 73.
⟨Beronice⟩ (1) (*Ios.* Βερενίκη, Βερνίκη, *Lat.* beronice), *abl.* Beronice 101, 21, Salomae (1) filia, *Aristoboli* (4) *uxor* 79, 2 sq. *qui superbis* sermonibus uxorem incessebat 85, 12 sqq. *eorum* filii 101, 20 sqq.; *u.* bernice.
Beronice (2), (*Lat.* bernice, -is, -em), *gen.* Beronices 144, 19; 160, 19; Beronicae 189, 15. Agrippae (3) soror *a Floro contemptui habita* 144, 19. **ad Agrippam regem et ipsa scripsit 144, 23 sq. (*BI, Lat., IS* τῷ Κεστίῳ). eius aedes (*a Iudaeis*) incensae 160, 19. quia latrocinio erepta (Iosephus Beronicae) reddere uelle suspectabatur 189, 13 sqq. *praeterea nominatur* 157, 14, *u.* bernice *et* ueronice.
⟨Bersabe⟩ *acc.* Bersaben, *finis latitudinis Galilaeae inferioris* 195, 10, *nunc Abū eš-Šebaʿ.*
Bersabea, *uxor Dauid.* ** triumphauit Dauid, cum Bersabeam hoc est filiam Sabbati suo coniugio pro-

pheticis mysteriis copulauisset 327, 27 sq.
Beryton *acc. u.* Beritos.
⟨Βηθενναβρίν⟩ *acc.* (*BI* IV 420) *uicus prope Gadaram* (3), *apud quem Placidus cum Gadarensibus profugis manum conseruit* 262, 18 (*Tell Nimrīn*).
⟨Bethesda⟩ *acc.* Bethesdam (betsaidam *M*[2]; βηθεσδάν *P*, bedestham *Lat.*) *Hierosolymorum regio.* Cestius -am ilico incendit 174, 1.
Bethesmon, *acc.* (baethesmot *Z*, *BI* βησιμώ βησιμώθ, *Lat.* besemoth, *IS* Besimoth), *oppidum in Peraea situm* (*Ḫirbet Suweimeh*). Placidus B. et omnes uicos loci ipsius Romano imperio restituit 264, 27 sq.
Bethoron *nom.* (?, *u. l.* bethoro; *BI* II 550 εἰς τὴν Βεθώραν, bethoron uersus *Lat.*): proximo, cui B. nomen 176, 29. *Iudaeae oppidum, ex quo Cestius a Iudaeis circumdatus* fraude eduxit exercitum 177, 12. *nostra aetate Beit ʿŪr et-Taḥtā.*
betsaidam 174, 1 *u.* ⟨Bethesda⟩.
biniones aureos (*BI* χρυσοῦς) 357, 11.
Bithynia (Bythinia) **32, 20 (*BI*, *Lat. IS* Ἰουδαίαν); 46, 13; 192, 9; 368, 26.
bitumen 271, 1 sqq. *u.* Asphaltius lacus.
**Bocchus, *Arabiae rex* (*BI* Μάλχος *siue* Μάλιχος, *Lat.* malichus, *om IS*), paternae inmemor dilectionis Heroden (1) a Parthis pulsum a regno suo arcet. mox tamen Bocchum paenituit uiolatae gratiae 50, 21 sqq. *hoc loco Sallustii Iugurtha ita scriptori obuersatus uidetur, ut nomen regis, qui Iugurtham Romanis prodidit, nomini Malichi substitueret. u.* occhus.
Borceus *uicus* (*BI* Βόρκαιος, *Lat.* borceas). ** Samariae (*BI*: *Iudaeae*) finis ad aquilonem (*ʿAin Berqīt*) 198, 7.
Borcius (*u. l.* lorcius *et* lorchius, βόρχιον *PA*, βορχαῖος *MLRVC*, borcaeus *Lat.*, Borkybus *IS*) *legatus Agrippae* (3) *ad Hierosolymitanos.* B. excepto uulnere uix potuit euadere 173, 14 sqq.
borius *nomen loci, in quo Baris castrum conditum.* ipse locus septentrionalis hoc est borius nuncupabatur 314, 18; *sed in BI* V 304 προσάρκτιος *una ex porticibus templi appellatur.* προσάρκτιος *Hegesippus Latine 'borius'* (*i.e.* βόρειος) *uertit quasi originem et uim uerbi Baris declarans.*
Bosphorani omnes Romano imperio subiciuntur 153, 19.
**Brennus Capitolinis uestibulis incumbens 228, 24.
Brittanicus, *Claudi filius, imperio spoliatus* 141, 20 sqq.
Brittani: plus fuit transisse ad -os quam triumphasse de -is 150, 18 sq.
Brittania extra orbem posita, sed Romanorum uirtute in orbem redacta 150, 12. Romana uirtus in -a sibi remotam a confinio terrarum nouam inuenit possessionem 154, 13. -am inter undas adhuc latentem (Vespasianus) Romano imperio armis adquisiuerat 182, 20. *praeterea commemoratur* 397, 13. Brittaniae *plur.* 287, 27; 319, 26 sqq.; 397, 3.
**Brixia (*BI* IV 548 Βριξέλλῳ *edd.*, βριξέμῳ *codd.*, bryxenum *Lat.*, *om IS*) *imperator Otho* (*n*) -ae positus uoluntaria nece eripuit se ludibrio 278, 22.
Brundisium 51, 26.
Brutus, *M. Iunius Br.*: Iulius Caesar in senatu graues poenas dedit Cassio Brutoque auctoribus 44, 16. —
**Bruti *plur. de M. Iunio et D. Iunio Bruto Albino.* Caesar atque Antonius Cassium Brutosque oppres-

sere 46, 10 (*cf. Nep. Att.* 8, 1; *Tac. Ann.* I 10).

Butius (*BI* IV 36 ἐβούτιος *PALVRC et IS*, εὐβούτιος *M et Lat.*, Αἰβύτιος *Destinon*). decemprimus (*BI* δεκαδάρχης) cecidit B. multis ante bellis probatus (cf. *BI* III 144) *in obsidione Gamalae* 241, 4 sqq.

*Byzantii: **Constantinopolim excreuit ciuitas -iorum 193, 15.

Caecilius (*BI codd.* κεκελλίου *uel* κικιλλίου, *Lat. IS* caecilius) Bassus *Sex. Caesarem* dolo *interficit* 44, 13.

Caecina Vitellii comes (*BI IV 547 codd.* κίννα(ν), *ceteris locis* κικιλ(λ)ιον *Lat.* IV 547 cinna, *cet. loc.* cecinam, *IS* Caecilius) *Othonem superat* 278, 20. *contra Antonium Primum missus apud Cremonam contione habita militibus suadere conatur, ut Vespasiani partes amplectantur* 287, 17 sqq. *qua re ab illis uincitur, ab Antonio* (4) *liberatur, a Vespasiano praemiis ornatur* 289, 13 sqq.

caenezei *u. l. codd. CV (A) pro* Ce⟨ne⟩d(a)ei 173, 5. *cf. Gen.* 15, 19.

Caenopolis *pars nova urbis Hierosolymorum* 174, 1.

Caesar = imperator 147, 25; 149, 2; 157, 21. 25. 26; 158, 6. 20; 159, 3; 322, 10 sq.; = Augustus 98, 5 sq.; 117, 30; 122, 1. 6; 123, 3; 133, 22 sqq; 136, 3. 4; 330, 3; = Tiberius 136, 13; 165, 15 sqq.; = Gaius, *ut apud IS cum Tiberio confusus* 140, 14. 19; = Nero 178, 17. 23. 24; 184, 10; = Titus *crebro inde a* 304, 14 (*BI Lat. IS inde a* V 63) *u.* Titus.

Caesar adoptiuus *u.* Caesar (3).

Caesar Romanus = imperator 322, 10.

Caesar *u.* Iulius Caesar, Iulius Caesar adoptiuus, Sextus Caesar, Claudius.

Sextus Caesar (1) *Syriae quaestor pro praetore sua* gratia *Heroden* (1) fulcit 43, 12 sq. a Caecilio Basso dolo interemtus 44, 13.

Iulius Caesar (2) *bello ciuili exorto* Aristobolum (2) uinclis leuatum in Syriam direxit, ut Iudaeam *contra Pompeium suscitaret* 35, 3 sqq. *post Pompei mortem* amicitia *eius ab Antipatro* (1) expetita 36, 21 sqq. *qui eum contra* Ptolomaeum (5) Aegypti regem *bellantem iuuit* 37, 1 sqq. de sententia *eius* Hyrcano (2) summum sacerdotium firmauit 38, 18 sqq. *iudicium eius de controversia Antigoni* (2) *et Antipatri* (1) 38, 25 sqq. **quia priuati habitum supergressus fuerat, in senatu graues poenas dedit Cassio Brutoque auctoribus 44, 15 sq. (*BI* Κασσίου καὶ Βρούτου κτεινάντων δόλῳ Καίσαρα κατασχόντα τὴν ἀρχὴν ἐπ' ἔτη κτλ.; *om, IS*). *dicitur* Caesar senior 131, 13.

Iulius Caesar (3) adoptiuus (44, 17; 64, 21 *adn.*) *idem* Augustus (***bis in bello contra Antonium* 60, 14; 64, 22) *deinde* **69, 26. principe Romano 98, 9. Iulius Augustus 140, 22. patris exitium ultu ire destinat 44, 17 sq. bello Machedonico C. atque Antonius Cassium **Brutosque oppressere 46, 10 sqq. **Herodem* (1) *profugum, quamquam eius* **uersutum ingonium suspectabat (*BI* I 283 δρῶντά γε μὴν καὶ τὸ Ἡρώδου δραστήριον), *Romae apud senatum iuuat* 52, 9 sqq. *Actiaco bello Antonium superat* 60, 14 sqq.; 64, 14 sqq. *Heroden* (1), *quamquam Antoni partibus fauerat, regem confirmat* 66, 23 sqq. *qui* **religionis immemor templum Caesari condidit 68, 14 sqq. *Alexandrum* (4) *Antipatri* (2) *insimulationibus circumuentum absoluit et patri reconciliat* 79, 27 sqq. *postea tamen in eum et Aristobolum* (4) *animaduertendi* licentiam dedit 97, 20 sqq.

iterum in Antipatrum (2) 125, 18 sqq. ***eius* imagines templo *ab Herode* adpositae *et a rebellibus* detractae (*cf.* Caesaris imagines) 123, 3 sqq. *arbiter testamenti ab Herode*(1) *constitutus* 127, 9 sqq. Archelaum (2) *Iudaeis* praeposuit, Philippum (2) et Antipan (1) tetrarchas constituit 133, 5 sqq.; 140, 22. dolum *Pseudo-Alexandri* risit 133, 22 sqq. Archelaum (2) Viennam relegat 134, 10 sqq. *moriens* Tiberium successorem relinquit 136, 4 sqq. *in eius honorem Caesarea* (1) *nominata* 29, 16; 70, 6–7; 143, 22. *item Caesarium* 68, 6.

Caesaris imagines 136, 13 (*sic etiam Lat.*; *BI, IS plura*: τὰς Καίσαρος εἰκόνας, αἳ σημαῖαι καλοῦνται) **Caesaris *uero* imagines templo adpositas *esse scribit Hegesippus* 123, 3, *BI et Lat. et IS aquilam auream supra magnam templi portam ab Herode* (1) *esse collocatam.*

Caesaris pax 159, 3.

Caesarea (1), *u. l.* Caesaria, *antea* Stratonis turris 11, 19; 29, 15; 69, 1. *ab Herode* (1) renouata *et nomine Caesaris Augusti* nuncupata 29, 15; 68, 25 sqq. *hodie Qaisārīyeh.* urbs prouinciae Iudaeae maxima 70, 6; 221, 19. *Iudaeorum et gentilium ibi habitantium dissensiones* 143, 18 sqq.; 161, 22 sqq.; 412, 9 sqq. *Vespasianum* cum laetitia suscepit 221, 19 sqq. *qui ibi* nuntium *accepit* caesi Neronis 273, 3 sqq. *praeterea commemoratur* 11, 19; 99, 22; 101, 12; 112, 10; 172, 9. 20; 221, 27. 28; 226, 19; 262, 16; 265, 15; 273, 1; 279, 2; 286, 22; 292, 21; 412, 7.

Caesarea (2) Philippi regni Agrippae (3) urbs 226, 14; 234, 12. *quae nunc Bāniyās.*

Caesarianae partes 35, 24.

Caesarienses (*Ios.* Καισαρεῖς) *i. e.* gentiles Caesareae (1) habitatores 161, 22; 412, 9.

Caesarium habitaculum domus *Herodis* (1) *in Augusti honorem* nuncupatum 68, 6.

Caesentius Gallus praepositus duodecimi ordinis *i. e.* legatus XII. legionis *bellum contra Iudaeos gerit* 172, 14 sqq. pax *a Sepphoritanis cum eo* inita 194, 3. *quam* **Hegesippus idem* 172, 10 sqq. *cum Gorionide contra BI et Lat. Cestio tribuit. etiam* 194, 3 *C a. c.* caestio *habuit cum codd. Graecis MVRC et Lat. et IS, lectio in textum recepta cum PA consentit, qui codd.* καὶ σεντίῳ *praebent* (Καισεννίῳ *edd.*).

*Cain 409, 1.

**calamistris crispabant capillos 279, 17.

calciamentum: confixum clauis c. usu militarium uirorum 369, 10.

Callirrhoes aquae calidae trans Iordanen 124, 15. *hodie Ḥammām ez-Zārā.*

Camela *antiquum Gamalae urbis nomen* 239, 4.

Campus magnus (*BI* IV 455: τὸ Μέγα Πεδίον) *inter montem, qui Iordani supereminet et montem Ferreum* (*i. e. uallis Iordanis*) cuius longitudo CCXXX stadiorum (*sic etiam Lat.*: χιλίων διακοσίων *BI, IS*) 266, 23 – 267, 14. *idem qui*

Campus maximus (*BI* III 40: ἐν τῷ Μεγάλῳ Πεδίῳ, *Lat. IS*) 195, 10.

Canatha (Chenata *M*[1]) 60, 28; *quae hodie el-Qanawāt.*

Capharnaum fons 236, 11. *qui hodie ʿAin eṭ-Ṭâbigha.*

Caphartorem *acc.* Idumaeae uicus (*BI* IV 447 καταφαρτοβαν *codd.*, Καφαρτόβαν *Destinon*, cafartobran *Lat.*, Ka(ta)farto *IS*) 265, 21; *qui nostra aetate fortasse Terqamiyā.*

Capitolinus mons 185, 23. Capitolina uestibula *i. e.* templi Iouis in Capitolio 228, 24.

Capitolium 40, 27; *a Sabino occupatum a Vitellianis expugnatum* 290, 13 sqq.

Cappadoces: -um rex 134, 19. *u.* Archelaus (1).

Cappadocia 79, 3; 98, 9; 287, 11.

*Caprearum secessus 137, 2.

Carmelus mons 194, 19, *qui hodie Ǵebel Mār Elyās.*

Carthaginenses (*sic!*) 153, 2.

Carthago 153, 11; 371, 24. 26.

Casi Iouis templum 292, 13 *in monte Casio positum, prope locum, qui est hodie el-Guelseh.*

*Caspia porta (*AI* XVIII 97 Κάσπιαι θύραι *AI Lat.* caspias pylas) 193, 22. *u.* Porta.

**Caspia regna 150, 3; 193, 20.

cassiam *unum ex aromatibus* ἃ (οἱ ἱερεῖς) συμμίσγοντες ἐθυμίων ὁσημέραι τῷ θεῷ (*BI* VI 390) 403, 5.

Cassius *Syriam contra Parthos Crassi caede* elatiores *defendit* 33, 25 sqq. ad Euphraten rediturus conuentionibus pacis Alexandrum (3) deuincit 34, 24 sqq. *occidendi Caesaris auctor* 44, 16. *eius iussu Malichus ab Herode* (1) *in ultionem patris necatus* 45, 8 sqq. *bello Macedonico oppressus* 46, 10 sq.

castellum 96, 15. *u.* Alexandrium.

castelli praepositus (*BI* φρούραρχος) 96, 15 sq. 19.

Castor *Iudaeus quidam, qui Romanos ludificatur* 315, 27 sqq.

**Castra dei 325, 1, *quae hodie Ḫirbet Maḥna* (?).

castrum *u.* Δαγών.

castrum *pro* Antonia 169, 1.

**Cato Romanae adsertor facundiae 365, 9.

Cedron uallis sub Oliueti monte 303, 17, *quae his temporibus Wādī Sittī Maryam.*

Celadus *ex amicis Alexandri* (4) *simulationem Pseudo-Alexandri detegit* 133, 23 sqq.

⟨Cenedaeus⟩, *gen.* Ce⟨ne⟩daei, *u. l.* caenezei (*BI* Κενεδαῖος, *Lat.* cęnedeus) 173, 5.

centuriones *exercitus Herodis* (1) 128, 2 (*BI* ταξιάρχοις, *Lat.* ordinum duces). centurionibus *miro modo* 174, 7, *ubi BI* ἱππάρχων, *Lat.* equitum magistri; 289, 15 centurionibus et chiliarchis, *ubi BI* χιλίαρχοι, *Lat.* chiliarchi, *IS* Centurionen. centurionibus *quoque interpretatus est scriptor* 54, 6 τοῖς ὑπὸ τὸν Σίλωνα ἡγεμόσι (*BI* I 298), *ubi Lat.* rectores qui siloni parebant, *IS* Feldherren.

**cera *ad uultum dealbandum* 349, 13, *cf.* **279, 22.

Cerealis praefectus ordinis quinti *i. e. legatus legionis quintae* (*BI* III 310 ἔπαρχον τοῦ πέμπτου τάγματος) *Samaritas in monte Garizim delet* 208, 23 sqq. *Iudaeam uastat* 279, 5 sqq. Caesar -i mandat negotium, ut praetendentibus circa templum Iudaeis hora noctis nona superueniret 376, 7 sqq.

certamina quinquennalia (*BI* πεντετηρικοὺς ἀγῶνας) *ab Herode* (1) *instituta* 68, 12.

Cestiana pugna 200, 9.

Cestius, *u. l.* caestius (*ambo etiam Lat.*) qui summam militiae regendam in partibus Syriae a Romanis susceperat, arma *in Iudaeos* movet 171, 20 sqq. *Hierosolymis fere captis exercitum reuocat* 174, 3 sqq. *praecepto eius in itinere* caesa **iumenta (*BI, Lat.* διαφθαρέντων τῶν τε ὀρέων καὶ τῶν ὄνων ἔτι δὲ καὶ τῶν ὑποζυγίων; *uerba* καὶ τῶν ὄνων ἔτι δὲ *in codd. VRC omissa*; *IS* und der Esel und Maultiere sich zu entschlagen). *Iudaeos regredientem persecutos eludit* 177, 2 sqq. *se apud Neronem de re male gesta purgare conatur* 178, 15 sqq. *eius auaritia* 187, 20. *praeterea* 222, 15; **400, 3, *ubi alia de eo in BI* VI 338 *Lat. cf.* Caesentius.

Chananaei 267, 18; 309, 19. 23. 24.

Chares *Gamalensis sonitu excisae turris exanimatus moritur* 243, 8 sq.

Chebron uetusta Palestinae urbs 277, 1 sqq. *hodie el-Ḫalîl.*

*Cherubin, *ut semper in Pentateucho Lugdunensi, plur.* 28, 7.

chiliarchis *i. e.* tribunis (*BI* οἱ χιλίαρχοι *Lat.* chiliarchi) 289, 15.

*Christianorum congregatio 164, 1 (*AI* XVIII 64 τῶν Χριστιανῶν . . τὸ φῦλον *AI Lat.* nomen et gens *cod. Vaticanus,* nomen et genus *cod. Vossianus fol. 17*). **Petrus et Paulus doctores Christianorum 183, 21. **(Nero) aduersus Christianos insurrexit 183, 19.

Christus *u.* Iesus.

Cilicia 29, 10; 81, 3; 192, 10.

cinnamomum *aroma in gazophylacio templi Hierosolymis adseruatum* 403, 4.

Claudius Caesar a militibus adsumptus in imperium, *ad senatum* Agrippam (2) legatum misit. in locum Agrippae (2) Agrippam (3) regem subrogat 141, 10 sqq. deficit 141, 17 sq. *eius filii* 141, 20. 25 sq. *praeterea* 182, 22.

*Cleopatra (1), *Ptolomaei* (5) *Filometoris uxor, Oniae fauet* 167, 11.

Cleopatra (2), *Ptolomaei Laturi mater* 13, 11 sqq.

Cleopatra (3) ⟨*Selene*⟩ *a Tigrane* (1) *Ptolomaide obsidetur* 19, 22 sqq.

Cleopatra (4) *Antonii* (1) *amores* 48, 23; 59, 13. *Herodem* (1) *a Parthis regno pulsum Alexandriae* suscipit, *suo exercitui* ducem expetens 51, 18 sqq. regnum Iudaeae atque Arabiae *appetit* 59, 20 sqq. *moritur* 67, 10. *ab Herode* (1) *ualde timebatur propter Mariammes* (1) *pulchritudinem, cuius amore Antonius incendi poterat* 75, 21 sqq. *saepius nominatur in orationibus Herodis* (1) *ad Caesarem* (2) *et Caesaris* (2) *ad Herodem* (1) 64, 22 sqq. *praeterea* 75, 4. stipatores *eius* ex Gallia 67, 15. *u.* Athenio.

Cleopatra (5) Hierosolymitana *Herodis* (1) *uxor* 103, 26.

Clitus *Tiberiensis seditionis princeps laeuam sibi ipse amputat* 190, 18 sqq.

clysto, clystro, clythro *codd.* 283, 15, *u.* Copto.

coccum *ad usum peripetasmatum in templi gazophylacio reseruatum* 403, 3. *eo* **igneum caelum figurabatur 310, 11 (*BI* τὸ πῦρ, *Lat.* ignem).

Coelesyria 17, 7.

comes: Valenti et Caecinae Vitellii comitibus 278, 20. comes regis ⟨Dauid⟩ Abessa 340, 14.

cometes per annum fere supra templum arsit 391, 17.

Commagenus 338, 23; 340, 16.

**Conopea luxuries 65, 12. **Conopeis agminibus Aegyptiorum 397, 19. *pro* Canopea, Canopeis *confusione orta cum eo, quod est conopium,* κωνωπεῖον. *cf. Porph. ad Horat. Epod.* IX 16: conopium quasi retis genus est ad culices prohibendos, quo maxime Alexandrini utuntur. *contra codd. Prop.* III 11, 45: foedaque Tarpeio canopeia (*i. e.* conopia) tendere saxo.

**Constantinopolim excreuit ciuitas Byzantiorum 193, 14.

constitutio = διαθήκη 1, 18, *u.* testamentum.

consularis *Cretae praepositus* (*BI* II 366 ἡγεμόνα, *Lat.* rectori, *sed Asiae ut in IS*) 153, 16.

contra Helenae sepulchrum: loco qui appellabatur c. H. s. 302, 9 (*nonnulla hic excidisse puto. cf. BI* προπηδήσαντες κατὰ τοὺς Γυναικείους καλουμένους πύργους διὰ τῆς ἀντικρὺ τῶν Ἑλένης μνημείων πύλης; *Lat.* prosiliunt quem (*sic*) muliebres turres uocantur et per eam quae contra monumentum Helenae portam est egressi. *quare ita supplere possis*: loco qui appellabatur ⟨muliebres turres per portam quae est⟩ contra Helenae sepulchrum.

conuentus (*BI* σύνοδος): quinque, *in quos* Iudaeam Gabinius diuisit 31, 9. 11. 13.

Copto tenus 283, 15 *conieci Iosephum Graecum et Lat. secutus* (IV 608 μέχρι Κοπτοῦ, ad copton.). *Hegesippi codd.* clysto, clystro, clistro, clythro *habent, quod e glossa* erythro *praecedentibus uerbis* mare Rubrum *superposita ortum puto. hodie Ḳifṭ siue Ḳufṭ.*

coracinum (piscem), qui in Alexandrino lacu ex Nili infusione reperitur *idemque in fonte Capharnaum* 236, 14.

Coreae *quae hodie Qarāwā* 23, 15.

Corinthus *Herodis* (1) custos corporis, *quem Antipater* (2) *patri insidiantem* ***se deprehendisse dicit* 118, 3 sqq. *Fabatum autem regi eum prodidisse legimus apud Ios.* (*BI* I 576; *AI* XVII 55). *facinoris in IS nulla mentio.*

Cornelius Sylla 26, 25.

Costobarus (*u. l* custobarus *Lat.* costhobarus, castabarus) *Agrippae* (3) *regis propinquus ab Hierosolymitanis optimatibus legatus ad eum missus* 159, 21. *ad Cestium post eius cladem confugit* 178, 13.

Cotylae *gen. cognomen Zenonis Philadelphiae regis* 7, 4.

Cous: nec -um silere, qui Eurycli tempore in Iudaeam transmiserat 96, 23 (*BI* I 532 Κῷον Εὐάρατον *uel* Εὐάρεστον. *Lat.*: coum euaristum, *IS*: Koer Euaratus).

Crassus (*IS* Krakus) *templum Hierosolymitanum spoliauit* nec longum laetatus *a Parthis uictus et ipse* extinctus est 33, 20 sqq.

Cremona 289, 20.

Cremonensium urbs 287, 20.

Cretae **plurimi populi sex fascium uirgulis metu inclinantur 153, 14 sqq., *quod Ios.* (*BI* II 365 *et IS*) *iisdem fere uerbis de Graecis uniuersis dicit.*

curiales *i. e.* βουλευταί Tiberiadis 190, 17.

Custobarus *u.* Costobarus.

custodia corporis: stipatores ex Gallia, quibus saepta incedebat Cleopatra (4), ad custodiam corporis regi concessit 67, 15 (*BI* ἐδωρήσατο πρὸς φυλακὴν τοῦ σώματος τετρακοσίους Γαλάτας, οἳ πρότερον ἐδορυφόρουν Κλεοπάτραν).

custos corporis *Herodis* (1) 118, 3 (*BI* σωματοφύλακα). c. gazophilacii 403, 2 (*BI* γαζοφύλαξ); custodes *templi* 392, 17 (*BI* τοῦ ἱεροῦ φύλακες).

⟨Cylus⟩, Cyli *gen.* 159, 21 (σαῦλος *MC*, σκύλλος *PAL'*, cylus *Lat.*, *sed* scylus *cod. Sangall.* 627 *saec. IX. deest IS*). *ad Agrippam* (3) *legant principes Hierosolymitanorum* 159, 21. *idem* 178, 13 Saulus. *u.* Saulus.

Cypris (*sic etiam codd. BI, Lat.*; Κύπρον *IS, edd. BI Graecos aliquot Antiquitatum codd. secuti, sed AI codd. FLAM* (*A p. c.*) XIV 121 *praebent* κύπριν. *AI Lat. fortasse* cypri *indeclinabile fuit. Vat. Lat. 1998 exhibet* XIV 121 uxorem . . nomine cypri sibi coniunxit, XV 184 matrem . . cypri cum sorore). *Arabissa Antipatri* (*1*) *uxor* 34, 11.

Herodis (1) *mater* 34, 14, *eius cum Mariamme* (1) *nuru simultates* 123, 17 sqq.

cyprus *arbor* 269, 10.

Cyprus insula 134, 1 (ἐν Κύπρῳ *PAM*, *Lat.*, ἐν κρυπτῷ *LVRC*, *non habet IS*).

Cyrenenses Lacedaemoniorum genus 153, 1.

Cyrus *Persarum rex* de regione Assyriorum populum dimittit 166, 24; 322, 2; 329, 11. 13.

dactyli 196, 21; 235, 18; 269, 2.

daemonium (*BI*: τὸ δαιμόνιον, *Lat.* fortuna) 12, 27. *u.* furor, hostis, inimicus, spiritus.

(Δαγών) *apud Iosephum Graecum et Slauicum castrum, ubi Ptolomaeus* (1), *Simonis* (1) *interfector, a Iohanne Hyrcano obsessus est* 6, 15, *hodie Dūk.*

Damasceni 17, 6; 178, 26; 179, 13; 412, 24.

Damascus 19, 18; 21, 29, *ubi* a Metello et Lollio **funditus euersa *dicitur, quae in IS desunt* (BI ἑαλωκυῖαν); 22, 9. 17.

Danihel *propheta* 372, 27.

Daphne *nemus prope Antiochiam, ubi hodie Beit el-Mā* 46, 22; 57, 4. *describitur* 193, 8 sqq.

Daphnes **nemus (*BI* χωρίου, *Lat.* regio, *IS* Dorf) *iuxta Seleuciam* (*Gaulanitidis*) 239, 13 sqq. *hodie Ḫirbet Dafneh.*

Darius (1) Histaspes (*u. l.* Hidaspes) materni generis *Glafyrae auctor* 85, 4 (*BI* ἀπὸ Δαρείου τοῦ Ὑστάσπεως), *quod Hegesippus male intellexit*; *Lat.*: dario hystaspi filio; *IS* Darius Hystaspis *u. Addenda. praeterea* 129, 2; 329, 13.

Darius (2) *equitum Agrippae* (3) *dux* 159, 25. *u.* Philippus (3).

*Dathan *acc. Hebraeus seditiosus contra Moysen* 120, 8; 332, 1; (386, 14 sq.).

Dauid (85, 9 sqq.); *(120, 10 sqq.); *211, 15. 23; *214, 2 (sanctus); *296, 3; *300, 6; *311, 13; *321, 22. 24; *326, 27 sq.; *340, 12. *Hierosolymis* Chananaeos expulit, *Hebraeos* constituit 309, 23 sqq. *prohibitus oraculo Solomonem heredem reliquit, qui templum quod ipse uoluerat, aedificaret (*cf. AI* VII 334) 310, 1 sq. **triumphauit cum Bersabeam hoc est filiam Sabbati suo coniugio propheticis mysteriis copulauisset 327, 27 sqq. *eius* sepulchrum *ab Hyrcano* (1) reseratum 7, 10 sq.

Dauiticum: illud D. 25, 22.

X urbium maxima (*BI* III 446 μεγίστη τῆς Δεκαπόλεως) 226, 23.

decemprimus 241, 4, *ubi BI* δεκαδάρχης (*Lat.* decardachus) *i. e.* decurio. *Sed Hegesippum decuriones ueteris Romanae militiae cum* δέκα πρώτοις, *Graecanicarum urbium magistratibus, confudisse, qui etiam Tiberiade, Gerasae, Hierosolymis* (*cf. AI* XX 194) *reperiuntur, contendit* Schürer II[4] p. 253 sq. *sed in exercitu Romano post Diocletiani tempora decemprimi inter domesticos milites et protectores laudantur. cf. Brandis in Pauly-Wissowa, R.-Encycl.* IV, *lat.* 2256.

Dellius *ab Antonio* (1) *in Syriam missus* 53, 9. *cf.* Gellius.

Demetrius (1), *Syriae rex cum Alexandro* (2) *bellum gerit, uictor* ei, quem bello uicerat cedit 14, 24 sqq.; 168, 8 sqq.; 298, 10 sq. Antiochi Dionisii frater 16, 12.

Demetrius (2) *Gadarensis Pompei libertus ab eo, ut patriam suam a Iudaeis euersam restitueret, impetrauit* 29, 1 sq.

*democratia *i. q.* libera res publica *apud Iudaeos* 167, 19. *cf. AI* XX 234.

**Diana Scythica 222, 1.

**Diocaesaria 54, 21, *u.* Sepphoris.

Diogenes, *Alexandri Iannaei amicus, Alexandria* (1) *regnante a Phariseis interficitur* 19, 1 sqq.

Dionisius (διονύσιος *codd. BI Lat. IS*: Διόνυσος *edd.*), *u.* Antiochus (6).

Diopolis, *u. l.* diospolis (*BI* διοσπόλεως *MVRC*, διὸς ἡλίου πόλεως *PAL*, *ortum ex* διὸς ἢ δίου πόλεως, diospoli *abl. Lat.*, Diospolis *IS*) 23, 9; *quae hodie urbs Ba'albek.*

diplois: corpus *Herodis mortui* adopertum purpurea diploide, **quam internectebat fibula lapidibus pretiosis coruscans 127, 19 sqq. (*BI Lat. IS* πορφύρᾳ κεκαλυμμένον).

Dolesus *Gadarensis a ciuibus* interimitur quasi conscius legationis, *qua* Vespasianus, *ut ad urbem contenderet,* inuitatus *est* 262, 11.

domestici *i. q. officiales* **102, 2 *et u. l.* M^2 α 125, 8. *sed cf. BI* I 660 *et Cic. in Vat.* 31, *Ouid. Metam.* XIII 578.

Domitianus, **Vespasiani nepos, germano *eius* (*Sabino*?) editus (*sed* Vespasiani filius 282, 12 sqq.), *expugnato a Vitellianis Capitolio fuga uitam seruat* 290, 14 sqq. *quem* Mucianus *occupata urbe* publicis negotiis praefecit 291, 23 sqq. **nondum Domitiano se infuderat libido flagitiorum 291, 25 sq.

(Dora) *urbs in Syriae maritimis, abl.* Dora 29, 14, *acc.* Doram (*codd.* dorum) 69, 6 (*BI priore loco* δωραν *PAMVC, altero* δώρων: *Lat. acc. priore loco* doram, *altero* doran), *hodie Ṭanṭūraḥ.*

Dosis (*BI, IS* Δωρίς, *Lat.* Dosis *Iosippon* Dosithea, *cf. Casinensia,* p. 611) Hierosolymitana, *Herodi* (1) *etiam tum* priuato *nuptiis* sociata, *Antipatri* (2) *mater* 46, 4; 70, 13 sqq. *a marito dimissa, ut Mariammen* (1) *uxorem duceret* 70, 16 sqq. Antipatri gratia coniugio Herodis reddita et in regnum reuocata 79, 25; 118, 12 sq. **contumeliis ignobilitatis *a Glafyra* affecta 85, 6 (*BI, IS* I 477 ὠνείδιζεν εἰς ἀγένειαν τὴν ἀδελφὴν Ἡρώδου καὶ τὰς γυναῖκας). *de ignobilitate Hegesippus cum AI* XIV 300 δημότιν ἐκ τοῦ ἔθνους *consentire uidetur contra BI* I 241 γυναῖκα τῶν ἐπιχωρίων οὐκ ἄσημον). **iniuriae *a Pherorae uxore* ei inlatae 104, 22 (*BI* I 568 ἡ . . Φερώρα γυνὴ μετὰ τῆς μητρὸς καὶ τῆς ἀδελφῆς προσλαβοῦσα τὴν Ἀντιπάτρου μητέρα) *una* de **ancillulis (*BI, IS* I 585 μία τῶν ἐλευθέρων, *Lat.* una libertinarum) inter tormenta *eam accusat,* quod uniuersorum *contra Herodem* arbitra *esset* flagitiorum 105, 22 sqq. iterum domo eliminata deprehenso in artes filii conscientiae consortio 111, 23 sqq. *Antipatro* (2) *domum reuerso* omnia aperit, *quae eo absente facta erant* 113, 23 sqq. *eius* **epistulae (*BI* γράμματα *Lat.* litteras *AI* XVII 93 ἐπιστολήν. *AI Lat.* epistulam, *IS* Briẹfen) ad filium, *cum Herodes in eum inquireret, in consilio* lectae 114, 2 sqq. *u. Indicem uerborum. praeterea* 79, 11.

Drusion, *u. l.* Drusium (*BI codd. PA* δρούσιον *cet.* δρουσίων *Lat.* drusium) *turris Caesareae* (1) *ab Herode* (1) *aedificata* 69, 20.

Drusus **de Caesaris (2) maioribus *unus, a quo Herodes turrem Caesareae aedificatam* Drusion uocauit 69, 20 (*BI* I 412 Καίσαρος προγόνου *i. e. priuigni, quam uim uerbi Hegesippus non intellexit*; parente Caesaris *Lat.*).

ductor Romani exercitus 21, 23 (ὁ Ῥωμαίων στρατηγός *BI*). praeerat or-

dini quinto decimo ductoris officio (τοῦ δεκάτου τάγματος ἡγεμόνα *BI*, decimae legionis rectorem *Lat.*) 206, 3 sq.
**dux Iudaeae 28, 26 (*BI* τὰς ἐν Συρίᾳ πόλεις ... ὑπέταξε τῷ κατ' ἐκεῖνο ... στρατηγῷ κατατεταγμένῳ). **dux Syriae 29, 11, *u. Not. Dign. Or.* I 44. ducibus equestris exercitus (*BI* ἱππάρχοις) 96, 6. equestris militiae ducis (*de Mundo*) 137, 11 (τῶν τότε ἱππέων ἐν ἀξιώματι μεγάλῳ *AI* XVIII 67 ex numero equestri sed in gradu iam emerito constitutus *AI Lat.*) *falso, cum de equestris ordinis uiro agatur.*

ebdomadis sacrae dies *i. q.* sabbatum 245, 14.
**Eleas, *CV* aeleas (*BI* Γηνεώς, *Lat.* cui nomen gename); *quod oppidum hodie Ǵenīn* 197, 4.
Eleazar *Matthathiae filius minimus natu* 5, 26. *nominatiuus* Eleazar *hoc tantum loco apud Hegesippum, ceteris locis semper* Eleazarus *occurrit.*
Eleazarus (1) princeps latronum a Felice captus 142, 7.
Eleazarus (2), *Ananiae filius* (*cf. BI* II 409) principis sacerdotum filius *Iudaeis* suasit, ne cuius alienigenae donum *templo* reciperetur, quae tuba belli aduersus Romanos fuit 158, 14 sqq. *Romani praesidii milites, qui obsessi* arma *Hierosolymis* deposuerant, *contra fidem* obtruncat 161, 11 sqq. *idem fortasse est, qui* Idumaeam tuendam recipit 187, 26 sqq.
Eleazarus (3) Simonis (5) dando et largiendo efficit, ut rerum omnium summa eius arbitrio committeretur 187,17 sqq. *Iohanni* (6) *et Simoni* (2) tertius *Hierosolymis* tyrannus accedit 293, 4 sqq. *Iohanni* (6) *se socium addit* 305, 28 sqq.; 309, 7 sq.
Eleazarus (4) ⟨Σαμίου παῖς *BI* III 229⟩ *unus ex Iotapatae defensoribus* 204, 13 sqq.
Eleazarus (5) ⟨Iairi: *BI* II 447⟩ Masadae *a Romanis circumsessus, Iudaeis suadet, ut se suosque interficiant* 407, 10 sqq.
elephantus: urbs Elephantorum 284, 11, *quae hodie Ǵezīret el-Sag.*
Elichus (Ἔλιξ *BI*, Felix *Lat.*, Jelig[?] *IS*) ad ulciscendam Malichi *fratris* mortem *arma sumit* 45, 22 sqq.
Eleutherus amnis, *qui hodie Nahr el-Kebîr* 59, 28.
Eliusam (*u. l.* eleusiam) *acc. Ciliciae insula et urbs* 81, 4 (ἐλεοῦσαν *LVRC Lips.*, ἐλιοῦσαν *PA* eleusam *Lat.*).
Elpis *Herodis* (1) *coniux* 104, 2.
**Emathia 35, 6.
Eniachim *u. l.* eliachim *u. Addenda* (aeniachiu *Lat.* Eliakim *IS*) una de sacerdotalibus tribubus 249, 7 sqq.
Eniochi 153, 18 (Ἡνιόχους *edd. BI* II 366).
**eptamyxto *abl.* 311, 18, *Graece* ἑπτάμυξος. eptamyxo *exhibet* (*Ambrosius*), *Apologia Dauid altera* 9, 49.
Equestris *turris Hierosolymorum* (*BI* Ἱππικός *Lat. hic* hippico *abl.*, *alibi nom.* (h)ippicos *uel* ippicus) 403, 28.
*Esau 324, 23.
Eseias propheta 329, 4, *u. Souter, Miscillanea Latina in Raccolta di scritti in onore di F. Ramorino, p.* 274 sq.
Essaeus: Iudas E. genere 11, 5; Iohannes E. 188, 6; 191, 2.
**Euangelium (*Iohannis*) 207, 28; (*Lucae*) 392, 10.
⟨Εὐάρατος *uel* Εὐάρεστος⟩ *u.* Cous.
⟨Euilmaraduch⟩ *u.* Babylonius rex.
Euphrates (eufrates *M*²), *acc.* -en 29, 18; 32, 27; 33, 24; 34, 26; 60, 3; 71, 4. 12; 154, 20; 155, 3; 169, 22. *eius* ***nomen pro Iordanis nomine ponitur* 86, 11; 188, 4, 5. **Eu-

phrates ille inaccessibilis ante nisi suis incolis ex utraque iam ripa Romanus est 154, 20.

Europa 149, 9; 193, 19; (*codd.*) 283, 12.

Eurycles Lacon *filiorum Mariammes* (1) *proditor* 94, 3 sqq.

Eutychus *Agrippae* (2) *libertus idemque proditor* 136, 26.

excisor urbium (*BI* Νίκων, *Lat.* nicontas, *acc.* niconta) *quo nomine maximum Romanorum* arietem Iudaei appellauerunt 314, 4 sq.

exercitus: Iudaeorum e. (*BI* Ἰουδαίων στρατόπεδον, *Lat.* iudaeon stratopedon) 38, 5. *cf. Schürer* III[4] 43.

*Ezechias (1) *Iudaeorum rex* 311, 25 sqq.; 326, 2 sqq. ***turris a Simone* (2) exaedificata super portas regiae domus *Ezechiae* 381, 2 sqq. (*BI* ὑπὲρ τὰς ἐξαγούσας ὑπὲρ τὸν ξυστὸν πύλας, *Lat.* super portas quae ad xystum ducerent. *Hegesippus fortasse pro* ἐξαγούσας *legit* Ἐζεχίου τάς).

Ezechias (2), *princeps latronum ab Herode* (1) *Galilaeae praesule iugulatus* 41, 25 sqq.

Ezechias (3) non ignobilis iuuenis *Eleazari* (3) *fautor* 293, 6.

Ezeronis *gen.* (ἔσρωνος *et in mg. u. l.* ἐζέρωνος *M*, νέσρωνος *L*, ἐζρωνος *uel* ἐζρῶνος *RC*, ezeronis *Lat.*) *Simonis* (8) *pater* 293, 6.

Fabatus, *quem* ** Romanae rei moderatorem (*BI* τὸν Καίσαρος διοικητήν *Lat.* dispensatore caesaris *IS* dem römischen Prokurator) a Sylleo ingenti pecunia *corruptum*, ut *Herodem* (1) impugnaret, ***Antipater* (2) *se* commutasse *dicit* 117, 29 sqq. *cf. IS* I 575.

Fabius (1) *nomen centurionis, qui templum Hierosolymitanum a Pompeio obsessum cum primis inrupit* 26, 26.

Fabius (2) *u.* Maximus.

Falliona *acc.* (*BI* Φαλλίονα) Antipatri (1) frater *ab Aristobolo* (2) proelio fusus 22, 11 sqq.

Fasaelus (*BI* Φασάηλος) *turris Hierosolymorum* 403, 28; *u.* Phasaelus.

fasces: populos Romanis fascibus adscriptos 152, 25 sq. populi sex fascium uirgulis metu inclinantur 153, 17.

Faustus, *Syllae dictatoris filius*, templum *Hierosolymitanum a Pompeio obsessum* primus inrumpit 26, 25.

Felix qui Iudaeae praeerat (*BI* ἐπίτροπον) Eleazarum *latronem* capit 142, 6 sqq. *Caesariensium tumultus armis* conprimit 143, 28 sqq.

*ferentarii (*BI* IV 527 sq. *nihil simile praebet*) 276, 22. in ferentariis proeliis (*BI* III 157 προσβολαί, 202, 5 ἐκδρομαί).

Feroras (Ferora 56, 29, *Ios.* Φερώρας) *Antipatri* (1) *filius natu ultimus* 34, 15 caput *Iosephi* (2) *fratris* abscisum *redimere uolens ab Antigono* (2) *non* impetrat 56, 29 sq. excepto diademate prope uniuersam regni potentiam *cum eo* Herodes (1) participauerat 86, 7 sqq. centum annua talenta recondebat praeter eam regionem quae ultra **Euphraten (*BI Lat.* πέραν Ἰορδάνου *IS* alle Gebiete am Iordan) sita redituum copias multiplicabat 86, 10 sqq. tetrarches (*Pereae cf.* 106, 6) petitu Herodis (1) a Caesare (2) constitutus 86, 12 sqq. sororem regiae coniugis (*Mariammes 2*: *Noldius*, p. 116) in conubii sortem adsciuerat 86, 14 sqq. *qua mortua Salampsionis maximae natu Herodis* (1) *filiae nuptias* declinauit amore captus ancillulae 86, 15 sqq. insimulatus quod uenenis adpetiuisset fratris salutem absoluitur 86, 20 sqq. *infensus nepotibus Alexandro* (4) *et Aristobolo* (4) 86,

3 sqq. *ab Alexandro quasi conscius parricidii meditati accusatur* 89, 1 sqq. *iterum ei confesso Herodes, Archelao* (1) *intercedente, parcit* 91, 16 sqq. *Herodi filios iudicanti adsistit* 98, 8 sqq. *socius insidiarum, quas Antipater* (2) *contra Herodem componebat* 104, 19 sqq. recusans ab uxore altera diuelli, *quae* **Dosidi (*u.* Dosis) iniurias intulerat, in partes suas concedit 104, 20 sqq. magno fletu celebrique pompa eius funus ab Herode (1) curatum 105, 6 sqq. *insidiae et ueneficia, quae cum Antipatro in Herodem comparauerat, post eius mortem deteguntur* 105, 17 sqq. *praeterea commemoratur* 102, 24; 112, 3; 121, 2; 133, 15. *falso* parens Antipatri (2) *in codd. dicitur* 104, 9.

Ferreus mons *in finibus Arabiae* **usu ueterum (*quae desunt etiam in Lat.* et *IS*) Ferreus nuncupatus 266, 22 sq. (*BI* IV 454 Σιδηροῦν ὄρος).

Festus *Iudaeam administrans* latronibus plurimis comprehensis haut exiguos exitio dedit 144, 3 sqq. **qui primo questi de eo fuerant, Floro successore eum quasi bonum iudicem desiderabant 144, 13 sqq. (*eadem BI* II 277, *sed de Albino, Festi successore, ut etiam apud Hegesippum* 171, 15 sqq.).

Fiala *u. l.* fiola, (*BI* Φιάλη) *Iordanis fons* 234, 6. 9. 11. 12, *qui hodie Birket Rām.*

fialae *in gazophylacio templi Hierosolymitani adseruatae* 402, 29.

fidiculae quaestionum 120, 19.

Filometor *u.* Ptolomaeus (2).

figura *i. e. significatio Veteris testamenti vel Legis* 392, 8. *ipsum Vetus Testamentum, cui opponitur Nouum i. e.* gratia 247, 10. figurae maiorum 85, 11. princeps sacerdotum quattuor elementa indumento suo exprimere consueuerat.. in eius -am qui uenturus erat 310, 15 sqq.

Finees, custos gazophilacii *a Romanis captus* 403, 2 sqq.

Flaminia (uia) 35, 10.

Florus *in Iudaeae administratione Albini successor nequissimus* 144, 11 sqq. *cum extinguere exordia belli posset, noluit* 159, 16 sq. *quam ob rem* Priscum et plerosque centuriones corrumpit 174, 7 sqq. *apud Neronem a Cestio accusatur* 178, 5 sqq.; *praeterea nominatur* 157, 17. 20. 21. 25; 158, 5. 10; 171, 16; 330, 5.

Foras *Hierosolymitanus uir nobilis a seditiosis quasi proditor necatus* 248, 19 (*BI* συφαν, σοφαν, σωφαν, *Lat. acc.* foam, *IS* Sophas).

Furius centurio *in templum Hierosolymitanum a Pompeio obsessum cum primis inrumpit* 26, 26.

furor: sacrilegus f. *i. q.* daemonium 139, 21. spiritus -is 298, 25.

Gabaa (*u. l.* Gaba, *BI* Γαβαά, *codd. VR* γάβλαα, *AI XV 294, Vita 115 et Lat.* Γάβα, *IS* Gablaus) ciuitas *prope Carmelum montem, hodie Šeiḫ Abrēch* 194, 20, *ubi confusa cum Gaba* (*hodie Ǵebaʿ*) *in tribu Beniamin posita****dicitur* quondam Iudaeis causa grauis exitii *fuisse* (*cf. AI* V 136 sqq. = *Iudd.* 20-21).

Gabao, quae ab Hierosolymis L stadiis aberat (*BI* Γαβαώ) 172, 25; *hodie el-Ǵib.*

(Gabara) *u.* Gadaram (4) *et Schürer* II[4] 160 *adn.* 256. *his temporibus* *ʿArrābet el-Baṭṭōf.*

Gabinius *a Pompeio Hierosolyma missus, ut ab Aristobolo* (2) *oblata acciperet,* urbe excluditur 25, 3 sqq. *Scauri successor uicto Alexandro* (3) in quinque conuentus Iudaeam diuidit 30, 12 sqq. *deinde ipsum Aristobolum Roma reuersum fugat iterumque* captum Romam dirigit 32, 3 sqq. in Aegyptum profectus utitur necessariis ad omnia ministeriis Antipatri (1) et Hyrcani (2) 32, 26 sq. *in Iudaeam reuersus Alexandrum* (3) *fundit ad Itabirium montem et ad* arbitrium Antipatri (1) rei publicae Hierosolymitanae negotia componit 33, 6 sqq. *praeterea commemoratur* 47, 8.

Gadara *nom.* (*sing.*?) 194, 22; 262, 13; *acc.* Gadaram 29, 1 (gazaram *Z*); 31, 13 (gadoram *M²HZ*, *V a. c.*); 67, 12 (gadoram *M²HBZ*, gadora *αV*); 262, 2 (gadara *M²*): *apud Ios. etiam saepius* ἡ Γάδαρα *quam* τὰ Γάδαρα. *Lat. incertus, nam* IV 413 *exhibet* in gadara (*acc.*), 414 gadaram, 419 gadaris.

Gadara (1) *hodie Mukeis, urbs a Iudaeis euersa a Pompeio restituta* 29, 1. *Galilaeae contermina* 194, 22.

Gadara (2) *hodie Gézer. Herodi* (1) *a Caesare* (2) *concessa* 67, 12. *sedes unius ex quinque conuentibus, in quos Gabinius Iudaeam diuisit* 31, 13 sq.

Gadara (3) *urbs Peraeae a primoribus tradita Romanis* 262, 2 sqq. (*es Salṭ*).

Gadaram (4) *acc.* (gadaran *HZαV*) *in Galilaea: a Vespasiano dicitur* funditus euersa *esse* 200, 3 sq. *BI*: τῇ πόλει τῶν Γαδαρέων: *sed manifestum mendum mutauit in* Γαβάρων *Gfroerer.* **transierat ex ea urbe Iosephus in Tiberiadem, priusquam Romanus exercitus adpropinquaret 200, 12 sqq. *u.* Γαρίς.

Gadarenses 262, 7. 10.

Gadaritae 238, 10.

**Gadir *mons Samaritanis sacer* 139, 11 (*AI* XVIII 85 Γαριζίν). *ubi eorum a Pilato strages facta. u.* Garizim.

Gaditanus: quondam ultima terrarum -a ora nouos suscipit hospites, qui Romano imperio tributa sua deferant 154, 25.

Gaius Germanici filius *imperator* 136, 20 sqq. *cum Tiberio confusus* 140, 13 sqq. dominum se et deum appellari uolens causas dedit Iudaeis **grauissimae seditionis 141, 1 sqq. *cf. Tac. Hist.* V 9 *et R. Eisler, Fl. Iosephus on Jesus called the Christ in The Jewish Quarterly Review XXI 1930, p. 9, adn. 20.*

Galaditae (*BI* Γαλααδίτας) *Arabum gens, cui ab Alexandro Iannaeo* tributa adscripta 13, 27.

Galba (*Ios.* Γάλβας) **ad imperium numquam adspirauisset nisi Vespasianum absentem comperisset 183, 11. *ad eum missi Titus et Agrippa* (3) 274, 5 sqq. septimo mense ac die, **assumptae potestatis exutus insignibus, poenas luit in medio sinu urbis id est Romano foro 274, 8 sqq. *praeterea nominatur* 278, 16; 281, 2.

Galilaea *et plur.* Galilaeae, superior *et* inferior *describuntur* 194, 14 sqq. *praeterea* 41, 21; 43, 9; 55, 11; 56, 23; 57, 2; 188, 10; 194, 13; 197, 3; 199, 16; 200, 1; 243, 26; 247, 1; 341, 17.

Galilaei 53, 16; 206, 28; *i. q.* **Christiani 185, 20. Galilaeis (urbibus ac) finibus 194, 19; 238, 14. *u.* Iudas (5).

Gallia 67, 15. *u. infra* Galli; 398, 16. **in Gallia positos milites adspirauisse, ut Vitellio imperium darent 281, 9 (*BI* παρῆν . . ἀπὸ Γερμανίας Οὐιτέλλιος ἅμα τῷ στρατιωτικῷ).

**Galliae *plur.* 151, 2; 182, 18 (*BI* ἑσπέραν, *Lat.* hesperiam, *IS* in den westlichen Gebieten); 399, 26. transalpinis regionibus Galliarum 35, 4.

Galli (galathae *Lat.*; Lateiner *praebet IS*) stipatores *Herodis* (1) 127, 23 (*iidem antea Cleopatrae* (4) 67, 15, *ubi* galathas *Lat.* Galater *IS.*).

Gallorum rex *add. α V* 228, 24.

Gallicanus ⟨χιλίαρχος⟩, *per quem expugnata Iotapata Vespasianus* Iosephum ad spem salutis uocauit 210, 8.

Gallicanus *adiect.* = Gallicus 265, 8; **278, 17 *u.* Vitellius; **287, 27 *u.* Vespasianus.

(Γάλλος) (*BI* IV 37) *centurio Syrus, cuius memorabile facinus in obsidione Gamalae narratur* 241, 5 sqq.

Gallus *u.* Caesentius.

Gamala urbs, *acc.* Gamelam 17, 15; *describitur* 238, 17 sqq. *a Vespasiano obsessa et expugnata* 239, 21 sqq. *hodie Ǵamleh. u. Camela.*

Gamalis *Gaulanitidis pars inferior* (*BI* IV 2 ἡ Γάμαλα, *sed* III 56 Γαμαλιτική; *AI* XVIII 113 Γαμαλική).

⟨Γαρίς⟩, *Galilaeae urbs, ez-Rēne* (?) *ab Hegesippo cum Gabara uel Gadara* (4) *fortasse confusa. nomen deest etiam in codd. PAL Belli Iudaici et in Lat. et in IS* III 129; *cf.* Iosephus (7).

Garizim, *u. l.* gazirim (*Ios.* Γαριζίν), *mons Samaritis sacer, qui hodie Ǵebel el-Qiblī, ubi strages eorum a Ceriale facta* 207, 25 sqq. *idem appellatur* Gadir 139, 11.

Gaulane *in Syria ab Alexandro* (2) *euersa* 17, 14. *hodie uicus, cui nomen Saḥem el-Ǵaulān. ibidem Alexander* (2) *et Arabes manus conseruerunt* 14, 3 sqq.

Gaulanitis regio, *quae hodie el-Ǵaulan* 195, 1; 238, 8. 15; 239, 17, *quo loco BI* τοῦ Γαυλανᾶ.

Gaza, *acc.* Gazan: urbs (ciuitas), *quam* in Syriae maritimis Iudaei inuaserant (*cf. BI* I 87), a Scauro recepta 29, 14. *Herodi* (1) *a Caesare* (3) *concessa* 67, 13. quinta **ciuitas *ex Aegypto in Iudaeam* aduenientibus (*BI*: τὸ πέμπτον ἐν Γάζῃ τίθεται στρατόπεδον, *Lat.* Gaza . . quintae mansionis castra suscepit, *IS tantum* von dort nach Gaza) 292, 19. *hodie Arabice Ġazzah.*

gazaram *u. l.* 29, 1. *u.* Gadara.

gazophilacium 403, 2.

*Gedeon 325, 21 sqq.; 327, 24. *quod de eo narrat Hegesippus, neque cum AI* V 223 sqq. *neque cum Scriptura sacra et Ambros., De spir. sancto* I 14, 47 *consentit.*

**Gellius Antoni amicus 74, 12 (*codd. AI* XV 25 Δέλλιος *uel* Γελλαῖος, *AI Lat.* gellius, *Gorionides* Gellius *uel* Iulius). *cf.* Dellius.

**Gemellinus: *ei et* Nymfidio *Nero se credidit,* quos uilis condicio obnoxios fecerat 273, 10 sqq. (*BI* Τιγελλίνῳ; *Lat.* tygyllino, *in IS nomina desunt*).

Gennesar (1) 233, 12 *uel* Gennesari 227, 21 (*u. l.* gene. *BI* Γενν. *Lat.* III 515. 516 genesar *et* genesara *indecl.*) lacus 227, 21. **Gennesar dicitur Graeco uocabulo quasi generans sibi auram 233, 12 sq. (*BI*: ἀπὸ τῆς προσεχοῦς χώρας). *u.* Tiberiadis lacus.

Gennesar (2) regio, quae praetendit lacum, *describitur* 235, 7 sqq. *hodie el-Ġuweir.*

Genuabari *abl. uicus, unde* exordium *Campi Magni* 267, 1. *qui his temporibus Sinn-en-Nabrah* (*BI* γίνναβριν *uel* γιννάβαριν, *Lat.* gennabra); *fortasse in* Gennabari *mutandum.*

Gerasa (1) *quae hodie Ǵeraš, eam* Alexander (2) petiit 17, 12, *ubi BI acc.* Γέρασαν, *Lat. acc.* geras.

Gerasa (2) *alia capta a L. Annio* 272, 14, *ubi BI acc.* Γέρασα, *Lat.* gerasan.

Geraseni 162, 15. Gerasenus Simon 275, 1.

Germani 151, 15; 182, 18; **saeptos Alpium muro fortitudo Romana in seruitutem deduxit 397, 16 sqq. Germani stipatores Herodis 127, 23.

Germani in Capitolium *a Vitellio* inmissi 290, 19 sqq.

Germania immanis *a Romanis subacta* 151, 6 sqq.

Germanicus *Gai imperatoris pater* 136, 20.

*gigantes: Dauid cum pugnaret aduersum gigantas 340, 12.

Gischala *Galilaeae urbs* 243, 26. *hodie el-Ǵiš.*

Glafyra *Archelai* (1) *filia Alexandro* (4) *nupta superbe in aula Herodis* (2) *se gerit* 84, 25 sqq. *eius ex Alexandro filii* 101, 19 sq. secundis nuptiis Iubae Libyes regi est copulata 134, 18 sq. *tertiis Archelao* (2) 134, 22 sqq. *eius somnium et mors* 135, 1 sqq.

Gnaei *u. l.* 35, 24. *u.* Pompeius.

Gofna (*u. l.* gosna *et* α*V* goyna, *Ios.* Γοφνά *u. l.* γνόφα, *Lat.* gnofa *uel* gnopha) 301, 23; 374, 5. *hodie Ǵifnā.*

Gorgon, *M*² gurgon (*BI Lat. IS* Γουρίων) uir gratus et amabilis (*BI* ἀξιώματι καὶ γένει προύχων, δημοκρατικὸς δὲ καὶ φρονήματος ἐλευθερίου μεστός) *Hierosolymis* caesus 258, 25 sq. *idem uidetur qui sequens.*

Gorion (*BI* Γωρίων, *Lat.* curionis *gen.*) *Iosephi* (5) *pater* 187, 15.

Gorpieus (Γορπιαῖος) mensis (*Augustus/September*) 403, 15; 404, 22.

Graeci 222, 3; 284, 22. **more quodam usuque Graecis familiari regem adulando 94, 11 sq.

Graecis litteris 78, 23. Graeco uocabulo 233, 12.

Graecia 149, 6. 17; 150, 2.

⟨Γραπτή⟩ genere proxima regis Adiabeni 280, 8. *u.* Iaza.

Gyptheus (*BI* γυφθέος *PA*, γυφθαῖος *MLVRC*, zephthaeus *Syr.*, gypteus *Lat.* Iephta *Gorionides, Breithaupt) unus ex* Iohannis (6) coniuratis 370, 8. *idem uidetur, qui* Tepthaeus 341, 17; *u. infra.*

Hannibal 150, 22; **202, 8; **259, 26; **398, 13. 18. haut metuendus Hebraeus Hannibal **371, 24.

**Hasdrubal Poenus 228, 23.

Hebraei: **Hebraeorum genus per principes (*sacerdotum*) ductum consideremus, ut liquido clareat, utrum a femoribus Iudae nusquam generationis eius successio claudicauerit, an̄ uero offenderit in principum serie sed manserit in eo cui reposita manebant omnia 4, 8 sqq. Hebraeorum genus 31, 20 (*BI* I 170 ἔθνος); Dauid uir gentis Hebraeae 309, 23 sq.; Iesus Naue natione Hebraeus 267, 17 (*BI* στρατηγὸς Ἑβραίων); moriar ut Hebraeus, non ut latro (*in oratione Iosephi ad commilitones, qui eum cogere uolebant se interficere*) 219, 21. Hebraeorum deus 211, 27 sq. (= deo nostro 213, 11); ritus Hebraeorum 4, 20; Hebraeo sermone 370, 18. **apud Hebraeos *semper* utilis seruitus libertati inutili praelata 320, 7 sq. *numquam* in hasta et gladio fuit Hebraeorum uictoria 323, 22 (*cf. BI* V 390). *praeterea* 13, 25 (*u. l.*); 15, 13; 27, 11; 229, 7; 318, 26; 320, 9; 325, 7. 24. 27; 327, 13. Hebraeus Hannibal 371, 24. *u.* Hannibal.

Hebraei pueri, *qui de igne euaserunt* 398, 3.

Helena *mater regis Adiabenorum, qui Hegesippo est* Iaza 401, 17, *cuius* Helenae sepulchrum *apud Hierosolyma* 302, 9; 307, 2. *u.* contra Helenae sepulchrum p. 452.

*Heli sacerdotis neglegentia 325, 26.

Helias *propheta* 267, 20. *eius* discipulus Heliseus 267, 20.

Heliseus (*Ios.* Ἐλισσαῖος) Heliae discipulus tanto nequaquam indignus magistro *fontis apud Hiericho*

aquas sanauit 267, 20 sqq. *idem* *296, 9 sqq.; *326, 17 sqq.
Hellespontiacum fretum 187, 11.
Hellespontus 192, 9.
Heraclea (*BI* Ἡρακλέους πόλις, *Lat.* ciuitas heraclis, *sed* heraclius *Sangall.* 627; *IS* die Herakleische Stadt) *Aegypti urbs, quae hodie Ahnās* 292, 11.
Herculis columnae 153, 8.
Herodes (1) *Antipatri* (1) *filius secundo loco natus* 34, 14. *a patre in Galilaea* praesul et dux militiae (*BI uno uerbo* στρατηγός) constituitur 41, 20 sqq. *in iudicium ab Hyrcano* (2) *uocatus absoluitur* 42, 14 sqq. totius Syriae *ei* regendae *a Caesaris interfectoribus* mandata sollicitudo 44, 19 sqq. *patrem ob inuidiam interemptum ulciscitur* 44, 27 sqq. Antonii (1) animum sibi *deuincit, tetrarcha nominatur* 46, 18 sqq. *occupata a Parthis Iudaea Romam nauigat auxilium rogans* 48, 1 sqq. regnum *ei senatus consulto delatum* 52, 17 sqq. *reuersus in Iudaeam bellum cum Antigono* (2) *gerit* 53, 4 sqq. coniunctis *cum Sossio* uiribus *Hierosolyma expugnat* 58, 1 sqq. *Arabas deuincit* 60, 21 sqq. *Caesarem* (2) *uictorem adit* 64, 11 sqq. *ab eo rex confirmatur* 66, 23 sqq. *templum restituit et ornat, dirutas Iudaeae urbes renouat, sed* ** immemor religionis templum *Caesari* sacrat 67, 20 sqq. *eius domus nuptiis Mariammae* (1) *perturbata* 70, 16 sqq., *quam sibi sociauerat, cum Hierosolyma obsideret* 58, 5 sqq. *regni cupidus seruandi Hyrcanum* (2) *necat* 70, 28 sqq. *deinde Ionathen* (4), *quem principem sacerdotum creauerat* 72, 11 sqq.; 170, 12 sqq. *tum Mariammen ipsam adulterii suspectam* 73, 12 sqq. *qua extincta* morbo animi et aegritudine pariter corporis laborat 77, 28 sqq. *filiis, quos ex Mariamme* (1) *susceperat, cum matris mortem impatienter ferrent, iratus, Antipatrum* (2) successorem designat, Alexandrum (4) reum magici aduersum se criminis *ante* Caesarem (2) statuit 78, 19 sqq. *reconciliationem amplexus tres filios reges constituit* 81, 12 sqq. *ab Antipatro dolis circumuentus rursus Alexandrum in uincula conicit, qui Archelai* (1) *artibus liberatur* 83, 19 sqq. *excitatus ab Eurycle licentiam in filios animaduertendi a Caesare impetrat* 94, 2 sqq. *quos* iudicio Beryti celebrato 98, 4 sqq. *Sebastae strangulari iubet* 101, 11 sqq.; 133, 17. *miseratus nepotes parentibus destitutos eos copula iugali sociare Ferorae et Antipatri filiis constituit, sed ab Antipatro dimouetur* 102, 5 sqq. *Ferorae et Antipatri insidias tandem deprehendit* 105, 16 sqq. *Antipatrum ex Italia reuocatum in iudicium uocat* 111, 19 sqq. *nimis indignatus propter ea, quae detexerat,* aegritudinem grauem contrahit 122, 15 sqq. testamento Antipan (1) heredem *regni* scribit 122, 16 sqq. *eius extremae crudelitates* 124, 4 sqq. distentus doloribus *mortem sibi consciscere* cupit, sed impeditur 125, 24 sqq. *Antipatri mortem imperat* 126, 5 sqq. mutato testamento regem Archelaum (2) instituit, Antipan (1) et Philippum (2) tetrarchas 126, 8 sqq.; 127, 6 sqq. *moritur* 126, 12. libera *in eum post mortem* iudicia 128, 12 sqq. ** et hic non mediocris Herodis error (*in* delendo de testamento *Herodis* (3) *nomine*), ut alterius flagitio deprehenso alter multaretur 110, 4 sqq. adulter regni 131, 21. plurimis delectabatur

uxoribus Iudaeorum usu, **qui figuras maiorum uitiis suis obtentui ducunt 85, 9 sqq. (*BI* ὡς ἂν ἐφιεμένου τε πατρίως Ἰουδαίοις γαμεῖν πλείους); **Caesaris imagines atque animalium similitudines contra legem templo adponit (*cf.* Caesaris imagines) 123, 5 sq. **regnum quasi pro obpugnatae uel proditae patriae mercede a Romanis accepit 170, 5 sq., *mos eius in sacerdotibus creandis, qui non omnino cum AI* XX 247 *consentit* 170, 7 sqq. *ab eo Stratonis turris* (1) *Caesarea nominata* 29, 16; 143, 22, *Baris autem Antonia* 68, 1 sqq. *dicitur* Herodes senior 110, 8. Iudaeus 143, 20. 21 (*BI Lat. IS* II 266); *praeterea nominatur* 133, 10. 13; 169, 27; 170, 25; 312, 2; 322, 10; 330, 2; 377, 3.

Herodes (2) *Aristoboli* (4) *filius ex Beronice* (1) *susceptus* 101, 21.

Herodes (3) *Herodis* (1) *filius susceptus ex Mariamme* (2) 103, 24 ***cum Mariamme* (1) *confusa* 102, 27. *Aristoboli* (4) *ei filia* (*Herodias*) *desponsata* 102, 26 sq. *eum heredem Herodes* (1) *constituit ita, ut ei* regnum *ab Antipatro* (2) refunderetur 107, 3. *quod postea* de testamento deleuit 110, 7. *dicitur* Herodes iunior 110, 4, *ubi cum Antipa* (1) *confunditur.*

Herodes (4) *Herodis* (1) *filius ex Cleopatra* (5) *susceptus* 103, 26.

Herodes (5) *u.* Antipas (1).

Herodiani (*BI* τῶν Ἡρώδου τινὲς ἐπιλέκτων) 58, 12.

Herodias *Aristoboli* (4) *filia ex Beronice* (1) *suscepta* 101, 22. *Herodi* (3) *desponsata* 102, 25 ***Philippo* (2) *nuptam Herodes Antipas* nefando sibi sociauit iure matrimonii (*in AI* XVIII 109 *prior eius maritus est Herodes* (3), *in IS Philippus* (2), *sed tantum Philippo mortuo Herodiadem Herodes* (5) *uxorem ducit*) 140, 2 sq.; 164, 29 sqq. *in Hispaniam Antipan exulem comitatur* 140, 23.

Herodium *castellum Iudaeae, ubi Herodes* (1) *sepultus est, hodie Ǵebel el-Fureides* 128, 5 sqq. *quod Hegesippus cum BI* (*LVRC*) *et Lat.* et *IS* (*AI* XVII 199 ὀκτώ) *ab Hierosolymis* CC stadiis abesse *dicit, BI* (*PAM*) ἑβδομήκοντα. *re uera alterum in Arabiae finibus Herodium fuit* (*BI* I 419) *a librariis Iosephi cum hoc confusum.*

Hidaspes *u.* Darius (1).

*Hieremias propheta *u. l.* 329, 4.

Hiericho *nom., gen.* 296, 1; 325, 17; *acc.* 31, 14; 73, 10; 266, 4; *abl.* 266, 8. urbs (124, 21 locus) *describitur* 267, 15 sqq. *sedes unius ex V conuentibus a Gabinio per Iudaeam institutis* 31, 14. *Iosepho Simonis tuenda obtingit* 188, 3. *a Romanis capitur* 266, 4 sqq. *fons prope urbem ab Heliseo sanatus* 267, 15 sqq. prope *eam* campus, *qui* balsamum *uel* opobalsamum gignit 24, 14 sqq.; 268, 23 sqq. *Cleopatrae* (4) *ab Antonio* (1) *donatus* 59, 27 sq. *Herodi* (1) *a Caesare* (2) *redditus* 67, 11. *urbis* hippodromus 124, 26. *praeterea commemoratur* 263, 6; 296, 1; 325, 17. *hodie uicus, cui nomen er-Rīḥā* seu *Arīḥā.*

Hierosolyma *nom. saepe non liquet, utrum feminini generis an neutrius sit. femininum habes* 198, 12. 17; 301, 25; 372, 4. *acc.* Hierosolymam 141, 8 (-am, *non* -a); 309, 19; *dat. et abl. semper* Hierosolymis. *qua in re dubia constitui in nom. et acc. ubique* Hierosolyma *quasi neutrius generis et pluralis numeri nomen usurpare exceptis locis, quos supra commemoraui* (p. 141, 8 Hierosolyma *est mendum typogra-*

phi). in medio Iudaeae quasi umbilicus regionis totius nuncupatur 198, 12 sqq. inter omnes *Iudaeae urbes* eminet 198, 17. a Chananaeis condita *et* Solima nuncupata 309, 19 sqq. expulsis Chananaeis ibi Dauid suos constituit, domum regiam fecit 309, 23 sqq. munita plurimorum regum operibus et maxime Herodis (1) 312, 1 sqq. *ab Antiocho* (4) *obsessa* 7, 9. *a Pompeio expugnata* 24, 19. *eius* murus quem Pompeius destruxerat in ueterem statum reformatus *ab Antipatro* (1) *Caesaris permissu* 41, 1 sqq. *ab Herode* (1) *et Sossio expugnata* 58, 1 sqq. muro maximo *Agrippa* (2) urbem ambire uoluit, ut Romanis fieret inexpugnabilis 141, 7 sqq. *cum a Cestio oppugnaretur, a deo expugnatio dilata* 174, 2 sqq. *Tito duce expugnata et cremata* 403, 13 sqq. *praeterea* 21, 21; 30, 11. 27; 32, 9; 33, 21; 43, 25; 46, 2; 47, 15; 49, 23; 53, 4; 57, 12; 105, 6; 142, 10; 143, 11; 161, 3; 172, 26; 173, 24; 208, 2; 279, 7; 301, 25; 372, 3. **quanti alii a ciuibus ciues peremti! et tamen diu integra ciuitas mansit, etsi diruta a Babyloniis post annos innumerabiles, sed reparata postea. hoc est supremum excidium, post quod inreparabile templum, quia auerterunt sceleribus suis praesulem templi, reparationis arbitrum 373, 19 sqq. (*BI* VI 440 sqq.: μετὰ τοῦτον (= Δαυίδην) ἔτεσι τετρακοσίοις ἑβδομήκοντα καὶ ἑπτά, μησὶν ἕξ, ὑπὸ Βαβυλωνίων κατασκάπτεται ... μέχρι τῆς ὑπὸ Τίτου γενομένης κατασκαφῆς ἔτη χίλια καὶ ἑκατὸν ἑβδομήκοντα ἐννέα. ἀπὸ δὲ τῆς πρώτης κτίσεως ἔτη μέχρι τῆς ἐσχάτης ἁλώσεως δισχίλια ἑκατὸν ἑβδομήκοντα καὶ ἑπτά. ἀλλὰ γὰρ ... οὔθ' ἡ μεγάλη δόξα τῆς θρησκείας ἤρκεσέ τι πρὸς ἀπώλειαν αὐτῇ). agger publicus qui ad muros urbis dirigebatur (*Ios.* τὴν λεωφόρον) 302, 5. *eadem significatur interdum urbis nomine u.* urbs, Antonia, Baris, Bethesda, Caenopolis, contra Helenae sepulchrum, Equestris, Ezechias (1), Fasaelus, Helena, Mariamme (4), Strutia, Xystus.

Hierosolymitanus: templum Hierosolymitanum a Solomone conditum 166, 13; 310, 1 sqq. *describitur* 310, 3 sqq. ianuae argento opertae 388, 15. porta aurea 389, 13. orientalem portam solido aere grauem quae soleret ad uesperam uiginti uirorum multo claudi labore, obseratam uectibus ferreis 392, 14 sqq. contra *eam* Romani sacrificarunt imperatorem Titum praedicantes 395, 13. Solomonis porticus 379, 22. propinqua Antoniae porticus septentrionalis 314, 15 sqq.; 379, 15 sq. impressi ante templi fores apices elementorum 375, 3 (*BI* VI 125 στήλας ... γράμμασιν κεχαραγμένας; *Lat.* litteris incisas tabulas *cf.* V 194; *ubi* Tafeln mit Inschriften *IS apud Berendts, Frey, Der slavische Iosephusber.* p. 2, *Grass. sed caue, ne de tabulis cogites pilis adfixis: litterae in ipso rectangulo lapide insculptae erant, ut uidere licet apud C. Clermont Ganneau, qui harum inscriptionum unam inuenit primusque edidit in Revue archéologique Nouv. Série* XXIII (1872), p. 214 sqq. 290 sqq. *in quo illud est uel maximum, quod IS castimoniae legem etiam Iudaicis litteris in lapidibus exaratam esse narrat tabulamque superpositam, in qua legeretur Christum regem non regnasse, sed supplicio adfectum esse.* saepta pro templo 375, 5 (*BI* VI 124 δρύφακτον *Lat.* secta *i. e.*

septa *IS Frey*, p. 6: Schranke). ante templum XIV gradus (XV *a V*) 311, 25 sqq. (*BI Lat.* τεσσαρσικαίδεκα βαθμοῖς; *IS* 14 Stufen). *templi* gazophilacium *et quae in eo adseruabantur* 403, 2. *in templo* peripetasma pretiosum 310, 6 sqq. (*cf.* peripetasmata 402, 30; *sed ubique Iosephus Graecus cum Sacra Scriptura Graeca* καταπέτασμα -ματα, *Lat. et AI Lat.* uelum; *Hegesippus Ambrosiano uerbo utitur*; *cf. Hexam.* III 1,5 *De Helia* X 37). duo tabernacula sacra 310, 23. *quorum* interius *uel* secundum (28, 4 sqq.; 310, 25 sqq.) sancta sanctorum dicebatur 311, 22. ibi lucerna et mensa *et propositio* panum et thymiamateria (*hoc uerbum offendes* 28, 6; 299, 21; 311, 9. 10, *cum apud Iosephum Graecum et Latinum et in Graeca Scriptura* θυμιατήριον, *in Vulgata Latina semel* thymiamateria, *Hierem.* 52, 19, *sed Ambros.* (?) *De sacramentis* IV 1, *eundem locum epistulae ad Hebraeos respiciens* thymiamaterium *scripsit*), tabulae testamenti, Cherubin, multitudo aromatum, *ibidem* candelabrum, eptamyxto (*ablat.*) 28, 6 sqq.; 311, 16 sq. 18. uasa sacerdotalium ministeriorum 402, 28 sqq. *u.* Caesaris imagines.

Hierosolymitani 31, 12; 225, 13; 272, 21; 275, 18.

Hierosolymitana urbs 14, 8; 191, 5; 247, 24; 273, 2; 279, 13. ciuitas 215, 23; 272, 19. femina 70, 13. res publica 33, 17. sollemnitas 167, 12. Cleopatra Hierosolymitana 103, 26. Hierosolymitanae aedes *plur. i. q.* Hierosolymitanum templum. 136, 16. *u.* Pilatus. — Hierosolymitana moenia 24, 8. 19.

*Hierusalem (*AI* I 179 Ἰερουσαλήμη) 298, 26; 300, 10. 27; 301, 15; 413, 12. *qui loci omnes commoto uehementer animo scripti esse uidentur.* eius perfidia 298, 26; *u.* Iudaei.

Hippeni (*BI* Ἱππηνοί *Lat.* ippeni) (*H*)*Ippenes*, *quae regio est circa* (*H*)*ipponem i. e.* Ἵππον, *incolae* 238, 9.

Hispania *exilii locus Antipae* (1) 140, 23 (*BI Lat.*, *IS* II 183–184 Ἱσπανίαν, Ἱσπανίᾳ; *AI*, *AI Lat.* XVIII 252 Λούγδουνον πόλιν τῆς Γαλλίας). Hispaniae *plur.* 398, 16.

Histaspes *u.* Darius.

Hister (*BI* Ἴστρος) 154, 22.

historia uetus (= *BI* I 78 sqq.) 11, 7.

historiae mos 3, 4.

historicus stilus 3, 7. *cf. Ambros. Epist.* I 63, 21: Lucas in Actibus Apostolorum . . . historico stilo scripsit.

hostis: communis h. atque inimici fraudulentia (*BI* I 566 δαίμων σκυθρωπός, *Lat.* fortuna quaedam tristis) *u.* daemonium.

hydra *Lernaea* 106, 27.

Hyrcani 405, 13.

Hyrcania *castellum* 60, 17; 126, 7 (*BI* Ὑρκανία), *quod hodie Ḫirbet Mird.*

Hyrcanium *i. q.* Hyrcania 30, 18 (*BI* Ὑρκάνειον *uel* Ὑρκάνιον).

Hyrcanus (1) *u.* Iohannes (2).

Hyrcanus (2) *Alexandri* (2) *Iannaei filius maior a matre Alexandria* (1) ad speciem regnandi *deligitur* 18, 9 sqq. *matre mortua ab Aristobolo* (2) *fratre regno spoliatur* 20, 24. *apud Scaurum pecunia ab Aristobolo* (2) *superatur* 22, 16 sqq. *Pompeium adit* 22, 16 sqq. *eius* socios ad templi inruptionem *Pompeius* parat 26, 2 sq. *a Pompeio* principatum sacerdotii *obtinet* 28, 13 sq. laborantibus *in Arabia* Romanis per Antipatrum (1) *subuenit* 29, 25. *a Gabinio princeps sacerdotum confirmatur* 31, 10. *per Anti-*

patrum (1) *Gabinium in Aegypto bellantem iuuat* 32, 27 sqq. *a Caesare intercedente Antipatro* (1) *summus sacerdos confirmatur* 40, 18. *Herodem* (1) *quasi legis praeuaricatorem in iudicium uocat idemque absoluit* 43, 5 sqq. *ab Antonio* (1) interrogatus, quos aptius *Iudaeae* praeesse arbitraretur, Herodem (1) ac fratrem eius (*Phasaelum*; *BI* τοὺς περὶ τὸν Ἡρώδην, *IS* Herodes mit den Brüdern) *designauit* 47, 2 sqq. *sacerdotio ab Antigono* (2) *Parthis auxiliantibus spoliatus mutilatur* 50, 1 sqq. et in Parthyenen captiuus ducitur 51, 14 sqq. *unde in patriam reuersus ab Herode* (1) *metu, ne regnum affectaret, interemptus est* 70, 28 sqq. *eius historia breui narratur* 168, 1 sqq. *praeterea commemoratur* 95, 21 (*aui*); 330, 1. ***falso pater Mariammes* (2) dicitur 102, 27.

Iacimus de Aaron genere, non tamen de ipsa domo ab *Antiocho Eupatore* princeps sacerdotum *creatus* 167, 8. 14. *In codd. HBZαV appellatur Alc(h)imus cum Scriptura vulgata Sacra Graeca et Latina* (*cf. tamen adn. crit. ad I Macch. 7, 5. 12. 20. 21. 23. 25 et 9, 54-57, II Macch. 14, 3 apud I. Parson*) *sed hoc loco AI* XX 237 *est* Ἰάκιμος, *AI Lat. praebet* ioachim, *AI* XII 385 Ἄλκιμος ὁ καὶ Ἰάκιμος (*AI Lat.* ioachim) κληθείς. *praeterea AI Lat.* ioachim *exhibet* XII, 395. 397. 398. 400. 413.

*Iacob patriarcha (*Ios.* Ἰάκωβος, *sed Scriptura Sacra* Ἰακώβ, Iacob) 320, 8; 324, 22.

Iacobus unus ex principibus Idumaeorum *patriam Simoni Geraseno prodit* 276, 1 sqq. *Hierosolymis eius* partibus adstipulatur 309, 2. Idumaeorum dux egregius bellator 370, 10.

Iafa (*Lat.* afaca) *Galilaeae urbs, quae hodie Jāfā, a Traiano capta* 206, 1. 19.

Iamblicus (*Ios.* Ἰάμβλιχος), *unus ex* Syriae potentibus (*u.* potens), *cui Antipater* (1), *ut auxilium ferret Pergameno Mithridati pro Caesare* (2) *pugnanti, persuasit* 37, 10; *cf.* Ptolomaeus (8).

Iamnia urbs in Syriae mediterraneis, *hodie uicus, cui nomen Jebnā* 29, 13, *in LVRC Lat. IS post Azotum nominata*; *PAM cum Hegesippo faciunt. septima* ciuitas *Tito in Iudaeam ex Aegypto aduenienti* 292, 20.

Iaza rex 401, 17 (*u. l.* zara, gaza, lazara: Ἰζάτου *gen. BI edd. sed* Ἰζὰ τοῦ *Lips. p. c.* ἰαζά *hoc loco A et* V, 147 *PAM*; *Lat. hic* geiaza, *sed AI Lat. XX 77 sqq.* iazates). *u.* Γραπτή *et* Helena.

Idumaea 49, 16; 54, 14; 187, 25; 188, 1; 279, 13. *in potestatem Simonis Geraseni uenit* 275, 24 sqq.

Idumaei 251, 2. 11. 18. 25; 255, 7. 8; 256, 4. 5. 6. 20. 22; 265, 18; 275, 24; 276, 1. 4. 16. 20; 280, 4. 12; 308, 28; 313, 4. 8; 318, 6; 348, 1; 351, 11; 370, 10.

Idumaeus 20, 28; 131, 9.

Iechonias *Iudaeorum rex* (*BI, Lat., Syr.* VI 103 Ἰεχονίας *IS* Istrin Iochonia; *cf. Destinon-Niese* p. XXIV) 351, 21 sqq.; 372, 5 sqq.

ieptheus *cod. B* 341, 17. *u.* Gyptheus *et* Tepthaeus.

*⟨Iephtes⟩ *parricidii incusatur* 387, 9 sqq.

Iesu discipuli *155, 17; **163, 11.

*Iesus, *gen.* Iesu, *acc.* Iesum, *Christus. initio nominis, si codd. antiquiorum auctoritatem et testimonium secutus essem,* h *littera addenda fuisset, ita ut imprimi deberet* Hiesus;

de qua scriptura disputauerunt Wordsworth et White ad Euangelium sec. Mattheum I 1. *Traube, Nomina sacra* p. 149. *Nestle, Z. f. NTliche Wissensch.* 1908, p. 248 sqq. *sed a consuetudine in scriptura sacri nominis recedere mihi non placuit. catholicae doctrinae studiosus scriptor noster dicit eum* **natum ex Maria 373, 13; **secundum carnem genitum ex Maria 395, 8 *eundemque* **uere deum 164, 12. ***a Pilato crucifixum nulla Iudaeorum mentione facta* 139, 16 sqq. *sed contra Iudaeis mors eius adscribitur* 163, 9 sq.; 301, 2 sq. **eum etiam principes synagogae, quem ad mortem comprehenderant, deum fatebantur 164, 12 sqq. *Iosephi de eo testimonium* 163, 23 sqq. *et Addenda, praeterea Rendiconti della R. Accademia dei Lincei,* 1931, pp. 239 sqq. ***occurrit Petro apostolo Roma egresso* 186, 20 sqq. ***ei Barabbas a Iudaeis praelatus* 296, 23 sqq. **uenturus erat princeps sacerdotum, ut tolleret peccatum mundi 310, 18 sq. **ubi uenit, sancta *Iudaeorum* spiritus diuini calore resoluta uanuerunt 301, 10 sq. **a femoribus Iudae generationis eius successio offendit in principum serie, sed mansit in eo 4, 9 sqq. *praeterea nomen uel Christi uel Iesu occurrit* 184, 19; 185, 9. 17; 186, 10 sqq.; 187, 2; 208, 7; 297, 1; 298, 22 sqq.; 311, 3 sqq. *duo simul nomina* Christum Iesum *habes ter tantum* 164, 11; 373, 12 (ies. chr. *u. l.*); 392, 23 sq.; dominus Iesus (163, 10 *u. l.*;) 185, 8 sq.; 395, 7; Christum dominum 139, 16.

Iesus (2) Naue *fontem iuxta Hiericho primum genti eripuit Chananaeorum 267, 17 sq. (*BI. Lat., IS* πόλιν εἷλε). *praeterea* **295, 27; **325, 15; **327, 24. *de compendio nominis Iesus, quod ad Iesum Naue in M et C, cf. Traube, Nomina sacra* pp. 150 *et* 164.

Iesus (3) unus de sacerdotibus Idumaeae tuendae praepositus 187, 25 sqq.

Iesus (4) *Tiberiade* praedatoriae manus princeps 227, 3 sqq.

Iesus (5) *sacerdos maximus natu* post Ananum *Idumaeos frustra alloquitur* 255, 5 sqq.; 256, 1 sqq. *a seditiosis interfectus* insepultus iacuit 297, 13 sq.

Iesus (6) Thebuti filius sacerdos *Romanis* se dedit 402, 27 sqq.

*Iezabel (hiezabel *CV*, zezabel *M p. c. m 3, HZ cum AI Lat., de qua scriptura cf.* Souter, *Misc. Lat. in onore di F. Ramorino,* p. 288) *uxor Achab* 373, 17.

Illustris *u.* Antiochus (2).

Illyrii (*BI* Ἰλλυριοί) 151, 20 *quos eosdem* **Pannonios (*BI, IS. de Dalmatis ut de alio populo mentionem faciunt*) *Heges. appellat.* ***eisque auri metalla tribuit* 151, 22 sq., *quae BI Lat. IS* II 374 Ἴβηρσιν.

imagines 247, 21 *u.* figura *et* Caesaris imagines.

imperator *de Hyrcano* (2) 43, 29 (*BI* I 214 βασιλέως).

*India 319, 26.

*Indi, Indus 152, 3; 283, 16; 321, 5. Indorum sapientes 410, 22.

*Indicum mare 283, 17.

*inferi 109, 16; 121, 11; 219, 4.

infidelitas (*quae est propria gentilium, ut perfidia Iudaeorum*) 247, 21; 331, 6. *cf. tamen* 329, 1; 369, 26.

inimicus *u.* hostis.

**Iob 213, 19 sqq.

ioba *u.* Iuba.

Iohannes (1) *Matthatiae filius maximus* (*natu*) 5, 25 sqq.

Iohannes (2) ortus ex Simone (1), cui nomen Hyrcanus (1) (*IS solo Hyrcani eum nomine appellat*), *ad quem post patrem* praerogatiua sacerdotii demigrauit 6, 6 sqq.; 168, 1 sqq. *ut pacem ab Antiocho* (4) *emeret*, Dauid sepulchrum reserauit 7, 9 sqq. *consilium*, quo *moriens* uxori summae rei commisit negotia, *commendatur* 8, 12 sqq. *idem* Ionathes *falso appellatur* 6, 11. 18; 7, 6. 8. trigesimo et primo (*regni*) anno *diem obisse recte dicitur* (134–104 a. C.) 8, 8 sq., *ubi Heges. facit cum AI* et *AI Lat.* XIII 299 *et* XX 240 *contra BI et Lat.* I 68, *qui tres et triginta annos regni numerant, et IS, qui quadraginta* (*cf.* S. Zeitlin, *The Slavonic Josephus* in *The Jewish Quarterly Review* XX, 1929, p. 35). *eius sepulchrum* 312, 17; 314, 19; 340, 24; 378, 16.

*Iohannes (3) *Baptista ab* Herode *Antipa* neci traditus 139, 24 sqq.; 164, 26 sqq.; 165, 20 sqq.

Iohannes (4) Ananiae filius *Iudaeorum dux* 188, 6.

Iohannes (5) Essaeus *Iudaeorum dux* 188, 6. *Ascalonem oppugnans extinguitur* 191, 2 sqq.

Iohannes (6) Leuis, *u.* ⟨Leui⟩, *uoc.* Iohannes *et u. l.* -ne 375, 2, *a Romanis Gischala obsessa dolo fugiendi copiam adipiscitur* 244, 4 sqq. *ad seditiosos ab Anano* (2) *legatus missus mendacia componit, discordiae maximus auctor exsistit* 250, 14 sqq. *tyrannidem adfectat* 261, 3 sqq. *crescente in dies* Simonis (1) potentia terretur 277, 21 sqq. *quem armis repellit, donec apertis portis ab aduersariis tyrannidis eius urbem ingressus est* 279, 9 sqq. *inter Eleazarum* (3) *et Simonem* (2) medius *cum utroque impiger certat* 293, 9 sqq. *Eleazarum dolo superat* 305, 14 sqq. *rursus contra Simonem bellum gerit* 308, 25 sqq. *cogente periculo cum eo* in concordiam coit 312, 17 sqq. *tuendae urbis curam cum eo diuidit* 314, 14 sqq.; 318, 4 sqq. suffosso cuniculo Romanorum opera *ut* laberentur *efficit* 340, 25 sqq. *eum Titus per Iosephum alloquitur* 370, 14 sqq. *eius responsum* 371, 7 sqq. *Romanis* se tradit reseruatus *ab eis* ad triumphum (*u. l.* a triumpho) sed perpetuis uinculis innodatus 404, 2 sqq. Iohannis cera 349, 13. Iohannem pictum 349, 9; imaginem 349, 10. *praeterea nominatur* 274, 23; 333, 14; 337, 18; 347, 30; 370, 8. 28; 372, 17. 22; 381, 2.

Iohannes (7) ductor Idumaeorum ictus sagitta *moritur* 313, 3 sqq.

*Ionathas (1) *uel* Ionatha, *Saul filius*, 211, 8. 20; 215, 9; 351, 5.

Ionatha (2), *acc.* Ionathen, *Matthatiae filius* 5, 20; 167, 22.

**Ionathes (3), *gen.* Ionathae, *falso pro* Iohanne (2) 6, 18; 7, 6. 8.

Ionathas (4), *acc.* Ionathen, Ionathan, *Alexandri* (4) *filius, ab Herode* (1) summus sacerdos creatus *et interfectus* 72, 11 sqq.; 170, 10 sqq. *idem significatur* Aristoboli *nomine, quo ab* Alexandria (3) matre appellabatur 74, 6 sqq.

Ionathes (5), *gen.* Ionathae, sacerdos (*BI* ἀρχιερεύς) *a sicariis* occiditur 142, 21 sq. *pater Anani* (1) 174, 5.

Ionathes (6), *dat.* Ionathae, *Iudaeus ad certamen singulos* Romanorum prouocat 378, 15 sqq.

Ionium mare 35, 5.

Iop(p)e, Iop(p)es, Iop(p)en, Iop(p)e (*BI* Ἰόπ(π)η): *urbem* Syriae maritimam, *quam* Iudaei inuaserant, Scaurus recepit 29, 12 sqq. *a Caesare* (3) Herodi (1) donata 67, 14.

a Cestio occupata et exusta 172, 5 sqq. *latitudo Iudaeae a fluuio Iordane usque Iopen* 198, 8. reparata ad excursus piraticos *et iterum a Romanis diruta* 222, 13 sqq. *octaua ciuitas Tito in Iudaeam ex Aegypto aduenienti* 292, 21. *litora describuntur* 223, 1 sqq. *praeterea* 16, 14; 53, 18; 69, 7. *falso pro* (H)Ippo(ne) *complures codd. ponunt* 67, 12; *et pro* (H)ippene 194, 22, *ubi etiam Lat.* ioppa. *hodie Jāfā.*

*⟨⟨Ioram⟩⟩ rex Israhel 326, 15 sqq. perfidus 326, 19.

Iordanes (1), *u. l.* Iordanis, *gen.* Iordanis, *acc.* Iordanen *et* Iordanem, *abl.* Iordane. *eius fontes atque cursus* 68, 15 sqq.; 234, 2 sqq. *praeterea* 55, 10; 124, 15; 195, 3. 15. 16; 197, 1. 2; 198, 7; 263, 10; 264, 20. 24; 266, 5. 19; 267, 13; 325, 16; 381, 29. *hodie el-Urdunn. u.* Euphrates.

Iordanes (2) minor, *qui in maiorem influit* 239, 15. *hodie el-Leddān.*

Iordani *u. l.* iordanni (*BI* III 51 ἰορδὰν οἱ *PAML*, ἰαρδὰν οἱ *C*, ἰόρδανοι *VR*, iordanen *Lat.*) 198, 6 *uicus* **Samariae (*BI*, *Lat. Iudaeae*) *hodie Tell ʿArād.*

Iosaph *u.* Asaf.

*Iosedec sacerdotum princeps *in captiuitatem* abductus, *quem Cyrus in patriam* redire permisit 166, 26 (*AI* XX 231 Ἰωσαδάχην, *sed Photius* Ἰωσεδέκ, *AI Lat.* iosedec); *sed rectius AI* XX 234 *legimus Iesum* (*AI Lat.*: sison) *Iosedec filium in patriam post captiuitatem remeasse.*

*Ioseph (1) *patriarcha* 320, 12.

Iosephus (2) *Antipatri* (1) *filius* 34, 15. *contra Antigonum* (2) *bello uaria fortuna gesto interficitur* addita abscisi capitis contumelia 52, 25 sqq.; 54, 15 sqq.; 56, 24 sqq.; 57, 25 sq.

Iosephus (3), *Salomae* (1) *maritus, dum Mariammen* (1) *Herodi* (1) *conciliare uult, se eamque perdit* 76, 7 sqq.

Iosephus (4), *Iosephi* (3) *filius, Herodis* (1) *gener* 103, 25.

Iosephus (5) Gorione genitus *a Iudaeis* Hierosolymitanae urbis negotiis praecipue instaurandis muris praeficitur 187, 14 sqq.

Iosephus (6) *Simonis* (6) *ad tuendam Hierichunta missus* 188, 3.

Iosephus (7) *historicus* Titi Caesaris relator egregius 3, 6. auctor est Hyrcanum (2) sepulchrum Dauid reserasse 7, 10. Iudam Essaeum saepe, quae futura erant, adnuntiasse historia uetus (= *BI* I 78 sqq.) prodidit 11, 5 sqq. alii (= *AI* XV 64) ferunt *Herodem* (1) *in Aegyptum* ab Antonio (1) uocatum, ut necati *Aristoboli* (3) causas praestaret 75, 28. *eius de Christo testimonium* 163, 23 sqq. *u.* Addenda *et Rendiconti della R. Accademia dei Lincei*, 1931, pp. 239 sqq. *eius* perfidia et duritia cordis 164, 8. *in descriptione Asphaltii lacus uerbis* ferunt *et* plerique *significatur* 270, 13. 17 (*BI* IV 477 sq.). *testis affertur spatii interiecti* inter Soenen et Pelusium (si fides adsertis adest) 284, 1. adsertor celebritatis qua *Iechoniam regem Hebraei* honorant 372, 8. libri Iudaeorum (= *BI*) *prodigia exponunt, quae excidium templi adnuntiauerunt* 392, 26. illud praecellentissimum, quod ... futurus esset uir, qui de regione eorum imperium adsumeret in orbem terrarum ... id alii (= *BI* VI 313) ad Vespasianum referendum putarunt 394, 29 sqq. *auctoritate eius numerus Iudaeorum per tempus obsidionis caesorum confirma-*

tur 404, 23. *idem Iudaeorum dux bellum in Galilaea prudenter administrat* 188, 9 sqq. ***sed propter miram uel librariorum uel interpretis neglegentiam eius excidit nomen, ubi Iudaeorum* principes militiae bello lecti *nominantur* 187, 12 sqq. *qua re cum* Iosepho (5) Gorione genito *confusus est (cod. Laur. 89, 15 ad loc.:* Gorionem dicit Iosephi patrem) *et libri illi Historiae Iudaicae Hebraice scripti, qui Iosippon dicuntur, Iosephi Gorionidae nomen prae se ferunt.* ***Sepphorin frustra inuadere conatur* 199, 5 sqq. appropinquantibus Romanis ***Gadara*(4) (*BI* III 129 *codd. MVRC* γαρίν, *PAL Lat. IS nomen urbis omittunt*) Tiberiadem transit 200, 12 sqq. *inde* Iotapatam petit *et munit* 201, 1 sqq. *eius commenta, ut aquae inopia in urbe obsessa dissimularetur* 203, 3 sqq. *ut machinarum et arietis ictus emollirentur* 203, 27 sqq. cum propius muros succederent, oleo ardenti perfundi Romanos iubet 205, 14 sqq. *capta urbe* in *lacu quodam *latet* (*BI*, *Lat.*, *IS* λάκκον ᾧ ... σπήλαιον διέζευκτο) 210, 2 sqq. *ei socii suadere conantur, ut morte se Romanorum captiuitati eripiat* 210, 14 sqq. *quod consilium longa oratione frustra refutat* 212, 26 sqq. *uix suis elapsus Romanis se tradit* 220, 2 sqq. *plebis Caesariensis in eum iram Vespasianus dissoluit* 221, 24 sqq. *in eum Iudaeorum odia excitata* 225, 17 sqq. *ab eo Taricheae urbs* muro *uallata* 227, 20. *item Gamala* 239, 10. *ab imperatore Vespasiano* solui praeceptus uinculis 286, 25 sqq. *Titum comitatus in obsidione Hierosolymorum ibi Castoris insidias animaduertit* 316, 15 sqq. *Titi iussu Iudaeos alloquitur* 318, 20 sqq. *qua oratione plurimos* inflexit, ut ad Romanos confugerent 333, 8. *iterum cum Iudaeos* ad deditionem inuitans murum *propius* successisset, caput saxo percussus concidit 354, 20 sqq. ** ad uocem matris *eius mortem* deplorantis procedit, *Iudaeos rursus alloquitur* 355, 21 sqq. *frustra Iohannem* (6) *rogat*, ne Romanos excitet ad urbem *euertendam* 372, 17 sqq. *allocutiones Titi interpretatur* 370, 18 sqq.; 375, 2 sqq. *praeterea nominatur* 372, 8. 11. 13; 374, 11. *eius* mater 333, 3; 354, 25 sqq.; 355, 21; pater 354, 19 sqq.; uxor 333, 4.

*Iosias *Iudaeorum rex* 328, 10; 408, 13 sqq.

*Iotapata *nom. sing.*, -ae, -am: *Galilaeae urbs, quae hodie Tell Ǵefāt, a Iosepho* (7) *munita et defensa, a Vespasiano expugnata* 201, 1; 209, 1; 215, 22; 330, 17.

Ippene, ioppene *M²*, ioppa *abl. Lat. Galileam* suis finibus resecat 194, 22. *u.* Hippeni.

⟨Ippo⟩ Ipponem 67, 12 (*BI acc.* Ἵππον, *Lat.* ippon); *abl.* Ippone 29, 13 (*BI acc.* Ἵππον *Lat.* ippom, *sed* II 459 hipponem). urbs in Syriae mediterraneis, *cuius uestigiis hodie nomen Qal ʿat el-Hoṣn.*

*Isaac 324, 13 sqq.; (387, 7 sq.); 408, 11 sqq.

**⟨Isboseth⟩ *Saul filius, interfectus a suis* 373, 15.

*Isidis sacerdotes *a Mundo* subornati 137, 12 sqq. *Isidis simulacrum Tiberi demersum 139, 1.

*Israhel (israel *CV*) 1) Iacob: plebs Israhel 408, 17; 2) regnum: rex Israhel 326, 15. 19; 408, 19; 3) Iudaeorum populus: 8, 20, *ubi* post quadringentos septuaginta quinque annos *et* menses tres *ex seruitute*

Babylonis in patriam remeasse *dicitur* (*BI et IS post* 471, *AI* 481, *Lat.* 475 *ut Hegesippus*).

*Israhelita populus 133, 9.

Isthmos 238, 3.

Itabirius mons (*Ios.* Ἰταβύριον ὄρος, *Lat.* I 177 *bytabirium), *hodie Ǵebel eṭṭōr* 33, 14; *idem* Tabyrius 247, 2 (*cf. Gorion.*, Breithaupt p. 635), *uerbi scriptura Hebraico nomini, quod est Tābōr, adsimulata.*

Italia 35, 4. 5; 46, 11; 51, 22; 53, 5; 265, 13; 287, 6. 9. 13; 301, 18; 398, 16.

Italorum imperiis obtemperant *i. q.* Romanorum 149, 17.

Iuba: Iubae *dat.* (*u. l.* ioba *M²*; *BI* Ἰόβᾳ *dat.*, *Lat.* habe *dat.*) Libyes rex *cui* secundis *Glafyra* est copulata nuptiis 134, 18.

Iucundus dux quondam equestris exercitus *Herodis* (1) 96, 6 sq.

Iudae Aegyptii 37, 20 (ἰουδαῖοι αἰγύπτιοι *PA*, ἰουδαῖοι καὶ αἰγύπτιοι *cet.* iudaei aegyptii *Lat.*).

Iudaea *stricta notione ponitur* 198, 5 sqq., *ubi tamen falso* ** Samariae *pro* Iudaeae, *sed saepius latiore notione accipienda, ut utramque Galilaeam et Samariam et Peraeam complectatur* (*sic* 194, 9 *Sepphoris* claustrum Iudaeae *appellatur*). **Iudaeam inter Euphraten et Aegyptum 29, 18 (*IS* Iudaea bis Ägypten und bis zum Euphrat; *sed BI* τὴν Ἰουδαίαν καὶ τὰ μέχρις Αἰγύπτου καὶ Εὐφράτου, *Lat.* iudeae cunctarumque administrationem ad aegyptios fines et flumen Euphraten). — in quinque conuentus a Gabinio diuisa 31, 8 sq. *regnum eius ex senatus consulto Herodi*(1) *delatum* 52, 17 sqq. principatus gentis, qui ad Archelaum (2) pertinebat, conversus est in nomen prouinciae 135, 23 sqq.; 170, 26 sqq. *initia discessionis* 133, 8 sqq. Eleazarus (2) suasit, ne cuius alienigenae donum uel sacrificium *templo* reciperetur, quae tuba belli aduersus Romanos fuit 158, 14 sqq. rebellis Iudaea ineruditam praeferens bellandi temeritatem 228, 26. *praeterea* 17, 9. 17; 25, 12. 15; 31, 25; 32, 24; 34, 6; 35, 13. 22; 40, 4. 23. 24; 41, 1; 44, 11; 45, 2; 47, 8; 48, 10; 71, 12; 74, 11; 94, 3; 124, 24; 125, 3. 7; 131, 4. 17. 27; 134, 11. 23; 136, 4. 16; 139, 10; 141, 5; 161, 21; 170, 1; 197, 3; 199, 7; 221, 19; 233, 3; 258, 27; 265, 7; 274, 21; 279, 2; 292, 2; 301, 16; 330, 1. 9; 393, 1.

Iudaei: incurrentibus sacris religionis diebus ... ab omni uacare opere Iudaeos obseruatio uetus 26, 9 sq. *iis Matthathias sacerdos* belli sabbato adoriendi auctor fuit, ne simili arte ipsi quoque deciperentur, sicut iam plerique eorum, dum sabbato bellum suscipere detrectant, inruentibus in se hostibus inulti occubuere 5, 2 sqq. (*falso contraria adseuerantur* 351, 15 sqq.) etiam sabbato, si tamen inferatur proelium et salutis extremum petatur periculum, decernendum sibi ferro Iudaei existimant, reliqua certamina religioni ducunt 26, 13 sqq. plurimis ⟨coniugibus⟩ Herodes praeter regium morem etiam Iudaeorum usu quasi quadam erroris licentia delectabatur, **qui figuras maiorum uitiis suis obtentui ducunt 85, 10 sqq. (*BI* ὡς ἂν ἐφιεμένου τε πατρίως Ἰουδαίοις γαμεῖν πλείους). familiari peste huiusmodi Iudaeorum uiris, ut de epulari ludo sese in arma excitent 13, 21 sqq. (*BI* ἐπανίσταται τὸ Ἰουδαικὸν ἐν ἑορτῇ· μάλιστα γὰρ ἐν ταῖς εὐωχίαις αὐτῶν στάσις ἅπτεται). Spartiatas Iudaei cognato sibi genere copulatos pro fratribus habent 94, 16 sq. (*BI* ὁ βασιλεὺς διὰ τὴν πατρίδα καὶ πάντες οἱ περὶ αὐτὸν ἡδέως προυτίμων τὸν Σπαρτιάτην). **Iudaeos ad rerum nouitatem promtissimos 133, 21. **luebant scelerum suorum supplicia, qui postquam Iesum crucifixerant diuinorum arbitrum, postea etiam discipulos eius persequebantur. plerique tamen Iudaeorum crediderunt in eum 163, 9 sqq. **quando enim suos non occiderunt -i? 373, 14 sq. **intolerabilem huius populi ferocitatem, qui incredibilibus se opinionibus in omnem excitet insolentiam, de caelo se genus ducere 385, 17 sqq. **patres uestros, ut Iudaeae fabulae ferunt, Rubri maris unda muri specie transeuntes circumuallauerit 397, 6 sq. (*haec et superiora uerba Titi sunt*; *cf. Arnobium, Adu. nationes* III 12; *Ambrosiastrum in Commentario* I *Tim.* 1, 3–4). **a parricidio fraterno generis sui numerent exordia . . ipsius Abrahae, quem appellant patrem et disciplinae auctorem, in eo fidem praedicent, quod nec filio parcendum putauerit (*Titi uerba*) 387, 3 sqq. **neque cum de secta Iudaeorum aliquid dictum est, ita scriptum uideatur a nobis, quasi in ueritate cultus eorum non quasi in umbra et figura praemissos contexeremus, ut sequerentur perfectiora 392, 6 sqq. *cf.* 247, 15 sqq.; 310, 15 sqq. *eorum captiuitas sub Babyloniis uel Assyriis* 3, 2; 128, 21. 22; 155, 18; 166, 21, *ubi* Syriam *pro* Assyriam; 329, 9 sq. 19 sq.; regressio patrum de terra Assyriorum (aegyptiorum *M²*, *cum uel librarius uel Hegesippus ipse ad exitum Hebraeorum de Aegypto respexerit*) 167, 19 *et Addenda.* ***eorum* perfidia 3, 9; 171, 9; 296, 18; 298, 26; 368, 11; 391, 5 (*cf. Ambros. passim, imprimis in Expos. sec. Lucan* VII 109, *Explan. Ps.* 118, 8, 27; 21, 14 et 21, *item* Arriana perfidia *Ps.* 118, 19, 17 *et de iisdem* fides est, quae nos repraesentat deo, perfidia, quae facit impios exulare *Ps.* 36, 20). perfidas mentes 373, 11; *cf. etiam* 139, 24; 164, 8; 326, 19. *et* Hierusalem ***infidelitas* 369, 26. **insidiae 316, 16 (*BI* οὔτ' αὐτὸς ἔφη προσελεύσεσθαι—φρονεῖν γὰρ οὐδὲν ὑγιὲς τοὺς δεομένους). Iudaei qui supra Euphraten inhabitabant 71, 4. rebellio totius excidium religionis quae toto diffusa orbe populos ubique disseminauit 156, 11 sqq. **Magnus Alexander usus est studio Iudaeorum ad Aegyptios subiciendos, unde condita *Alexandria* ex aequo Iudaeis et Aegyptiis attributa priuilegia et habitationes diuersae, ne eorum cultus permisceretur 412, 28 sqq. libri Iudaeorum = Bellum Iudaicum Iosephi 392, 26. Iudaeorum exercitus *u.* exercitus. *praeterea* 3, 3. 14; 4, 22; 13, 22. 25; 14, 13. 29; 15, 4; 16, 6; 26, 2. 10. 24; 27, 27. 29; 29, 1. 12; 31, 18; 32, 12; 33, 12; 34, 7; 37, 8; 46, 13. 21; 48, 13; 49, 19; 62, 24; 66, 17; 130, 23; 131, 7; 134, 6; 136, 10; 140, 11; 141, 2. 3; 143, 18. 19. 27; 156, 14. 16; 157, 17; 159, 8. 23; 161, 23. 24; 162. 3. 14. 17; 163, 2. 11. 23; 164, 4; 171, 18. 20; 172, 22. 27; 173, 6; 174, 13; 175, 1; 176, 12. 25; 177, 1. 10. 26; 179, 1. 7. 10. 13. 15. 23. 27; 187, 12; 189, 11; 190, 24; 191, 6. 9. 20; 198, 11; 199, 4; 200, 18; 201, 9. 21; 202, 7; 204, 9. 12; 206, 21. 22. 25; 207, 1; 208, 6; 230, 12; 231, 28; 232, 5; 241, 5; 242, 13; 243, 12. 14. 19; 252, 15; 269, 17; 274, 6; 279, 8. 9;

287, 1; 292, 4; 304, 5. 10. 15. 29; 307, 10; 315, 6. 13. 16; 316, 16; 320, 6. 11; 331, 10; 338, 6. 21. 23; 341, 1. 14; 342, 3. 8; 343, 1; 354, 21; 357, 6, 22; 360, 16; 361, 12. 14; 362, 6; 367, 6; 368, 1. 21. 30; 369, 25; 370, 6. 17; 371, 5; 373, 13. 15; 374, 19. 25; 388, 24; 389, 10; 393, 8; 404, 24; 406, 27; 407, 6. 9. 10. — **Iudaeus** = **Iudaei** 363, 26; -us Herodes (1) 143, 20; Achab 373, 18; **hostis** 231, 1; **pollicens usque ad circumcisionem se -um futurum** 161, 18 sq.; -a Iezabel 373, 17; **gens** 125, 2 sq.; 259, 8; 326, 2 sq.; **plebs** 221, 22 sq.; **possessio** 23, 15; -um **nomen** 210, 14; 363, 26 sq. — **Iudaeis senioribus** 373, 17.

Iudaicus: -ae **gentis** 175, 3 (*u. l.* iudeice; *cf. Ambros. Expos. sec. Luc. CSEL* XXXII, IV 450, 13). **Iudaicis proeliis** 202, 9.

Iudas (1), **nobilis Iudaeorum prosapia**, qui nomen populo dedit (*gen.* Iudae *et* **Iuda**) 320, 10 sq. *cf.* 351, 7. **nullis apud Iudaeos regnum conpeteret, nisi ei, qui esset ex generatione Iudae** 131, 7 sq. *cf.* 4, 9 sqq.

Iudas (2): -m Macchabaeum 5, 10 sqq.

Iudas (3): -m qui erat Essaeus genere 11, 5 sqq.

Iudas (4): -a atque Matthia iuuentutis doctoribus (*u. l.* ductoribus) *seditionis* rei *pro lege patria motae ab Herode* (1) *capitis damnati* et uiui exusti 123, 5 sqq.

Iudas (5): -ae Galilaei Manaemus filius 160, 27.

Iude (6) *abl.*, *Eleazari* (3) *fautor* 293, 6.

Iudas (7) **tuendae turri** *praepositus*, *quam* **Romanis tradere** *parans* a **Simone** (2) **praeuentus** *occiditur* 354, 12 sqq.

Iude (8) *abl.*, **Ari filius tertiae** *Iudaeorum* **factionis** *i. e. Eleazari* (3) **egregius bellator** 370, 11.

iudicum monarchia *apud Hebraeos* 166, 19.

iudices *Romanorum* 144, 14; 147, 2. 3. 5. 22; 393, 23 (iudex loci *i. e.* Iudaeae procurator). *cf.* Albinus.

iudicium *i. e. Romani iudicis munus* 29, 19. praesidale iudic. 131, 27 sq.

**⟨Iudith⟩ 328, 8.

Iulia, quae uxor Caesari (3) erat 122, 5 (*BI* Ἰουλίας *MLVRC Lat.* λευΐας *PA*); (122, 20), *eadem* Liuia (1).

Iulianus centurio ex Bithynia profectus, sed Romanis adsuefactus disciplinis (*BI* ἑκατοντάρχης τῶν ἀπὸ τῆς Βιθυνίας) 368, 26. *eius fortia facta et mors* 368, 29 sqq.

Iulias (1) uicus, urbs Gaulanitidis, usque quo *ab Arpha* **Iudaeae (*BI*: τῆς Ἀγρίππα βασιλείας) longitudo extenditur, in **quo (*BI* αὐτὴν *i. e.* βασίλειαν) Iudaeorum pariter ac **Tyriorum (*BI* Σύροι *Lat.* syriis; *in IS haec omnia desunt*) communis habitatio 198, 11 sq. (urbem) 235, 3; 266, 20. *hodie et-Tell u.* Liuia (2).

Iulias (2) *opp. Pereae* 264, 27. *his temporibus Tell er-Rāmah.*

Iulius adoptiuus (*BI* Καίσαρι τῷ νέῳ) 44, 17. *u.* Caesar (3).

Iulius Augustus 140, 22, *ut apud Ambrosium, Enarr. Ps.* 45, 21. *u.* Caesar (3).

Iuno 70, 1.

Iuppiter Olympius 70, 1. **summum deorum Alcmena susceperit et Leda eiusdem concubitu potita et plurimae aliae 138, 3 sqq. Iouis Casii templum 292, 13. *u.* Casius.

Lacedaemon *urbs* 365, 1.

Lacedaemonii 149, 19; 153, 1. **trecentis illis Lacedaemoniis uiris 365, 4; *cf.* 365, 15.

Lacon *i. e.* Eurycles 95, 11.

Laconicis facultatibus 94, 6.

*lapis adiutor 327, 26. **lapides pretiosi *in diploide Herodis mortui* 127, 20. in indumentis principum sacerdotum 403, 1.

**Latini turrim *in portu Alexandriae* Pharum *uocant* 285, 1.

Latinus: eruditi Latinis iuxta et Graecis litteris 78, 23 (*BI* ἐπὶ Ῥώμης παιδευόμενοι).

Laturus (*BI* Λάθουρος, *Lat.* lathyro *dat.*) 13, 8 sqq. *u.* Ptolomaeus (3).

Lazari Manneus *u.* Manneus.

**Leda concubitu *Iouis* potita 138, 4.

Legarim *acc.*, Idumaeae uicus 265, 21 (*BI* βήταβριν *uel* βήταριν, *Lat.* begabri *ablat.*; *IS* Betar; *sed Ptolomaei codd. Geogr.* V 15, 5 βαιτογαβρεῖ *uel* βαιτογαβρή, *Tab. Peuting.* Betogabri). *nostris temporibus Bet Ǵibrīn.*

legati: Saturninus legatique 98, 6 sqq. (*BI* Σατορνῖνός τε καὶ οἱ περὶ Πεδάνιον πρέσβεις, *Lat.* saturninus et peninius legati, *IS* Satorninus und Pedanius).

legiones Romanorum 365, 9; Caesaris *Augusti* 65, 9; *Vespasiani* 192, 10; **praetorianae 281, 5 *improprie, sed cf. Aur. Vict., De Caes. 40, 25* (*BI uerius* οἱ ἐπὶ τῆς Ῥώμης στρατιῶται, *Lat.* romae constitutos milites). *plerumque ordinis uel numeri uocabulo legiones significantur.* (*legio* III): praefectum tertio ordini militari 287, 12. *u.* Antonius (4). (*legio* V): ordinibus quinto etc. 199, 24; praefecto ordinis quinti 208, 15; *u.* Cerealis. quintus numerus 340, 23; quinti ordinis signifero 367, 24. (*legio* X): ordinibus . . et decimo 199, 24. (*legiones* V *et* X): duos ordines 221, 26. (*legio* XII): praepositum duodecimi ordinis *u.* Caesentius. (*legio* XV): **praeerat ordini quinto decimo ductoris officio 206, 3 sq. (*BI, Lat.* τοῦ δεκάτου τάγματος ἡγεμόνα, *IS* mit der neunten Legion; *u.* Traianus); decimum et quintum ordinem 221, 27.

**Leonides *Lacedaemoniorum rex* 365, 1. 8. Leonidae defuncti triumphos 149, 20.

Leuias homo potens *Hierosolymitanus a seditiosis quasi proditor necatus* 248, 18.

⟨Leui⟩ *gen.* Leuis (*BI* ληίου *PAML*, ληουι *VR*, λευΐου *C*, leui *gen. Lat.*, Philip *IS Istrin*) 244, 4. *u.* Iohannes (6).

lex: lex diuina (140, 6; 211, 26), lex patria (123, 15; 245, 13. 23; 247, 14), lex paterna (123, 19), lex sacra (3, 18; 247, 11). feriatus ex lege annus septimus 6, 31. scenopegia Iudaeorum in terris ex lege celebrabantur 9, 23 sq. nec licere per legem liquet, ut mutilato corpore quisquam summo fungatur munere sacerdotii 50, 5 sqq. **imagines Caesaris atque animalium similitudines contra legem templo adpositae 123, 3 sqq.; *u.* Caesaris imagines. **nullis apud Iudaeos regnum conpeteret, nisi ei qui esset ex generatione Iudae, sicut lex diceret 131, 7 sqq. ***Iohannes* (3) quasi legis exsecutor praeuaricatorem legis condemnauit, qui fratris uiuentis uxorem eripuerat, praesertim habentem semen de germano ipsius 140, 8 sqq. **lex diuina . . pro hac breui uita perpetuam iustis promisit immortalitatem 211, 26 sqq. (*BI* θεὸς ὁ Ἰουδαίοις κτίσας ψυχὰς θανάτου καταφρονούσας). prohiberi se lege patria, cum supersit ebdomadis sacrae dies, tractare de pacis condicionibus 245, 13 sqq. lex sacerdotalis successionis uiros ad sortem legeret 249, 5. iustitias legis = δικαιώματα νόμου (*cf. Rom.* 2, 26) 5, 2. Pharisei genus hominum secundum legis doctrinam exercitum 18, 14. sacrae legis contagia *i. e. contaminationem templi per domesticas manus factam* 247, 11. solutionem legis 249, 4. leges Iudaeorum 42, 15. ***Iudaeorum, qui ad Romanos confugerant, testantur* nihil sibi *a Romanis* aduersus legem praeceptum 374, 14 sq. non praeuaricabor legem tuam (*domini*) ut moriar iniussus 219, 17 sq.

Libanus mons 37, 10; 198, 8.

Libia: Aegyptus aridis Libiae conterminat 283, 12. Libyes (*gen.*: *u. l.* lybies, libyae) regi Iubae 134, 18.

Libis spiramine (*u. l.* libi, lybii; *BI* ἐκ λιβός) 69, 10.

ligna: sollemnitatis dies, qua ligna omnes altaribus (*BI* τῷ βωμῷ, *Lat.* ad templum) solebant inponere 160, 14 sq. ἡ τῶν ξυλοφορίων ἑορτὴ *significatur.*

Liuia (1) uxor Caesaris (3) 104, 12 (*BI* λευἱας *PA*, ἰουλίας *MLTRC Lat.*); 136, 3–5 (*BI et IS* ἰουλίᾳ, ἰουλίας; *Lat.* iuliae *a. c.*, liuiae *p. c.*; *Chron. Gall. a. 511* liuia). *in codd. quibusdam* libia *pro* Liuia, *quae scriptura ex Graeco-exemplari pendere uidetur. cf. Destinon-Niese ad* I 566. *u.* Iulia.

**Liuia (2) urbs *ex nomine Liuiae* (1) *Tiberii matris a Philippo* (2) nuncupata 136, 8 (*BI* Ἰουλιάδα *Lat.* iuliadam *IS* Iulias, *sed Chron. Gall. a. 511* liuiadem). *in codd. ZAC est* libiam *uel* libyam, *de qua scriptura cf. supra ad* Liuia (1). *u.* Iulias (1).

Loi mensis (= *Iulii/Augusti*) *gen.* (*u. l.* loeim, loin; *BI* Λώου μηνός) 389, 22.

Lollius (*Pompei legatus*) *Damascum delet* 21, 29 sq.

Longinus (1) *quidam ex Romano equitatu uir fortis* 315, 5 sqq.

Longinus (2) *u.* Longus.

Longus *miles Romanus* uir egregiae uirtutis 380, 21 sqq. *idem* Longinus *appellatur in codd. αV et in Lat. et in interpretatione Syriaca. IS Istrin* Logon.

Lorcius *u.* Borcius.

*Loth 324, 17.

Lucius *miles Romanus* 380, 25.

Lucullus *bellum gerit cum Tigrane* (1) 19, 25 sqq.

**ludi scenici *Antiochiae habiti* 192, 24 sqq.

*Lybies *u.* Libia.

Lydda *nom. fem. sing. uidetur esse* 172, 24, *ubi codd. BI* εἰς λύδδα (*acc. neutr.*; *Lat.* in lydda) *praeter C, qui* λύδδαν. *urbs, quae hodie el-Ludd.*

Lysanias Ptolomaei (6) filius *Parthos* sollicitat, *ut regnum Iudaeae* Antigono (2) *tradant* 48, 4 sqq.

* Lysias Antiochi Eupatoris dux Onian (1) principem sacerdotum occidit 167, 6 sq.

Macchabaeos (1) duces 4, 15. Macchabaeorum auctor Matthathias 351, 16. *u.* Matthathias. Iudam Macchabaeum 5, 10 sqq. *u.* Iudam (2). gratia *ab eis Romanorum* parata 131, 24. Macchabaeorum fides 298, 9. Macchabaeorum res gestas propheticus sermo (*i. e.* libri Macchabaeorum) paucis absoluit 3, 4 sqq. *praeterea* 406, 23 sq.

*Macchabaei (2) (*fratres, qui*) matrem ad praemium praeuenerunt 350, 18 sqq. *iidem significantur* 298, 11 sq.

Machedones 149, 26; **340, 1. 10; *fortasse Ptolomaei Aegypti reges* (*ut BI* II 387) 320, 23 (24 *adn.*); = cohors *militum Commagenorum* 339, 2. 12. 15.

Machedonia 149, 21; 321, 4.

Machedonico bello *i. e. Philippensi* 46, 10. armatos Machedonicum in morem *milites Commagenos* 338, 30.

Macheruntis *gen.* 32, 13; *acc.* Macherunta 165, 6; Macheruntem 30, 18; 265, 5; *abl.* Macherunte 196, 26 (*BI* Μαχαιροῦς); castellum *in finibus Arabiae, hodie el-Mukāwer.*

Magassarus (*u. l.* magasarus, Magasar *IS Istrin*), *qui in defendendis Hierosolymis uirum fortem se praebuit* 341, 17.

Magnus 22, 16; 23, 1; 24, 5. 12; 25, 5. 15; 26, 2. 18; 29, 3; 30, 6. 11; 35, 6. 11; 36, 22. *u.* Pompeius.

Μαλαχίας *u.* Melchius.

maiores: templi a maioribus conditi 247, 11. maiorum habitacula 270, 2. maiorum institutis 301, 14.

Malichus, *u. l.* malicchus, *Iudaeorum dux et Hyrcani* (2) *fautor* 30, 24 sqq. *Antipatrum* (1) *inuidus ueneno interficit et ab Herode* (1) *per milites Romanos interficitur* 44, 22 sqq.

Malthace Samaritana *Herodis* (1) *uxor* 103, 24.

Manaëmus (*BI* Μανάημος, *Lat.* ⟨m⟩anaimus, manemus) Iudae (5) filius 160, 27 sqq. *nihil de eo in IS.*

Manasses *Pereae tuendae a Iudaeis praefectus* 188, 3.

mandatum *i. e. praeceptum dei ante legem* 218, 18.

**manganum quoddam de ligno, quod Nero manibus conposuit suis, *ut se necaret* 273, 22 (*BI* IV 493 ἑαυτὸν ἀνεῖλε).

**Manlius Torquatus filium securi iussit feriri 231, 16.

Mannous *u. l.* mannus (*BI* μαννέος *PA*, μανναῖος *MLVRC*, *Lat.* annius, *IS* Manĕius) Lazari (filius, *Lat.* eleazari filius, *IS* ein Neffe des Lazarus) 360, 1 sqq.

Maresa (*u. l.* aresa, *ablat.*) urbs in mediterraneis Syriae 29, 13 (*BI acc.* μάρισαν *uel* μάρισσαν, *cod. A* μαρησαν, *Lat.* marissam). *hodie Ḫirbet Mer'āš uel potius Tell Sandaḥanneh.*

**Maria *mater Christi* 373, 13; 395, 8.

Maria (*BI* Μαρία) de locupletibus feminis regionis Pereae, *quae filium comedit* 381, 27 sqq.

Mariamme: (*BI* μαριάμμη *plerique codd. et Lat., sed u.* Mariamme (3), μαριάμη *M,* μαριάμνη *excerpta Peiresciana AI Lat.* (*ubi tamen* maria XIX 354, 355, XX 147) *IS Gorionides,* μαριαμ *PA* I 241.

Mariamme (1), Mariammes, Mariammen, Mariamme: Alexandro (3) genita *Herodis* (1) *uxor secunda* 46, 5 sqq.; 58, 5 sqq. *propter* auum et fratrem *interfectos maritum oderat, qui eam* inpenso amore diligebat 71, 21 sqq. *adulterii falso suspecta ab Herode interimi iubetur* 78, 13 sqq. *eius filiae* 101, 22; 104, 3. *de scriptura nominis in codd. stirpis* α*V u.* arianne.

Mariamme (2), filia *principis sacerdotum, qui falso* Hyrcanus 102, 26 *appellatur, cum ei Simoni nomen fuerit* (*AI* XV 320; XVIII 136), *Herodis* (1) *uxor* 103, 24; 107, 3. deprehenditur insidiarum conscia, quae pararentur marito 110, 2. *qua re Herodes* (3) *filius eius regno iam destinato excluditur* 110, 4 sqq. *de scriptura nominis in codd.* α*V u.* arianne.

Mariamme (3) *Archelai* (2) *uxor ab eo dimissa* 134, 22. *in codd.* α ariannen, *acc., Lat.* mariamne.

Mariamme (4) *turris Hierosolymorum* 403, 27.

Masada, *u. l.* massa-, mase-, castellum *quod hodie es-Sebbeh* 45, 27. 29; 49, 18; 53, 17. 21; 54, 17; 158, 13; 160, 27; 407, 10. 16.

**Massilia 222, 3.

Matthathias (*cum BI cod. Lips., Lat. et AI*; *u. l.* 351, 15 matthian *cum BI*; *breues AI Lat. et IS*: Matth(a)eus) Macchabaeorum auctor *contra Antiochum Illustrem arma sumpsit* bellique sabbato adoriendi *Iudaeis* auctor fuit 4, 22 sqq. *contra et falso* **351, 15 sqq. *legimus eum* maluisse sabbato legem obseruando feriatum mori.

Matthias (1) iuuentutis doctor *seditionis* reus *pro lege patria aduersus Herodem* (1) *motae capitis damnatus* uiuus exuritur 123, 5 sqq.

Matthias (2) *u.* Iuda (4).

Matthias (3), princeps sacerdotum, *ab Hierosolymitanis ad Simonem Gerasenum* mittitur, ut eius ingressum *impetret* 280, 17 sqq. *ab eodem cum filiis suis* necatur 346, 18 sqq. *u.* nemathiam.

**Maximus cunctando fregit Hannibalem 259, 26. 28.

Medi, *proprie* 405, 16. 25; *ut apud Romanos et Graecos scriptores saepe pro Parthis aut Persis ponuntur, ita* 7, 16; *ut in BI* 129, 2; 298, 8. **Medorum gens *pro gente Syrorum* 4, 16; 298, 8. *u.* Parthicum bellum.

Mediae regnum 406, 12.

Melamborium *acc.* (*sic etiam Lat.*), *uentus* 223, 16.

⟨Melchisedech⟩ *u.* rex iustus.

Melchius: -o *abl.* (*BI et Syr.* Μαλαχίας, *Lat.* malcheus, *IS Istrin* Malchia) egregius bellator *ex factione Simonis Geraseni* 370, 10.

Memphis *Aegypti urbs* 277, 6.

Memphitae 37, 24.

Menneus 48, 5 **cognomentum *Ptolomaei* (6), *uerius patris eius nomen*: *BI* I 103 Πτολεμαῖον τὸν Μενναίου, I 185, 248 Πτολεμαῖος ὁ Μενναίου, *Lat.* menneae *uel* ma(n)nei, *sed cum Heges. consentiunt IS* I 103, 185 *et Gorionides* (*Breithaupt* IV 15, p. 304): Menelaus dictus.

Meotia regna (*BI* τῆς Μαιώτιδος ἔθνη) 153, 19.

Meotis *gen.* (*u. l.* meotidas paludes *acc.*) 405, 9.

Mesiacis (*ita codd. B et γ cum Lat., ceteri cum BI, IS* mysiacis *uel* misiacis) militibus *i. e. legionis tertiae, quae in Moesia praetendebat* 289, 29. *u.* Moesia.

Mesopotamia 277, 8.

Messala *apud Antonium* (1) *pro Herode* (1) *prope Daphnen* (1) *contra Iudaeos orationem habet* 46, 25 sqq. *rursus apud senatum Romae causam Herodis dicit* 52, 15 sqq.

Metellus (*Pompei legatus*) Damascum euertit 21, 29 sq. *u.* Damascus.

Metilius (mutilius *Lat.*) praefectus militum *Romanorum, qui Hierosolymis, cum seditio orta est, positi erant* 161, 11 sqq. (*BI* τῶν Ῥωμαίων ἔπαρχος, *Lat.* praefectus).

Miletus (*BI* μίλητον *PA*, μῆλον *MLVRC*, *IS*, malum *Lat.*) 133, 19.

minister regius *i. q. satrapes* 48, 9. uini minister (*BI* οἰνοχόος) 49, 9.

ministri *i. q. sacerdotes* 159, 12; 160, 17.

mimorum actor 192, 24.

mirobalanum 269, 10.

Mitridates (1) *a Tigrane* (1) socero receptus *causa fuit Pompeio belli in eum* transferendi 21, 15. morte bellum finiuit 24, 12 sqq.

Mitridates (2) *Parthus exul* 33, 18 sq.

Mitridates (3) Pergamenus, *Caesaris* (2) *socius, contra Ptolomaeum* (5) *bellum gerit* 37, 3. *praeterea* 39, 10.

Moabitis tributa *ab Alexandro Iannaeo adscripta* 13, 27.

Moesia (*sic codd. H et γ cum Lat., cui* Μυσία *Asiatica* I 425 *est* misia; *cet. codd. Heg.* misia *uel* mysia) 287, 12.

Monobazus *Romanorum socius* 173, 5.

*Moyses, (*gen.* Moisi, *acc.* Moysen, *abl.* Moyse, *uoc.* Moyses 295, 18): 211, 4; 295, 18; 320, 16; 325, 3. 7. 9. 10. 14; 332, 1. uirga *eius* 325, 5.

Mucianus (municianus *αV*, mummiano *Lat.* IV 605) *Syriae legatus Vespasiani partes secutus terrestri itinere Italiam petit* 287, 8 sqq. *Romam* ingressus Domitianum publicis negotiis praeficit 291, 15 sqq.
*Mundus equestris militiae dux (*AI* XVIII 67 τῶν τότε ἱππέων ἐν ἀξιώματι μεγάλῳ, *AI Lat.*: ex numero equestri sed in gradu iam emerito constitutus) *Paulinam* decipit assumpto Anubis uultu 137, 11 sqq. *Heges. et AI Lat.* (*et Gorionides*) *eius ex gente nomen* (*AI*: Δέκιος) *omittunt, quod nescio an casu in duobus fieri potuerit.*
*musurgam *acc.* 74, 9 (Musurgam *edd.* μουσουργοῦ τινος *AI* XV 24 sodale quo[n]dam *AI Lat.*).
mysia, mysiaci *u. l.* 287, 12; 289, 29. *u.* Moesia, Mesiaci.

Nabathaei *Arabiae populus* 33, 17.
*Nabutha, *u. l.* nabo(u)th(a)e, propheta 373, 16.
nationes = ἔθνη, *gentiles* 206, 17.
Naue *pater Iesus* (2) 267, 17; 395, 27; 325, 15; 327, 24.
naues maiores: classi nauium m. 292, 8 (*BI* μακρῶν πλοίων *Lat.* nauibus longis).
Neapolis *Samariae urbs* 266, 4. *u.* Sicima.
⟨Nechao⟩ (1) (*BI* V 379 nechias *Lat.*) *Aegypti rex, qui Sarram uxorem Abrahae eripuit* 324, 5.
*Nechao (2) *Aegypti rex, qui contra Iosiam pugnauit* 328, 12 sq.; 408, 18 sq.
nemathiam 346, 18 (*codd.* γ). *u.* Matthias (3).
neocori 28, 12.
Nero: *eum* Claudius Romano imperio principem dedit captus uxoris persuasionibus 141, 17 sqq. duodecimo anno imperii *eius aduersus Iudaeos* arma mota 171, 22; 178, 8. *optimates Iudaeorum ad eum a Cestio missi* 178, 15 sqq. *Vespasianum* ducem bello *aduersus Iudaeos gerendo* legit 181, 20 sqq. **captus magi Simonis delinimentis 183, 22 sq. **cum Iudaeorum bello adflictam Romani exercitus ualidam manum cognouisset, aduersus Christianos insurrexit 183, 17 sqq. *ei* sex milia *captiuorum a Vespasiano* in Isthmum directa 238, 3. **manganum ... manibus composuit suis quo se necaret 273, 22 sqq. *praeterea* 144, 29; 187, 6; 210, 1; 265, 9; 274, 1; 330, 7; 363, 5. 8; 400, 1.
Netiras (*uir fortis*), *Iotapatae defensor* 204, 24.
Nicanor (*tribunus militum*), *per quem expugnata Iotapata* Vespasianus Iosephum (7) ad spem salutis *uocauit* 210, 9 sqq. ad Vespasianum *Iosephum* deducit 220, 29. sagitta percussus *in obsidione Hierosolymorum moritur* 312, 9 sqq.
Nicholaus (*Damascenus*) *contra Antipatrum* (2) mandato *Herodis* (1) *orator* 121, 3 sqq. *idem orator Archelai* (2) *apud senatum Romanum* 132, 2 sqq.
Nicopolis, *quae hodie Bulkeley, Aegypti urbs* 292, 7.
Niger Periates *uel* Peraites: **principi totius Idumaeae Nigero de summis rebus praerogatiuam reseruantes (*BI* προσέταξαν ὑποτάσσεσθαι τοῖς στρατηγοῖς, *nihil in IS*) 188, 1 sq. *Ascalonem aggressus debellatur a Romanis, sed praeter spem uiuus euadit* 191, 1 sqq. *Hierosolymis a seditiosis* ad mortem rapitur 258, 26 sqq.
Nilus flumen 283, 14; 284, 3. 4. 10; 292, 9. Nili cataractae 283, 14. Capharnaum *fontem* -i fluminis

uenam quidam aestimauerunt 236, 11 sqq. *u.* coracinum.

nomades *u.* Scythae.

numeri *uel* numeri militares *cum legiones tum in uniuersum agmina Romani exercitus dicuntur, quae apud Iosephum Graec. sunt* τάγματα 35, 13; 282, 6; 305, 8; 340, 20; 343, 16; 370, 6. ordines militarium numerorum 301, 17. per ordinum et numerum (*i. e.* numerorum) uices 343, 27. *item de Iudaeorum agminibus* 129, 26; 276, 14; 277, 18.

Nymfidius *Neronis praefectus praetorio* 273, 10.

**Obaedae (*u. l.* obedae) Sylleo (*dat.*) qui erat regis Arabiae procurator 86, 29 sq. *sed BI* I 487 Συλλαῖον τὸν Ὀβέδα τοῦ Ἀράβων βασιλέως ἐπίτροπον (*Lat.*: sillaeo procuratore oboedi regis); *unde patet Hegesippum hic in eundem errorem inductum esse in quem* 85, 4 (Hydaspen *uel* Histaspen; *cf. etiam* Menneus) *u.* Sylleus.

Obodeas, *u. l.* obodeus, obaedeas, rex Arabum *cum Alexandro Iannaeo bellum gerit* 14, 4 sqq. (= *BI* I 90 *ubi* Ὀβαίδᾳ *Niese*, Ὀβέδᾳ *Naber*, ὀβώδη *C*, ὀβαῖδα *PA*). *Lat.* obeodeo.

**occhus *in codd.* γ *u.* Bocchus.

Octauia Claudi *Caesaris* filia, *Neroni nupta* 141, 25 sqq.

Ofellius Phasaelo (1) *frustra persuadet, ut* relicto Hyrcano (2) sibi consulat 48, 25.

officia magistratuum *i. q. officiales* 52, 22 (*BI* I 285 προῆγον σὺν ταῖς ἄλλαις ἀρχαῖς οἱ ὕπατοι).

oleum: oleo plurimo *corpus Herodis* (1) aegrum fouetur 124, 17; oleo ardenti (candenti) Iosephus Romanos *obsidentes Iotapatam* perfundi iubet 205, 16 sqq.

Oliuetum: mons Oliueti 143, 10 (*BI* Ἐλαιῶνα καλούμενον ὄρος, *Lat.*: oliuarum); 303, 16 (*BI* Ἐλαιῶν καλούμενον ὄρος, *Lat.*: eleon); 377, 22 (*BI* κατὰ τὸ Ἐλαιῶν ὄρος, *Lat.*: eleonam montem). *hodie Ǵebel eṭ-Ṭūr.*

Olympias *Herodis* (1) *filia ex* Malthace Samaritana *suscepta Iosepho* (4) *nupta* 103, 25.

Olympius: Ol. Iuppiter 70, 1.

Olympus ex amicis *Herodis* (1), *accusator filiorum eius ex Mariamme* (1) apud Caesarem 97, 19.

*Onias (1), sacerdotum princeps, *ab Antiocho Eupatore et Lysia* duce eius *interfectus* 167, 7.

Onias (2) *u.* Ananias (1): Oniae regio (*BI codd. MVRC* Ὀνίου χώραν *PAL* ὄνιον *Lat. Sangall. 627* onium *Vat.* omnium potentissimi) *circa templum sita ab Onia in Aegypto exstructum* 37, 20.

opobalsamum *ubi* gignatur *et quomodo* colligatur 269, 5 sqq. *eius nomen ex Graeco* ὀπή** 269, 9 sq.

ordo, ordines militarium uirorum *i. q. legio, legiones* 206, 3; 208, 15; 221, 26. 27; 226, 22; 283, 1. per ordinum et numerum uices (*i. e.* numerorum) 343, 27. principes ordinum (*BI* τοὺς ἡγεμόνας; *u.* legio) 308, 8. ordinibus qui Romae positi curabant munia uigiliarum 390, 12 sq.

**Orestes *a Nerone* canendo turpatus et parricidio repraesentatus 182, 1 sq.

Oriens 35, 2; 154, 22; 182, 16; 193, 7. 8. 11. ***de flumine* Oriente 193, 4 sqq. *cf. ea, quae sequuntur.*

**Orientem (*pro* Oronten; *cf.* Orientis *et* Orentis *nomen in Cosmographia Anonymi Ravennatis* p. 37, 19 et 90, 3 *Parthey et Pinder*) *acc.* fluuius, *qui Antiochiam* intersecat 193, 2 sqq., quem de originis suae tractu, *i. e. situ, nomen traxisse Hegesippus auctor est* (*ab eo, quod* *est Oriens, i. e. orientalis orbis pars*). *eadem apud scr. Byzantinos*; *cf. Malalam* p. 234, 20 *Dindorf* (ὁ αὐτὸς Τιβέριος καὶ τὸν ποταμὸν τῆς πόλεως τὸν πρῴην λεγόμενον Δράκοντα μετεκάλεσεν Ὀρόντην τῇ Ῥωμαικῇ λέξει, ὅπερ ἑρμηνεύουσι ἀνατολικός) et *Eustathium, Comm. ad Dion. Periegesin* 919 (ἄλλοι δέ φασιν ὅτι Καῖσαρ Τιβέριος ἐκ Δράκοντος αὐτὸν Ὀρόντην μετωνόμασεν, ὃ σημαίνει Ῥωμαιστὶ τὸν ἀνατολικόν). *ex qua ficta Romana nominis origine scriptura etiam apud Graecos* Ὀρέντης *fluxit, cf. Malalam* p. 245, 20; 266, 6 *Dindorf* (Ὀρέντου, Ἀρέντησι), *Chr. Pasch.* p. 72, 20 *Dindorf* (Ὀρέντου), *glossam antiquissimi cod. Par.* 1397 *ad Strab.* VI 2, 4 *edit. Kramer* I 429, *quam attulit Dindorfius ad Malal.* p. 266, 6 (ὀρέντῃ).

Orsanen *u. l.* ars-, urs- *acc.* (*Lat.* uranen) *Parthus exsul* 33, 18.

Ostracine *Aegypti* mansio *Syriam uersus*; *hodie Ras Istraki* 292, 14.

Otho *uel* Othon *imperio* potitur 274, 10. *superatus a Vitellianis ipse se* **Brixiae *interficit* 278, 16 sqq. (*u.* Brixia). **Vitellio par 288, 7. *praeterea nominatur* 281, 2; 287, 19.

*Ozias rex (qui) usurpauit sacerdotii munus 166, 8.

Pacorus, *in codd. a* pach-.

Pacorus (1), (*Orodis*) Parthorum regis filius, *Antigono* (2) *Iudaeae regnum tradit* 48, 2 sqq.

Pacorus (2) uini minister *regis Parthorum*' *Herodi* (1) *insidias tendit* 49, 9 sqq.

Pacorus (3) Medorum rex 405, 25.

Pactolus: auro turbida **Pactoli unda 152, 1.

Palestina **235, 21; 277, 4 (*BI, Lat.* εἰς τὴν Ἰδουμαίαν, *IS* Hebräischer); principales Palestinae et domestici fructus 235, 21 sq.

Palestini *298, 8; *320, 25; **321, 11.

Palestinus populus *321, 21.

Pallas Herodis (1) coniunx 103, 27.

palmarum ordines 196, 20.

Pamphilia 51, 25.

Panium locus, unde ortum Iordanis *esse* plerique (*BI* ἔνιοι, *Lat.* quidam) aestimauere 68, 17 sqq.; *sed* paleas in Fialam missas in Panio fluuius ebulliuit 234, 6 sqq.

**Pannonii, Pannonius 151, 22 sq. (*BI IS* Δαλμάται); *quos eosdem Hegesippus* 151, 20 Illyrios *appellat. u.* Illyrii.

Pannychis concubina *ab Herode* (1) Archelao (1) dono data 93, 23.

Pappus *Antigoni* (2) dux *contra Heroden* (1) *pugnans* interficitur 57, 24 sqq.

Papyron locus *aut fluuius quidam inter Filadelfiam et Iordanen* 22, 11.

*paradisus (1) *uoluptatis* 218, 17.

paradisus (2) *caelestis*: 219, 4. 7; 338, 16; 410, 1. regionem paradisi ubi pias animas deus sacrauit 212, 2 (*BI IS* III 374 χῶρον οὐρανοῦ) **ἔνθεν (αἱ ψυχαὶ) ἐκ περιτροπῆς αἰώνων ἁγνοῖς πάλιν ἀντενοικίζονται σώμασιν. *idem significatur* 366, 2 *caelestibus habitaculis (*BI* ἄστροις); 410, 5 sanctorum habitaculis.

Parthi *Crassum profligant, a Cassio repelluntur* 33, 20 sqq. *Syriam occupant, Antigonum* (2) *Iudaeae regem faciunt* 48, 1 sqq. *Hyrcanum* (2) captiuum abducunt 71, 1 sqq.; 169, 21 sqq. *praeterea* 32, 25; 35, 1; 51, 6; 52, 19; 60, 8 *u.* Artabazes; 62, 3. 8; 86, 26; 329, 17; *pro* Persis 192, 18.

Parthia 71, 3; 169, 25.

Parthicus 4, 15 (*ubi falso* Parthicum *appellatur* bellum, *quod Mattha-*

thias contra Antiochum Illustrem mouit); 33, 21; 53, 13; 86, 19.
Parthus = 1) Parthi 155, 5; 2) Barzafranes 48, 24.
Parthyene 51, 15.
Paschae celebritate 130, 24; P. diebus 391, 22.
Paschalis celebritatis 305, 14; Paschalis sollemnitatis 404, 26.
patres 158, 22; 166, 13; 167, 19; 192, 16 (*ex Script.*); 269, 21; 270, 2; 298, 14; 324, 22; 327, 20. patres nostri 327, 1. *u.* populus.
patriarcha 320, 8.
patrius *i. q.* patrum: patrio more 166, 4. *u.* lex.
*Paulina spectatissimi generis femina nimia superstitione *a Mundo* decepta 137, 7 sqq.
Paulinus (*tribunus militum*), *per quem* Vespasianus ad spem salutis *expugnata Iotapata* Iosephum uocauit 210, 8.
**Pauli *apostoli passio* 183, 20 sqq.
Pedanius (*u. l. cod. M* Pedianus) unus e turma equitum *Romanorum* 378, 3.
Pella urbs in Syriae mediterraneis 17, 12; 29, 13; 196, 26. *his temporibus Ṭabaqāt Faḥil siue Fiḥl.*
Pelusiacis repulsus obstaculis 37, 3 (*BI* εἰργόμενος τῶν κατὰ τὸν Πηλούσιον ἐμβολῶν, *Lat.*: ab accessu pelusii prohibitus).
Pelusium *Aegypti urbs prope oppidum dirutum, quod eṭ-Ṭīneh uocant* 37, 13; 67, 5; 283, 25; 284, 1. congressiones circa Pelusium, nisi ... Iudaeis omnia procurantibus, Gabinium deterruissent 33, 3 sqq. (*BI* τοὺς Ἰουδαίους, φρουροῦντας τὰς κατὰ τὸν Πηλούσιον ἐμβολάς, παρεῖναι Γαβίνιον ἔπεισε); *tertia mansio Tito ex Aegypto in Iudaeam iter facienti* 292, 11 sq.
Pentecoste: in ipsa Pentecostes sollemnitate 393, 2.
Peraites 258, 26; (191, 1).
Perea 106, 6; 188, 4. 5; 196, 8. 11; 266, 5; 381, 29. regio trans **Euphraten sita, cui ab eo inditum nomen, quod **Euphrates ad eam partem pergentibus transmitteretur 188, 3 sq., *ubi neglegentiae lapsu quodam scriptor* Euphratis *nomen pro* Iordanis *nomine posuit* (*cf.* 266, 5; 381, 29) *et Gorioniden decepit*; *u. Breithaupt* p. 575.
peregrini *i. q.* ξένοι 53, 6.
peregrina auxilia 13, 23 (*BI* τὸ ξενικόν).
perfidia *u.* Iudaei.
Pergamenus 37, 3.
Periates 191, 1. *u.* Peraites.
Persa = Barzafranes Parthus 49, 3; = Nabuchodonosor 372, 10.
Persae: 1) *Achaemenidarum temporibus* 329, 19; 365, 2; 2) *Sasanidarum temporibus* 192, 25. 27; 3) = Babylonii 322, 6; 372, 5; 4) = Parthi 48, 3 (*BI Lat.* Πάρθων); 49, 23; 71, 2; 152, 5; 228, 24; 321, 13; 329, 21; 5) = Seleucidae 193, 15; 298, 10; 322, 3; 406, 19. *cf. Vogel, De Hegesippo* p. 10.
Persicus *i. e.* Parthorum 60, 10; *i. e.* Persarum et Parthorum 193, 24; *i. e.* Seleucidarum 350, 24.
Persis *regio* 33, 19 (*BI Lat.* Πάρθων, *om. IS*) 35, 1; 150, 4; 321, 5.
Petra, *quae hodie Wādī Mūsā*, in finibus Arabiae sita 21, 16. summa regni Arabiae 29, 21 (*cf. BI* I 125). Arabica *dicitur* 49, 22. Sobaros Arabiae, Petrae conterminos 266, 21.
*Petreus rex 165, 7. *u.* Areta (2).
**Petri *apostoli certamen cum Simone mago et passio* 183, 20 sqq., *de qua u. R. A. Lipsius, Die apokryphen Apostelgeschichten und Apostellegenden* II 1 p. 194 sqq.
phalanges: Aegyptiae 228, 25.

Phanis (*codd.* fanis *et C* phanes, *BI* φαννίτης *uel* φαννί τις *praeter C, qui* φαννίας, *Lat.* sancti *dat.*) princeps sacerdotum sorte *creatus* 249,8 sqq.

Pharao *nom.*; *abl.* Pharaone 295, 22; *quo nomine Aegyptiorum reges uocantur* 295, 22; 324, 5; 325, 9. 10. *u.* ⟨Nechao⟩ (1)

Pharisei (*uel* faris.) *Alexandria* (1) *regnante potentissimi* 18, 13 sqq.

Pharus turris maxima *insulae, quae est in portu Alexandreae* 284, 22 sqq. *In BI* Φάρος *est nomen insulae, sed Lat.* faro subiecta insula. *deest in ceteris Latini et Graeci nominis origo, quam Heg. profert*: **eo quod longe uideatur a nauigantibus 284, 22 sqq.

Phasaelus (1) *u. l.* fas(a)elus, (*BI* Φασάηλος, Lat. fasęlus *IS* Phasael) *Antipatri* (1) *filius* primus 34, 14. praesul Hierosolymis et dux militiae constituitur 41, 19 sqq. *Herodem* (1), quem adaequare uirtute non poterat, *conatus est* adaequare mentis benignitate 42, 6 sqq. *ab Antonio* (1) *tetrarcha nominatur* 47, 10 sqq. *a Parthis Antigono* (2) *traditus ipse sibi mortem consciscit* 48, 13 sqq. *u.* Phasaelus (2).

⟨Phasaelus⟩ (2) *Phasaeli* (1) *filius, quem* septennem puerum Herodes (1) *ad Bocchum* secum deduxerat, *ut* oppignoraret 50, 18 sqq. ei filiam *seniorem Herodes* tradidit *in matrimonium* 86, 18. qui postea Parthico bello occidit 86, 19 (*BI Lat., IS*: πρὸς Πάρθων ἀναιρεθέντι), *ubi cum patre confusus uidetur, quem non se ipsum occidisse, sed in acie cecidisse narrant Iulius Africanus* XVII 1 *et Rabad, scriptor Hebraeus XII. saeculi* (*cf. Eisler, The Jewish Quarterly Review* XXI 1930, p. 17 sq. *idem* ὑπὸ Πάρθων ἀπολέσθαι συλληφθείς *dicitur AI* XIV 379).

Phasaelus (3) Herodis (1) filius ex Pallade susceptus 103, 27.
— *u.* Fasaelus.

Phedra *Herodis* (1) *coniunx* 104, 2.

Philadelfia *uel* Philadelphia, *hodie 'Ammān* 7, 5; 22, 9; 196, 27.

**Phileni fratres 153, 5.

Philippion *Ptolomaei* (6) *filius* 36, 5 sqq.

*Philippus (1) *Macedonum rex* 149, 26.

Philippus (2) *Herodis* (1) *filius ex Cleopatra* (5) *susceptus* 103, 27. *dum* Romae instituitur, *insidiis Antipatri* (2) *petitur* 110, 18 sqq. *quare ab Herode* (1) *regno excluditur* praelato Antipa (1) 122, 18. apertis tabulis testamenti Trachonitidis regionis et finitimorum locorum heres nuncupatus 127, 8 sq. principatu Archelai (2) in nomen prouinciae conuerso in tetrarchae dignitate manet 135, 23 sqq. *nomen Liuiae* (1) *urbi indidit, quae Liuia* (2) = *Iulias* (1) 136, 8. ***Herodiadis prior maritus ut in IS* 140, 2; 164, 29 sqq. opinionem redarguit *eorum, qui putabant* Iordanen de **lacu Gennesar exoriri (*uerius ex Panio*; *cf.* 68, 23 sqq.; 234, 2 sqq.). *praeterea commemoratur* 165, 13. *u. etiam* Caesarea Philippi.

Philippus (3): Agrippa (3) *Hierosolyma* misit tria milia (*sic etiam BI codd. MVRC, IS*; sed *BI codd. PAL et Lat.* δισχιλίους) equitum Dario et Philippo **turmarum ducibus (*BI* Δαρείῳ μὲν ἱππάρχῃ, στρατηγῷ δὲ τῷ Ἰακίμου Φιλίππῳ; *Lat.* praefectus equitum darius dux uero agminis iachimus philippi; *in IS Philippus omissus est*) 159, 25. cum -ippo principe militiae regis Agrippae (3) 178, 13 sq.

Philippus (4) *Iudaeus quidam, qui in obsidione Iotapatae se fortem praebuit* 204, 25.

Phoebus legatus ab Agrippa (3) *ad Hierosolymitanos* missus a seditiosis interficitur 173, 15 sqq.
Phoenice 69, 8; 194, 17. Phoenicis *gen.* 222, 20.
Phrygia 287, 11.
Pilatus *a Tiberio* missus in Iudaeam 139, 9. prouinciae praeses Caesaris imagines **Hierosolymitanis aedibus inferre primus omnium non dubitans *Iudaeorum seditionem mouit* 136, 11 sqq. (εἰς Ἱεροσόλυμα *BI Lat. IS*, εἰς τὴν πόλιν *AI*, *sed* εἰς τὸ ἱερόν *Eusebius Iosephum afferens in Chron., ut ex Syncello* p. 615, 8 (*Bonn.*) *et uersione Armeniaca* p. 150 (*Schoene*) *et Hieronymiana* p. 257 (*Fotheringham*) *patet, quae praebet* in templo. *idem* **uir inprobus atque in exiguo ponens mendacium *dicitur* strauisse Samaritanos adficto crimine *discessionis* (*in AI* XVIII 85 sqq. *dicitur* ἀνήρ *quidam* ἐν ὀλίγῳ τὸ ψεῦδος τιθέμενος *seditionis auctor fuisse, quam Pilatus represit*) 139, 10 sqq. *Christum dominum cruci suffixit 139, 16 sqq.; *cf.* 163, 17 sqq.
Piraeus 69, 15.
Piso *a Pompeio iussus* aulam regiam *et Hierosolyma capta* tueri 25, 25.
Pitholaus *Iudaeus cum Antonio* (1) *et Antipatro* (1) *aduersus Alexandrum* (3) *bellum gerit* 30, 23. *ad Aristobolum* (2) *postea deficit* 32, 8. *a Cassio* iugulari iussus 34, 8.
Placidus prima initia *belli sub Vespasiano uario Marte gerit* 199, 27 sq. Tabyrium montem *occupat* 247, 2 sqq. ad persequendos *Gadarenses*, qui ex urbe profugerant, *a Vespasiano mittitur* 262, 15 sqq. *a Gadara* (2) *progressus pugnam ad Iordanen committit, in qua* caesa ferro XIII milia *hostium* (*sic etiam Lat.*; *BI et IS* μύριοι πεντακισχίλιοι). denique XCII (*T mg.* XLII) milia et CC illa die perisse aestimati (*BI Lat. IS* ἑάλωσαν περὶ δισχιλίους καὶ διακοσίους, *sed* 92.000 *Gorionides*) 264, 13 sqq. omnes uicos loci ipsius (*Peraeae*) usque ad Asphaltium lacum Romano imperio restituit 264, 27 sqq.
⟨Πλατάνη⟩ uicus Sidoniorum, *qui hodie Ras Damur* 98, 18.
plebs domini *i. e.* Hebraei 211, 5.
Plinthine, *qui locus erat Aegypti finis Libyam uersus* 284, 1.
poculum .. amatorium 105, 18 sqq.
Poenus 228, 23.
Pompeius Magnus *contra Mitridatem* (1) *et Tigranen* (1) *bellum gerit* 21, 23 sqq. *Hyrcanus* (2) *et Aristobolus* (2) *de regno certantes eum adeunt* 22, 16; 169, 8. *Hierosolyma obsidet* 24, 19 sqq. urbem *templumque* intrat 28, 3 sqq.; 148, 20. statuit ducem Iudaeae, fines determinauit 28, 26; ***quae ab eo per Scaurum gesta esse Hegesippus tradit, BI et IS ipsi tribuunt* 29, 11 sqq. *Iudaeorum* religioni, quam extinguere poterat, pepercit 157, 8. *cum Caesare* (2) *bellum gerit* 35, 3 sqq. Alexandrum (3) iugulari iubet 35, 23 sqq. **spadoni Aegyptio caput amputandum praebuit 36, 15 sq. Gnei *u. l. et edd.* 35, 24.
Pompeianae conscientia societatis 39, 12.
Pontus 153, 18.
populus = Hebraeorum populus 136, 14; 166, 21. 24. 25; 167, 3. 22; 211, 7; 320, 11. populum patrum *u. l.* *HBZαV* 166, 25. populum dei 295, 20; 352, 5.
Porta ferrata (*BI*: πύλαις σιδηραῖς; *Lat.*: portas ferreas), quam Magnus Alexander praerupti montis inposuit iugo 405, 6 sq. 15. *eadem plur.* Portae 154, 1. *u.* Caspia porta.

potentes: Syriae p. 37, 9 (*BI* τοὺς ἐν Συρίᾳ δυνατούς).

potentia: **magna p., *quo nomine* Simon *magus* appellabatur 184, 22.

potestas, potestates *i.q.* δύναμις: quaecumque in caelo potestas es 385, 7. caeli potestates 385, 25. caelestes potestates 398, 18. *alia uerbi ui* principalis potestas. *u.* principalis.

**(Pothinus) Aegyptius spado 36, 15.

praefectus loci *i. e.* Aegypti 162, 20.

praefectus ordinis *i. e.* legatus legionis 208, 14. 23; 287, 12.

praepositus: castelli p. (*BI* φρούραρχος) 96, 15.

praepositi Romani exercitus (*BI* χιλίαρχοι) 45, 9. 17.

praeses (Palestinae) 321, 12; Tyriorum (*BI* ἄρχοντα) 47, 18; prouinciae (*i. e.* Iudaeae procurator) 136, 12; praesides (Romanorum) 146, 19. 21. 23. 25.

praesidale iudicium 131, 27.

praesul et dux militiae Hierosolymis 41, 20 (*BI* στρατηγός); praesules prouinciarum 98, 5 (*BI* οἱ ἡγεμόνες); praesulem templi *i. e.* deum 373, 23.

princeps = imperator Romanus 141, 18. 23; 274, 6. 15. princeps Romanus 80, 24; 98, 5 sq.

princeps, principes sacerdotum *u.* sacerdos.

principalis potestas *i. e.* imperatoris 274, 13.

principatus = imperium Romanum 141, 21. principatus gentis (*Iudaeae*), qui ad Archelaum (2) pertinebat 135, 23 sq.

Priscus (1) (*BI* II 531 στρατοπεδάρχης, 544 στρατάρχης) a Floro corruptus reuocat Cestium *ab occupatione Hierosolymorum* 174, 7.

Priscus (2) centurio 379, 7.

procurator: Iudaeae proc. 40, 23.

prouinciae nomen *a* procul *et* uincendo *deriuatur* 135, 24 sq. prouinciae praeses 136, 12, pr. rector 143, 5.

**Prusian *acc.* (plusanian *codd.* α; *cf.* plusian *in Hieronymi Chron. cod. Bern.*) *Bithyniae* rex, *ad quem Hannibal confugit* 151, 1.

Pseudo-Alexander 133, 16 sqq. **Caesar ipsum immunem dimittit 134, 7 (*BI*, *Lat.*, *IS* ἐγκατέταξεν τοῖς ἐρέταις *et similia praebent AI, AI Lat.* XVII 337); Miletum petiit 133, 19 sq.

pseudopropheta (1) Aegyptius *Hierosolyma aduenit*, Romanas incursat custodias 143, 7 sqq.

pseudopropheta (2) quidam, *urbe et templo iam ardentibus* iactare coepit templo suo diuina . . praesidia non defutura 391, 7 sqq.

Ptolomaeus, *Ios.* Πτολεμαῖος. *Lat. et AI Lat.* ptolomeus.

Ptolomaeus (1) *Simonis Macchabaei* gener impius 6, 2 sqq.

Ptolomaeus (2) Filometor *Aegypti rex* Ananiam Oniae fratrem *profugum hospitio excipit* 167, 10 sqq.

Ptolomaeus (3) Laturus *cum Alexandro Iannaeo bellum gerit* 13, 8 sqq.

Ptolomaeus (4) (*Auletes*): Gabinium in Parthos profectum suspecta partium regis Ptolomaei reuocauerunt 32, 26 sqq.

Ptolomaeus (5) (*Auletae filius*) a Caesare bellis grauissimis premebatur 37, 1 sqq. *idem* 36, 20 sqq.

Ptolomaeus (6) **Menneus (*u.* Menneus) *Chalcidis tetrarcha* a Damascenis odio *habitus*, quare ad regnandum Aretam (1) expetunt 17, 7 sqq. *Damascenos* crebris incursionibus terret, *cum Alexandria* (1) *bellum gerit* 19, 18 sqq. † Aristoboli (2) *interfecti* germanos et uxorem suscepit 36, 4 sqq. *Philippiona* filium occidit nurumque sibi *matrimonio* iungit 36, 12. *Antigonum* (2) *generum contra Hero-*

dem (1) *adiuuat* 45, 30. Lysaniae *pater* 48, 4.

Ptolomaeus (7) *unus ex* Syriae potentibus, qui habitabat in Libano, (*BI* ἔποικον τοῦ Λιβάνου) in adiumentum *Mitridatis* (3) *ab Antipatro* (1) commotus 37, 10.

Ptolomaeus (8) alter 37, 11. *cuius in BI nulla mentio. Lat.*: incolam libani ptolomeum (7) blicum (*u.* Iamblicus) etiam ptolomeum; *AI* XIV 129 *codd.-FL* Ἰάμβλικος .. καὶ πτολεμαῖος ὁ υἱὸς αὐτοῦ καὶ θολομαῖος ὁ σοέμου.

Ptolomaeus (9) *Herodianorum dux* ***ab Antigono* (2) per eos quibus mos erat turbare Galilaeam iugulari coactus (*BI* I 315, *IS*, *AI* XVI 432 *nihil de Antigono*) 56, 21 sqq.

Ptolomaeus (10) fidissimus *amicorum Herodis* (1), *postquam contione populi aduocata* de obitu regis indicium factum *est*, eum conlaudat 126, 26 sqq.

Ptolomaeus (11) Agrippae (3) *regis* et Beronices (2) *procurator* 189, 19.

Ptolomais, Syriae urbs, *quae hodie* ʿ*Akkā* 5, 24 (urbem hostium); 19, 23; 53, 5; 194, 1. 18; 195, 9; 198, 15; 199, 24. 28; 221, 18.

Pudens miles Romanus (*BI* Πούδης, *Lat.* pudens, *Syr.* udos) 378, 29.

**Pyrenaei praerupta 151, 6.

**Pyrrus Aeacides *Epiri rex* 228, 23; 321, 9.

quinquennalia certamina: liberalitates.. suas usque ad qu. diffud*it* cert. (Herodes) 68, 12 sq.

*Raab meretrix 325, 20.

Raphiul (*BI* IV 662 *acc.* Ῥάφειαν, *Lat.* rafiam, *IS omittit*) ciuitas Syriae (*Lat.* tyriae) principium ex Aegypto aduenientibus 292, 18. *hodie Refaḥ.*

*Rapsacis (*gen.*) *Assyriorum dux* 326, 3.

Regnorum libri 3, 1.

regii *i. q.* βασιλικοί 26, 16; (58, 11); 160, 10. 18.

retinaculis quibusdam in speleorum ora armatos *Herodes* deposuit 56, 1 (*BI* I 311 ἐν λάρναξιν).

rex iustus *Latina interpretatio nominis illius uiri*, qui Hierosolyma condidit 309, 20, *i.e.* Melchisedech.

Rhenus 151, 6. 12. 14. bicornis 151, 17.

Rhodus 64, 17.

Rhinocori *incolae regionis uel urbis Aegypti*, *quae hodie el-ʿArīš* 51, 13; 292, 16 (*BI* Ῥινοκόρουρα *neut. Lat. acc.* rinocoruram *IS nomen omittit*).

Roma 29, 5. 10; 32, 19; 35, 8. 9; 51, 21. 26. 29; 71, 24; 78, 22; 79, 22. 29; 80, 30; 93, 14; 106, 5; 108, 5; 110, 19. 26; 111, 18; 115, 18; 118, 22; 119, 13; 129, 12; 136, 17. 19; 137, 8; 140, 14. 20; 142, 7; 153, 13; 155, 14; 182, 21; 183, 20; 184, 8. 10; 278, 25; 290, 12; 407, 15. *de* Romae deae *simulacro, quod Herodes* (1) *in Caesareae* (1) *templo sacrauit* (*BI* I 414) *apud Hegesippum et IS nihil legimus*; *Lat.*: cesaris..colossus non minor quam iouis apud olimpiam ... romano autem par et iunoni que argis est. *unde patet Romam deam ex memoria, si non interpretum, at certe librariorum prorsus euanuisse.*

Romanus Caesar 322, 10; consul 23, 7; orbis 148, 3; 154, 9; 193, 13. princeps 80, 24; 98, 5 sq. uigor 400, 17. — Romana ciuitas 154, 15; curia 130, 17; facundia 365, 10; fortitudo 398, 10; pietas 372, 3; prouidentia 400, 13; res publica 31, 21; 52, 2. 17; societas 131, 26; uirtus 150, 13; 154, 12; 307, 6 sq.; 398, 9. 13; 399, 24. urbs 400, 20. — Romanum ferrum 151, 22; forum 374, 10; imperium

52, 18; 130, 15; 136, 7; 137, 4; 141, 18; 145, 10; 154, 21. 27; 260, 1; nomen 39, 25; 359, 2; regnum 131, 23. Romani fasces 152, 25; magistratus 148, 5; triumphi (150, 24); 320, 2; Romanae legiones 365, 9. 16; Romana arma 150, 3; 155, 8; 348, 21. — Romani consulis sublimitatem 23, 7. annuis uicibus Romani magistratus mutantur 148, 5 sqq. orbis terrarum, qui Romano imperio clauditur et definitur, denique a plerisque orbis R. appellatur 154, 7 sqq. quicumque in orbe terrarum sunt, Romani omnes sunt 155, 2 sq. diuersis populis deum per uices dedisse potentiam ... nullus negat, postea conuersum ad Romanos cum his perseuerare 319, 10 sqq. **quem nos (= *Iudaei*) colebamus, Romani uenerantur (*sed* 155, 27: religioni aduersarios), nos offendimus 319, 15 sqq. Romani seruitutem non exigunt auctores libertatis 322, 15 sqq. neminem expellunt, immo ... augent, ne quis etiam uictus de terris suis exeat 322, 29 sqq. non ea Romanorum, quae Assyriorum infidelitas est 331, 6 sqq. ut anima in corpore omnia membra uiuificat sua, sic Romana prouidentia omnibus imperii sui partibus adest et totum orbem Romanum tamquam praesens gubernat 400, 12 sqq. numquam (Romani) ita occupati sumus, ut absentes simus orbi terrarum 400, 10 sqq. (*contra* 147, 26 sqq.: neque speculari possunt trans maria oculosque ad orientem ab occidente intendere, ut illic uideant, quae hic geruntur).

Roth uicus Galilaeae superioris (*BI, IS* III 40 Μηρώθ, *Lat.* beroth), *qui his temporibus incertum utrum uicus Meirōm an Mārūn er-hās.*

Roxane *Herodis* (1) *et Phedrae filia* 104, 1.

mare Rubrum 153, 9; 283, 15.

sabbatum 5, 2; 10, 13; 26, 9; 155, 24; 351, 16 sqq. *u.* ebdomadis dies. — posthabita sabbati celebritate quod ueteri cultu et sollemni obseruatione initiabant (*i. e. sabbatum scenopegiae*) 172, 28. ** filia Sabbati *interpretatio nominis* Bersabeae 328, 1.

*Sabbion, *Alexandriae* (3) *amicus, eius consilium ad Antonium* (1) *cum Ionatha* (4) *fugiendi Herodi* (1) *prodit* 75, 12.

Sabinus (1) (*tribunus militum*) cum Tito primus *Iotapatam inrumpit* 209, 4.

Sabinus (2) adueniente *Romam* Antonio *Primo* Capitolium occupat, *a Vitellianis superatus* necatur 290, 7 sqq., ***ubi eum imperatoris Vespasiani fratrem fuisse scriptor prorsus ignorare uidetur*; *sed cf.* 282, 12 sqq.

Sabinus (3) ex Syriae uiris egregius bellator 366, 20; 367, 7. 20. 22.

sacerdos *i. q.* ἱερεύς. princeps, principes sacerdotum *ut in Vulg. Matthaei i. q.* ἀρχιερεύς, ἀρχιερεῖς, *quo nomine in scriptis Iosephi ut in Nouo Testamento appellantur praeter eos, qui summi sacerdotii munere fungebantur, ii, qui eo functi erant, et consortes familiarum, ex quibus sacerdotum principes creabantur* 9, 12; 28, 5; 158, 14 sq.; 160, 3; 166, 5. 14. 15. 22. 26; 167, 7. 13. 23; 171, 2. 5; 248, 21. 26; 249, 9. 11 sq.; 251, 11; 275, 1; 280, 18; 297, 14; 310, 15. 18 sq. 20. 26; 322, 8; 413, 14 sq.; princeps sacerdotii 167, 18; 402, 30. princeps *tantum* **4, 8. 10. principatus sacerdotii 8, 16; 28, 13; 166,

3 sq.; 167, 5; 249, 3. summus sacerdos *ut in Vulg. Marci* 50, 4; 166, 1. summum sacerdotium 38, 24; 165, 23 sq., *ubi* **apud Iudaeos interisse summi ius sacerdotii *dicitur*; 168, 16. summum ... munus sacerdotii 50, 6. maximi sacerdotis 311, 12. *interdum* sacerdos *pro* principe sacerdotum *ut semel* (14, 35) *in Vulg. Marci* 142, 21; 170, 12; 187, 16; 255, 5; *eadem notione* sacerdotales uiri 248, 24. sacerdotium *pro* principatu sacerdotii 166, 2. 8; 168, 18; 169, 2; 170, 8. 16. *nusquam* pontifex *ut in Lat. et A1 Lat. et fere in Vulg. Iohannis pro* principe sacerdotum, *quare ualde errauerunt editores, qui* 110, 2 filia pontificis *suppleuerunt. etiam animaduertendum est in Epist. ad Hebr.* 9, 7, *ubi Vulgata* pontifex *uertit et Ambrosius, Expos. sec. Luc.* I 22 (*De sacram.* IV 1 sq.) summus sacerdos *praebet cum uersione antiqua, Hegesippum* princeps sacerdotum *legisse* 310, 26; 413, 14 sq. patrio more conualuit neminem fieri principem sacerdotum, nisi qui esset ex sanguine Aaron 166, 4 sqq. nec licere per legem, ut mutilato corpore quisquam fungatur munere sacerdotii 50, 5. ueterem consuetudinem, qua substituendos in sacerdotii principatum mos erat ad sortem uocari 249, 2 sqq. *principum sacerdotum inde ab Aaron* successio 165, 25 sqq. a regno Herodis ... ad templi excidium ... fuerunt sacerdotum principes XXVIII per annos **CLXX (*A1* ἔτη πρὸς τοῖς ἑκατὸν ἑπτά) 170, 25 sqq. **successio *Iudae* in principum (*sacerdotum*) serie offendit, mansit in eo, cui reposita manebant omnia 4, 10 sqq. infulati sacerdotes 27, 25. sanctissimis sacerdotibus 157, 19. **quid deberetur reuerentiae sacerdotibus quo potuit ministerio non inexpressum reliquit 395, 27 sqq. *u.* uates.

sacerdotalis: amicti sacerdotalibus stolis 27, 26. de sacerdotalibus tribubus unam, Eniachim nomine 249, 6 sq. uasa sacerdotalium ministeriorum 402, 28.

**Salamina *acc. u. l.* Salaminam 149, 14.

⟨Salampsio⟩ (*A1 Lat.* XVIII 130 salome 138 salamsus *gen.*) *Herodis* (1) *ex Mariamme* (1) filia senior, *cuius* copulam Feroras declinauit, qua exasperatus contumelia Herodes *eam Phasaelo* (2) tradidit 86, 15 sqq. *eius mores* 101, 23 sq. *et Addenda. cf.* 104, 2 sq.

Salome (1) *Antipatri* (1) filia 34, 15. *apud Herodem* (1) *fratrem Mariammen* (1) *suumque maritum Iosephum* (3) *adulterii insimulat* 77, 15 sqq. contumeliis ignobilitatis a *Glafyra* affecta 85, 5. conperta per filiam *Aristoboli* (4) *uxorem* Herodi adnuntiabat 85, 19 sqq. *nepotibus Alexandro* (4) *et Aristobolo*, quibus defensioni esse debuerat, insidiabatur 86, 4 sqq. *ab Alexandro accusata*, quod spopondisset nuptias suas Sylleo 86, 28 sq. quod sibi reluctanti incestum extorsisset 89, 4. *Aristoboli* secretum *Herodi* prodidit monentis, ut sibi *aduersus fratrem* consuleret 97, 10 sqq. *nepotum iudicio interest* 98, 8 sqq. *quasi suspectus iudex a Tirone incessitur* (100, 8 sqq.), *Alexandro* (6) *tertium nubit* 104, 11 sqq. legatum sanguinis, *quod a fratre moriente acceperat* 125, 1 sqq., *non perficit* 126, 21 sqq. *iis, quae Herodes ei moriens reliquerat*, alia *Augustus* adiunxit 133, 12. moriens loca quae tenuerat et potestatem suae gentis Liuiae dereliquerat 136, 2 sqq. *Be-*

ronices (1) *mater* 101, 21; *eadem Antipatri* (3) 129, 17.

Salome (2) Herodis (1) et Elpidis filia 104, 1.

Samaria, Samaritana regio 197, 3 sqq.; 266, 3; 301, 23. *falso pro* Iudaea 198, 5.

Samaria *urbs* 7, 17; 29, 13; 54, 18; 195, 2; 296, 9; *327, 2. *a Caesare* (3) *Herodi* (1) *donata, qui renouauit dirutam et* Sebastes *uel* Sebastiae *nomine nuncupauit u.* Sebastia, Sebaste; *quare ei hodie Sebasṭīyeh nomen.*

Samaritae 207, 25.

**Samaritana *mulier, quae in Euang. Ioh. 4, 7 sqq.*: 207, 28.

Samaritani 7, 25; 139, 11; 208, 5.

Samaritanus *u.* Antipater (4). Samaritana *u.* Malthace. Samaritana regio 197, 3 sqq. *u.* Samaria.

*Samson 327, 25.

*Samuel (1) 327, 26.

Samuel (2) *Lat.* sameli *gen. Phanis pater* 249, 8.

sanctus propheta = *Heliseus 326, 29. *Iosias contra imperium in hostem processit sanctus cetera 328, 10 sq. **sancti domini 297, 22. **sancti apostoli Petrus et Paulus 186, 6. operationes sanctorum *i. e. prophetarum Veteris Testamenti* 296, 13.

sanctum (τὸ ἅγιον) 371, 12. sancta sanctorum (ἅγια τῶν ἁγίων) 311, 22.

Saramalla, Syrorum ditissimus, *Ofellium certiorem facit de insidiis, quae Phasaelo* (1) *a Parthis* parabantur 48, 26.

Sarra (*BI acc.* Σάρραν, *Lat.* saram, *sed Sangall.* sarram) *uxor Abrahae* 324, 3. 5. 11.

Saturninus (*u. l.* saturnilus), *prouinciae Syriae legatus, Mariammes* (1) *filios* condemnat 98, 6 sqq.

*Saul (1), *gen.* Saul, rex Iudaeorum 211, 7. 19; 214, 26; 215, 8; 321, 21; 328, 9; 351, 5; 373, 15.

⟨Saul⟩ (2), Saule *abl.*, Simonis (3) pater 180, 3.

Saulus (*sic etiam Lat., in IS deest*) Agrippae (3) regis *propinquus* ad Cestium fugit 178, 13. *idem significatur* Cyli *nomine* 159, 21. *cf.* Cylus.

**Saxonia, *quae hodie Die Niederlande* 319, 29.

Scaurus *a Pompeio* Syriam infestare *iussus* 21, 27. *ab Aristobolo* (2) *auro corruptus Romanorum ei societatem parat* 22, 3 sqq.; 23, 2; 169, 7. Syriae ducis officio praeest 29, 11 sqq., ***ubi ei tribuit Hegesippus, quae BI, IS Pompeio ipsi. trecentorum talentorum pretio emptus bello contra Aretam* (1) *finem facit* 29, 28. Gabinius *ei* succedit 30, 12. *ita etiam BI, IS, sed cf. Schürer, Gesch. d. Jüd. Volkes I*[4] *p. 304 sq.*

scenopegia *u. l.* scenophegia *Iudaeorum festum* 9, 22; 393, 9. *neut. plur. ut in Lat.* II 515 scenophegiorum dies festos. *u.* sabbatum.

Scipio *Africanus incertum, utrum maior an minor* 153, 11.

Scipio *Pompei legatus*, specie iudicii praetenta, *Alexandrum* (3) *iugulat* 35, 24 sqq. *praeterea* 39, 2.

Scipiones *Africae debellatores* 259, 27.

Scothia, *quae hodie Irland* 319, 28.

Scriptura 155, 18; 216, 16 (*Prou.*); 325, 2 (*Gen.*); diuina (*Libri Mach.*) 322, 5; sacra 3, 1 sq. 14 sq.; 120, 2. Regnorum uetus scriptura 267, 24; scripturae 323, 13; nostrae *i. e.* Iudaeorum 215, 9, *ubi Iosephus* (6) *loquitur.*

scriptum est 155, 19; 213, 26 (*Hiob*); 216, 11 (*Prou.*).

** Scythae nomades 153, 18 (*BI, Lat., IS* II 381 τὸ Νομάδων πλῆθος *in Africa commemoratur*). ***Scythopolis con-*

ditores, unde ciuitati *nominis origo* 222, 2–3.
Scythicus Tanais 405, 8; **Scythica Diana 222, 1.
Scythopolis, *quae hodie Beisān* 23, 14; 29, 13; 179, 12. 14; 195, 2; 221, 28; 266, 14; 412, 15. **Dianae Scythicae consecrata 222, 1 sq. ***quae* 222, 3 sqq. *de situ urbis leguntur, in BI* III 413 *de Caesarea* (1) *potius dicta sunt, maritima urbe; cf. Th. Reinach, J. Thackeray ad loc.* X urbium maxima 226, 22. *u.* Scythae.
Scythopolitae 179, 27; 180, 12. 19.
Scythopolitanus 180, 10.
Sebaste 68, 8; 101, 12. *u.* Samaria.
Sebastia (*BI* Σεβαστή) 7, 18; *u.* Samaria.
Sedecias infidelitate semet ipsum et suos decepit 328, 24 sqq. ***idem intellegitur* 352, 2 sqq., *ubi ut apud Septuaginta interpretes Iechoniae filius dicitur* (*IV Reg. 24, 17).
Seleucia, *Syriae* (17, 15) *uel Gaulanitidis* (239, 12. 13) *urbs, Agrippae* (3) regni portio 239, 12. *hodie Selūqiyeh.*
**Seleucienses *i. q. Seleucidae, reges, qui Seleuciam ad Tigrim sitam pro regni capite olim habuerunt* 320, 24.
Seleucus (*I. Nicator*) 16, 13.
Semechonitis lacus 234, 25. *hodie Buḥeirat el-Ḥūleh.*
*Sennacherim *Assyriorum* rex 326, 3.
Sepphoris, quae postea **Diocaesaria 54, 20 *i. e. inde ab Antonini Pii temporibus, nunc Ṣaffūrīyeh* 172, 10; 190, 23; 194, 2; 199, 5.
Sepphoritani 31, 14; 194, 9; 199, 1.
LXX uiri *ad iudicium ferendum de Zacharia a seditiosis constituti* 258, 18.
**Seres 152, 3.
Seruilius *Gabinii legatus* 32, 4 (*BI* I 171 σερουιανῷ *PAM,* σερουιλίω *LVRC Lat. AI et AI Lat.* XIV 92 *IS*).
Sextus *u.* Caesar (1).
sicarii *latronum genus* (*BI* οἱ σικάριοι) 142, 10 sqq.; 160, 17.
Sicima 14, 30; *quae eadem* Neapolis 266, 4. *hodie Nāblus siue Nābulus.*
Sidon, *quae urbs hodie Ṣaidā* 60, 1.
Sidonii *u. l.* Syd. 162, 13. uicus -orum 98, 18 *u.* Πλατάνη.
Siloa *fons* 331, 10, *qui hodie Silwān.*
Silo dux *Romani exercitus* ab Antonio (1) adesse Herodi (1) *iussus* et ab Antigono (2) pretio auersus 53, 8 sq.
Silua *Romanorum dux Masadam obsidet* 407, 12 sqq.; 411, 13.
Simon (1) *Matthathiae filius Iohanni* (1) *succedit* 5, 27 sqq. *a Ptolomaeo* (1) *dolo necatus* 6, 5 sqq.; 167, 26 sqq. *Iohannis* (2) *pater* 7, 6 (*ubi falso* Ionathae *pro* Iohannis *legitur*).
Simon (2) (Gerasenus) ascendentes Romanos propinqua *Hierosolymorum Cestio duce* impedimentis exuit 173, 9 sqq. ab Anano (2) pulsus **eo, quo inhabitabat, loco (*BI*: ἐξ ἧς ἦρχε τοπαρχίας Ἀκραβατηνῆς; *IS*: aus seinem Gebiete) *ad latrones se confert, arma sumit,* Hierosolymitanos fugat 274, 21 sqq. proditione Iacobi *Idumaeorum gentem in suam dicionem recipit* 275, 24 sqq. *Chebron occupat* 277, 1 sqq. *Hierosolyma obsidione cingit et auxiliantibus aduersariis Iohannis* (6) *ingreditur* 279, 9 sqq. *ima parte urbis occupata cum Iohanne certat, qui mediam tenebat* (293, 13 sqq.), *postea etiam summam* 305, 28 sqq. *quantis copiis tunc instructus esset* 308, 28 sqq. urgente periculo *cum Iohanne* in concordiam coit 312, 17 sqq. *curam cum eo tuendae urbis diuidit* 314, 13 sqq.; 318, 4 sqq. *in ciues saeuiens* inimicorum morte

non exsaturatus in socios *se* conuertit 346, 16 sq. Matthian, quo auctore in urbem receptus erat, cum *tribus* liberis *ad mortem* rapi iubet 346, 18 sqq. *de Iuda* (7) *et eius sociis, qui conspirauerant, ut urbem Romanis traderent,* poenam exigit 354, 6 sqq. *desperatis iam rebus indutias frustra rogat* 396, 5 sqq. *legatos Idumaeorum* ad Titum missos intercipit 402, 14 sqq. exusta urbe ad triumphum seruatus et neci adiudicatus 404, 5 sqq. *praeterea nominatur* 333, 15; 337, 17; 347, 10. 11. 22. 25. 29; 349, 5. 7. 13; 350, 15. 29; 351, 12. 18; 370, 8; 381, 2.

Simon (3) Saule genitus *a Scythopolitis interficitur* 180, 1 sqq.

**Simonis (4) magi *artes et mors* 183, 23 sqq.

Simon (5) *Eleazari* (3) *pater* 187, 17.

Simon (6) *Iosephi* (6) *pater* 188, 3.

Simon (7) dux Idumaeorum *allocutioni Iesu sacerdotis respondit* 255, 8 sqq. Simonis (2) partibus adstipulatur 309, 2, *ubi appellatur* Simon iunior.

Simon (8) Ezeronis *Eleazari* (3) *socius* 293, 6.

Simon (9) Ari *uel* Arini *filius, Eleazari* (4) *socius* 309, 7. *contra Romanos egregie pugnat* 370, 11. *u.* arissimone, (Arsimon).

**Sion superior *Hierosolymorum pars* 160, 12; 413, 12.

Sisinnius *Gabinii legatus* 32, 3 (*BI*, *AI* Σισέννα *uel* σεσ., *Lat.* sisennam, *AI Lat.* sysinnio; *nomem om. IS.*).

⟨Σχοπός⟩ *u.* specula.

Sobaros (*acc.*) **Arabiae, Petrae conterminos (*BI* IV 494 ἕως Σομόρων ἧπερ ὁρίζει Πέτραν τῆς Ἀρxβίας, *Lat.* sobara *acc.*, *IS* Gomorrha). *hodie Ḫirbet es-Samrā* 266, 21.

Sodomi: uicina -orum, qui quondam uberrimam regionem inhabitabant 271, 10, *unde* Sodomi *pro* Sodomitanis *Hegesippus dixisse uidetur ut incertus auctor carminis De Sodoma u. 127. cf.* 51, 15. *hodie Usdūm.*

Sodomitana regio 266, 16.

Sodomitanum territorium 272, 6 (386, 14 sqq.).

(Σωγάνη) *u.* Sotanis.

Soenen *acc.* 283, 14. 24 (*BI Lat.* IV 608, 610 Συήνην, Συήνης *sed* σοηνήν, σοηνῆς *VR et priore loco Pa.c. fortasse A a. r.*). *his temporibus Aswān.*

Solomon *u. l. CV* salomon, templum *Hierosolymitanum* condidit 166, 13; 310, 1 sqq. *inde ab eo* scissum in duo regnum *Iudaeorum* 321, 25. *praeterea commemoratur* 166, 20.

**Solomonis porticus (*BI* τῆς ἑσπερίου στοᾶς, *Lat.* occidentalis) 379, 22.

Solyma *uetus Hierosolymorum nomen* 309, 21.

Sossius *cum Herode* (1) coniunctis uiribus *Hierosolyma expugnat,* Antigonum (2) *captiuum abducit* 58, 9 sqq. ***Herodis postea hospes Alexandriae* (?) *suadet, ut filiorum imagines ad Antonium* (1) *mittat* 74, 18 sqq. (*AI* XV 25 sqq. *hoc consilium Dellio tribuitur u.* Gellius). *praeterea commemoratur* 330, 2. 3.

Sotanis *regni Agrippae* (3) *urbs* 239, 12. 17 (Σωγάνη *BI MVRC, IS* σώτανις *BI PAL*, sotanim *Lat. nom. et acc.*) *quae his temporibus el-Jehūdiyyeh.*

Spartiatas **Iudaei* cognato sibi genere copulatos pro fratribus habent 94, 16 sq. (*BI* διὰ τὴν πατρίδα προετίμων τὸν Σπαρτιάτην, *sed cf.* I *Mach.* 12, 6 sqq. *AI* XII 226).

Spartiates *i. e.* Eurycles 96, 27; 97, 2.

specula: de sp. quadam 303, 9; *sed BI* V 67 καθὰ τῷ βορείῳ κλίματι τῆς πόλεως χθαμαλὸς συνάπτων ὁ χῶρος ἐτύμως Σκοπὸς (*Lat.* scopos) ὠνόμασται.

spiritus diuinus 301,10. spiritus sanctus 311,2sq. (*ex Script.*). 19. *de contrario uerborum ordine* i.e. sanctus spiritus *apud Ambrosiastrum qui dicitur cf. Souter, Quaest. Vet. et Noui Testam. (CSEL. L p. 535) et Wittig, Kirchengeschichtliche Abhandlungen VIII (1909) p. 24 sq.* spiritus exasperans 296, 3. coniuncta diuidens spiritus furoris 298, 25. improbus contradictionis spiritus 298, 19 sq.

**stibio oculos depingebant 279, 18.

Stratonis turris (1) 11, 13. 18. locus in maritimis Caesareae (1), *uerius antiquum nomen urbis, quae postea* Caesarea *ab Herode* (1) nuncupata *est* 29, 15; 67, 14; 69, 1.

Stratonis turris (2) *locus prope Hierosolyma, ubi Antigonus* (1) *a satellitibus Aristoboli* (1) *interfectus est* 11, 4. 18.

Strutia *Hierosolymorum* piscina 340, 23.

sublimitas: tolerare Romani consulis -tem ... nequiuit 23, 6sq.

succenturiatus: quasi -os eminus locat 303, 15.

Sylas, *u. l. cum BI Lat. IS* Silas, Babylonius *Iudaeorum dux Ascalonem oppugnans exstinguitur* 191, 1 sqq.

Sylla: Cornelius S. 26, 25.

Sylleus (*Ios.* Συλλαῖος), *Obaedae regis Arabiae procurator, quocum ab Hegesippo confunditur u.* Obaedae. *eius coniugium appetiuit Salome*(1) 86, 29; 97, 11; 104, 11. eius studio uxori Ferorae poculum de sucis Arabiae traditum quod amatorium putaretur, (idque) uenenum fuit 105, 17 sqq. *ut Herodem* (1) *apud Augustum* impugnaret ingenti Fabatum ambiuit pecunia 117, 30sq. *eius insidiae contra Herodem* (1) *ab Antipatro* (2) *ad irritum redactae* 118, 20; 119, 13. *cf.* Fabatus.

synagogae *Antiochenae* a regibus Persarum *i. e.* a Seleucidis (*cf. Vogel, De Hegesippo,* p. 10) *munifice donatae* 406, 21. principes synagogae *u.* Iosephus (7) 164, 12.

Syria, *u. l.* siria 7, 17; 17, 14; 21, 27; 22, 16; 23, 13; 29, 11. 18; 33, 25; 35, 13; 37, 9; 38, 21. 25; 41, 1. 25; 44, 20; 46, 11; 48, 2. 10; 53, 5; 59, 19; 71, 2; 94, 1; 98, 8; 99, 16; 131, 27; 161, 21. 24; 171, 21; 183, 13; 187, 7. 11; 192, 10. 12. 20; 193, 21; 194, 17; 240, 23; 266, 1; 283, 19; 286, 15; 292, 18; 366, 21; 412, 12. Syriae *nomen pro* Syrorum 296, 10; 327, 10; 358, 5. Syriae sermo 266, 1. *falso* Syriam 166, 21, *ubi AI* Βαβυλῶνα *et u. l.* assyriam.

** Syria altera 33, 6 (*BI* τῆς ἄλλης Συρίας *i. e. reliquae Syriae, sed istud* ἄλλης *nec Lat. neque IS in exemplaribus suis habuisse uidentur*).

Syri 42, 2; 48, 26; 162, 4. 6; 241, 6; 327, 16; 357, 16. 20; 358, 25; 359, 1. 16. 27. genus hominum praeceps ad auaritiam et paratum ad uersutiam nihil tam atrox sit, quod refugiat, nihil tam turpe, quod erubescat studio pecuniae 357, 17 sqq. *u.* Tyrii.

Syrtes 153, 5.

tabulae testamenti 28, 7.

Tabyrius *u.* Itabirius.

Tanais Scythicus 405, 8.

Tarentum 112, 3.

Taricheae (*BI* Ταριχαῖαι) *acc.* Taricheas, *abl.* Taricheis, *Galilaeae oppidum, cuius uestigia alii prope uicum, qui hodie est Ḫirbet el-Kerak, alii prope el-Meǵdel ad Tiberiadis lacum agnoscunt* 34, 7; 190, 17; 227, 18. 26; 237, 17.

Taricheatium 190, 1. Taricheorum 227, 28. Taricheis 227, 27; 238, 14. Taricheatas 189, 20: *Tarichearum incolae.*

**Tauroscythae 153, 18 (*BI* τὸ τῶν Ταύρων φῦλον *Lat.* taurorum gentem *IS* Stamm der Stiere[!].)

*Taurus mons 193, 22.

Tepthaeus *u. l.* ieptheus (*BI* Τεφθέος *PA*, τεφθαῖος *MLVRC*, testius *Lat.*) *Galilaeus uir fortis* 341, 17. *u.* Gyptheus, ieptheus.

terebinthus: septimo (*BI Lat.* ἕξ, sexto) a ciuitate (*Chebron*) stadio t. illic magna arbor a constitutione mundi fuisse adseueratur (*BI* φασί *Lat.* memorant) **nunc tamen utrum adhuc maneat nobis incertum est 277, 11 sqq.

Terentius Rufus, quem praefectum militiae *Hierosolymis, postquam urbem expugnauit,* Titus reliquit 404, 16.

tessera militaris 218, 5. tesserarum iactus *i. q. aleae ludus* 369, 6.

testamentum = *lex Moysi data* 28, 7. *u. etiam* constitutio.

Thalla uicus Galilaeae superioris (*BI* III 40 Θελλᾶ *gen.*, thalla *Lat.*) 195, 14. 15. *hodie et-Teleil* (?) *cf. Oehler, Zeitschr. d. deutschen Palästina-Vereins* XXVIII, 1905, p. 51.

Thanis (*u. l.* tanis; *BI* IV 660 *acc.* Τάνιν, *Lat.* tanim, *om. IS*) *Aegypti oppidum* 292, 10, *quod hodie Ṣān.*

Thebuti (Θεβουθεί *uel* Θεβουθί *BI codd.* nebuthi *Lat.*) *Iesu* (6) *pater* 402, 27.

Theodorus (*Zenonis Cotylae filius*) *cum Alexandro* (2) *bellum gerit* 13, 14 sqq.; 17, 12 sqq.

Thermae 266, 2. *u.* Amathus (2).

Thermopylae 149, 20.

Theudion Antipatri *Samaritani* amicus (*BI codd. PAM* φίλος, *cet.* θεῖος; *Lat.* thesdionem auunculum) 108, 3.

Thmui (*BI* μέχρι Θμούεως, *Lat.* tuin usque) *Aegypti* quondam urbs. *prope uicum Timay el -Amdīd ubi hodie Tell Ibn es- Sālām* 292, 9.

Thracium agmen *stipatorum Herodis* 127, 23.

Thyesteas dapes 387, 24.

thymiamata 403, 5.

thymiamateria, -um 28, 6; 311, 10.

Tiberiadis lacus 198, 9. *Baḥr-Tabariyyah, qui et ipse* Tiberias *appellatur* 267, 5. 7. *u.* Gennesar (1).

Tiberias, *hodie Ṭabarīyyah*, urbs in honorem *Tiberii imperatoris* ab Antipa (1) conditore *appellata* 136, 7; 189, 26; 190, 2. 5. 23; 195, 7; 200, 13; 201, 1; 226, 19. 24; 227, 26. 27; 237, 25.

*Tiberis 139, 1.

Tiberius (1) *Caesar Augusti* priuignus *idemque* successor 136, 5 sqq. *eius* iussu Agrippa (2) in uincla ductus 136, 27. *eo imperante famosum ludibrium Paulinae 137, 7 sqq. ***unde* deformitas colligitur imperatoris 139, 6 sq. ***ab eo* (*sic etiam IS*; *Ios.* Gaio) Agrippa (2) rex *creatus, Antipas* (1) *tetrarchia priuatus et in exilium pulsus* 140, 11 sqq. ab eo missus Pilatus in Iudaeam 139, 9 sqq. in apparatu belli *contra Aretam* (2) *moritur,* **indignatione dei uindictam *Antipae* (1), *qui Iohannen Baptistam interfecerat,* prohibente 165, 15 sqq.

Tiberius (2) Alexander *u.* Alexander (7).

Tigranes (1), *Armeniae rex, quem* Alexandria (1) a se auertere *studebat,* Lucullus facta inruptione in terras Armeniorum redire coegit 19, 23 sqq. *a Pompeio bello* urguetur 21, 24 sqq. potentissimus rex *Artabazis pater* 60, 8.

Tigranes (2) *Alexandri* (4) *filius* ex Glafyra genitus 101, 20.

Tiridates Armeniae rex 405, 27; 406, 8.

Tiro (*u. l. cum Lat. et AI Lat.* tyro) *Herodis* (1) *miles, Alexandri* (4) *fautor* cum filio saxis ac fustibus interficitur 99, 26 sqq.

Titus *Caesar a patre* Alexandream mittitur, *ut copias in Syriam* deducat 187, 9. *ei se Ptolomaide iungit* 199, 24 sqq. *Iafam inrumpit* 207, 9 sqq. *idem* primus *Iotapatam* 209, 3 sq. maxima portio salutis apud patrem Iosepho fuit 221, 15 sq. *Caesaream* (1) *missus, ut inde cum tribus legionibus* Scythopolim petat 226, 22 sqq. *Taricheas aggreditur et delet* 228, 7 sqq. in Syriam *missus* 240, 24. *unde* regressus *Gamalam expugnat* 243, 10 sqq. *Gischalam* ingreditur 246, 16 sqq. *ad Galbam missus audita eius morte ad patrem reuertit* 274, 7 sqq. patrem adit, ut *Iosephi* (1) frangantur *uincula* potius, quam soluantur 286, 24 sqq. exsecutor electus paterni triumphi *Alexandria Caesaream* (1) *iter facit* 292, 5 sqq. *ad Hierosolyma castra mouet* 301, 16 sqq. *cum paucis* interclusus ferro iter *sibi* aperit 302, 7 sqq. de specula quadam demonstrat suis cum qua urbe bellum foret 303, 9 sqq. *iterum a fuga suos reuocat* 304, 14 sqq. tertio in hostem progreditur 306, 1 sqq. *eius oratio ad milites ab hostibus repulsos* 307, 5 sqq. *ab incendio Romana opera defendit* 313, 21 sqq. *Castoris dolo deceptus* acrius *in expugnationem urbis* incumbit 316, 22 sqq. secundo muro *expugnato* Iosepho mandat, ut patrio sermone ciues *ad deditionem hortetur* 317, 2 sqq. extra urbem fontium uenae, quae *aruerant, ei* aduenienti se refundunt 331, 10 sqq. *Iudaeis, qui* ad Romanos confugiebant, quo quisque cupiebat, *abeundi copiam dedit* 333, 10 sqq. *Iudaeorum supplicia et cruciatus* miseratur 337, 6. Iosepho interprete Iudaeos alloquitur 370, 18 sqq. *dein* Iohannem (6) 374, 27 sqq. *eius oratio in inmanitatem Mariae* (2) *et Iudaeorum* 384, 27 sqq. signis intra circuitum templi positis imperator praedicatur 395, 12 sqq. eius responsum *principibus* seditionum *indutias et* dicendi potestatem rogantibus *datum* 396, 5 sqq. conperta *Alanorum* incursione Antiochiam contendit 406, 14 sqq. *compluribus aliis locis commemoratur.* Caesar *primum appellatur* 304, 14, *deinde passim*; Titus Caesar *semel* 3, 6.

Torquatus *u.* Manlius.

Trachonitis regio (terra), *quae hodie Ǵebel Ḥaurān* 127, 7; 234, 4. 11; 238, 8.

Traianus (*M*² 206, 3 troianum; *IS semper* Trojan) *quintae decimae legionis* (*BI, Lat.* δεκάτου τάγματος, *IS* der neunten Legion) *legatus Iafam adoritur* 206, 2 sqq. *Tiberiadem mittitur* exploratum *animos incolarum* 227, 11. Tito *ad Taricheas pugnanti* superuenit 232, 3 sqq. in dicionem Romanam *redactis* Pereae populis *prope Hiericho se cum Vespasiano iungit* 266, 4 sqq.

transalpinus: e -is regionibus Galliarum 35, 4.

tribuni (*BI* V 510 οἱ τῶν ταγμάτων ἡγεμόνες) 343, 22.

**trinitas 311, 21.

*Tryphon (1) ⟨*Antiochi VI. tutor*⟩ *Ionathan* (2) *dolo oppressit* 167, 24.

Tryfon (2) *tonsor Herodis* (1) 100, 18 sqq.

Tyrannus (*BI* τυράννῳ *PA Lat. cum AI et AI Lat.* τυραννίῳ *MLTRC et IS*) dux equestris exercitus *Herodis* (1) 96, 6 sq.

Tyria terra 195, 13.
Tyrii 47, 18; 194, 20; 195, 5; *falso* 198, 11, *ubi BI* Σύροι, *Lat.* syriis.
Tyrus 47, 14; 60, 1; 99, 21; 195, 5. *hodie Ṣūr.*

Valens Vitellii comes 278, 20.
Valerianus cum quinquaginta equitibus *Tiberiadem missus*, qui pacifica suaderet 226, 24 sqq.
Varus *Syriae legatus iudicio, quod Herodes* (1) *de Antipatro* (2) *habuit interest* 113, 17 sq.; 121, 25 sqq.
uates *i. q.* sacerdos 27, 5.
Ventidius *in Syria* dux *Romanorum* ab Antonio (1) Herodi (1) adesse *iussus* 53, 7 sqq.
ueronice *codd.* α 157, 14. ueronic(h)is *gen. iidem codd.* 144, 19; 160, 19 *pro* Beronice (2).
Vespasianus bello *aduersus Iudaeos gerendo* dux *a Nerone* directus 182, 12 sqq.; (187, 6 sq.). in Syriam contendit 187, 11 sqq. legiones Antiochiam deducit 192, 9 sqq. in Galilaeam *inrumpit et* Gadaram (4) euertit 199, 29 sqq. *Iosephum Iotapatae obsidet* 201, 10 sqq. per inopiam potus et cibi ad deditionem cogere *conatur* 202, 26 sqq. machinis murum quatit 203, 11 sqq. sagitta *uulneratus, dum obsidioni* instat 205, 1 sqq. *Traianum, deinde Titum Iafam mittit* 206, 3 sqq. ad spem salutis Iosephum uocat 210, 8 sqq. *ad se* deductum adseruari praecipit 221, 1 sqq. *Caesariensis* uulgi iram *mortem eius flagitantis* silentio dissoluit 221, 24 sqq. *Iopen diruit* 222, 12 sqq. *Tiberiadi parcit* 226, 19 sqq. Taricheas petit 227, 18 sqq. urbem *a Tito captam* diligentius obseruari iubet, ne quis elaberetur 233, 1 sqq. *eos, qui in lacum Gennesar confugerant, nauali proelio delet* 236, 18 sqq. *Gamalam adortus primo repellitur* 240, 20 sqq. *oratio eius ad milites* 241, 12 sqq. *urbem capit* 242, 28 sqq. *audita seditione Hierosolymitana* hortantibus plerisque, ut eo pergeret, *consulto resistit* 259, 7 sqq. *locupletiorum ciuium* legatione inuitatus *Gadaram* (3) *occupat* 262, 2 sqq. *ineunte proximo uere* (*69 p. Ch. n.*) *bellum resumit intentius, Hiericho urbem capit* 265, 14 sqq. *naturam Asphaltii lacus explorauisse fertur* 270, 13 sqq. castella *et oppida Hierosolymis* proxima *praesidiis occupat et* replet 272, 9 sqq. *ei Caesaream* (1) *reuerso nuntius allatus de morte Neronis* 273, 3 sqq. *auditis Galbae morte et Othonis imperio* bellum suspendit 274, 6 sqq. *deinde* ex urbe Caesarea *progressus omnem* Iudaeam uastat 279, 1 sqq. *perseuerantius urgentibus militibus et ducibus imperium inuitus adsumit* 281, 3 sqq. in Aegyptum festinat 282, 26 sqq. *reuersus in Syriam Iosephi catenas* frangi *iubet* 286, 22 sqq. *eum Caecina praedicat* in ** Gallicanis partibus (*u.* Galliae 182, 18) et Brittaniarum uictoriis emicuisse 287, 27 sqq. *cum in Italiam proficisceretur, bellum aduersus Iudaeos Tito committit* 291, 27 sqq.
Vienna 134, 12, *quae hodie Vienne, urbs Gallorum.*
uigiliae: ordines qui Romae positi curabant munia -arum *i. e.* uigilum cohortes 290, 13; *eadem uerba alia notione* 367, 21 sq.
uini minister *u.* minister *et* Pacorus (2).
Vitelliani 287, 13; 291, 3. 18. 20.
Vitelliana ultio 290, 16; Vitelliana uorago 281, 23; Vitelliana arma 301, 20.
Vitellius, quem ** Gallicanus exercitus creauerat imperatorem (*BI*

IV 546 τὰ κατὰ Γερμανίαν τάγματα, *Lat.* germanorum manus, *IS* die Germanischen Truppen) *Othone superato* Romam contendit 278, 17 sqq. *Caecinam contra Antonium* (4) *mittit* 287, 14 sqq. Sabinum (2) *superat et* necat 290, 9 sqq. *dum* epulatur, rapitur e conuiuio, in media urbe perimitur 291, 3 sqq. *praeterea nominatur* 288, 1. 8. 27; 289, 9. 17. 27.

Volumnius militiae magister (*sic etiam Lat.*; *BI* I 535 τὸν στρατοπεδάρχην) 97, 18.

Volumnius procurator (*BI* I 542: ἐπίτροπος) 98, 7. primus *in iudicio Alexandri et Aristoboli* mortis sententiam *profert* 99, 5.

** uoluntarii milites Aristoboli (2) (*BI* I 117 μισθοφόρους *Lat.* auxiliis) 20, 3.

urbs *nonnunquam* Roma, *sed alibi* Hierosolyma *ut* 6, 6; 360, 28; 371, 12.

Xaloth (ἐξαλώθ *BI PAL*, ξαλώθ *MRC*, salothi *Lat.*) Galilaeae uicus, *qui hodie Iksāl* 195, 10.

Xanthicus mensis 391, 22.

**xenodochia *Iohannes* Hyrcanus primus instituit (*BI*, *Lat.* ξενοτροφεῖν ἤρξατο, *om. IS*) 7, 14.

Xerxes 149, 7. 14. (*u. l. codd. HBCA* 129, 2).

Xystus locus *Hierosolymis* templo proximus 145, 4. in Xysti superioribus (*BI* II 344 ἐπάνω τοῦ ξυστοῦ) 157, 15.

Zabulon *Galilaeae* urbs 171, 26, *quae hodie 'Abellīn* (?); *u. Oehler, Z. d. deutsch. Palästina-Vereins* XXVIII, 1905, p. 53 (*BI* II 503 ζαβουλών *codd., Lat., IS*) 195, 8 (*BI* III 38 ζαβουλῶν (-ών *A*) *PAL Lat.*, χαβουλών *MVRC, IS*).

*Zacharias (1) (propheta) ante templum *a Iudaeis* lapidatus 297, 22 sq.

Zacharias (2) *diues et innoxius uir a seditiosis Hierosolymitanis necatus* 258, 11 sqq.

Zeno Philadelfiae rex, cui nomen Cotylae 7, 4.

Zephyrium Ciliciae promunturium et oppidum 81, 10.

zezabel *u.* Iezabel.

Zoaros *acc.* Arabiae *oppidum* (*BI* IV 482 *gen.* ζοάρων *VR*, ζωάρων *C*; ζοβάρων *PAM*, ζοβαρῶν *L*, zoaran *acc. Lat.*) 271, 9. *hodie Ḫirbet eṣ-Ṣāfiyeh* (?). *u.* Sobaros.

III. INDEX GRAMMATICUS

quem V. Vssani confecit et C. Mras examinauit, auxit, emendauit

a, ab: a seditiosis periculum 27, 12 *cf.* 224, 26. ab ipsis 376, 18. 27 a suis. odium immane a ciuibus 168, 9. peritia a Romanis, furor a Iudaeis certabat 202, 1sq. *cf.*: 223, 21; 393, 24. nihil suspectantes ab his 306, 22. (non erit) sterilis ab eis *i. e.* aquis (*bibl.*) 268, 3. ab armatis perirent 179, 11 *cf.* 264, 25; 297, 3; 385, 15. ab illis moreremur 253, 3sq. cum terror ingrueret a diuersae factionis principibus 299, 15. nec ab hoste quae coaceruarentur exitia feriabantur 336, 13sq.; *u.* alienus, inoffensus, integer, liber, mundus, purus, refugus, uacuus, amittere, mollire, uacare.

abdere: -ita cuiusdam domus 241, 8

abdicare: (ut) regno -aretur *sc.* priuaretur 110, 12. -astis deum sacrificiorum suorum cultibus 371, 15. (ciuitas) nobis solis intercluditur soli -amur 255, 17.

abducere: [captiuum 71, 3; 272, 16; 336, 17] praedam 405, 22. -bat amicos *i. e.* alienos reddebat 84, 21, (qui) inflexos a miseratione -ret 121, 5. -tus erat populus Iudaeorum in Babyloniam 392, 2. certant quis cuius -at coniugem 414, 24sq.; 323, 26.

abesse: tantum -erat quominus 225, 24. -sit *i. e.* μὴ γένοιτο (*bibl.*) 82, 11. -sens es 118, 29. *sed* -es 119, 1.

abicere: -iecerat Antigonus hastas 57, 13 *cf.* 150, 28. (ut) omnes (mulieres) ex animo abiecerit 77, 3. regnum -ieceras 119, 10.

abire: -iit omnis uirtutis aemulatio 298, 18.

ablat. temporis: noctibus et diebus 393, 13. fortuitis euentibus 8, 11; *loci*: Tyro in urbe degentem 47, 14; *instrum.*: plerisque in odium patris impulsoribus asperabantur 78, 25; *absol.*: quid facerem repugnantibus aduersus suos furentibus? 385, 11sq. uocatoque praefecto eum direxit 208, 14sq.; nisi Iudaeis omnia procurantibus 33, 4; *part. perf. pass.*, *u.* cognito, conperto, praecepto, simulato.

ableuare: vestimenta 137, 26. *translate*: dolorem -ent 147, 18; 352, 22. misericordia solet a. miserias 299, 13.

abligurrire: imperii opes -isset 291, 12. nullus -iendi modus 252, 7.

abnegare: in aduersis positum non -es 66, 1. cum fructus terra -aret 78, 12.

abnuere: postulata -uit 178, 16. pacem -erent 200, 2. remedium non -uit 226, 20. Romani imperii gubernaculum a. 282, 18—19. uirtutis prosapiam 365, 19. uitae indulgentiam 402, 20. nec ego -uo bonum esse pro patria mori 214, 8. me debitorem non -uo 64, 24. *occurrit fere in enuntiatis negatiuis ut in libris sacris.*

abolere: religionem 100, 4. reuerentiam 220, 10. uetera 247, 20. infamiam proditionis 253,

28. furor omnem suauitatem psalmorum ex perditorum sensibus -euerit 296, 6.

abominatio: desolationis (*bibl.*) 373, 1.

abrogare: successionis sollemnitatem 167, 17.

abscidere: caput 56, 29; 57, 25. laeuam 190, 22. dexteram manum defunctis 218, 28. aures eius dentibus suis -it 50, 3. urbs a fronte -itur profundo hiatu 238, 19.

abscondere: eam (urbem) ruinae suae -ant 387, 21. nos montes concauis specubus -ant 411, 28. *translate* fauilla taetrior -at splendidissimae disciplinam prosapiae 210, 16. cuius armis uitia Neronis apud exteras gentes -bantur 182, 27. zephyris ciuitas refrigeratur ut Orientis in partibus Orientem -rit 193, 8. uictoriae studio -bant iniuriam 205, 23. languore conmaceratos obliuio -at 366, 5. -ita corporis *i. e.* αἰδοῖον 124, 10. civitas uelut quodam saepto genitali -ita 202, 24. *Quae BI III 330 leguntur* ἐκαλύπτοντο τῷ πολέμῳ *Hegesippus uertit* bello -ebantur 209, 14. *interpres Latinus* circum uiarum namque angustiis pressi ac per declinia dilabentes fluente desuper bello obtegebantur (*Vat. lat. 1992*; *sed* detegebantur *Vat. lat. 1991*).

absistere: -bant proelio 294, 17.

absoluere: bellum 57, 21. errorem 234, 5. ex isto corpore mortis -i 212, 28. animas de uinculis corporis ferro -tas 365, 30. ut incursionum metu Galilaea -eretur 55, 12. omni nexu sese -tos arbitrati 160, 23. quamuis eum uolens -erit 43, 18 *cf.* 253, 7. -at me apud te caelum quod non fulminauit 120, 5sq. a crimine 120, 22. iudicio magis quam suspicione -utus 80, 30sq. ego tibi me -o 385, 7 (*bibl.*).

absolute: a. uincere (*Z, V a. c. m. 2*) 57, 21.

absolutio: a. certaminis *i. q.* uitae 408, 26. iudicii 43, 15sq. -is ingratus 43, 20. ultioni potius quam -i intenderit 91, 13. -is interprete *i. q.* liberationis ab hostibus 38, 17.

absorbere: biniones aureos -uerant 357, 11. plerosque hiatus soli -uit 386, 16; *cf.* 120, 7. dolorem -uit 382, 13. mutationem quae -eat merita superiora 155, 20.

absque: a. diademate 169, 14.

abstinere: patefacta urbe ingressu -uere 243, 10. luxuriosos cum -nentibus 294, 12.

absumere: vires -sit 17, 23. -eret epulas 384, 17.

abundantia: opum -m 258, 12. aquarum 331, 18.

abundare: magnitudo regni et pluribus -at (*BI* I 458 ἀρκεῖ) 81, 28. -at unius uestimentum ad sepulturam duorum 355, 12. exiguum eius (fontis) -at ad ubertatem 268, 23. fons -ans 267, 15. regio -ans lactis 197, 21. pecoris 405, 23. ceterorum terrae munerum uel negotiorum 286, 10. mediterraneis copiis 198, 14. -em fructibus 271, 11.

abunde exsatiata sum 384, 10.

accedere *cum accus.*: cedebant quos -sserat 304, 28. *cum dat.*: uictor nostro -at triumpho 260, 15; *cf.* 320, 2; *cum. acc. et* ad: -ssisse ad seruitutis miseriam 129, 4. ad triumphi cumulum accederet 397,

15. *absolute*: -ssit in uno opere multiplex gratia (*i. e. cumulata est*) 70, 5.

accendere: cum sitis amplius aquis deficientibus -deretur 64, 2. Vespasianus bellum -ebat 240, 22; *cf.* 309, 4. bellum -itur 312, 15. ad bellum -si sunt 37, 12. quotiens patrem cogitabat -ebatur 6, 28. per inuidiam -ebatur 43, 1. iniuria -si 239, 21. -ebantur plerique indignatione 337, 13. cum illos furor et multitudinis numerus -eret 160, 3; *cf.* 389, 11. his dictis -it militum fortitudinem 242, 28; *cf.* 416, 20. quos in iram -ebat pudor 202, 8. Romanos conficiendi certaminis spes -erat 368, 21. cui tantum se bonorum effuderat ut inuidias -eret 118, 16.

acceptabilis: ciuitas deo (*i. e.* grata) 413, 19.

acceptior: eam -iorem populo 17, 28; *cf.* 96, 14.

accersire *et* arcessere: ut Idumaeos sibi socios accerserent 251, 25. alios accersunt ad proelii societatem 377, 25. naturam sibi adiumentum accersiuit 202, 27. Salome ... suspecta accerseretur 97, 14. suspectae in generum accersitus gratiae 98, 10. qui in huiusmodi inuidiam arcessebantur 19, 14. proditionis crimine arcessendum 258, 14. Clitum eius facinoris arcessitum principem 190, 19. accersitur ad supplicia 107, 25. *in codd. HBZ semper* arcess., *in codd. αV* accers. *ita ut uerbum quartae coniugationis esse uideatur, uelut* accersiretur 97, 14; accersiunt 377, 25.

accersitor et arcessitor: flagitiorum accersitore pariter ac teste 92, 8. accersitor (arcessitor *B*) Simonis *i. e. qui eum uocauit* 350, 15.

accessio: exteriorum morborum a. (*i. e. interioribus*) 309, 14.

accessus: ad urbem -us arduo ascensu patebat 202, 17. specus inuio et impossibili -u 55, 16. urbs angusto difficilique -u 238, 21. ciuitas, portus difficilis -u 283, 10; 284, 15. aegritudo -u temporis asperabatur 122, 23.

accidere: causa -it ut Damascum iuventus dirigeretur (*BI* I 115 πρόφασις δ' ἦν: *fortasse* causa *delendum ut glossa marginalis*) 19, 18. incendio -erat porticus cremari 407, 5. *partic.* ex -entibus colligamus diuinae motum sententiae 331, 9.

accinctus: proeliari -i munimine 305, 19; *cf.* 10, 21.

accipere: de locis Arabiae uxoris -eptae (necessitudo) 34, 19; *cf.* 36, 10. -epto pretio 238, 7. qui ab eo regnum -eperit 64, 23; *cf.* 129, 11. si quos locupletiores fama -eperat 59, 19. -epta fide salutis 403, 11. leges -epturi 400, 29. -epta iniuria 406, 10.

accire: ordines ualidiores -i 226, 22.

accusatiuus plur. in -is *desinit saepius in codd. praecipue* M^2: ferocioris 50, 14 (*M^2 p. c. m3, ZCV*). salis 268, 1 (*codd. omnes*). patris 321, 20 (*M^2*). transeuntis 397, 7 (*MCV*). *ut idem scripturae genus seruarem, omnibus locis* -es *restitui. accus. in* -as *nominum Graecae originis habes* 340, 12 gigantas, 357, 20 Arabas. *accus. obiecti interni*: portus illius gratiam uenustauit 69, 25. *accus. obiecti pronominalis omittitur, ut* ultorem (se) pollicebatur 45, 1.

accus. obiecti uel infin. cum accus. pendet a nonnullis adiectiuis, u. inexpertus, nescius.

acerbare: aegritudo quam senectus suis incommoditatibus -abat (aceruabat *Ba. c. m2, a*) cotidie 122, 25. ne alterum (iudicem) -es 147, 6. latrocinii saeuitia bellum -abant (aceruabant *H*) *u.* aceruare.

acerbitas: tormentorum et poenarum uicti -te 88, 16. quaestionis -tem 108, 13. sceleris 116, 20; *cf.* 349, 7. facinoris 227, 8. calamitatum 337, 7. -tes rerum 332, 19. malorum 388, 1 sq. cesserat -ti insolentia (*i. q. crudelitati*) 48, 1. -tem minanti 411, 13. -tis iniuriam ulcisci 199, 4. ultra omnem -tem 385, 5.

acerbus: calumnia componitur -o felle et -iore paratur exitu 10, 2. expugnatio -iorem pestem inuexit 15, 27. domum -o suorum sanguine repleuit 126, 19. -issima nex 99, 24. caedes 144, 20. -issimus parricida 273, 25. -issimum nefas 336, 2. acerbe: *i. e. crudeliter* 98, 28.

aceruare: -uerant opes 335, 16. arte inuidiam paternae necis 84, 10. infitianti-uanda (acerbanda *codd.*; *cf.* acerbitate 88, 16) supplicia 108, 22, *u.* acerbare.

actio: huiusmodi sese -ni quibus posset studiis non defuturum *i. e. defensioni, quam de se instituisset* 92, 1.

actus: nihil umquam dereliquerit in quo a. eius offuscaretur 8, 12. potentiam prosperi -us dederunt 5, 6.

acuta: a. prudentia 369, 22; *cf. Cic. Orat. 18.*

ad: se ultioni exemit ad Zenonem 7, 4. filios eius ad Bithyniam dimisit 32, 20. ad sceleris acerbitatem (*i. e. ut scelus tuum acerbum sit*) 349, 7. perierunt ad dolorem patri, ad fructum Antipatri 115,2. ad = adversus (*bibl.*) 328, 12; 408, 19.

adcrescere: urbs maxima -uit prouinciae et portus nauigantibus et honos Caesari 70, 6.

addictus: a. eius libidini famulabatur 59, 14. -o ad suas libidines Antonio 59, 20.

adfectare, affectare: adulterium 75, 18. -retur gratia 99, 9. -tur nobilitas 353, 27. periculum 91, 1. regnum 71, 14. terrore -bat sibi munimentum parare 104, 18. Antipatro incredibilem in modum praedito ad omnium quos -ret amicitiam 36, 24. Romanae eum rei publicae honoribus -at (*i. e. afficit*) 38, 21.

adfigere: diuersis modis -xos (*i. e. cruciatos*) 337, 14, *u.* crux.

adfingere: -cto crimine adulteri 75, 18. proditionis 248, 16; 333, 23. adf. crim. quod *cum coniunctiuo* 139, 14; 170, 3; 406, 26.

adfinis: se nulli (*genit.*) -em criminis 189, 5 nihil -o sceleri 258, 19.

adflictare: quos aquae inopia a. coeperat 326, 13.

adfligere: *absolute*: Aegyptus uos a. solebat 399, 6; *cum ablat. instr.* Herodes proeliis Arabas -xit 61, 9; *transl.* anima labore corporis -itur 409, 6; *partic.* adflictum (*i. e. uictum*) 65, 16. questi fuerant ut adflicti (*i. e. vexati*) 144, 14. -us dolore 393, 16; *cf.* 388, 1; *cum ablat.* ἀπὸ κοινοῦ se -am diceret ardere odiis viri 76, 9.

adgressio: proelii -ne 231, 12.

adhaerere: ex ea parte, qua -ebat (porticus) Antoniae 379, 16. diadema -ebat uertici 127, 21. *de personis*: ubi -entem fixerant (*i. q. sibi proximum*) 142, 16. exploranti -ens (*i. e. comitatus*) 312, 9. qui bellanti -sere 192, 14. (Agrippa Vespasiano) comitatu -sit *ubi* comitatu *abundare uidetur* 194, 1. Dosis ei coniunx -serat (*i. e. matrimonio iuncta erat*) 46, 4. regis amicitiae usque in extremum -serat 127, 2. feliciori-bus -rere 66, 3; *cf.* 66, 11; *transl.*: anima carnali -ret consortio 409, 5. lauemus superioris imperii notam, ne nostro -reat 363, 8.

adhibere: accusatoribus -bitis 35, 26. defensionem pro me uoto accusantis -buisti 117, 1.

adhortari: adhortandus 363, 20.

adiectio: opobalsamum cum -tione (*i. e. uocis* ὀπή) significamus 269, 6.

adiectiuum pro gen. usurpatur: u. aequoreus, aethereus, caelestis, carnalis, coniugalis, muralis, regius, ruralis, tributarius.

adigere: suppliciis adacti 87, 13.

adipisci: potestatem 44, 2. regnum 95, 25. Iudaea praesidale iudicium a nobis -atur 131, 28. uictoriam adeptos 327, 21. remeandi facultatem -i 329, 12. spes libertatis inrationabilis ad -endum 145, 18.

aditus: obstructos sibi apud patrem -us defensionis 89, 11.

adiudicare: urbes Cleopatrae cupiditati -uit 60, 2. cruci -atus 186, 27. supplicio 347, 3. animae simul cum corpore sepulchro -centur 365, 28. *sine dat.* -ti 121, 29. tamquam servus contumax -tur 148, 19. *absol.*: a patre -or 119, 1. *alio sensu* dubia pro certis -uit 101, 5.

adiumentum: destituti -to principum 402, 16. *plur. pro sing.*: ferentem -ta 7, 23. -ta ueniunt (*i. e. auxilia*) 230, 20sq.

adiungere: alterius orbis incolas imperio a. 399, 11. plurimas urbes sibi -xit 7, 17; *cf.* 8, 3; 17, 13. ut Iudaeam sibi -geret 35, 14. quos feruor naturae ad praerupta quaeque audendum cupienti -xerat 20, 2. fraude Athenionis, quem Cleopatra ad ducem -xerat (ad *om. HBaV*) 61, 3. Alexandro sex milia sese -xerant 15, 15. -gi Romanis regis societatem 52, 20. sedulitatem -gens muneri 66, 24. naturali gratiae studium a. 233, 21. -ctior esset Antipatro (*dat.*) 94, 21.

adiutor: -em lapidem 327, 26 (*bibl.*)

adiutrix: criminis -cem 89, 27

adlectus: -is in primorum locum beniuolentia praestantioribus 42, 7.

adleuare: *u. l.* adleuat 137, 26, *u.* ableuare.

adminiculans: -te sibi Ptolomaeo 45, 30sq.

admiscere: falsa ueris -uere 9, 20. a. operibus sermonem 318, 13. Iudaeorum cultibus -ebantur 179, 7sq.

adnectere: numero discipulorum eius -ebantur 11, 10.

adniti: *cum. abl.*: cubitu (-o *HBZa*) -xus 125, 27; *cum dat.*: populi multitudinem -entem Aristobolo 28, 19; *cf.* 370, 12. tamquam -entibus elementis uictoriae Romanae 331, 18; *absol.*: auxilio freti promtius -erentur 159, 27.

adnumerare: amplius pro salute

sese dare quam Antigonus pro regno -aret 49, 3; *cf.* 7, 12. dies quem inter funestos -bant 389, 23
adnuntiare: excidia patriae nobis -ta sunt (propheticis libris) 372, 26.
adnuntiatio: prophetarum -nes 300, 25.
adolere: subiectis facibus -etur ignis (in Pharo insula) 285, 7. subiectis ignibus -lerent obsidialium instrumenta machinarum 342, 1. -ebant incendium 390, 7. Titus bellum -ebat 301, 18sq. adulto igne 389, 13. incendio 407, 21. ignis -us pice et bitumine 301, 3. sulpure et pice 341, 4.
adolescere: bellum -uit 160, 1; *cf.* 174, 8. qui (ignis) sine ulla -uit mora 407, 20. famem -uisse 327, 6. eius processus si -uissent 275, 19; adultis *i. q. maturis* 362, 25.
adopertus: corpus -m diploide 127, 19.
adopperiri *u. l.*: alieni nutus sortem a. 221, 10 (aV).
adoptiuus: Iulius a. 44, 17. Caesarem adoptiuum *index capitis* 64, 21 *u. l.*
adorare: *absol.*: (*bibl.*) 207, 29; 208, 2. adorans eum (Christum) 186, 21.
adorea: uirtutis a. 398, 24 (*cf. Apul. Metam.* III, 19) -eis triumphalibus 231, 20. orientalibus -eis 288, 1.
adoriri: urbem 179, 22. metropolim exercitu 265, 7. machinamentis murum 340, 19. urbis obsidionem 273, 2. bellum 393, 8. facinus 368, 25. sermonem 408, 3. quod prosit 415, 14. his uociferantes -untur Vespasianum 282, 17. -ere felicioribus adhaerere 66, 2. -iemur ut non requiras Antonium 66, 21; *in coni. impf. incerta codd. scriptura inter* adori-: 393, 8 *et* adore- 179, 22; 265, 7; 273, 2; 340, 19; *in gerund. inter* -iendum *et* -iundum, *ut* proelium -iundum 54, 26; *item* hostem 303, 25. -iendam obsidionem 312, 8. murum -iendum 362, 3; *in partic. semper* adorsus *ut*: 11, 2; 19, 3; 22, 23; 32, 14; 37, 14; 48, 28; 60, 26; 61, 5; 94, 8; 123, 16, 19; 161, 24; 162, 25; 174, 17; 179, 9; 224, 8; 326, 12; 368, 25; 408, 3.
adornare: fugam 357, 11. ne simulationis specie dolus -aretur 179, 21sq.
adparatus: mortis 410, 24.
adpetentia: (cibi) 356, 12. coniugalis formae 76, 4.
adpetere: mortem a. (alicuius) 217, 2. -ierant patrem (*i. q. adorti erant*) 120, 9sq.; *cf.* 217, 3. latrocinio -ebamur 348, 19. calumniarum molibus -eretur 88, 24. tantorum confessionibus -ebatur 114, 8; *absol.*: iudex fallenti infestior quam -ito 253, 15. -itae germanitatis scenam 81, 2.
adpetitor: salutis 147, 4.
adplicare: in Eliusam -auerunt 81, 4.
adproperare: expugnationem 348, 26.
adpropinquare: in portum 285, 2. -antia (Syrtibus) uadoso mari haereant (nauigia) 153, 7.
adpulsus: arietis 316, 1. (ratium) 236, 26.
adquiescere: *cum dat. personae i. q. parere, morem gerere* 145, 25 *et omisso dat.*: -endi praeiudicium excluderet 23, 5. nisi -etum foret 54, 5. rupturos

imperium nisi (*u. l.* ni sibi) -ietum foret 54, 5. ferituri (uirum) nisi -endum putaret 220, 4; 146, 8, 9; 374, 16; *cum dat. rei i. q. contentum esse, ut* -ieuit eius secessioni 165, 10. (ciuitas) inuita -eret obsidioni 302, 3.
adquirere: Brittaniam Romano imperio armis -siuerat 182, 21. insipientia illius te nobis -siuit 66, 9.
adridere: occasio -iserit 112, 19.
adripere: mutuae necis -uisse ministerium 416, 13.
adrodere: panem 356, 7.
adsciscere: sibi mortem 216, 22, *cf.* 50, 7. sororem regiae coniugis in conubii sui sortem -uerat 86, 15.
adscribere: culpae ibi 156, 9. nihil habeo quod mihi -ibam 118, 19. tributa Moabitis -ipta 13, 27, *u.* opinio.
adsensus: audientium a. in deteriora sit 145, 15.
adsequi: imperatoris, sub quo non mediocrem -cutus foret gratiam 44, 1.
adserere: praedam militibus -ebat 59, 3. sicut uestri -unt 372, 8. -ebant incentiuo futura 388, 24. -ens quod 250, 26. se recepisse 53, 23. alienos culpae -entes (sese) 232, 26. res fidem -tis dabat 84, 17. si fides -tis adest 284, 1. tamquam libertatis amator -itur *i. q.* habetur 148, 19
adsertio *i. q.* argumentum: (obiecta) ualidis refellens -nibus 80, 14. non uerborum uicem sed rerum -nem 39, 15, *i. q.* propositum: euacuaret uoluntariae mortis -nem 220, 2.
adsertor: a. libertatis 212, 14. a. eius et testis celebritatis 372, 8. Cato Romanae a. facundiae 365, 10.
adsignare: mors naturae -atur 415, 20.
adsociare: sex milia peditum quos mercede sibi -auerat 14, 29. benignitate sibi quos uicerat -auit 28, 24; *cf.* 261, 8. opes eius thesauris Caesaris -atae 134, 13. potissima de eius possessionibus sibi -auerat 13, 15; 171, 1. mons nunc Tyriorum finibus -atus 194, 20.
adspirare: a puppe uentorum -ent flamina 362, 14. secundae ei res -uissent 126, 15. si mihi -aret praesentia tua 118, 28. -et ei caelestis gratia 410, 7; *cf.* 43, 12. aqua cui diuina gratia pro iustorum fidelibus studiis tanti prophetae benedictionibus -auisset 268, 12. milites -auisse ut Vitellio imperium darent 281, 10. Herodem in regnum -auisse 131, 19. -andi ad imperium studia 183, 11.
adstipulari: Idumaei Simonis partibus -abantur 309, 1; *plerumque translate*: -abatur purae conscientiae agendi uis et dicendi peritia 80, 16. illi aetas, his nobilitas -atur 81, 27. -ante matris auctoritate 22, 27. patriae praerogatiua 94, 15. -antibus ad misericordiam rebus aduersis 15, 15.
adstringere: -i inpietatis flagitio 218, 10. id facturum litteris sese a. 24, 7.
adstruere: excidii fama, quia nullus index superfuerat, -ebat perisse omnia 225, 20. ipsos reos maximorum -eret flagitiorum 258, 17. haec a. sacerdotum testimoniis 159, 9. apud *senatum* Messalla et Atratino -entibus paterna bene gesta 52, 16. pluribus regnum

sibi iure delatum a. 23, 25; *cf.* 392, 4.
adsuere: -runt se Pharisei mulieri 18, 13; *an potius* adsuesco, *transitive ut* consuesco?
adsuetudo: a. uictoriarum 230, 3. rebellandi -ine 15, 25. communium -ine consiliorum 168, 12.
adsuetus: cultu -eto 128, 1. -eti sacerdotis scientiam 167, 2. sacrificia -eta 393, 4. dominatione (*u. l.* dominationem) -i 261, 10. libertate -is 15, 19. a. latrociniis 244, 14, *cf.* 225, 8. -a deliciis 382, 7. -etas aquis aues 270, 10.
adsumere: -tis equitibus numero sescentis 301, 26. -ere regnum 129, 10. imperium 395, 4. orationis piae arma 324, 1. constantiam in iudicando 258, 23. ex his quae ad speciem ueri -serant *i. q.* finxerant 9, 20.
adsumtio: fortitudinis -ne 6, 20.
adsurgere: exordium (montis) a Iuliade et plaga septentrionali -it 266, 20.
adtactus: -u sanguinis 271, 5.
adtaminare: ne -aueris quem scelere petisti 113, 13.
adtenuare: siccitas bibendi subsidium -auerat 203, 5.
adterere: eius exercitum deleuit multo camelorum agmine -tritum 14, 7. regni sui uires uincendo -triuerat 14, 15. ne Caesarea totius onere exercitus -eretur 222, 1. incursione locorum incolas -triuere 55, 1. patres uestri, cum proeliis -erentur 322, 3.
adtexere: cum uana quaedam -eret 401, 29. -amus Aegyptum 152, 11. quid -am uiolari depositi religionem? 217, 20. quid -am Brittanias 319, 26.
adtinere: castro in quo clausi -ebantur 6, 16. Sepphoris Iosephi uiuacitate inter urbes Iudaeorum socias -ebatur *i. e.* retinebatur 190, 24.
adtingere: ubi Achaiam -tigit 97, 9.
adtollere: in superiora se aurarum spiramine ignis -ens 389, 24. nec se facile (anima) -ere potest humi nexa 409, 8 (fasces) sacerdotii -untur non proceritate sed laborum perseuerantia 354, 1. ueterem magnanimitatem -ite 62, 24. Dosidem -ebat parentem *i. q.* prae se ferebat 103, 23.
adtrahere: iecoris uenae quae cibos -unt 356, 11.
adtrectare: madidas manus humano gerentes sanguine -abant altaria 374, 26.
adtribuere: ex aequo Iudaeis et Aegyptiis -buta priuilegia et habitationes diuersae 412, 30. ceteri conuentus simili modo -buti 31, 13.
aduenire: dies -enit qui 411, 6.
aduenticius, -itius: -itia manu *i. e.* mercenariorum militum 13, 24. populo -icio Iudaeorum *i. e.* copiis Iudaeorum quae ad Scythopolim obsidendam ex aliis regionibus aduenerant 180, 6.
aduersarius *i. q.* hostis 179, 15; 190, 15; 215, 17; 217, 15; 255, 12; 276, 10; 337, 12.
aduersum se *pro* inter se: confligentibus a. se Iudaeis 48, 13. aequa lance odium mulieris et amor uiri a. se certabant 42, 5.
aduersus: Vespasianus hosti a. gradum rettulit 241, 2. -um pectus in hostem 366, 5. locus -us 242, 7. caedentibus litus -is Boreae flatibus 223, 11. -a dei uoluntate 256, 1. -a belli 333, 16.

adulescentior: 95, 1.
adulescentula *subst.* 135, 5 *adiect.*: aetas a. 72, 13, 354, 9.
adulter regni: 131, 21.
aduocatus: -um tuum *de Iesu* 296, 21.
adurere: finitimas opes, quibus uicinus -at *i. q.* inuidia torqueat 358, 20. adustae (aquae) 270, 21 (adusti *i. e.* cibi *u. l.* *aV*).
adusque: Anthiochiam a. 46, 21. Zephyrum a. 81, 10.
aedes: Hierosolymitanis -ibus *i. q.* templo 136, 13.
aeger: -ra partium (regis Agrippae) (*BI* III 443 τὰ νοσοῦντα τῆς ἀρχῆς) 226, 15. -um et ieiunum solum 266, 17.
aegrescere: -it fructus arborum 267, 11 sq.
aegritudo: feruentis -inis casus 365, 24. elementorum -ine 78, 10.
aemulatio: uirtutis a. 298, 18. -nem piam laudis fraternae 42, 5.
aemulus: potestatum -os 106, 11. regni -um 126, 13.
aequabilis: -i optione 245, 21.
aequalis: cum uilissimae corruptelae pignore -e illi consortium 94, 26. Idumaeis congressus a. recessit (*BI* IV 517 οὔτε νενικηκὼς οὔτε νενικημένος) 275, 24.
aequalitas: rotae -em *u. l.* 234, 13; *cf.* Plin. Epist. VIII, 20, 4.
aequanimiter: 20, 25.
aeque *i. q.* *eodem modo* 280, 23; 333, 24. simili uocabulo aeque ut 11, 18.
aequo (ex): uir acrioris consilii et ex -o prudens bellator 191, 10. ex -o Iudaeis et Aegyptiis attributa privilegia 412, 29.
aequor: placidae paludis -re 233, 17.
aequoreus: iter -um 397, 22. uiatores -eos 386, 4 sq.
aer: a. aptus omnibus nec ullis alienus fructibus 235, 14.
aerarium: de publico -o sepeliri 346, 3.
aerius: -um iter 397, 21.
aerumnior: (*u. l.* aerumnosior) 98, 27.
aestimare: XCII milia et CC Iudaeorum perisse -ati 264, 25. cuius modi fuerim amicus -abitur 65, 25. *saepius pro* existimare *usurpatur, uelut* aestimare quod 137, 22; 224, 16 sq.; adoriendam 312, 8 *et passiue ut*: minor regni potestas quam humanitatis largitas -aretur 67, 9 *et cum modo infinitiuo ut*: solui mundus -aretur 256, 11. simulare aliqui mortuos -abantur 381, 14 *et cum partic. ut*: more quo duces hostium conuictus rebellionis securi percussus -aretur 36, 3. cui enim parsurus -abatur qui matri non pepercisset 273, 16. *De gerund. cf. Gerund. anacoluthon habes* uir regii generis et diu exercitae priuilegio potestatis incertum ab eo abstinere se posse -abatur 71, 14.
aestimatio: ae. altitudinis 68, 22.
aestiuus: -a hibernis mixta 235, 18.
aestus: a. incendii 395, 16. quae -u fouentur 235, 17.
aetas: processa (*u. l.* procera) a. 13, 2. fratre prouectior 29, 8. adulescentula 72, 13. senior 168, 18; demens *i. q.* *senectus* 349, 1; superior *i. q.* maiores 150, 14; praerogatiua -tis 94, 23; 168, 18; -tis suffragio 22, 26.
aethereus *uel* -ius: -ium elementum 366, 1. ascensores -eos 386, 5.
aeuum: integer -i 351, 5. -o iunior 29, 8. depositi -o 355, 25. ueteri -o 195, 2. superioris -i dubio 234, 3.

affatu *u. l. B* 373, 24.
affectis *i. e. aegris, afflictis* 410, 14.
affectus: doloris 145, 8. moriendi 410, 23. iustae passionis 6, 15. intimo -u 385, 8. incapaces -tuum 356, 25. *cum gen. eius qui afficitur*: amantis 76, 10. Caesaris 373, 24. pueri 395, 25. ueni ad bellum -u rogantis 400, 23. talem inueneritis -um (tale *MaV*) 383, 22.
affluentia: aquarum -a (*i. e. copia*) 67, 6.
affluere: -entibus paulatim Hebraeis 15, 17. de locis finitimis -xerant 232, 12. potentiam prosperis -entem successibus 70, 8.
agere: militum manum quae in hibernis -ebat 292, 23. regem -ebat 168, 23. egisse ut hostem non ut rectorem 131, 20.
agger: fragmentorum muralium -em *uel* -es 367, 8. 27; *pro uia*: -e publico 302, 5.
aggeratus: cadaueribus -ata moles 262, 23.
aggerere: -endis terrarum tumulis 26, 11.
agitare: publica -abat negotia 393, 24sq.
agmen: dux Romani -is *i. e.* exercitus 54, 1; *item* non expectato -e cum paucis irruens 317, 4. pedestri -e *i. e.* peditatu 143, 6 *u.* conferto, incolae multitudinis -a 263, 7.
agnosco: (oceanus) insuetam sibi seruitutem -uerat *i. q.* cognouerat 150, 22.
agrestis: (ingenia) plebis -is 244, 1. -ibus feris 147, 14; *subst.* norunt sibi consulere -ia *i. e.* animalia 147, 17. radices -ium 336, 20.
ait: (*i. e. Scriptura*) 325, 1. *orationem rectam introducit* 109, 9.
alea: bellorum a. inopinatis ludit euentibus sufficiens nouos exitus 369, 3. breui damno totius belli -am lusi 215, 24.
alere: (Aegyptus) totum frumento -it orbem terrarum 286, 10; *cf.* 398, 11. (regina) anxia uim morbi -uit 168, 24. (hostes) -uerunt audaciam 388, 14. sumtu gloriae uirtutem -ebant 368, 23. urbs contumacis populi -ebat spiritum locis nixa asperioribus 238, 16. audacia quam processus -ebant 244, 17. pudor -uit audaciam 342, 22. seditio bello -ebatur et bellum -ebat 309, 16.
alienare: animum eius a regibus a. 60, 20.
alienigenae: *subst.*: 128, 17; 412, 19. nationibus -enis 196, 4.
alienus: *i. e. alterius gentis uel religionis* 159, 2; 248, 9; 375, 14. *alterius generis* 96, 3; 299, 16. -am *scil.* mulierem (*bibl.*) 324, 6. -um repperit quem amicum credebat 51, 3. -os a nepotibus 84, 23. -a (*neutr.*) a cultu nostro et disciplina 392, 2. ab immanitate uiri semper -am 17, 30. aer nec ullis -us fructibus 235, 15. -us sceleris 80, 14. culpae 232, 26. pietatis 414, 13. laudis -a (*neut.*) 94, 13. -a ueri (insimulatio) 74, 5.
alienus (*i. e. alterius uel aliorum*): tanta terrarum spatia transeuntes nihil alienum uidistis. quid enim uobis alienum? 228, 18—19. -a spolia 369, 8. partus -us 387, 26. iussu -o 50, 9. -a fraus 387, 27. periculis -is 60, 19. tormentis 120, 16. corporibus 385, 4. -o uulnere = alteri inlato 142, 18; 376, 23; = alteri destinato 369, 7. -o malo 405, 29. bello -o 408, 18.

alimentum: -is (ignis) 341, 11.
alimonia, ae, am: 29, 26; 143, 17; 222, 16; 243, 1; 282, 28; 334, 28; 356, 8. -am seruitutis extremae 320, 20; *plur. num.*: alimoniis 237, 23; *neutr.*: alimonia *u. l.* 29, 26.
aliquantulum: 17, 20; 317, 14.
aliquantus: -am requiescendi copiam 278, 13sq.
aliqui *nom. sing.*: 115, 16; 371, 16. *sed* aliquis 177, 7. -ibus 305, 25; 390, 6. -id noctis 137, 23 (-od noctis *lectio cod. H* 392, 17). publicorum munerum 187, 17. *post* nisi, ne, si 114, 6; 177, 7; 254, 8; 371, 16. numquam -id 120, 4.
aliquo: a. secederent 106, 15.
alius: alia parte *i. c. altera* 38, 8; alio *i. q. altero* 233, 5; alii *i. q. ceteri* 302, 20; illi alii *i. e. qui aliter sentiebant* 160, 5sq.
allegare, alligare *uerbum dicendi*: 220, 1; 271, 6. -ndo quod 121, 6. -ns habere se 401, 27. addidisse -tur cum gratia sese obire 50, 15. -ata 245, 26.
allegatio: 22, 20; 47, 3.
alleuamentum: tributorum a. 130, 22
allicere: terra diuerso culturae genere nitens ut quemuis -iat (-eat *M²HaV Eucherius*) ad sui gratiam 195, 20.
allophylis: 325, 27.
alluuio *i. e. actus alluendi*: aquae -ne scopuli soluuntur 204, 4. uiridantibus ripis fluminis -ne 267, 4.
alte: a. ingemuit 346, 7. id a. inpressum tenuit 346, 22.
alteri: *casus patrius in M²B* 166, 7; alteri *i. q.* alii 299, 18.
alterutrum: 60, 24.
altitudo: *transl.* fidei -ine 354, 2.
altrix: -icem orbis terrarum Africam 398, 9.
altus: -a suspiria 12, 3. -a prudentia 145, 1. altiore consilio 259, 14. -issimis aggeribus 379, 13.
alueus: diffuso per spatia terrarum -o (Nili) 152, 21 *pro ratibus* aluei *dicuntur* 224, 2 et 4.
aluus: *masc. uel neutr. gen. HBZCV* 255, 27. mulier -o grauis 205, 12. -o soluti 336, 8. *u.* inquinamenta, purgamenta.
amabilis: -em populo 136, 21.
amaritudo: aquarum 268, 8. delationis -em 9, 19. in -ine lumen (*bibl.*) 213, 22.
amarus: -a *i. q.* amarae aquae 386, 10. -um triumphum 99, 10. amarissime: a. deplorabat 80, 19.
amatorius: promissa -a 87, 14. omne genus -um *i. e.* pueros delicatos et feminas 75, 20sq.?
ambire: muro a. Hierosolymam 141, 8. muris sese -ientibus defensarent 227, 25. patriam supremo amplexu -iat 416, 18. ingenti -itum pecunia 117, 30. concessit -itus *i. q.* rogatus 227, 25.
ambitus: murorum -um 245, 8. habitacula maximi -us 68, 4. pompae maiore stipatus -u 23, 4. circumuallatur stipatorum -u 127, 15. magnifice funus curatum omni -u regalium diuitiarum praemisso 127, 17.
amburo: quos flamma -usserat 299, 23sq. ambusta (*absol.*) 28, 3. -a materiarum 295, 4. -a membra 383, 24.
amentia: -ae parricidalis 113, 10sq. *cf.* 182, 5.
amicitia: amicitiae, *i. e.* amicitie *abl. casu falso ut uidetur libri* 34, 17 *u.* 64, 14. -ae foedere 398,

16 *u.* adhaerere, copulare, foederare, *et* auaritiae.
amictus: a. adoreis 231, 20.
amissio: supremae -nis 156, 8. -ne plurimorum 241, 13.
amittere: quos ab hoste -seras 297, 11. de manibus -sere quos captos putabant 307, 1. de manibus uictoriam -sere 22, 18. -serunt prophetarum opera, quia negauerunt prophetarum arbitrum 296, 13sq.
amplecti: reconciliationem -eretur 80, 23. -tendi litoris uota 224, 11.
amplexari: -atus iniuriam 104, 23 (*BI* ἀγαπήσας τὴν ὕβριν; *Lat.*: *aequo animo accepta iniuria*). -atus est mutare condicionem 169, 1.
amplexus: -m petenti non negat *i. q.* concubitum 138, 1. a. naturae 349, 26.
amplius: iniuriae *i. q.* plus 251, 18.
an *i. q. uel*: 29, 20. seu . . . an 156, 22. interest lacessere hostem a. excipere 156, 23. pretione a. dissensione inter se gentium incertum 405, 14.
anacolutha: templum et ara eius ita lumine refulgebat quasi dies esset, per dimidium ferme horae cotidie manens 391, 23sq., *u.* aestimare, audere.
anchoralia: ruptis -ibus 223, 19.
ancillula: 86, 17; 105, 21.
angelus: *u. Index nominum.*
angustiae: in -iis platearum 209, 5. -as atque ora portus 284, 19; *cf.* 285, 9; 286, 2. *transl.*: per -as infidelitatis 247, 21. -as alimentorum 54, 3.
angustus: iniqua in -o decernendi condicio 242, 7sq. -ior cui Africa fuit 398, 14sq.
anhelitus: a. grauis 124, 11. ultimos ore -us (matris) legeret 355, 1; *translate*: supra uerticem locati hostium ipsos quodammodo -us intercludamus 362, 30.
anhelus: -ae senectutis 365, 22sq. -os senes 411, 23.
anima: turbatus animam (*u. l.* animo: -am *praetuli conlatis biblicis locis*; -i *habes* 100, 3) -ae effeminatorum esurient (*bibl.*) 216, 11; *nonnumquam pro uita ut*: deuouisse -am suam templo 338, 13. tua suauitas (sc. cibus suauis ex membris tuis) -am tenuit meam 384, 2sq.
animare: Romano uigori, quo quasi unum totius imperii corpus -atur 400, 18. quos successus praesentis certaminis -abat 339, 6.
animus: degeneris -i uirum 59, 9; *cf.* 396, 3. -i inmodicus 23, 20; 275, 11. furens -i 79, 29; 89, 14. -i inpos 77, 13. turbatus -i 100, 3. furore -i 90, 15. praeparare -o *i. q.* meditari 113, 25. -is et uiribus confidentissimus 366, 15. a Romanorum societate -is atque armis discederent 132, 7.
ante expectatum = ἀδοκήτως: 214, 6; 277, 2.
antesignarius: 276, 21 (*u. l.* antesignanus).
antiquitas: -atis praesidia *i. q.* antiquorum 171, 10.
antrum: -orum recessus 55, 19. (montis) in latere umbrosum aperitur a. 68, 19.
anxius: supremo periculo 130, 6. de seruitute a. 309, 18.
aperire: (montis) in latere -itur antrum 68, 19. locus ad Indos -it iter nauigaturis 283, 16; *cf.* 397, 21. (Hannibal) triumphis Alpes -uit 150, 24; *saepius i. q.*

manifestare *uelut* quid ueritas habeat aperiendum uidetur 68, 25. -iret gestorum ordinem 108, 19. -uerunt omnia 113, 24. a. causas 136, 9. Iordanis ortum -amus 234, 2.
aperte: testamento a. heredem designaueram 115, 15.
apex: materni generis -em 85, 4 *i. q.* litterae: inpressi ante fores -es elementorum 375, 3. hos -es innocentiae meae testes 119, 7. inscriptos cordis -es (*bibl.*) 39, 21.
apiculae: 364, 30.
apis: *gen. plur.* apium 269, 4.
aptus: aer a. omnibus fructibus 235, 14.
aqua *et saepius plur. num. aquae*: -ae difficultas 203, 3. inopia 52, 25, *cf.* 203, 5; 320, 12; 395, 16. -arum abundantia 331, 18. amaritudo 268, 8. congregatio 68, 20. congregationes 55, 20 (*bibl.*). corruptelam 267, 23. ductus 52, 27sq.; 203, 5; 292, 16. fluctus 232, 21. meatus 268, 8sq. naturam 268, 13. uapor 266, 1. ubertatem 326, 20. (Fiala) iugiter plena est -arum 234, 14. mansio -ae locorum indigens 292, 14. morientes -as 388, 5. de supercilio montium cadentibus -is 55, 23. -is deficientibus 64, 2. rorantibus 203, 9. crispantibus 203, 9. aqua *i. q.* λίμνη *secundum lectionem codd. aV* 233, 13
aquaeductus: -u 417, 1.
aquari: -tum descenderet 208, 20
arare: meridiana plaga -at Romanis 154, 25. -at Aegyptus (*u. l. cod. C a. c.*) Romanis 321, 3.
arbiter: *i. q. testis ut* a. sententiae meae deus 81, 28. secretorum -os 94, 15. a. mei pectoris 118, 24. uirtutis a. 376, 11. *absol. i. q.* dominus *ut*: prophetarum -um 296, 14sq. diuinorum arbitrum 163, 10. naturae a. 219, 14. rerum 247, 20. uitae -um 296, 24. uos -os exhibere *i. q. arbitrorum seu iudicum munere fungi* 255, 1.
arbitra *i. q. iudex*: -m cuinam sacerdotium committeretur 168, 15. *i. q. auctor*: uniuersorum -m flagitiorum 105, 23.
arbitrari *i. q.* putare, *seq. infinitiuo*: 114, 15; *seq. gerundiuo*: 54, 17; 100, 7; 143, 27; *seq.* quod *et coniunct.*: 61, 14; 116, 7. plenum uerecundiae -or quod uos uincendo defetigamini 228, 28.
arbitrium: *i. q.* iussus, uoluntas, ea -o Caesaris in Capitolio scripta sunt 40, 27. alieno -o 287, 3. -a nostra 63, 17. aliena -a 281, 12. -a pacis 245, 21.
arbor: fructuosis -ibus 271, 16.
arca: a. dei 325, 28.
arcere: quid illa saepta pro templo? non ut conspectus -eant 375, 6. militiae disciplina quae munia deserere poenae -ret formidine 342, 15.
arcessere *u.* accersire.
architectus: a. omnium quibus adpeterentur fratres 84, 3. quattuor libellis ipse totius scenae a. exponebatur 91, 18.
arctous: -as nuces 235, 18 (*BI* IV 517 καρύαι φυτῶν τὸ χειμεριώτατον).
ardere: a. odiis 76, 10. a. se inuidia regalis successionis 106, 17. -ebat Eleazarus aliquid sibi publicorum committi munerum 187, 17. -ebant animis ut nullum corporis (ab oleo candenti) sentirent incendium 205, 23. -ebat omnis Iudea 161, 21; *cf.* 272, 20. cometes -sit 391, 17.

arere: fides -et 298, 18.

arescere: -uerant lacrimae 345, 1. iecoris uenae 356, 10.

arietari: multi supra pauciores -ntur 263, 16.

aristocratia: *u. Index nominum.*

arma: -a constituere *i. q.* castra 293, 9. faucium -is *de bestiis* 216, 28. *transl.* geminis -is adulandi arte et insimulandi uersutia 79, 27. orationis piae -a 324, 1, *u.* exuere.

armare: (incensa Gabao) -uit Iudaeos 172, 27. *praeterea armare dicuntur* metus 305, 4. uincendi consuetudo et cedendi ignorantia 314, 30. pudor, spes 201, 25. illos formido praelationis meae -uit ad parricidium 117, 19. eum ad parricidium -uit quod se superiorem uideret 115, 20. -atas acies 24, 20.

armati: *subst.* 10, 4 et 12; 32, 8; 277, 14; 309, 4; 319, 9.

aromata 128, 3; 403, 5. multitudinem -um 28, 7sq.

ars: laqueos iacere atque hostem innectere a. Alanis bellandique mos est 408, 8. destinata feriendi -e 201, 22. ne simili -te deciperentur 5, 3. quadam -te pensantes moderamina cibi 357, 7. in eo crimine non ulla bonae -tis merita regnarent 142, 1. *in malam partem* adulandi -te 79, 27. novis -tibus 94, 19. feralibus *sc.* magicis 183, 25. clandestinis 357, 7. gemitus -te conpositos 115, 26.

artare: praerupto montis -atur 192, 16. latere -atur 285, 15; *absol.* -atur 238, 18. caedebantur angustiis -i 240, 14.

arteriorum: 356, 7, *cf. Lucr.* IV 529.

artifex: uere bonus necis suae a. 273, 27. a. dolo quos uellet circumuenire 261, 7, *cf.* 94, 7.

artus: -issimo amplexu 350, 5.

arua: -is Arabiae 197, 1; 236, 13.

ascendere: *sq.* in *et acc.* in montem Abarim 213, 16 (*ex Scriptura*). in murum 251, 11 (M^2) 366, 8 et 11; 368, 6. in templi superiora 379, 17; *cum accus. tantum*: propinqua urbis 173, 9. murum 204, 19 sq. nauigia 232, 25; 251, 11. templum 393, 10. nauigiis ascensis 222, 29; *absol.* ascendit oratio 326, 8.

ascensio: imperiis -nis *i. q. ascendendi* 366, 22.

ascensor: -es aethereos 386, 5.

ascensus: arduo -u 202, 17.

aspectus: solis mysticis sit liber a. 375, 7. grata ad -um 195, 15. nec ingressus eius (*sc.* animae) aut exitus ullo -u deprehenditur 409, 17.

asper: asperibus *u. l. H* 238, 17. bellis -is 293, 1. -o hiemis 222, 6. -iores sulcos 196, 13.

asperare: aegritudo -abatur 122, 23sq. plerisque in odium patris inpulsoribus -abantur 78, 25.

aspergere: aspergebantur (*u. l.* aspergebant) *sensu actiuo* 128, 3. *sed* aspergerentur *passiuo* 224, 13sq.

asperitas: hiemis 292, 23sq.; *cf.* 57, 15. locus difficilis -tis 242, 7. *translate i. q.* seueritas 137, 6.

assiduo: *adu.* 193, 6.

astute: a. satis 48, 19.

atelia: -m contulit 38, 22.

atque *nonnumquam postpositum uelut*: fontes atque uberes 193, 9. uoluntarii atque ei se traderent 289, 7.

attonitus: -a mulier quia ex alto

deciderat loco 108, 17. -is mentibus 99, 16.
auaritiae *abl. casu, ut uidetur codd. M²aV* 187, 20. auaritia habendi 162, 10.
auarus: -i agricolae 405, 12.
auctor: auctores eorum (*BI* τοὺς ἄρχοντας αὐτῶν) 158, 9. Macchabeorum -em (*i. e. patrem*) 351, 16. disciplinae *i. q.* religionis Hebraeorum *de Abraham* 387, 5. naturae *de deo* 219, 14. *Christus autem* a. uitae 163, 16. remedii 296, 18. salutis 301, 6 *dicitur.*
auctoritas: a. pietatis 249, 20. uirtutis 369, 2. odia quominus se tegerent -tem acceperant 113, 2. -tem latrocinandi sibi uindicantes 199, 2; *cf.* 256, 27. data criminum -te 270, 15. praeueniendi Aristoboli deducendique eius -te 28, 21.
aucupari: -tus Antiochi necessitatem 7, 15. eius absentiam 13, 12.
audere: furta belli a. 320, 1. ausim dicere, *cum multorum oratio afferatur, per anacoluthon* 212, 5.
audientia: si deferatur a. 114, 11. -am negari 113, 15.
auditor: 86, 1.
auditorii *conieci* 146, 11.
auellere: a. a suis adulescentem 75, 9. partem (*sc. populi*) ceteris -endam 173, 19.
auersari *i. q.* odio habere: alterum (*sc. flagitium*) dolore neptis -abatur 72, 8. metuentibus aliis, aliis -antibus 113, 1.
auertere: a finibus suis hostem -eret 406, 1. tanto impetu in Romanos prosiluere ut omnem exercitum -erent 173, 2; 180, 8. (animae) uirtus sit mortem a. 409, 24. praeter illa quae Cleopatra -erat (*i. e. detraxerat*) Samariam ei concessit 67, 12. -sus a proelio 14, 16sq.
auferre: matrem periculo a. 6, 14; *cf.* 415, 15. -ens ei militiae sacramentum 402, 5.
augere: fames -eret pestilentiam (= ei adderetur) 78, 13; *u.* auiditas.
auiditas: augebat inopia -em 203, 6.
auidus: uictoriae a. 339, 23.
aula: regis 76, 23. a. regia 79, 13; 85, 3; 20, 24; 25, 27; 89, 13; 169, 4; 280, 8; *uel absol.*: a. 77, 15; *cf.* 87, 4; 401, 24. *domum regiam significat.* ex ministeriis -ae regiae 100, 18. patuit a. uni ad succedendum 115, 4.
aulicus *i. e.* ad aulam regiam pertinens: puer a. 12, 16. -o ministerio 18, 19. -is aedificiis 69, 4; (Iudaei) cessere -is 25, 25.
aures: obseratas a. patris ad omnem sui defensionem 88, 21.
ausum, ausus: ausi *gen.* 90, 2. ausus *acc. plur.* 12, 28; 225, 10; 252, 11.
aut: utrum —aut 132, 25. nec —aut 409, 16.
auxiliator 64, 9.
auxilium: -a precationis 326, 18.

barbari *u. Index nominum.*
barbaricus: -a auaritia 50, 19. inmanitas 357, 21; 359, 24.
barbarum (*adiect.*; *nam genet. plur. substant. est* barbarorum 49, 8 et 11; 63, 10) agmen 48, 3.
barbulam 279, 23.
beatitudo: quod -ini datur 8,10.
beatus: (anima) -orum fruitur consortiis 410, 5.
bellare *saepius i. q. pugnare uelut*: 63, 26; 326, 25; 365, 7; 376, 30; 387, 29. Xerxen -atum *i. q.* debellatum 149, 16.

bellator *subst.*: 21, 18; 26, 22; 190, 10; 191, 10; 221, 9; 363, 20 (*u. l.* bellatorum 377, 10); 365, 28. *de duce* 191, 10; 221, 9. b. uir 258, 28; 364, 31. b. equus 331, 16; 377, 10.
bellatorius: manum -iam 188, 9
bellatrix: -cem cateruam 290, 21.
bellicus: ornatum -um 10, 23. furor b. 368, 18. -a incursio 54, 27. disciplina 55, 5. incolarum ingenia nihil -um ferebant 244, 2.
bellum: b. fremebant 227, 24. ciuitas fessa -is 69, 2. furta -i 56, 22; 61, 26; 320, 1. maximae necessitatis -o 178, 18; *saepius i. q.* pugna: anceps b. efficere 207, 13. in medio belli 305, 2. -o excessit 240, 1. -is asperis Iudaea lacerabatur 293, 1. quos Leonides tanto degeneres -o repudiauit 365, 8.
bene: pro unguentis b. olentibus, pro thymiamateriis b. spirantibus 299, 21.
benedictionibus 268, 12.
benedictus: -i salis infusione 268, 5.
bestia: ipsum feram esse -am 107, 14.
bestialis: -em immanitatem 257, 18.
bibere: -retur *impersonaliter* 105, 26.
bicornis: b. amnis 151, 17.
biduanus: -m ieiunium 356, 27.
biniones 357, 11.
blandiri: nec uobis -antur praesidia murorum 155, 10; *cum acc. rei*: successionem sibi Antipater -ebatur 101, 15. nec mihi blandior quod parcendum spondeant 214, 12.
borius *i. q.* septentrionalis: 314, 17.
bubus 135, 15.
bustum: patriae b. 353, 3.
C. murum in C litteram duxit 361, 24; *cf.* Plin. Epist. II, 17, 4.
cadauer: *falso dictus est Hegesippus nomine cadaueris quasi masculini generis usus esse* insepultorum -erum faetor, quos pluuia dissoluerat (299, 22), *cum accus.* quos *ab* insepultorum *pendeat, genitiuo masculini generis*; *cf.* defunctorum -era 345, 15; *dicitur etiam* de animalibus: equorum -era 336, 11.
cadere: aquis de supercilio montium -entibus 55, 22; *translate*: praeposteri litigatores -ant causa 130, 14.
caecus: -o dolore 12, 1. uulnere 142, 16. -i antrorum recessus 55, 19. -is (ὑφάλοις) saxis 285, 12.
caelestis: esca 320, 20. uindicta 63, 12. domicilio -i *i. e.* templo 319, 6. liber 211, 4. -is gratia 410, 9. ignis 242, 1. -es potestates 398, 18. -ia pabula 398, 7. habitacula 366, 2. mandata 155, 16. arcana substantiae -is 311, 5. -ium *i. q.* ἐπουρανίων (*bibl.*); *subst.* 311, 6.
caementum: -a parietum 151, 4.
calamistrum: -is crispabant capillos 279, 17.
calcare: -atas sacrorum reliquias 297, 27. *translate* fas omne -abant 300, 25.
calciamentum: confixum clauis -um 369, 10. mandebant -um 381, 22.
calefacere: insepultorum, quos sol -ecerat 299, 24; *u.* cadauer.
calere: res fraudi c. uisa *i. e.* opportunitatem fraudis praebere 380, 1.
calescere: *ut* (olei natora) cito -scat 205, 21.
caligo: tenebrarum 175, 10. tenebrosae noctis 368, 4. *translate*

fulgorem imperii Romani quaedam interpolaret c. 396, 26.
callere: qui -ret Iudaeorum insidias 316, 16.
callidus: c. ad huiusmodi negotia 276, 2.
calumnia: c. conponitur acerbo felle 10, 2; *cf.* 253, 5. tantis -rum molibus adpeteretur 88, 24. -ae machinatores 88, 25. in -am reos uocaret, quorum se -iis urgueri credidit 88, 26.
campestris: c. utraque (regio) 197, 6.
canere: canticum -ns 394, 12. tuba -ere 325, 18; *cf.* 296, 1.
capax: nec ullius iam sensus aut consilii c. 130, 7. portus urbis quasi ad formam corporis humani in capite ipso et statione -cior 284, 17.
caper: *i. q.* hircus excastratus *u. l. codd. BCV* 322, 28.
capere: nec furentem -iebat aula 77, 14. in exilium coegit quem non -iebat orbis terrarum 398, 14. -tus amore ancillulae 86, 17. -tus Agrippinae persuasionibus 141, 19.
captare: dolo uitae effugia -ret 316, 28. Arabes in fugam conuersi fraude atque insidiis remedia -uerint 61, 27. sicut rabidi canes aurarum -antes spiramina 381, 17.
captiuitas: c. geminata *i. e.* sub duobus populis 329, 6. -tes *plur. numero* 322, 1. fratris redimeret -tem 50, 21; *u.* depellere.
captiuus: -a colla 338, 18. mancipia 402, 20. seruitus 332, 27. abductae coniugis -am pudicitiam 323, 27.
caput: nodosae arboris c. 203, 14.
carcer: uita . . . c. animae 409, 4. ex hoc corpore quasi de quodam -ere 214, 4. Alani claustro portae ferratae cohibebantur uelut quodam clausi -ere 405, 9.
carmen: *de incantationibus tantum* 184, 27; 185, 19.
carnalis: (anima) -i adhaeret consortio *i. e.* carnis 409, 5. arma -lia (*bibl.*) 325, 14.
caro: *i. q.* corpus. totum simul c. noxia sanguinem euomat 12, 25. desueta edendi c. 357, 8. -nis uinculis 410, 2. secundum -nem genitus ex Maria 395, 8. *translate*: -nis intemperantiam 311, 22.
carpentum: 284, 8.
carpere: lumen seruitutis 212, 5; *cf.* 89, 16.
carus: *i. e. qui est benigno animo in aliquem.* -um se omnibus simulans 94, 19. se amicis -iores cupiant declarare 74, 16. carior *translate i. q. maioris pretii*: Antipatri militiam et hospitalem coniunctionem . . . -ora habebat 52, 12. *i. q. inuentu difficilior.* opes in proeliorum apparatibus . . . ex inimicis atque aduersariis saepenumero -res efficiuntur 36, 26. -issimi *i. q. ii quos in primis amamus* 381, 12.
cassia: -m 403, 5.
castimonia: corporis 310, 22. coniugalis 138, 24 (*paulo supra* castitas 137, 9); *u.* spoliare.
castrum: *i. q.* arx 10, 27; 20, 6; 157, 22; 169, 1. uelut c. quoddam 249, 23. quasi quodam -o 257, 14.
catapelta: -is 342, 17; *u. l.* catapultis.
cataracta: tantum *plur. num.* -ae, -as 284, 12; 283, 14.
catenatus: -um 210, 22.
caterua: bellatricem Sabini -am 290, 21. *plur. num.* -ae Iudae-

orum 30, 24; 315, 7. Persarum 228, 28. *translate*: insidiantium -is perurgueretur 91, 9.
caudex: -icibus oppressi 264, 2.
caupulus: (Rhenus) iam non -is Germanorum repletur 151, 15.
causa: c. accidit 19, 18; *u.* accidere. *improprie*: in hac -sa et in pluribus apud Magnum . . . usque ad inuidiam excellens 29, 3. malo de uirtute uos ducis quam de ignauia causas dicere 231, 3. in -am (*i. e.* iudicium) uocare 42, 22; 43, 17. -am grauare 92, 17.
causatio: 54, 12.
cautes: 224, 13.
cautio: non formidinis sed -nis esset 340, 17; *cf. Cic. Tusc.* IV, 13.
cautus: -a prudentia *u. l.* 369, 22. -iores 303, 11.
cauus: -a terrae 234, 14. -a muri 314, 9.
cedere: infracta muri cessura machinis 243, 2; *cf.* 361, 24. ad ictus muralis materies non -eret 407, 18. -ssit hostis missilibus, murus arietibus 240, 2. multitudini -endum existimauit 6, 10; *cf.* 231, 1. -ssit rebus aduersum se fluentibus 256, 25. uirtuti -sserint 308, 1. cessit *absolute*: 256, 1; *cf.* 61, 25; 186, 18; 276, 18. -ssit pietas religioni 7, 1; *cf.* 48, 1. *transitive:* cui potestatem (*u. l.* potestate) cesseram 115, 14; *cf.* 132, 27. Romanas acies confusae multitudini . . . uictoriam -ere 304, 10. delicti gratiam uolens -ssit 227, 17. oranti . . . filio cessit, ut . . . necis sententia mitigaretur 19, 13.
celeberrimus: *i. q.* praeclarus 184, 12.
celebrare: c. sacrificia 28, 13. -arent sacrificia 393, 4. scenopegia -rentur 393, 10. -ata oratione 186, 19.
celebratus: *adiect.* pompam armatorum -iorem *i. e.* frequentiorem 10, 4.
celebritas: gloriae -tate 186, 25. pompae funebris -tate 127, 18. celebritas *i. q.* festum, sollemnia 254, 23; 305, 14; 305, 20; 351, 20; 372, 9; 392, 14.
celerare: -andi itineris 201, 11. muneris 233, 8. -etur pompa funeribus 349, 14.
celeritas: excidii -tem 378, 15.
celsior: 367, 3.
censor: c. uniuersorum 118, 23. morum egregius c. *ironice* 36, 13.
cera: Iohannis c. *i. e.* qua se pinxerat 349, 13.
certamen: -ine belli 276, 25. aduersus naturam magis erant illis quam in hostem -a 202, 12. post huius absolutionem -inis *i. e.* uitae 408, 26 (*cf.* 28).
certare: bello 22, 8. *translate*: inter uos tamquam ad uirtutis aemulationem de scelere -atis 332, 10. aequa lance odium mulieris et amor uiri aduersum se -abant 72, 5. restinguere incendium -abant 205, 28.
ceruices: *translate* in -ibus periculum 96, 8. bellum in -ibus 253, 25. hostem incumbere -ibus suis credentes 403, 27; *cf.* 32, 10. te in -ibus nostris locaui *i. e.* tyrannum creaui 348, 7.
cespes: funera insepulta uelut quodam corporis mei -ite tegam 350, 1.
cessare: *i. q.* desinere -aret superstitio 208, 3. -auit aqua Iudaeis 331, 21. *cum infin.* fontium uenae fluere -arunt 331, 12.
ceteri: intecto capite nudus -a

303, 2. inpigro in -is ingenio 44, 25.
cetus: cum -o obiectaretur 223, 8.
charadra: charadris (*u. l.* charybdis) 55, 24.
chiliarchus: *u.* Index nominum
chirographum: -a debitorum (*BI* II 427 τὰ συμβόλαια) 160, 21.
cibus: repletus -bo gratiae spiritalis 216, 14.
cilicium: -o se sicut scuto induit 326, 7.
cinerulentus: -a canitie 414, 6; *u.* fessus.
cingere: qui totum orbem triumphis suis -xerit 288, 9.
cinis: patria, -eribus tuis superstes non ero 349, 6.
cinnamomum: 403, 4.
circa: *i. q.* apud: circa urbem Cremonensium 287, 20. circa ipsius montis radices (*BI* I 406 κατὰ τὰς ῥίζας). *i. q.* per: circa domus suas quisque dispersi 256, 17. uel in templo necati . . . uel circa urbis plateas 299, 7. *saepe pro* erga, aduersus, in *usurpatur*: officia circa templi purificationem 5, 22. circa dei cultum 331, 5; 326, 15. segniores circa uxorum reprimendam intemperantiam 75, 23. affectus circa defunctam 77, 28. indignationem circa Alexandrum 91, 14. fidem suam circa gentiles probare 179, 24. studiis omnium . . . circa suum imperium conspirantibus 286, 13. crudelitatem circa defunctum exercebat 300, 21. minor est circa nos ira dei 329, 25.
circuire: Galilaeam -ibat 400, 5. -iens murum 394, 22.
circuitus: finitimorum montium 202, 22. templi 293, 8; 305, 22; 394, 29. murorum 302, 7. per tredecim ferme in -u urbis milia 360, 27. -u longo terra tecta cadaueribus 360, 20. adposuit deus angelum in -u timentium eum (*bibl.*) 218, 12.
circumcisio: usque ad -nem Iudaeum futurum 161, 19.
circumcisus: urbs . . . praeruptis -a rupibus 238, 18.
circumferre: oculos 414, 3. personam fratris 84, 8. spectaculum parricidii 99, 23. Herodem 90, 15. *sed cf.* Addenda et corrigenda p. 419. *passiue* huc atque illuc -ebantur inopia duce 381, 18. ignis -ebatur 160, 20.
circumfremere: -ns 90, 15. *cf.* Addenda et corrigenda p. 419.
circumfundere: se -derant litori 223, 21. se a tergo -ere coeperunt 306, 20. *sed plerumque usurpatur passiuo genere, actiua significatione circumdandi ut* lectum filii regis -ndebantur 128, 4. -fusi ignes templum, *u.* ignis 319, 8. -fusae templum porticus 378, 10. *et sine accus.* -undebantur hostes 339, 25. medius inter agmina -fusa hostium 240, 21. -fusis nationibus alienigenis Galilaea circumdatur 196, 4. *eadem ui circumdandi, sed passiue*: -sus comitatu 9, 28. -si legionibus 63, 24. -sa hoste omnia 236, 22. quibus (*sc.* Romanis) ciuitas -sa 272, 20. circumfundi = se circumfundere, *ut* 306, 9. ne illi qui urbem egressi fuerant -nderentur. *item de rebus* 332, 5 cum plena horroris et gemitus -ndantur.
circumiacere: campus eum (*sc.* fontem) -et 268, 24.
circuminspexere: *u. l.* *M* 392, 26 (*an* circum inspexere?).

circumsaeptus: -um 273, 22.
circumscribere: simulabat se plebi fauere ut circumscriberet 250, 18. -bentium uersutiis 91, 6. -ptum esse mendaciis 253, 14. -pto, cui primitiua regni competerent 21, 9.
circumscriptio: c. ueteris sollemnitatis 249, 18.
circumsonare: muros urbis armis -bat 279, 14; 363, 16. officia praetendentium uallo -rent 177, 6.
circumspectare: omnia 116, 3. neque quemquam sibi obuium -auit 112, 25. cum et ualida murorum -aret quod expugnari nequirent et templum in urbe ... ut geminum esset ingressis periculum *cet.* 25, 7.
circumspectus: c. atque astutus 117, 3.
circumspicere: quam (figuram) plurimi -exere 392, 26 *cum duobus acc.* militem ... ferro saeptum -it 229, 22. dubia murorum cessura ictibus -exit 361, 24.
circumuagari: (Iordanes) plurima -tus deserta Asphaltio suscipitur lacu 235, 5. *translate*: hactenus -i licuerit, dum ... circa alias urbes stilum occupamus 247, 10.
circumuallare: ciuitas -ta praecipitiis 202, 14. ciuitas ... muro -ta 206, 8. obsidione -ta 318, 17. Brittanias muro frementis -tas elementi 397, 4. -tur stipatorum ambitu 127, 15. -tus multitudine 174, 21. -ti aduersa acie 227, 30. armatis 364, 35. Romanos flammae -auerant 342, 7. se praesidio -ret 114, 6. -auit hostis omne munimentum 414, 22. si in unam partem Alexander incumberet, aliis post se -ndi copiam dare 339, 26. Rubri maris unda muri specie transeuntes -uerit 397, 8. *translate*: quos tanta flagitia -runt 331, 24.
circumuenire: (lacus) harenoso undique litore -itur 233, 16. (plebem) factionum stipamine -iri 302, 3. *translate*: me -erat delinimentis 116, 11; *cf.* 95, 12; 139, 11. *part.* circumuentus 95, 12; 121, 14. ista aetas facile fraudulentorum insidiis -itur 91, 5; *cf.* 14, 23. ex his quae ad speciem ueri adsumserant renitentem -irent 9, 21 *ubi* ex *ex Graeco textu* ἐκ διαβολῶν *pendere uidetur.*
circumuentio: falsis -nibus credunt 391, 12.
cithara: -ae sauuitate 296, 4.
ciuilis: specie -i sed interius armati 305, 17.
ciuitas: *i. q.* urbs 16, 1 (*cf.* 19, 14); 69, 1; 160, 5; 162, 5; 193, 7. 13. 15; 202, 12; 209, 27; 221, 26; 222, 25; 223, 3; 265, 15; 277, 4; 292, 10. 11. 18; 309, 22; 323, 4; 404, 22. c. Hierosolymitana *i. q.* Hierosolyma urbs 215, 22. *u.* urbs; dei c. 297, 9.
clamare: Lucium -uit 380, 25. sanguis solet parricidium -are (*bibl.*) 120, 20. sanguis -at ad deum 63, 21. Quid enim aliud clamat Danihel? 372, 27. audisse repentina voce -atum: transimus hinc 393, 6.
clarere: in quo -uit potentia Christi 164, 11. liquido -eat utrum ... an 4, 9. -eat ab ipsis sibi Iudaeorum populis quam ab hoste periculum maius fuisse 224, 25. quo indicio -uit quod et sine religione arma non uincant et religionem sine armis uincere 325, 28.

claritudo: prosapiae claritudine 85, 2.
clarus: -is uocibus 391, 14. domus -a 333, 4. offensa dei -a 411, 16. -issimis donis 93, 25.
classicum: tubae -o 377, 24. hymeneis -um mutans 58, 6. cecinit itaque -um temptata inruptio 199, 12. qui cecinerit quietae urbi -um 252, 22 *i. e.* auctor belli fuerit.
classicus: miscerent certamina terrena classicis 227, 29.
claudere: septentrionalia (Galilaeae) Tyrus -dit 195, 5. orbis terrarum Romano imperio -itur 154, 9. anima intra hoc ergastulum -itur 409, 5. -i obsidione 4, 5. lacu -so et undique Romanis circumdato 236, 23. praedationes terroribus mare -erent 222, 22. ille oculos morientis -eret 355, 2. -sis iam fasciola oculis 401, 29. omnem affectum uis mali -serat 345, 2. diem -eret 129, 3. propero fine imperium -sisset 141, 3. uitam triumpho -ere 231, 22. in ipso -endi operis fine 362, 20. sermonem -serat 366, 20. -sus tenebatur 354, 19; *cf.* 6, 16; 7, 21; 257, 6.
claudicare: generationis eius successio -auerit (*bibl.*) 4, 10.
clauis: *translate*: has illis (= uxoribus) -es refundimus nouo sanguinis testamento 416, 5.
claustrum: Alani ... -o portae ferratae cohibebantur, quam Alexander montis imposuit iugo 405, 5. intra -a se reciperent *i. e.* loca munita 371, 3. *item sing. numero* diruit murum, ne esset -um refugientibus 314, 11; *cf.* 369, 9. *translate*: uelut -um quoddam Iudaeae resolueretur 194, 9. ciuitas monti uelut -um obiaceret 192, 21. Galliarum incolas populos Rheni fluenta immanisque Germania insuperabiles reddidisse et inaccessibiles -orum beneficiis aestimabantur 151, 7.
clementer: seditio c. resultauit 306, 10; *u.* dementer.
coaceruare: -andis aggeribus 377, 6. praedam auaritia atque rapinis -atam 187, 21; *cf. u. l.* 335, 16. non mediocrem Iudaei -auerant multitudinem 172, 22. *translate*: quae sibi et fratribus erepta forent -aret 39, 5. quae pretio -ata regi insinuabat 95, 13. ad flagitia -nda 248, 5. exitia 336, 13. crimina 348, 31. maestitiam 86, 3. Iudaeorum amentia -atur 163, 19.
coalitus: multorum -u 244, 2.
coartatio: c. uindictam ademerat 209, 12 *i. e.* densata multitudo.
coepisse: -ta Alexandriae 20, 8. obsidione -ta 58, 5.
coeptare: bellum coeptarunt 199, 27.
coercere, *u.* cohercere.
coetus: c. parricidales 252, 11.
cogere: Hannibalem in exilium -egit 398, 14. (naturae religio) etiam feras -git in amorem necessitudinis 83, 1. quibus dictis -egit in lacrimas universos 80, 21.
cognatus: -a studia 251, 23.
cognitio: ne quo modo ad -nem regis perueniret 112, 9. *ea ui, qua apud iuris consultos occurrit* 23, 30; 113, 16; 253, 6—7.
cognomentum: *i. q.* cognomen 48, 5; 283, 8; 289, 28.
cognominis: urbem -inem regis 152, 19.
cognoscere: cognoscere de *i. q.* certiorem fieri 51, 3. -ret quod cau-

tionis esset Romani exercitus moderatio 340, 17. *seq. infin.* -ret proditam patri suorum scenam flagitiorum 114, 4. -osce cui mors eorum profecerit *i. q.* quaere 115, 3. ut a suis -rentur *i. q.* agnoscerentur 374, 11; *cf.* 376, 19. -uit uxorem 34, 11. cognito *i. q.* comperto *seq. infin.* 49, 15. -ito ad urbem se contulisse plurimos 222, 13. *uel seq. quod et coniunctiuo, ut* -ito quod Herodes uiueret 50, 16; 169, 26; 173, 6; 200, 1. *uel quia, ut* -ito quia de sucis Arabiae accepisset Feroras poculum 105, 17. -ito sibi Romano militi 313, 4.

cohabitare: pestem, quae in mores cohabitantium (*BI* I 460 τῶν συνδιατριβόντων) transeat 82, 19.

cohercere *et* coercere: alios claustro -cet *i. e.* munitionibus se tueri cogit 369, 9. Hister profluus hostes cohercet 154, 24. angusto ingressus nauium coercetur limite 362, 17. (militibus) custodia commissa cohercendae insolentiae 171, 24. *de imperio* Syriam iudicio cohercens 29, 19; 321, 12.

coheredem: c. gratiae 89, 26.

cohibere: Alani claustro portae ferratae -bantur 405, 8. Romani -entur angustiis 368, 13. effera uis animi nec mari nec terra -batur 99, 20.

coire: in concordiam -eunt 312, 19; *cf.* 309, 6. inuicem sibi -eunte copula iungantur posteritatis meae successiones 102, 28.

collegium: tribule collegium *i. e.* uinculum quo inter se homines eiusdem gentis colligantur 179, 18.

colon: colo medius uexabatur 124, 9.

color: donec c. ullus acerbissimae necis filiis inueniretur 99, 23.

colossus: -is ingentibus 69, 24.

comitari: praeite fili, ... -tabor simul 350, 9. Hyrcanus -antibus secum qui bello reliqui fuerant 20, 14. -atus seruulo 57, 18; *cf.* 244, 21.

comitatus: inopes quibus c. deerat *i. e.* serui qui comitarentur 260, 24. circumfusus -u pari *i. e.* eodem ornatu praedito quo ipse erat 9, 28.

commacerare: inopia aquae -abat siti 395, 16. languore -tos 366, 5.

commaculare: ciuium cruore altaria -atis 375, 12; *cf.* 297, 27. se parricidio -arunt 373, 12.

commeatus: -tum uitae 311, 29.

commentator: c. parricidii 117, 3.

commentum: nequitiae -a 275, 2. crudelitatis -o 358, 7. -um detulit, ut uestes suspenderentur 203, 7.

commercium: Phoenicis atque Aegypti -a populabantur 222, 20. nouae auctionis -o se mulierem prostituisse *scil.* imaginem suam uiro ignoto ac potenti mittentem 73, 30; *u.* mutuari.

comminuere: saxum super arietem elisit tanta ui, ut -ret caput machinamenti 204, 14. marmor harenae ruina -itur 204, 8. -it omnem suae uigorem salutis 17, 23.

comminutio: 204, 23.

commorari: Alexandreae -retur *sc.* habitaret 110, 1.

commori: cum hoste c. 315, 16. muneri c. 27, 23. -amur patriae 411, 25.

commotio: *i. q.* indignatio, ira 51,

10; 89, 12; 91, 14. -ne dei 165, 19. -nes insensibilium 62, 25.
commotior: 307, 5.
communire: castrum -uit 68, 1.
communis: ius -e 107, 1. neces in -e omnium 353, 2. in -e bonus 159, 22.
commutare: necessitatem (mortis) c. gloria 365, 22.
comparatio compendiaria: aetas fratre prouectior 29, 8.
comparatiuus saepenumero absolute usurpatur ut aridioribus 67, 5. numerosior 71, 22. longius 106, 15. frigidioribus 193, 6. diffusior 266, 13. incautior 379, 2. ocius 383, 20. diligentius 383, 26. cautior 405, 29. pertinacius 413, 8. *cum positiuo nonnumquam coniungitur ut* diutius insultare quam cito perdere 382, 5. asperiora palearum uel coriorum dura 382, 7. audax iuuenta et gloriae cupiditate ad proeliandum acrior 343, 5. *nonnumquam pro superlatiuo ponitur ut* senior natu = maximus natu 5, 25. iunior ceteris 5, 26. ex tribus maribus iunior 71, 24. seniore regis filia (*BI* I 483 τὴν πρεσβυτάτην) 86, 16. ceteris senior 248, 24; 255, 6.
concedere: Samariam ei -essit . . . CCCC quoque stipatores . . . regi -essit 67, 13. 16. -essus fuerat deprecantibus 71, 6. *intrans.* in regnum suum -essit 158, 11. Gofna ad Romanos -esserat *i. e.* defecerat 301, 24.
concentus: c. furoris 254, 6. -u propinquorum 87, 4; *u. Addenda* p. 419 *et cf. Plin. Pan.* 46, 2.
conchiliatus: -is clamidibus 279, 26.
conciliabulum: a Romanis discedere et c. sibi quaerere 139, 15. domicilium sanctitatis factum est praedonum c. 254, 22. deserite latronum -a 252, 12. nec (deus) demoretur in parricidarum -is 331, 30. cuius uita uersutiarum c. 84, 5.
concilium: eorum, qui praeessent prouinciis c. 97, 24. angelorum c. (*bibl.*) 325, 1.
concinere: studiis -entibus 309, 6.
conciti: 306, 24.
concitor: -es belli 158, 12.
conclamare: excitatus strepitu -antium 124, 20. -atae urbis sonus *i. e. extinctae uel quae extincta putabatur* (*cf. Lucan. II 23, Ter. Eun. 348*).
conclaue: -ia templi (*BI* VI 261: τοὺς περὶ τὸν ναὸν οἴκους) 390, 13.
concordia uerbi cum praedicato: templum carcer est factus 255, 24.
concremare: -bitis patriam 156, 6. templum -etur 323, 5. -ta est ciuitas 404, 22.
concrepare: clypeis -abant 307, 3. uento inpulsi palmarum ordines -ant 196, 20. luctu tota -uit domus 126, 1.
concretus: (anima in hac uita) -a puluere 409, 8.
concursus: -u alueorum 224, 4.
concutere: -sso clypeo simul et gladio 379, 6.
condemnare: animam fratri matrique -atam 12, 21. *seq. infin.* graui pulsasse iniuria suum dominum -abitur 213, 5.
condere: -am sepulchro 382, 23. fluuius in mare -tur 193, 3.
condicio: belli c. 148, 9; 330, 15. decernendi c. 242, 8. prona hominum -ne ad misericordiam 98, 14.

condire: -endi funeribus *i. q.* cadaueribus 344, 18.
condītor: frumenti c. 334, 1 *i. e.* qui absconderat. (urbis) -es 222, 4.
condonare: salus patris sibi -aretur 101, 1.
conducibilis: -a habitationis usui 222, 5.
conexio: -nis uinculum 106, 3.
confabulari: -emur deo 410, 14.
conferre: quod frequenter inter se c. soliti 106, 7. cum omnibus c. coeperunt, quomodo erratum emendarent 289, 13. ea non solum crebro in Iudaea -rebantur 129, 12.
confertus: -i 191, 12; 205, 16. -os 317, 8. -o agmine 306, 8; 376, 15.
confessio: 61, 20; 114, 7; 118, 4; 349, 1.
confessor: c. ausi parricidalis 90, 2.
conficere: bellum 201, 12; 315, 17. certamen 368, 21. uictoriam 278, 1. ut -iceret fames defectos subsidiis alimentorum 343, 12. et desperatione fugiendi et indigentia cibi -icerentur *ib.* 16. -ectus ieiunio 404, 2. macie -ecti 344, 7. corruptior aer incolis -it aegritudines 267, 10. -ecerat stadia XXX 177, 13; *cf.* 20.
confidentia: erumpendi c. 306, 18.
confidentissimus: animis et uiribus c. 366, 15.
configere: -xum clauis calciamentum 369, 10.
confinium: in -o Petrei regis et Herodis 165, 7. in Brittania remotam a -o terrarum 154, 13.
confirmator: 133, 2.
conflictus: *i. q.* proelium: 62, 14. *i. q.* dissensiones: 413, 3.
confluere: plurimum ... -xerat multitudinis 227, 20; *cf.* 239, 10; 378, 1. principes flagitiorum eo quasi in sentinam -xerant 248, 1. quo ex omnibus terrarum partibus -ebatur 254, 23.
congestio: c. cadauerum 344, 16. nihil proficiebat c. *qua fossae ante Hierosolyma replebantur* 26, 7.
conglobatus: -os solitus auertere 180, 8.
congredi: Idumaeis -ssus 275, 24. -iuntur aduersum satellites 280, 6. Othon extinctus, Vitelli ducibus -dientibus 278, 17.
congregare: exercitum -at 203, 12; *cf.* 43, 25; 60, 28; 171, 25; 277, 14. eorum qui praeessent prouinciis concilium -retur 97, 24. -bat in inuidiam contumeliarum genera 98, 22. -ta sunt talenta XL 158, 3.
congregatio: facta militum et populi -ne 126, 27. -nes aquarum (*bibl.*) 68, 21; 55, 20. c. Christianorum *i. q.* ecclesia 164, 1.
congressio: *i. q.* bellum, proelium 20, 12; 21, 20; 33, 3; 53, 3; 61, 24; 370, 26. -ne habita 63, 27. *Cum non de* -nibus (συμβολαῖς) *circa Pelusium* (*33, 3*), *sed de Pelusi ostio* (ἐμβολαί) *in Bello Iudaico Graeco I 175 mentio sit, dubito an aliter Hegesippus legerit in exemplari suo, praesertim cum in Iosepho Slauico apud Grass et Pascal locus nusquam appareat. similior locus Antiquitatum XIV 130:* Μιθραδάτης . . . εἰς Πηλούσιον ἀφικνεῖται καὶ μὴ δεχομένων αὐτὸν τῶν ἀνθρώπων ἐπολιόρκει τὴν πόλιν.
congressus: -u habito *i. e.* proelio commisso 13, 8; 291, 2. -u superior factus 6, 14. in -u superiorem 276, 17.
congruus: honore -o 82, 1.

coniugalis: c. formae 76, 4. c. pudicitiae 324, 12.
coniugium: *i. q.* coniux 63, 16; 85, 16. -i societate 79, 2.
coniunctio: *i. q.* coniugium 36, 13; 46, 3; 58, 7; 79, 5; 97, 13. hospitalem -nem 52, 11. Romanae -nis electionem *i. q.* societatis 199, 9.
coniunctus: -o itinere 194, 1. Mariamme ei -a *i. q.* nupta 75, 1. -um Alexandro *i. e.* familiarem 99, 27.
coniuratus: -os sibi 10, 19. Iohannis et Simonis -i 314, 13; *cf.* 370, 8.
conlatio: sacerdotii -nem 75, 16.
conlidere: inter se armis -erent 412, 14. nauigiorum sonus, cum inter se -erentur 223, 25. -si corpore moriebantur 380, 10. in sua -si arma 364, 16.
conluctari: -tur casibus 242, 1. -atus est domino 325, 1.
conluuio: imperatoris c. 139, 9.
conpassio: misericordiae -ne 186, 25. -nes parentum *i. e.* misericordiam erga parentes 415, 16.
conpati: 105, 6; 337, 11. *cum dat.* ex te genitis membris -eris 120, 24. fessis -i 188, 21. -tiens 90, 16.
conpendium: c. supplicii 108, 21. mercaturae -iis 358, 11.
conpensare: c. cupientes operis effectu quod praeuenti forent 367, 22. Abraham coniugalis pudicitiae remunerationem sterilitatis remedio -uisset 324, 13. -ari caedes subolis quouis usu honoris 352, 20.
conpensatio: tutissimus portus -ne quadam ingressus periculosi 286, 1.
conperendinare: -ari cognitionem 23, 30. uoluntas dei belli exitum -auit 175, 2.
conperendinatio: -ne uiuendi 414, 11.
conperto: c. ea 133, 22. c. quod 274, 8; 370, 17.
conpetenter: c. funus curatum 127, 16.
conpetere: c. regni successionem 103, 19. sacerdotium inter se -unt 329, 17. *i. q.* deberi: cui primitiua regni -erent 21, 10; *cf.* 22, 26. c. regnum uidebatur 71, 20; *cf.* 131, 7.
conpetitor: sacerdotii -es 406, 24.
conplacitus: 103, 11; 330, 15.
conplanare: muros Hiericho -asti 296, 1.
conplecti: -entes se inuicem 350, 21.
conplere: -euit sermonem *sc.* finem eius fecit 373, 9. hinc resolutorum putredo uiscerum, inde exustorum nidor sensus omnes atque ora -bant uiuentium 299, 26.
conprehendere: praecipitiis quae nec uisus hominum -eret 202, 15. uestibuli limitem non queant -ere (nauigantes) 285, 5.
conprimere: c. multitudinem non adquiescentem 144, 1. haec -essa est insolentia 143, 13. etiam acerba odia metus -imit 303, 22. -esso uiriliter affectu 416, 14. nec a fratris coniuge suas -esserat cupiditates 134, 15.
conpungere: -ncti sunt (*bibl.*) deserti Vitelli paenitentia 289, 8.
conquestiones: 106, 17.
consauciare: se ipsi -uerint 259, 20.
conscientia: pura 80, 16. particeps 246, 21. bona 189, 4. -ae consortio 111, 24. -ae stimulis 113, 3. -a uirtutis 65, 24; 202, 10; 220, 6; 240, 24.
conscius: uirtutis -ae *u. l.* 220, 6.

consenescere: opperiri, quando hostis morbo -escat 364, 10. infractus impetus eius -uisset 43, 27.

consentaneus: quod esset suspicionibus -m 88, 14.

conserere: proelium -itur 376, 13; *cf.* 361, 20. -ta agmina 242, 5. -tis clypeis 388, 28. -endi sermonis copia 312, 12. militi sermonem -it 313, 5. -tus uulneribus 367, 15. *saepe* conserere *i. q.* manus conserere *ut* 38, 3; 348, 2.

considere: -ite 383, 20.

consignare: in potestate eius ad subeunda quae libitum foret -arentur 50, 1.

consimilis: -ium ferarum 385, 4.

consociare: exercitus gratiam sibi -aret 286, 17. diuisa -antem Iesum 298, 24.

consolari: dilationem uindictae -atus consummati negotii celeritate 246, 14. praemiorum solutione -atus est maculam proditionis 290, 5.

consopitus: 108, 16.

consors: c. sententia 242, 6. c. imperii 66, 13; 118, 14. belli -tem 65, 17. -tes uictoriae 231, 7. periculorum 80, 15. -tes miseriarum 106, 12.

consortium: *i. q.* matrimonium 70, 12; 94, 26. -o conscientiae 111, 24. habitationis c. 179, 1. -o cladis 225, 13. ad c. sceleris 252, 13. c. periculi (cum hostibus) 315, 24. indigna Italia (Hannibali uisa) societatis -o 398, 17. anima carnali adhaeret -o 409, 5. ad -a latronum 275, 5. puriora -a *sc.* sanctorum in caelo 410, 29.

conspicuus: c. e muro suos adhortabatur 368, 8. in quo (loco) -a in urbe positis foret species nauigiorum 190, 6. c. tantae praesumtionis 204, 20.

conspirare: (oppidula) omnia ne -arent in aliquos ausus 225, 10. -antibus uentis 224, 19. in unum -antibus studiis 303, 23. -ati cogente periculo 312, 20. c. ei militarem manum 87, 24. -tos inter se 306, 5. -antium multitudine 178, 18. -antium numero praestabat *i. e.* eorum qui eum sequebantur 293, 9. aduersus diuina -asse 386, 13.

consternatio: c. mentium 174, 18.

constipare: cadauerum, quae -ta sint 360, 13.

constipatio: tantorum hominum -nem 208, 21.

constituere: duos ordines in Caesarea constituit 221, 27; *cf.* 54, 19; 177, 4; 250, 9; 265, 24; 277, 18; 303, 17. supra fores in uestibuli fronte arma constituere (*BI* V 7 τίθενται τὰ ὅπλα) 293, 9 ei thronum rex iuxta se constituerit 352, 13. Romanis uadum uictoriae -retur 412, 15. in fraude ac uersutia spem c. 102, 1. nullam opem nisi in tuae salutis subsidio -erem 118, 8. supra uindictam -ens ius naturae 92, 11 tetrarches -tus 86, 13. (Iudaeos) ex aequo nobis in aduersarios -uimus 230, 13. constitutus *saepe i. q.* ὤν *ut* 52, 5.

constitutio: sanctae -is *i. q.* διαθήκης a -ne mundi 277, 11.

constringere: -i se manifestis rerum indiciis 84, 14. -ictus sollicitudine 103, 4.

constructio: muri, murorum 189, 17; 362, 3.

consulere: armis (*abl.*) -retur 144, 2. neque abnuo Florum in uos sceleste -uisse 330, 6.

consultior: 145, 26; 182, 22; 392, 19; consultius 8, 13; 208, 13; 343, 12. consultius: *adu.* 221, 6.

consultor: c. quietis 169, 16. bonarum -es partium 159, 26.

consultum: cum paucis praeterierat -o insidiantium 302, 12. pacis -a 245, 23.

consumere: turba omnis -itur 266, 9. multitudo fluuio -mta 264, 15.

consummare: in ipso portu -ndi cursus periculum manet 362, 27.

contagio: haesit lues nec transire potuit ad -nem uiuentium 295, 26. mundi -nem ne sol uideat 387, 22. furentibus suis inter se uisceribus manum admouere -nis aestimaretur 299, 4. contagio tua (*propter matrimonium lege prohibitum*) 135, 9. purificationes suas sine ulla uolebant seruare -ne 413, 2.

contagium: ne mors populum saeuo -o depasceretur 211, 7. mundus ab hoc -o 385, 7. pestem quae -o quodam in mores cohabitantium transeat 82, 18. non est aliena -i quae parricidae coniugio potiebatur 89, 21. contagium *translate semel*: infelicis terrae c. 384, 28. *pluries* contagia: corruptelae turpis c. 77, 14. suspectae societatis -a 178, 27. tantorum c. flagitiorum 331, 29. templi sancti et sacrae legis -a *i. e.* contaminationem 247, 11; *cf.* uaria lectio 135, 12.

contemplatio: -ne naturae 92, 10 *i. e.* ratione naturae habita. -ne multitudinis 358, 26.

contentus *subst.*: omnibus modis et -u etiam propinquorum ingrauans fratrem 87, 4; *u. Addenda*, p. 419.

conterminare: Aegyptus aridis Libiae -at 283, 12.

conterminus: Sobaros, Petrae -os 266, 22.

contexere: scena adulterii -itur 73, 24. quasi in ueritate cultus eorum praemissos -remus *i. e.* persequeremur narratione 392, 8; *cf.* 165, 22.

contextio: -ne sermonum 253, 18; 393, 20.

contingere: ne parricidae osculo -eretur 113, 10. ne -igeris quem scelere petisti 113, 13. *translate*: quem nulla prosapiae regalis origo -geret 131, 10.

contionalis: c. fragoris 146, 15.

contorquere: -nt spicula 12, 22. tela omnes -eant 355, 10.

contra: *om. acc.* qui arma c. parauerant 37, 24.

contradictio: -nis spiritum *i. e.* daemonium 298, 20.

contrarius: e -o 412, 19.

contribulis: *i. e.* eiusdem gentis 318, 21; 373, 5.

contubernalis: 108, 2; *cf. BI* I 592.

contubernium: uxoris -o 85, 16.

contuitus: *i. q.* aspectus, species. nos reuocet templi -us 157, 4. premebat studium suum -u reconciliatoris 81, 1. *plerumque abl. caus.* = ratione habita: morum eius 9, 12. honorum quos gesserant 19, 13. eius 111, 22. patriae 347, 30. nostrorum sacramentorum 348, 28. regalis fastigii 401, 20.

contumax: seruus c. 148, 19. hereditas et in patres c. 321, 20.

conturbare: armis omnia -ns 144, 17. latrociniis c. propositum pietatis Romanae 372, 2. *absolute*: cum pars -at auditorii 146, 11.

conualescere: in mulieris perniciem

fraus -uerat 122, 8. -uit rumor 281, 1. patrio more -uit neminem fieri principem sacerdotum nisi qui *cet.* 166, 4.

conuellere: -ulsa parte murali 361, 25. -ulsa nauium fragmenta 224, 8. -ulsis uisceribus sanguinem reiecerit 12, 5. -ulsa antiquitatis praesidia 171, 10.

conuena: -rum turba *i. e.* eorum qui a diuersis regionibus conuenerant 247, 6.

conuenire: aduersum pectus in hostem ferentes, si mors -erit, sequatur gloria 366, 6. Hyrcanus matrem lacrimis -ebat 20, 5. -iri peremtorum querellis 95, 21. ille durus, qui nullius affectu -iretur 278, 4; *cf.* 327, 4. quia ratione non flectebat indomitos, scripturarum testimoniis -ndos arbitrabatur 323, 13. usitati operis adhortatio non solum -uentis sed etiam -ientibus adfert pudorem 363, 21. digno -ior parricidii pretio *i. q.* multor 12, 18. mandatis, quibus (Pacorus) de Phasaelo eiusque insolentia fratrem (eius) -iret 49, 14. *alicui* c. (*de feminis*) in coniugium 76, 3. in ius copulae nuptialis 79, 5. in nuptias 104, 14. sibi domus propria non -iret (*BI* I 432 αὐτῷ στασιασθῆναι συνέβη τὸν οἶκον) 70, 19. *impersonaliter*: Romanis non -iat *i. e.* Romani sibi non congruant 307, 14. quem patris deflere aerumnam -erat *i. e.* oportuerat 38, 26; *cf.* 240, 23; 318, 29.

conuentio: desistendi -nem *i. e.* adhortationem 375, 23; *cf.* 33, 12.

conuentum: *i. q.* pactio 20, 17. iuxta -um 246, 8.

conuentus: *i. q.* σύνοδος 31, 8. 11. 13. *i. q.* contio 83, 17. c. latronum 351, 1.

conuersari: cum sanctis -amur 410, 11.

conuersatio: illi quibus ius humanae -nis negatur 154, 16.

conuersio: c. ad paenitentiam 14, 21. (Simon) erat desperatis rebus c. (*BI* II 470 ῥοπή) 180, 9.

conuertere: Iesus Naue Iordanis aquas -it retrorsum (*bibl.*) 325, 16; *cf.* 385, 22; 397, 25. principatus -sus est in nomen prouinciae 135, 24. *saepe* conuerti *i. q.* conuertere se, *ut* 246, 6; 346, 17. in nos -sae manus nostrae 412, 3. conuerti *i. q.* resipiscere 226, 17; 287, 2; 317, 22; 332, 11.

conuincere: conuictos *scil.* sceleris 84, 16.

conuulnerare: -tus parricidiis, quae deprehendisse extremae miseriae erat 122, 27.

cooperari: -tus est illis caeli fragor 256, 30.

cooperarius: -um factionum suarum 104, 19.

cophinus: -o 26, 6 (*bibl.*).

copia: frumenti -as 64, 29. poma super omnium regionum -as 197, 23. abundans regio mediterraneis -iis 198, 14. -as redituum 86, 12. *translate:* datam conloquendi -am 74, 19. defensionis 98, 16. conserendi sermonis 312, 12.

copula: -ae nuptialis 79, 5. puellae -am 86, 17. -arum societates 104, 7. inuicem sibi coeunte -a iungantur posteritatis meae successiones 102, 28.

copulare: Alexandro genitam sibi nuptiis -auerat 46, 6. feminas quae regi -abantur 85, 9. cognato sibi genere -atos 94, 17. quem sibi amicitia -auerat 64, 14.

coquere: -bant praecordia curae 12, 1.
cornu: litus -ibus utrimque leuiter inflexum 223, 4.
corporalis: -ibus oculis 409, 16.
corpus: qui ante certabant unum c. sese fecere 312, 20. Romano uigore, quo quasi unum totius imperii nostri c. animatur 400, 18. -ore mortis (*bibl.*) 212, 28.
correctio: 108, 28; 109, 17. *saepe in libris cum seq. uocabulo confunditur.*
correptio: 85, 24; 108, 28 *u. l.*; 109, 17 *u. l.*; 308, 16.
corripere: -i flagellis 394, 1. cum -erent *i. q.* contumeliis adficerent 301, 7. in flagitiis ab eo -bantur 164, 27.
corruptela: -ae turpis contagia *i. q.* adulterii 77, 14. uilissimae -ae pignore *i. q.* non iustarum nuptiarum 94, 25.
corruptio: *i. q.* adulterium 77, 11.
corruptior: tractus caeli c. 78, 4. c. aer 267, 9. fons c. 267, 18.
coruscationes: 256, 10.
crapula: eructuans -am 291, 10. *translate*: publicorum eructuant -am negotiorum 252, 8.
crapulatus: 287, 14.
crassus: palustris uliginis -um aliquid 233, 14.
crastinus: -a die 113, 19.
crateras: *acc.* 402, 29.
creare: Capharnaum ... huiusmodi -at piscem 236, 13. tractus caeli corruptior plurimis pestem -auit 78, 4. mortui ultorem sui faetorem -antes 345, 30. abundantia uilitatem -auit 327, 17.
creatio: sacerdotum -ionem *i. q.* electionem 329, 20.
creator: mirabilium -em operum 163, 25 *i. e.* effectorem.
crebrescere: c. generationes hominum 268, 15.
credere: portam sibi -itam 360, 2. eadem a Romanis potestate sibi -ita 144, 5. properandum -idit 46, 12. nemo -ere poterat quod —perseueraret 99, 18. -iderunt in eum (*bibl.*) 163, 12. non -idit, *i. e.* Christianam fidem non amplexus est 164, 8. idque Iudaeis -itum 165, 18.
credibile: *i. q.* fide dignum 10, 9; 255, 21; 306, 6.
crescere: in omne nefas scelerum enormitas -eret 175, 4. triumphis cotidie -entibus 281, 14.
criminosus: -am esse misericordiam *i. q.* criminis loco habitam 300, 2.
crispare: calamistris -abant capillos 279, 17. -antibus aquis 233, 11.
cruciare: -abantur *i. q.* cruci adfigebantur 337, 8.
crucifigere: 16, 1; 186, 22; 392, 23.
crudelitas: -atis eius seriem 9, 7. graues ac nefariae -tes 162, 2.
crudescere: si quid auidus sumseris, statim -it 357, 1. -ebant impietatis ministeria 299, 11.
cruentatus: -um sacrarium 329, 23. -um sanguine gladium 353, 13. -o uestigio 360, 25.
cruentus: -us animus 115, 6. -ta pauimentis ora detergens 250, 1.
cruor: infectum -ibus mare 224, 14.
crux: -i adfigere 186, 27; 337, 8 *u. l.* 20. adfigentes patibulo -cis 337, 4. suffigere 19, 4; 139, 20.
cubile: fraterni -is incestum 140, 8.
cubitus: -uque adnixus 125, 27. *de* cubitu *abl. cf. August., Contra Faustum II 16 (u. l. apud Zycha, CSEL XXV, sed codicum antiquiorum) et gen. plur.* cubituum *in Solini cod. Vat. 3342* (1, 91).

cuiusmodi: c. fuerim amicus 65, 25. c. aedes esset 390, 17.
culmen: periturorum -inum 372, 2. -ina reparata 372, 26. diruenda 372, 27. *translate:* in -ine imperii 281, 26.
cultor: ruralibus -ibus 189, 1.
cultus: portio (Pereae) mollis ad -um 196, 14. (de caelo) descendisse ad -us terrarum 385, 21. *translate:* aliena (*neut.*) a -u nostro et disciplina *scil.* Christiana 392, 3. -ūs eorum *i. e.* Hebraeorum religionem 392, 8. -us (*sing. num.*) sacrorum 375, 18. -us (*plur. num.*) 412, 8.
cum (*praep.*): c. armis = ἐν ὅπλοις 10, 15; 55, 4. c. magna uoce ait 185, 7. ea c. lacrimis uociferatus 333, 8.
cumulare: -andae gentis indicium *i. q.* colligendae 391, 26.
cumulatior: c. in dies erga adulescentem amor 73, 6.
cumulus: ad triumphi -um oceanus accederet 397, 15. -i calamitatum 371, 20.
cuneus: *i. q.* agmen 207, 2; 263, 17; 363, 26; 391, 11.
cupiditas: patriae -ati 112, 13. edendi -atem 272, 3. in omne genus amatorium -es 75, 20. feruor -tis 77, 21.
cupido: praedandi -ine 29, 20; 405, 13. quaerendi 358, 14.
cura: c. (-ae) ac sollicitudo (-ines) 5, 11; 12, 2; 112, 11; 274, 20. -arum superflua 28, 2.
curare: funus -atum 127, 17. -andis funeribus 358, 10. nullus honos -at hoc uulnus 352, 22.
currere: uestros toto orbe -entes triumphos 228, 22.
curriculum: -a mensuum 8, 19; 111, 14. -a annorum 126, 16; 320, 24. uiuendi -a euoluta temporum 106, 21.
custodia: *i. q.* carcer. alios -a receperat 47, 13. -am templi resolutam 392, 20. stipatores ad -am corporis regi concessit 67, 16. -a et -ae *i. q.* excubiae 143, 12; 342, 12; 356, 1. -arum ordines 343, 20. -arum strepitus 177, 10. -am militarem ciuitati inpertiuit 246, 28. toto die deferri fecit -am ne quis aquatum descenderet 208, 19.
custos: -dem tui corporis *i. q.* σωματοφύλακα 118, 3.
cyparissus: -is arboribus 239, 14 (*sed* cupressis 193, 9).

daemonium: 12, 27.
dapes: 291, 5; 387, 24.
dare: praeclaram militiae documentum 37, 15. deuotionis experimentum 131, 28. dantur custodiae 96, 21. exitio 42, 24; 144, 4. neci 261, 20. se praecipitio 216, 7. se in seruitutem 148, 17. in seruitium 352, 5. Bello Parthico incentiuum dedit sacrilegii dolor 4, 17. Gaius causas dedit Iudaeis grauissimae seditionis 141, 2. ut in passione sua Christo gloriam daret 186, 15. turres ruentes ingentem late stragem dedissent 313, 15. opera lapsa sonitum ingentem dedere 341, 8. non omnibus uictoria datur 323, 5. paucis praeesse natura dedit 323, 6. deuotionis nostrae detur experimentum 131, 28. diem clausit liberis superstitibus, quod a plerisque beatitudini datur 8, 10. intellegi datur *i. e.* licet 139, 27; *cf. Souter, Miscellanea Latina,* in Raccolta di scritti in onore di Felice Ramorino, p. 271. rationem dare *u.* ratio.

datiuus agentis *cum uerbis passiuis nonnumquam occurrit, ut* deberi sibi inferias interfectorum 95, 23. minore cruciatu quibus ars deerat mors transigebatur 224, 7. explorata sibi (esse) omnia 288, 26. ubi ferentariis temtatum proelium 276, 22. decepta es, ciuitas, populis tuis 295, 13. (sacrarium) profanatum est gentibus 413, 17. *praesertim cum participiis*: idque Iudaeis aestimatum et creditum 165, 17. lacu clauso et Romanis circumdato 236, 23. omnibus populis iudicia reprehensa et condemnata 288, 20. *cum nominibus adfinitatis uel propinquitatis*: nupta Aristobolo 10, 18. *Aliter* amantem sibi uirum 72, 6.

de *cum abl. originis uel causae*: de interfectis dolorem 116, 6. maiora de factis talibus suspectarentur 123, 27. de mentis furore quid diceret non sentientem 394, 9. *pro gen. partitiuo*: de anno sequenti octauum diem 273, 4. de Machedonum cohorte plerique 339, 12. *cum nominibus materiae*: manganum de ligno 273, 23. *cum nominibus urbium unde quis aduenit*: de Babylone 8, 20. de Masada 53, 17. de Caesarea 265, 15. *praeterea* de se *i. q.* per se, sponte sua 363, 22. de secta Iudaeorum *i. q.* secundum 392, 6.

dealbare: uultum 279, 22.

debellare: montana omnia finitima et munitiones -abat 279, 3.

debere: Scothia terris nihil -et 319, 28. non solum pro suo quisque sed etiam pro alterius sanguine scelus -eat *i. e.* ὀφλισκάνῃ 214, 25. aliis -eat quod imperator est 282, 8. regnum sibi -tum 95, 7. -eri sibi inferias interfectorum 95, 23 *ubi fortasse* sibi = a se. -eri sibi secundum domini uocem, ut ipse in passione sua Christo gloriam daret 186, 14. remisisse se necessitudini quod -ebatur dolori 92, 16. *impersonaliter* ita—ebatur ut Christus praedixerat 187, 2.

debitum: supremo naturae -o *i. e.* sepultura 300, 23.

decedere: regno -eret *i. q.* abdicaret 21, 7. de militia d. *i. q.* castra deserere 363, 13.

decernere: locus neci -cretus Stratonis turris 11, 12. ualidiores ordines acciri et Scythopolim petere -it 226, 22. *saepissime in praesenti tempore proprie et translate pro* decertare *ut* aduersus Aristobolum -ere proelio 34, 20; *cf.* 30, 15; 287, 23; 378, 17; 385, 2; 412, 19. aduersum Herodem iudicio 136, 18. ad negotium uerbis 245, 17. *quibus omnibus locis, postremo excepto, codd. aV (huius interdum m. 2) u. l. ex uerbo* decertandi *praebent.*

decerpere: ne quid . . . suae gloriae -eretur 259, 12.

decertare: *u.* decernere. *infinitiuus*: -tare 378, 19. *perf.* -auerunt 412, 20. *impersonaliter* -atum (est) 14, 12.

decessio: dolore -nis *i. q.* quia imperio decedere coacti erant 96, 8.

decipere: instabili -eptus uestigio 362, 22. -epta es, ciuitas, populis tuis 295, 13.

declarare: conditor Caesaris eam (*sc.* urbem) nomine -auerit *i. e.* claram fecerit 143, 22.

declinare: quod (excidium) -tis 156, 5. indignationem tantae potestatis 411, 29. pudor ignauiam -at

305, 10. -antes *i. q.* pedem referentes 55, 9. -ri (hostis) 147, 7.
decolorare: regnum -auerit 95, 6.
decor: 26, 19 (muri); 85, 8; 87, 17 (formae); interitum tanti decoris *i. e.* Mariammes reginae 78, 11; *u.* decus.
decumbere: -ebat Aristobolus in castro (*BI* I 75 κατέκειτο *Lat.* iacebat in castello) 10, 26.
decurrere: si quis forte secundo amne -ens 264, 6. -so biennio 48, 1. his -sis 272, 7.
decus: uulnerum 40, 7. uerecundiae 40, 22. prosapiae 210, 16.
dedecor: -es inultique 363, 12. -es atque inutiles (*u. l.* inulti) 391, 12.
dedignari: Romanae dignitatis supercilium -atus regni tumore 23, 10. *cum infin.* -atus seruari ad ludibria 50, 9; *cf.* 154, 4.
deditus: (uxoris) nutibus 73, 20.
deducere: (Archelaus) Zephyrium adusque (Herodem) regem -xit 81, 10; *cf.* 53, 8. (Simon) militibus Romanis mandat ut ducem suum -erent *sc.* ad se (*BI* VII 31 καλεῖν τὸν ἡγεμόνα προσέταττεν *Lat.* iubebat ducem ad se uocare) 404, 15. Antonius mouit eos, quos (de Moesia) -xerat 289, 18. nisi (templum) in suam potestatem -eret, etiam urbem tenere non poterat 318, 2. nos omnes sceleribus suis in haec supplicia -xit 109, 4. arborum ramis impediti qui fluuio -untur animam ponebant 264, 2.
deerrare: a fratris affectu et studio -aui 109, 10.
deesse: cum tormenta uiuentibus non -sent 128, 20. ut iam locus patibulis -set, patibula corporibus 337, 16.
defector: -es *i. e.* qui deseruerant 289, 18.
defectus: uuae et ficus decem mensibus sine ullo -u redundant 236, 5. in -u montis *i. e.* ubi mons deficiebat 202, 17. nauem procedere cataractae non sinunt non -u gurgitis sed fluminis praecipitio 284, 13. ultra uitae ac salutis -um 76, 19.
defendere: se, quamdiu potuit, a uulnere -it 367, 14. quos Raab meretricis fides a memoratae urbis excidio -it *i. e.* seruauit 325, 20. pulchrum uideri, si in -endis paterni ritus oberseruationibus libertatem suam adprobarent 123, 13. regnum d. aliis maluit quam sibi parare 131, 15.
defeneratus: Cleopatrae amori d. inseruiebat 59, 14.
defensare: 317, 13; 318, 5; 389, 19; 401, 13. -sebant, -sebantur *u. l.* 389, 19 (*aV*).
deferre: querellam 165, 15; 330, 6; 400, 3. querimoniam 169, 9. ei consilii -tulerit praerogatiuam 352, 13. meliora uobis hospitia -ferentur 350, 14. simulacris -tulisse sacrificia 328, 22; *cf.* 9, 24; 387, 16. alia, quibus fidem non -tulit 9, 18. -ferri fecit custodiam, ne quis descenderet 208, 19. commentum -tulit, ut uestes suspenderentur 203, 7. qui ultra priuatum modum quasi regis filio -tulerant *sc.* diuitias 134, 8. nec obsecranti -endum arbitratus 144, 21. sceleribus suis -ebant perditi, ut eo conuenirent 248, 3.
deficere: Roma edacitati eius -fecerat 291,13. quibus hostium muri qui diruerentur -fecerant 342, 24. deficere *saepe i. q.* mori 126,

10; 141, 18; 344, 6; 352, 12; 355, 1; 356, 14. hiemis asperitas -iebat 292, 24. -erint clades 414, 2. *passiue* -ectos subsidiis alimentorum 343, 13.
defigere: -ebatur imis uisceribus dolor 11, 23.
definire: consilium -itur 111, 10. iusto -itum examine ut 80, 26.
deflectere: -xere ad eos 257, 10. ad accipiendam uxorem -eret 58, 6. *translate*: ad Laturum uictoria -xit 13, 10.
defluere: ad Laturum uictoria -xit *u. l.* 13, 10. igne admoto argentum d. coepit 388, 16. (oleum) a uertice ad ima -ebat uestigia 205, 18.
defoederatus *u. l.* codd. *aV* 59, 14.
deformis: -es exuuiae *sc.* cadauera 364, 12.
deformitas: imperatoris *i. q.* turpitudo 139, 6.
defraudare: -abantur *i. e.* munere debito priuabantur 345, 9.
defungi: -ctus est *i. e.* mortuus est 136, 5; *cf.* 184, 10; 414, 15. -nctus *i. q.* mortuus 77, 21. 28; 78, 9; 91, 2; 105, 6; 127, 3 *cet.* -ctorum corpora 225, 1. cadaueribus 345, 24. reliquiae 364, 13.
defurere: 258, 8.
degener: ab eo 215, 15. filius 230, 24. -is animi uirum 59, 9. -is animi esse, ut templo cuperent superuiuere 396, 3. consortium -is societatis 328, 14. tanto -es bello *i. e.* inpares 365, 8.
degenerare: ipse priuatae uxoris contubernio -asset 85, 17. cuius (*sc.* Romani imperii) gratiā per usurpationem regni -auerint 131, 25.
dehonestare: dedecore 359, 1. ludibrio 60, 12. militiae sacramentum 402, 6. ueteris indolis claritudinem 411, 6.
deicere: in se ferrum -ecerint 218, 25. conclauia templi, quibus -ectis *u. l.* 390, 14. -ectus gradu 367, 17. regno 139, 25. -ectus eo *sc.* consilio urbis capiendae 203, 11. militum animos -ici 288, 6. -ectos animos 201, 9. -ecti illam status *i. q.* ignobili loco natam 85, 14.
deiectio: murorum -nem 316, 23. *translate*: ex illo fastigio in hanc -nem 403, 20.
delatio: -nis amaritudinem 9, 19.
delere: de testamento -ndum putauit 110, 7. de libro caelesti -ri 211, 4. probrum -retis *u. l.* 263, 5.
delinimentum: -o mitior fiat 147, 7. me circumuenerat -is 116, 11. captum magi Simonis -is 183, 23.
delinitus: tali mercede uiro -a 60, 2. quorum fauore et gratia -us 172, 11.
deliramentum: -o quodam senectutis 348, 33. captum magi Simonis -is *u. l.* *aV* 183, 23.
delitescere: -ebat 142, 25.
deloricare: Antigonum -arent 10, 16, *u.* diloricare.
demens: -ntis aetatis imprudentiam *i. e.* senectutis 349, 1.
dementer: seditio d. resultauit *u. l.* 306, 10 *quod praeferre debui cf.* Hor. Carm. III 19, 23 dementem strepitum.
demergere: mucronem -ant 214, 10. gladium -sit 383, 12. in Syriam sese d. 33, 7. in sanguinem -erentur 294, 16. somno -sus 287, 14. ultimo atque ineuitabili naufragio -si 97, 16.
demetere: proxima quaeque -unt 379, 19.
demigrare: in Syriam -auit 166, 21.

a quo ad Hyrcanum praerogatiua sacerdotii -auit 168, 3.
demorari: -ando (*BI* I 612 τῇ μελλήσει) 112, 21. idoneae ad -andum Hispaniae 398, 15.
demulcere: uos belli -ceo facilitate 364, 21.
densere: aciem 60, 29.
denuntiare: oraculum a summo -atum deo 373, 4. terribilia et plena prodigii d. 393, 17. id genus stellae bellum soleat d. 392, 2. *saepius i. q.* monere, minari: ab insidiis filiorum cauendum -abant 79, 10. uoce Rapsacis, quae populo quam suprema exitia -rentur 326, 5. ueniam tribuens superioribus, -ans correptionem futuris 85, 24.
denuntiatio: -nis perseuerantia *i. e.* praedictionis 393, 19.
deonerare: -auit inermis populi multitudinem *i. e.* dimisit 32, 7 (*BI* I 171 ἀπεφορτίσατο).
depasci: plerique ... radices -erentur 335, 23. miseros fames -eretur 345, 28. aegritudinis uis totum corpus eius passionibus -ebatur 124, 8. mors populum -eretur 211, 7; *cf.* 295, 24. templum ignis -eretur 379, 20; *cf.* 295, 1. *item de flamma* 390, 13, *de oleo ardenti*: olei feruor artus -ebatur 205, 19.
depellere: -pulerint metum *sc.* a se 86, 3. a se quaestionem -pulit 97, 3. post -pulsam captiuitatem 128, 20. propheta a patribus sitim, pariter et metum -pulit 327, 1. caelestis oraculi resultatio ... sterilitatem -pulit 268, 14.
dependere: pietatis officia -eret 113, 8.
deperire: non quod accedit liberis meis mihi -it 82, 25.
depingere: stibio oculos -ebant 279, 18.
deplorabilis: epilogum -em 408, 4.
deplorare: uictoriam suam saepius -arent 61, 10.
deponere: arma 161, 13; 255, 21; 401, 6. bellum 183, 4; 250, 14; 255, 3. odia 15, 5. spiritum 367, 16. studia belli 200, 18. seditionis studia 303, 19. plerumque iustitia -suit belli instrumenta 254, 27. quantum -situm sollicitudinum 51, 16. -sitis omnibus ... quae Herodes inmunierat (*BI* VI 149 καταστρεψαμένῃ) 377, 2. nemus quod numquam -nat uiriditatem 193, 10. -bantur manus *i. q.* demittebantur 220, 11. -siti aeuo 355, 25; *cf.* 365, 24.
depositum: 217, 24. 25. 26; 218, 2. -a uiduarum uel pupillorum 390, 28. -um dei *sc.* anima 217, 26. -um patris *sc.* testamentum 231, 5. -i religionem 217, 20.
deprecari: ad dominum -retur 224, 10.
deprecator: tuus *i. e.* qui auxilium tuum inploraui 349, 11.
deprehendere: -itur Mariamme insidiarum conscia 110, 2; *cf.* 333, 21. -sa (*acc. plur.*) dilue 113, 15.
deputare: secundam uigiliam Alexandro -auit 343, 21.
derelinquere: *saepius pro* relinquere: longo sed proximus interuallo praeteritus ac -ictus 144, 12. dilapsi regionem ... direptioni et igni -liquerunt 172, 24. moriens potestatem suae gentis Liuiae -liquerat 136, 4. filii Aaron formam successionis -quere 171, 8. moderator qui nihil umquam uel fortuitis euentibus (*dat.*) -liquerit 8, 11. anima gau-

det quod contubernium cadaueris -liquerit 410, 7. referimus gradum uictoriam -quentes 363, 13. *cum duobus accus.* quod eum solum intra urbem hostium -liquissent 241, 14. quem Titus in loco praefectum militiae -liquerat 404, 17.

deriuare: naturae priuilegio, quod ad salutem magis quam ad periculum -ri soleret 99, 15. quod et si nullo argumento fulciebatur, tamen ad solacium studii ferocis -abat pater 88, 20. in se uoluit caelestem -ari uindictam 211, 24. quod in argumentum est -atum necis *i. e.* quasi argumentum necis patratae adlatum est 374, 9.

desaeuire: acerbissima caede in populum -bat 144, 21. -ret procella 224, 18. -bat tempestas furoris 294, 19.

descendere: in hostem *sc.* in campum 363, 15.

deserere: -uimus fidem *i. e.* religionem 155, 15. solum -tum ab incolis (*BI* IV 453 ἀοίκητον) 266, 17.

desertor: *i. e.* perfuga 218, 7. amici 64, 26.

desertum: in -o, *sc.* mari aperto 223, 14. *subst.* 59, 2; 143, 2; 401, 11.

deses: d. ac lentus in flagitiis 144, 11.

desiderare: simulacra (hominum) cerneres, officia -ares, *quae implere iam non poterant* 344, 11.

desilire: equo -uit 227, 1; 315, 8. equo -uerat 232, 20 *sed a V primo loco* -uit, *altero* -iit, *tertio* -ierat.

desinere: a suorum caedibus non -bant 385, 13.

desistere: uociferari -stitit 394, 19.

desolatio: abominatio -nis 373, 1 (*bibl.*).

despectus: -u dignior 378, 15. *sensu actiuo* in ceteros -u superbo 406, 5.

desperatio: -nem salutis 91, 11. -ne ueniae 318, 13. euadendi 177, 4.

desperatus: -is rebus 408, 1. -o transitu 37, 5.

despicabilis: 366, 28; 369, 19.

despoliare: socios 189, 3. -atur *sc.* armis *u. l.* 369, 8.

desponsare: -bo seniori tuam filiam 102, 23; *cf.* desponsata 86, 15.

despuere: corpora quae -uerat mare 225, 2.

destinatus: L. Annio Gerasam -o *i. e.* misso 272, 14. -a feriendi arte 201, 22.

destituere: -eretur secundis 366, 24. ne scelesta imperia mandata exsecutio -eret 125, 12. quos enandi fiducia -erat 224, 6. quem mandendi officia -issent 335, 28. -tus a ceteris 302, 13 *sed fere omissa praepositione aut datiuo posito*: -tam se omnibus 73, 14. -ti parentibus 102, 15. -ta filio 355, 8. -tus idoneis successoribus 100, 11. *cum nominibus rerum* (Saul) -tus ministerio (armigeri) 215, 5. mulieres subsidio -endas (*u. l.* -tas) *scil.* uirorum 410, 26. -ti subsidiis alimentorum 364, 17. *praeterea* -tus undique 98, 21 (*BI* I 540 ἀπορούμενος) Nero se -tum dolens tanti casu amici 186, 3. tac Aristoboli cupiditates noua quadam mutationum uarietate 35, 18. quid -uimus diuina beneficia? 364, 15.

destruere: murum 41, 2. aggeres 312, 22; 313, 14.

desuetus: -a edendi caro 357, 8. -is edendi officiis 356, 5.

desuper: misso d. furore *i. q.* diui-

nitus 412, 10. indutus ueste candida et purpureo d. uestimento 404, 13.
detegere: dispositionis initae, ut ad Parthos confugeret, familiarium suorum confessionibus -batur *sc.* reus 86, 26.
detergere: cruenta pauimentis saucius ora -ens 250, 1.
deterior: procedebat in -ius aegritudo 122, 23.
determinare: aliarum urbium bella suorum incolarum excidiis -ntur 156, 11.
detinenter: *conieci* 306, 10; *sed uide sub* dementer
detinere: fratres custodia -eret 8, 27. rebellionibus intra Syriam -batur 48, 10.
detorquere: impedimenta -erent 314, 3. ab hoste in socios -sit mucronem 348, 24.
detrahere: cortices arborum -erent 335, 24. -bant coria scutis 381, 21. anulum defuncti digito -xit 127, 3.
detrectare: bellum suscipere -nt 5, 5.
detrudere: in custodiam -sit 58, 21; *cf.* 32, 20 et *u. l.* 140, 5.
deuius: mente 164, 6.
deuorare: mutationem quae -et atque absorbeat merita superiora 135, 20.
deuoratio: canum = quae canes deuorant 297, 17.
deuorsorium: scelerum 297, 13.
deuotatio: *u. l. codd CV pro* deuotio 298, 14.
deuotio: patrum *i. e.* animi affectus quo se deuouebant 298, 14. -nem *i. e.* pietatem erga deum 387, 9. pro ueritate -nis et fidei 27, 10. -nis nostrae (*sc.* erga Romanum imperium) experimentum 131, 28.
deurere: nostra subsidia (*sc.* muri) -entur 411, 17. conclauia templi quibus -stis 390, 14; *cf.* 411, 20.
dextera: -am obsidem ueniae et salutis sequestram 209, 18.
diademam: *u. l.* 8, 17; 65, 22.
dicere: ad aliquem 11, 9; 102, 9; 375, 2. -ns quod mixta deo sit 138, 7. -it *scil.* Scriptura 155, 26. *sed cf. Löfstedt, Vermischte Schriften*, p. 130sqq.
dies: *plerumque masculini generis, sed nonnumquam feminini, ut* quadam die 102, 9 (*sed* quodam die 136, 24). crastina die 113, 19 (*sed* postero die 361, 25). illa die 264, 25. dies illa 213, 19. octaua die 391, 23 (*sed* octauo die 404, 21). *cum adiectiuis coniungitur* festus et plenus reuerentiae 9, 23. excidialem 389, 20. *praeterea occurrunt* dies sacratus religioni 10, 10. sacris religionis diebus 26, 9. ebdomadis sacrae dies 245, 14. feriato die sabbati 412, 8. diem mortis 384, 3. diem claudere *pro eo quod est* mori 8, 9; 137, 1. *cum praep.* ad d. = quotidie 337, 8. per diem = interdiu 376, 26 et 27. luce diei, *ubi* diei *abundat* 142, 13.
differre: periculum -batur 362, 1. adorsi castellum Romani per biduum -lati 32, 15. putabam illum iam poenas dedisse, quem -i non oportebat 90, 1.
difficile: (*sc.* uix) difficile quisquam populus Iudaeos non persecutus est 162, 13.
difficultas: aquae 203, 3. locorum 242, 14. nescias pulchritudinem in tantis -ibus 70, 2.
diffidere: summae rei 241, 25. causae (*u. l.* causa) et numero 249, 22. aperto itinere 177, 3.

rebus suis 30, 9. infirmibus munimentis 200, 5. munitionibus 342, 25.
diffundere: ut inferior Galilaea usque ad urbem . . . -atur *i. q.* extendatur 195, 9. neque (regio) tota campis -itur 197, 7. religio toto diffusa orbe 156, 12. luce diffusa 177, 16.
diffusio: maris longe lateque extenditur 284, 20.
diffusior: Perea 196, 12. mons (*BI* II 452 ὄρος μήκιστον) 266, 13. -a spatia 233, 18. -ibus locis 176, 16.
digladiari: -antur 232, 18.
dignatio: -one Caesaris 66, 24.
dignus: ne limine quidem urbis -os 255, 18. -us imperare 65, 29. *sed* -us quem Dauid uindicaret 211, 15. quem laudaret propheta 211, 18. -um est *impersonaliter seq.* ut 9, 7; 66, 22; 218, 26. *seq. infinitiuo* 96, 23. *absol.* -o impietatis pretio 3, 17. -o parricidii mei pretio 12, 19. *quibus locis gen.* impietatis et parricidii *a* pretio *pendent.*
dilacerare: matrem -ari 331, 2. -atus sentibus 273, 20. -atis uisceribus 346, 7.
dilatare: Iudaea . . . usque ad Tiberiadis lacum -atur 198, 9.
dilectio: *i. q.* amicitia 50, 21 (*BI* I 274 φιλίας) *i. q.* amor 99, 29.
dilectus: nouellum -um 351, 7.
diloricare: *i. e.* per loricam transfigere 10, 16; 280, 1. *idem significat quod* lacerare: -ato amictu 39, 16; *cf.* Apul. Metam. VI, 10.
diluere: sanguinem meorum pignorum meo -am 350, 3. *translate*: deprehensa 113, 15. obiecta 258, 16. probrum 363, 5.
dimittere: filios eius ad Bithyniam -sit 32, 21; *cf.* 278, 8. -e me requiescere (*ex Scriptura*) 214, 1. *nonnumquam pro* demittere: saccos paleis repletos in eum -i locum 203, 28. dimissis manibus 209, 15. saxum -sit 316, 20.
directus: litus asperum -umque *sc.* praeruptum 223, 4. -um cursum inflecti 285, 11.
direptio: 172, 24; 400, 28; 405, 24.
dirigere: *mittendi significatu adhibetur praesertim in rebus ad militiam spectantibus ut* pompam armatorum -exerit 10, 5. Damascum iuuentus -retur 19, 19. aciem -rent 188, 18. Romam -ecti sunt 32, 19; *cf.* 142, 8; 169, 13. urbem (*u. l.* ad urbem) -exit 374, 5. Agrippam legatum -exit 141, 14. ad Adiabenos -etis legationem 155, 4; *cf.* 46, 20. quos ad pugnam -exit 231, 27; *cf.* 262, 16. comprehensos ad Florum -exit 158, 10. quos Neroni in Isthmon -exit 238, 4. quos quo quisque cupiebat -exit 333, 10. in Syriam -exerat filium Titum 240, 23; *cf.* 32, 4; 35, 13; 206, 4; 228, 8. d. epistulam 122, 3. 11. in Arabas iter -exit 16, 22. *sine accus. obiecti* ad Agrippam populus -exit precatum auxilia 144, 24 (*cf. BI* II 338). *alio sensu* Iordanes cursus proprios d. non posset 264, 21. aggere publico, qui ad muros urbis -batur 302, 6.
diripere: -iunt quoscumque offenderant aduenientes *sc.* corripiunt 357, 22. -eptis facibus *i. e.* ex focis arreptis (*cf. Verg. Aen.* IX 75) 341, 18.
diruptus: -a murorum parte 37, 17.
dirus: -am famem 7, 20. -a carmina 184, 27. -um odorem 299, 25. -a inprecabatur 382, 3.

discedere: a Romanorum societate -erent 132, 7.
disceptator: -es negotiorum 251, 15.
discere: quos aetas ignorauit superior didicit Romanorum uictoria 150, 14. *personaliter*: didici esse melior pater, quia -dicerunt filii mei esse meliores liberi 81, 20.
discernere: quae (*sc.* urbs) DCCXX stadiis ab Hierosolymitana urbe -ebatur et odiis ingentibus 191, 5. odor pestilens nec uictores nec uictos -eret 360, 23.
discerpere: parricidale illud caput ... manibus -am meis 89, 17.
discessio: *i. q.* rebellio 133, 9; 143, 3; 158, 19; 190, 14. 23; 200, 2 (*in codd. falso nonnumquam* dissensio).
discidium: unius culpa d. pariet orbis Romani 148, 2.
discindere: duo milia uirorum -issa sunt *i. e.* eorum corpora secta 358, 4. -issus sentibus 273, 20.
disciplina: militiae 342, 14. militaris 307, 9. *pro religione Hebraeorum ponitur* splendidissimae -am prosapiae 210, 16. Abrahae, quem appellant -ae auctorem 387, 5. apud quos disciplina est filios occidere 387, 19. *pro religione Christiana ponitur*: aliena a cultu nostro et -na 392, 3.
discordationum: *u. l.* codd. *aV pro* discordantium 159, 13.
discordia: seminatores -iarum 91, 11.
discutere: *cum uerbo* examinandi *coniungitur*: nemo -iebat, nemo examinare audebat 98, 24. d. atque examinare singulos 116, 4.
dispendium: superfluis sumtibus infinita -a tolerauissent 134, 10. ne deprehensis non solum -o sed etiam periculo forent 357, 13. *translate*: ultus -um 7, 16. inulta regni sui passus -a 14, 5.
dispensator: somni 116, 5. quietis 117, 24.
dispergere: ne ... uiderem meorumque -i uiscera 331, 2.
disponere: quae in Aegypto constituenda forent -suit 38, 20. -sitas copularum societates 104, 7. *seq. inf.* -suit in hostem inrumpere 389, 6.
dispositio: *i. q.* consilium, prouidentia. -ne domini 12, 12. (Cleopatrae) consilium non ex -ne sed ex usu in Herodem inclinauit 60, 24. -nis initae, ut ad Parthos confugeret 86, 25. *plur. num.* subuersis -nibus regis 104, 15. firmamentum -num suarum *i. e.* earum rerum quas testamento Herodes prouiderat 127, 10. *haud raro sing. et plur. num. militari sensu*: uirtus Romana praecellit -nis ordine 307, 8. Romanae -nis moderamina 228, 1. obstupefactus -nis specie 24, 21. lusae sunt -nes Caesaris 35, 17. quemadmodum circumuenirentur -nibus suis constituebat 48, 22.
disrumpere: cibo farti -bantur 356, 22. *translate*: (Iob) uitae uincula non -bat 213, 21.
disseminare: religio, quae ubique -uit *sc.* Hebraeorum 156, 13.
dissicere: hostium cuneum 263, 17.
dissimulare: -atis omnibus (*neut.*) 113, 6. reddat causas quod uadem suum -auit *i. q.* eius oblita est 90, 9. non optandum officium sed non -andum 90, 12. -ante Malicho quod necis conscius foret 45, 3.
dissociare: populus a Romanis sese -aret 391, 22. tanto -atum comi-

tatu ducis 183, 10. animae et corporis contubernium interrumpere ac -are 213, 2.

dissoluere: globos (hostium) 263, 18. ad -endam factionem 258, 13. murum ariete -uit 407, 17. solis sermonibus offensionum genera -eret 14, 19. praeceptum -itur 307, 28. fluxu corporis sexum (*sc.* uirilem) -ere 279, 22.

dissolutio: -nis flagitio *sc.* disciplinae militaris 307, 22. in hac -ne *sc.* morum 279, 23.

dissonare: studiis -antibus 239, 18.

dissupare: male parta nequius -ant 252, 6. more ingenii humani, cui satis est, ubi cupita acceperit, cetera statim -are 274, 3; *cf.* 254, 5.

distantia: ne diuersi generis esse aliqua uideatur d. 322, 28.

distare: quid -et ab hostibus 189, 1.

distentus: lacte -a pecus ubera gerit 197, 22. corpora ... hydropis morbo -a 356, 20.

disterminare: meridiana eius (= Aegypti) superioraque -ant ab Aethiopibus Soenen 283, 13; *cf.* 194, 18.

distillare: per incisiones -at humor 24, 17.

distinguere: ipsae (*sc.* duae Galilaeae) inter sese hoc -guntur (*sic*) modo *i. q.* diuiduntur 195, 6. Antipater -ctam sibi a fratribus regni spem dedignabatur *sc.* diuisam 83, 23. -xit maximis turribus portum 69, 19. (regionem) -ctam urbibus splendidissimis 271, 12. -ctam fluentis 284, 8.

diuellere: minitabatur quod -eret ab eo (*sc.* marito) filiam 92, 20; *cf.* 93, 6.

diuersus: diuersi *i. q.* alii *uel* ceteri *ut* -is cateruis 30, 24 (*BI* I 162 τὸ ἄλλο τάγμα); -is ex locis 35, 6; ex -is Herodis coniugibus 103, 19. habeat uetus prosapia -orum fasces honorum 353, 28. *i. q.* longinqui *ut*: templum cui amplius accesserit diuitiarum donisque -arum et innumerabilium nationum 158, 24. -ae factionis principibus 299, 15 *sc.* alterius. -a populi sententia *sc.* non unanima 256, 19. componens e -o omnia *i. e.* aliter ac res se habebat 250, 23. e -o mercede conducti *i. q.* οἱ ξένοι 15, 7. e -o occurrit *i. q.* ex altera parte 291, 1; *cf.* 340, 25.

diues: praedam ditem 187, 20.

diuidere: qui contradictionis spiritum sequitur, in se ipsum -sus est 298, 20; *cf.* 25. -sis corporibus *sc.* sectis 358, 5.

diuiduus: -um septentrionalis plagae munimentum 283, 20.

diuinus: -a dei praesidia 391, 8 (dei *om. aV*).

diurnus: labor *i. e.* cotidianus 230, 16.

docere: in Euangelio -emur quia erunt signa 392, 10. exempla quibus -eamur quod (deus) infestus sit 411, 31. -ti uiris Machedonibus 339, 15; *cf.* 392. 24.

documentum: suae fortitudinis 31, 7; 370, 25.

dolere: patrui mortem inpatienter -ret 112, 6; *cf.* 226, 1. -ens iniuriam 138, 21. se Nero destitutum -ens 186, 3.

dolor: sacrilegii 4, 17. riualitatis 75, 22. necis maternae 80, 9. iniuriae 117, 18. paterni periculi 243, 11. inpatiens d. 145, 7. d. intra se saltem liberam habebat sententiam 128, 9. sopito corpore omnis quiescat d. 410, 13.

domare: (terra) asperiores facilis sulcos d. 196, 13.
domesticus: 1. *subst.* bellum inter domesticos pugnabatur pro cibo *i. e.* inter familiares 381, 11; *cf. etiam* Ind. nom. — 2. *adiect. quasi* propriae domus: insigne -um 40, 13. -i mali immemor 76, 20. -am iniuriam 77, 12. -i luctus hereditatem 125, 8. -is doloribus 125, 11. suorum parricidam -um 128, 15. utinam tam -o usu quam publicis laetus successibus 126, 14. -is excitatus negotiis 246, 18. *latiore sensu quasi* propriae nationis: indicium -ae improbitatis 3, 20. d. (*sc.* hostis) 27, 14. -um proelium 220, 29. -o foedere *i. e.* inter ciues inito 303, 20. uere templum dei (*sc.* Christum) -is manibus crucifixerunt 301, 2. -um domicilium *sc.* in patria 128, 24. Palestinae -i fructus 235, 22.
domicilium: tolerabiliora exilia quam domesticum d. 128, 24. *translate*: totis -a terris uagantur *sc.* Aegyptiorum nauigia 284, 10.
dominari: (deus) qui caelo et aeri, terrae et mari -aretur 310, 11. in ipso templo furor bellicus -batur 368, 18; *cf.* 296, 5.
dominus: ad dominorum indemnitatem *i. e.* regis et reginae 189, 17.
domus: *acc. plur.* -os 49, 24. -us 295, 1 (-os *u. l. HZV*).
donare: -tus opimo munere 366, 12. -tus regalis coniugis necessitudine 86, 13. dicens -are se omnibus *sc.* delicti gratiam 308, 13. uiuere uobis -bo 401, 7. non -bo Romanis quod uicerint *i. e.* eos uicisse 412, 4.
donaria: 399, 22; 406, 20.
dotalis: -e patrimonium 416, 5.
dragma: -as 125, 13.
dubitare *et* non -are: *in enuntiatis affirmatiuis aut negatiuis uel enuntiatis interrogatiuis eiusdem usus* 303, 1; 328, 17; 331, 27; 386, 20.
dubius: superioris aeui -o (*abl.*) utrum *i. q.* superiore aeuo dubitante 234, 3. nec -m quod saepius uindicatum sit 307, 28; *cf.* 366, 1. *contra*: non -m sit totum in te mundum perisse 413,24.
ducere: in haec quisquam flammas -it 332, 16. in uincla -itur 136, 37.
ductare: Pacoro et Barzafrane agmen -antibus 48, 4.
ductor: Romani exercitus 21, 23. Idumaeorum 313, 4. iuuentutis -ibus *u. l.* 123, 6. *de legato legionis*: praeerat ordini quinto decimo -is officio 206, 4. *de numerorum praefectis* 276, 15. suis quisque -ibus pericula gestit probare 314, 25.
ductus: aquarum *u.* aqua. ciborum 356, 10 *i. e.* internae corporis uiae quibus cibus ducitur.
dulcescere: -ret aquarum amaritudo 268, 8.
duplex: -cia peccata 63, 4.
duritia: -m cordis *i. q.* σκληροκαρδίαν 164, 8; *cf.* Deut. 10. 6; Eccl. 16, 11; Ambros. De Abraham 11, 78. Ps.-August. Quaest. Vet. et Noui Testam. 69, 3.
durus: -i oculi 413, 28.
dux: *cf.* Index nominum. *translate*: inopia -ce 381, 18. ira -ce 390, 7.

ebdomas: -is sacrae dies 245, 14.
ebetare: arietis ictum *u. l.* cod. A 204, 11.
ebrius: libidine 59, 23.
ecferare *u.* efferare.

eclipsis non raro occurrit, ut: dum cedere pudori existimat 5, 17. caesisque quos aduersum ierat 5, 18. missisque per quos reuocaretur 51, 12. inuehendis quae necessaria sunt 152, 22.

edacitas: Roma -ti eius defecerat 291, 13.

ēdere: cantus 398, 3. responsum 396, 8. sonum 393, 5. fortitudinis documentum 370, 26. stragem 143, 26. quae ediderint deos partu 138, 5. Vespasiani germano -itus 290, 15.

editus: -tiore loco 69, 25. -tiora montis 243, 17.

edocere: ut per ipsos Caesar -retur 178, 17. malis -cti 318, 9.

effectus: praemissionis 25, 2. ne ante -um abirent *sc.* ante rem perfectam 256, 6. compensare cupientes operis -u (*i. e.* re gesta) 367, 22. conatus -u excidit 199, 8.

effeminare: uocem 279, 21. passio animi uirtutem -et 358, 21. animae -atorum (ex Scriptura) 216, 11.

efferare, ecferare: efferasse *absol.* 77, 28. ecferauerat in uniuersos 88, 5.

efferre *u.* elatus

efferus: -a uis animi 99, 19. -um maro 69, 12.

efficax: -cis uirum operis 137, 3. opum abundantiam ad dissoluendam factionem -cem 258, 13.

efficere: non solidum aliquid aut uerum -ere 184, 6. *seq. infin. i. q.* facere: ministrari -ecit 37, 24.

effugium *i. q.* fuga 88, 18. uitae -a captaret 316, 27.

effundere: male parta deterius -unt 252, 6. cui tantum liberalitatibus tuis se bonorum -derat 118, 15. -udit sese mercennario Antipatri 95, 3. *militari sermone*: in inparatam Italiam -ere 287, 13; *cf.* 192, 20; 400, 5. coniunctis uiribus in populum -nderentur 257, 10.

effusio: luxuriae -nes 279, 17.

effusus: -is diuitiis locupletauit 68, 13. -us fauor 286, 21. -a odia 318, 22. Caesar beneuolentia naturali -ior 52, 10. effuse: -e uenientes 34, 3.

egredi: urbe 19, 16. urbem 328, 26. muros 49, 14. urbem 262, 12 (*u. l.* urbe) 352, 4. urbem (*u. l.* urbe) -ssurum 186, 19. ad quos egredi 347, 16. (Iordanes) duos lacus uictor -ssus in tertio haeret 235, 6. (militi) -ienti ordinem praescripta mors 308, 1. -iuntur plerique praescriptum 306, 15.

egressio: 306, 11; 333, 19.

eicere: -ecta mater *i. q.* a uiro dimissa 112, 12. *eodem sensu* -bat alienam 324, 5 *sc.* feminam alteri nuptam.

elabi: *absol.* 233, 4; 263, 1; 407, 28. -psus *absol.* 192, 1; 232, 11. e uinculis 30, 6.

elatus, elatior: -am mulierculam secundum scientiam iuris diuini 18, 16. -um superbia 123, 9. -is animis 60, 29. succesu -iores 33, 25. repulsis crebro hostibus -iores 174, 15.

elementum: Brittanias muro frementis circumuallatas -i 397, 4. purum illud aetherium -um stellarum lumine refulgens *i. q.* orbis lacteus 366, 1. creator -orum (deus) 310, 10. apud quos (Iudaeos) etiam -a moriuntur 386, 21. in -orum miraculo stilum occupare 269, 17. -orum repagulis oppressi 243, 21. tamquam annitentibus -is uictoriae Roma-

norum 331, 18. -is iam Romano imperio subiectis 150, 19. -orum aegritudine expiatum interitum tanti decoris 78, 10. incorruptibilia -orum testimonia 120, 3. inpressi ante fores apices -orum *i. e.* ductus litterarum 275, 3.
eleuare: -ans caput 116, 25. manus 136, 24; *cf.* 208, 6. manus ad caelum 384, 29. saxum 204, 14. manibus suorum in murum -bantur 368, 9. si orarent ut a nauigantibus -arentur 224, 24.
elidere: saxum de muro super arietem -sit (*BI* III 230 ὑφίησι) 204, 14.
eligere: -egerunt bello perire quam libertati patriae superuiuere 351, 14. -ecti eunuchi *i. q.* delecti 93, 22.
eliminare: domo eam (*sc.* uxorem) -auerat 111, 25.
eludere: Iohannes obsidentium conatus . . . -ebat 318, 8. inter confertos iacula nusquam -bantur 317, 8. laxo saccorum sinu -sa plaga arietis 204, 1. *absol.* -entem Aristobolum 169, 9.
emendare: -emus quod his superuiximus malis 414, 20.
emercari: inpiis factionibus gratiam sibi regis -retur 94, 11.
emere: ueno et emto uiuitur 358, 15.
emereri: uir egregie factus ad -endam societatem potentium 34, 16.
emicare: eo bello egregie Antonii uirtus -uit 31, 6. Vespasianum in Gallicanis partibus et Brittaniarum uictoriis -uisse 287, 28.
eminentia: *subst. fem. gen.* penes paucos 323, 7.
eminere: hostem altissimis -entem aggeribus 379, 13. inter omnes (urbes Iudaeae) Hierosolyma -et 198, 17.
emittere: e conspectu 246, 4. -sit spiritum 394, 24.
emollire: ut . . . plaga arietis -retur 204, 2. coriorum dura non -bat *i. q.* concoquebat 382, 8. *translate*: (regina filium) acriorem animo -ebat priuati humilitate 18, 12. talibus -to patre 86, 2. (Ananus) paulatim -uit animum 250, 11.
enare: quos -ndi fiducia destituerat 224, 6.
enatare: de ciuitatis naufragio 178, 12.
enormitas: scelerum 175, 4.
epilogus: 121, 11; 408, 3.
epistula: *dubitari potest an* „epistulae" *ui singularis numeri usurpetur:* leguntur epistulae 114, 3 *ubi BI* I 620 τὰ γράμματα; *cf.* Loefstedt *Syntactica*, p. 39. *ceterum* epistulam *habes* 119, 3. *plurali significatione* epistulas 110, 27; 111, 4, epistulis 122, 3.
epitafium: commentum se, quo praeclarissime suum e. celebraretur *i. e.* funus 125, 4.
epulae: mulier quae absumeret -as uirorum *sc.* Thyesteas 384, 17; *cf.* 18. pridianas eructuantem -as 288, 3. inter -as extinctum 168, 1.
epulari: -amini quod mater feci 384, 8. sic -ri matrem fecistis 384, 18. membra -anda obtulit 383, 24.
epularis: -i ludo (*BI* I 88 ἐν ταῖς εὐωχίαις) 13, 22.
equestris: e. exercitus *i. e.* equitatus 96, 7. e. militiae ducis 137, 11 (*AI* XVIII 67: τῶν ἱππέων ἐν ἀξιώματι μεγάλῳ) e. militiae uir *i. e.* unus ex equitibus 315, 5.
equidem: audieram e. 385, 17. *sed cf.* 388, 1.

erepere: ad superiora -psit 404, 12.
ergastulum: uita carcer animae quae intra hoc e. clauditur 409, 5.
erigere: hinc -ecti animi hostium 61, 14. a caede incendio direptione -exi militem 400, 28.
(h)erilis: -i praecepto 23, 18; 213, 3.
eripere: Romanorum manibus patriam 58, 22. templum incendiis -retur. 338, 5; 371, 4. -rent templum incendio 374, 14. plerosque neci 56, 5. fuga sese neci 7, 25. nece se ludibrio 278, 22. auum sibi per scelus -uisset 72, 11. plures -erentur euersioni 374, 1. ut malorum suorum spectaculis -erentur 209, 16. ius commune -eptum 107, 1.
errare: -auerint in patrem filii 102, 16.
erubescere: arma sua 358, 30 (*BI* V 555).
eructuare: pridianas -antem epulas 288, 3. -ans crapulam 291, 10. *translate*: ubi se uino infuderint et inpleuerint ebrietatis, publicorum -ant crapulam negotiorum 252, 8.
eruere: ciuitas a latronibus -eretur 262, 6.
erumpere: ex amicis in arma -upturos 41, 14.
esca *et plur. num.* escae *i. q.* cibus 295, 21; 297, 16; 300, 8. 14; 384, 24; 387, 28. esca pluuiarum *i. e.* manna 398, 8.
esse: *huius uerbi uoces „est", „sunt" omittuntur nonnumquam etiam in enuntiatis quae ex coniunctionibus pendent ut* posteaquam comprehendendi spes lapsa 178, 2. esse *cum gen.* euentus fuisse quod uicerit 315, 24; *cf.* 340, 5. fecimus quod pietatis fuit 383, 8. quae pacis essent potius quam belli sequenda 41, 5.
esuries: -e 335, 18.
et: *postpositum esse uidetur*: Adiabenus et Agiras, *cum „Adiabenus" nationis nomen fuisse non hominis Hegesippus bene nouerit* 341, 17; *cf.* Index nominum. *saepe pro* etiam *ut* 40, 6; 44, 4; 162, 15; 319, 3; 333, 2; 353, 24. 28; 372, 12; 378, 12 *cet. pro* neue: ne minueret delationis inuidiam et euacuaret Eurycli fraudolentiam 97, 4. et quis *codd. secutus* (et qui *aV*) *scripsi* 212, 26.
euacuare: *pro eo quod est dissoluere, irritum facere, ut* inlisa solidis solida nocent, solutioribus -antur 204, 3. -auit inuidiam aduersum se directae legationis 46, 20. -ret Eurycli fraudolentiam 97, 4. -ati laboris taedium 341, 13. quo -ret uoluntariae mortis adsertionem 220, 1. *pro eo quod est* expelli, abire *ut* -etur umbra, ueniret ueritas 208, 4. introiret uastitas, -aretur celebritas 392, 22.
euadere: pestem 7, 3. insidiatorem 116, 10. consortium periculi 315, 25. lapidem (demissum) 316, 21. tyrannum 352, 27. incendium 380, 9. hostem 398, 1. securim 404, 5. quod metuimus 415, 8. incendia de quibus -sisse 398, 3. neminem mihi patiar -ere 116, 21. *absol.*: 38, 13; 94, 2; 116, 13; 177, 4. *translate*: si iste -eret *i. q.* si culpa liberaretur 121, 20.
euaginare: -atis gladiis 45, 11; 289, 13.
euentus: *i. q.* casus, *ut* fortuitis euentibus 8, 11. uario rerum -u 17, 25. habent proelia suos -us 241, 19. sortis -us 249, 1. belli dubius -us 319, 2. inopinatis

-ibus 369, 4. -us fuisse quod uicerit 315, 24. *plerumque in meliorem partem accipitur quasi* bonus successus *ut* quando praesumsit de belli -u, uictoriam secutam 288, 28. ne cresceret audacia Iudaeis -u fraudis et doli 303, 8. uincendi euentum 339, 17. fuit -us, quod nullus fuit letali uulneri locus 340, 5. Alexandrum -us seruauit 340, 15. -us periculum in gloriam uertit 340, 11; *cf.* 9. -us sibi adesset ut Caesari placeret 366, 23. nec tamen in omnibus sequebatur praedae -us 359, 20.

euersio: -ni 374, 1.

euersor: -em 372, 16.

euertere: -sam patriam 352, 5.

euidens: -tia imminentis excidii signa 391, 13.

euidenter: 91, 22; 249, 4. euidentissime 111, 9.

euirare: arietis ictum 204, 11. -atae inpuritatis opprobrium 183, 1.

euiscerare: cruentis manibus -erant uentris secreta 357, 25. -abo scelestum 89, 20. *de rebus*: quae urbs, ... quae prophetarum opera uestris manibus -antur 332, 15.

ex: ex illo *i. q.* ex illo tempore 131, 19; 409, 2. ex his quae ad speciem ueri adsumserant renitentem circumuenirent 9, 20 *ubi* ex his *abl. instrum. uice iungitur.* opes in proeliorum apparatibus ex inimicis atque aduersariis saepenumero cariores efficiuntur *i. e.* eorum operā 36, 25. non ex locorum asperitate usuque *i. e.* iuxta 224, 17. *saepe cum nominibus urbium, ut* ex Hierosolymis 32, 9. ex Masada 54, 17. ex Iope urbe 223, 15. ex conposito 180, 12.

exacerbare: eum contumelia -rent 41, 9. demorando suspectum -rent 112, 22.

exaedificare: *i. q.* aedificare 40, 24; 381, 3.

exaestuare: inmodicus per spatia campi -at uapor 267, 8. *translate*: furor amoris -asset 92, 6. (urbs) graui morbo dissidentis inter se plebis -bat 226, 21.

exaggerare: famam Romanae uirtutis suis sermonibus -bant 263, 3.

exagitare: stagnum uentis -antibus adsurgere in aestus ualet 82, 21. conferentem signa Gallum fortiter -auerunt 172, 15. inueniant apud nos salutem quos suorum pestis -auerit 260, 17. regni cupidus seruandi proximos -aret 71, 10. urbem -ando 47, 28. -bat eum mater adulescentis 73, 2; *cf.* 103, 11. atro felle -atus 124, 22. -ari Hyrcanus 30, 9. quas regni cupido -aret 101, 26. -bat eum cumulatior in dies erga adulescentem amor uniuersorum 73, 6. saeua fames mentem -auit 382, 8. -atus filius *sc.* uulnere patris 205, 3.

exagitatio: belli 62, 1. curarum humanarum 410, 8.

examen: *i. q.* iudicium. iusto definitum -ine 80, 26. amici Antipatri intersunt -ini 114, 1. ante e. adiudicatur supplicio 347, 3. *translate*: integrum nobis e. reseruate 253, 17.

examinare: circumspectare omnia, discutere atque -are singulos 116, 4. suspectiones suas non argumento aliquo ueritatis -aret 76, 17. nemo -are audebat quod a patre arguebatur 98, 24. uim (*sc.* naturam) rerum -are 184, 1.

-are quos raperent cibos 384, 23. pugnam -aret *i. e.* pugnantis uniuscuiusque uirtutem obseruaret 376, 11.
examinatio: ueritatis 254, 7.
exanimare: terrore -atus 243, 9. sermo inquieti strepitus -etur impedimento 146, 16.
exardescere: sitis, quae aestu -bat 208, 21. bellum immane -arsit 8, 5. cui recepti Mithridatis ultio grauis bellique in socerum transferendi propositum -sisset 21, 26. -sit publicus dolor 254, 19. suspicio primo, deinde inuidia -sit 143, 5.
exasperare: fluctus inlisus saxis efferum mare cedendo -at 69, 13. quos ipse -aui 114, 18. temperari non -ari iudicem decet 147, 5. urbem exagitando -auerunt Antonium 47, 28. praesentium odio -atus 78, 1. qua -tus—contumelia 86,18. nimia commotione -tus 122, 15. -arent animum regis 41, 6; *cf.* 9, 3. -auerat publicam indignationem singulorum dolor 254, 13. -at feruorem uulneris ferendi impatientia 147, 13. -antem spiritum *i. q.* daemonium 296, 3.
excedere: urbem 240, 19. bello 240, 1. quae tetrum horrorem -rent crudelitates (*u. l.* crudelitatis) 162, 1.
excelsus, excelsior: (Aegyptum) cernas quasi quibusdam -am moenibus nauigiorum 284, 9. altitudo -ior 69, 19.
exceptio: -ne personarum *i. q.* προσωποληµψία 164, 14.
excessus: in -u mentis 77, 22; 391, 8; 393, 22.
excīdere: uoto -erat 355, 3. conatus effectu -it 199, 8. (maliuolentia) fructu -at 82, 30.
excidiabilis: -em *u. l.* cod. B 389, 20, *u.* excidialis.
excidialis: diem -em 389, 20.
excidio: -nem *u. l. codd. CV*, *u.* excisio.
excidium: templi et urbis 171, 19; 375, 1; *cf.* 171, 2. patriae 349, 3. gentis 183, 14. religionis 156, 12. salutis 91, 3. *plur. pro sing.* excidia patriae 372, 25; *cf.* 23. patriae templique 374, 13. ultimae labis 182, 13.
excindere: turrem e. *u. l.* excidere 192, 2.
excipere: quos insidiis -cepit Cassius 34, 1. Caesar Magnum sequebatur ut uel ipsum -eret 35, 11. Scythopolis et Samaria suis -iunt regionibus (Galilaeam) 195, 3. sinum aperiret, aurum -eret 316, 19. nihil -ceperit uulneris 303, 4. uulneribus corpore -eptis 38, 15. nec filiam -io 90, 6; *cf.* 60, 1.
excisio: in -nem urbis 177, 26.
excisor: maiorem arietem -rem urbium Iudaei appellauerunt *i. e.* ἑλέπολιν *male intellecto uel reddito* Iosepho Graeco *BI* V 299, 314, 4.
excitare: mare uentis -atur 69, 10. undae fragorem -ant 223, 12. inuidiam -ant *sc.* regis 10, 4; *cf.* 7, 2. quo magis -ari (Herodes) quasi amans posset 73, 24. pater in filios -retur 84, 16. nec Machedones Alexandri -antur triumphis 150, 1. Demetrium aduersus Alexandrum in bellum -auerunt 14, 25. Aristoboli reditus plurimum turbarum -auerat 31, 26. pompa -ret inuidiam 10, 11. malis consiliariis usus umbram ei -auerit iniquitatis 44, 9. -atus ad iracundiam 401, 19.
excitatio: -nes tubarum 188, 17.

excitatus, excitatior: ingenio -iore 79, 7.
excitor: -es belli 160, 10; 194, 8; 252, 18; 371, 1.
excitus: sono 12, 13. ad uocem 417, 3. rumoribus 33, 8. dolore paterni periculi 243, 11. eo incentiuo 315, 6. prouincia omnis in bellum -ta 161, 22. ruina -to puluere 313, 18.
excludere: uentus de mari expelleret, Romani urbe -erent *sc.* eos 223, 25; *cf.* 256, 4. Areta ad regnandum expetitur, —quo Ptolemaeum -erent (*sc.* regno) 17, 8; *cf.* 18, 19. dies sacratus mendacii suspicionem -eret 10, 11. petra spem adeundi -eret lubrico situ 55, 21. tempore -itur praedestinatae mortis fides, 11, 14. prospectus -itis peregrinorum 375, 8. donec -eret eos ab affectu paterno 79, 19. compresso affectu passionem -serunt 416, 25. animum e domo nostra -imus *sc.* nosmet interficiendo 218, 3. exasperantem spiritum (*sc.* daemonium) citharae suauitate -ere 296, 4.
excogitare: destruendum murum -arunt 377, 18.
excrescere: iam uallum -uerat 26, 16. Constantinopolim -uit ciuitas Byzantiorum 193, 15.
excruciare: -atur castelli praepositus 96, 19.
excurrere: in medias Romanorum acies Iudaeus -it 363, 25. -ens *quasi* palatus cum exercitu suo 279, 12. rupes . . . in mare -unt 223, 7.
excutere: mulier de intima sede secreti genitalis -eret infantem 205, 14; *cf.* Calp. Declam. II 5. -usso infelicium cerebro cautes aspergerentur 224, 13. serpens latibulis -ussus 364, 27. patria -ussi 237, 22. in quos sese -eret considerans 240, 27. edito riparum toro in fluuium sese -erent 264, 10. ne noster in eo lacu -iatur stilus 270, 6. ut leuiora -eret obiecta 84, 8.
exedere: macie uisceribus -sis 334, 7.
exercere: iudicium 119, 22. regnandi ius 18, 4. potentiam 141, 11. magnum luctum 112, 4. mutuam necem 411, 22. iniquitatem 244, 7. muliebria 279, 21. curam circa templum 18, 7. crudelia in ciues 404, 20. *i. q.* parare: latrocinio uitam -erent 244, 2. latrocinio sumtum -rent suum 251,24. -itae priuilegio potestatis abstinere se 71, 15. Alexandriam -itam usu imperii 168, 11. manum (*sc.* militum) -itam triumphis 287, 22. illum grauis ad cauendum cura -ebat 49, 12. nec animorum discordia uerbis -ebatur 14, 11. regem -uisset 129, 21 *i. q.* regis uice functus esset. pelagus naues -ent 153, 20.
exercitatus: turbandis rebus 161, 1. Archelai artibus -ior 94, 3. -iores occurrere machinis 318, 9. -tae mulieris in caedibus propinquorum 59, 16.
exercitium: *i. q.* exercitatio militaris 230, 16 (plur.).
exercitus: equestris 96, 7. pedestris 287, 8.
exhalare: praecipitii profundum saeuam -at mefitim 68, 20. ultimum -asset spiritum 125, 5.
exhaurire: -stis periculo cibus est *i. e.* fame confectis 356, 27.
exhibere: tyrannum 41, 7. partis utriusque arbitros 252, 20; *cf.*

255, 1. euersorem 372, 16. ipse naturae affectum -eret filiis 80, 29. puer regiis usibus -ens ministerium 12, 6.
exhorrescere: nec tamen -o salutis periculum 119, 17.
exigere: uitae finem -igant 355, 26. *pro eo quod est* sumere, *ut* ultionem -igimus 212, 25; *cf.* 90, 5. graues poenae -igerentur 273, 22. *saepius pro* requirere, *ut* -igi sanguinem 95, 23. disciplina ab omnibus -igeretur 188, 15. Romani seruitutem non -ant 322, 15. uiolastis quae uestra sunt. ego alienus non -o. 375, 14. quis deus hoc possit -ere 387, 15. dolor -it remedium 184, 14. quod ipsa pietas -bat 347, 8. dies aduenit qui probare operibus uoluntatem -at 411, 6. res -ere uidetur ut Iordanis ortum aperiamus 234, 1. expositionem -it Simonis passio 180, 1.
exiguus: -um *sc.* parum 109, 9. -i *i. q.* pauci 144, 3; 224, 27. -is momentis 241, 25.
exilis: -es artus 344, 13.
exilium: -ia *plur. num.* 128, 24 *i. q.* captiuitas sub Babyloniorum regibus.
eximere: rogauerunt ut ipsi cladi -rentur 257, 8. ne quis fuga periculo -retur 272, 23. se periculo fuga -ere 327, 14; *cf.* 347, 14. se ipse hosti -emerat *sc.* sibi mortem consciscens 211, 17. se ultioni -emit ad Zenonem 7, 4. quem fuga periculo -emerat 168, 2. -emtum periculo 81, 6.
exinanire: *imperfectum* -ibat 277, 15. uenenum -iui *i. q.* proieci 109, 20. XL milibus armatorum stipatus -ibat omnia 277, 15. omnes fugauit, ut totam urbem -ret 412, 11. Iudaeos -tos 128, 17.
exire: exilio 129, 3. iugo 329, 8.
existimare: *cum infinitiuo pro gerundiuo:* adsurgere -ans 116, 27.
exitiabile: *u. l.* codd. CV 322, 20 *pro* exitiale.
exitialis: 361, 12; 322, 20.
exitium: *i. q.* nex 40, 14; 250, 27. praeruptae mortis exitio 76, 18. letalis -ï 44, 21. supremo 45, 13. ultimo 144, 4. priusquam aliquid -i subirent *i. q.* detrimenti 228, 3.
exitus: -um balinei 57, 20. locorum *plur. num.* 177, 2. euadendi -us 404, 12. e. *sc.* animae 409, 17. *saepius absol. pro* morte, *ut* 88, 1; 181, 18; 219, 15; 369, 20. *nonnumquam pro* fine, *ut* omnium rerum -us 362, 10. calumnia acerbiore -u 10, 2. culpae -us 376, 22.
exorabilis: *u. l.* codd. *BZ* 308, 12.
exordium: inrita Pompei fuissent -ia *i. e.* temptamenta prima quibus Hierosolymorum obsidionem aggressus est 26, 9. aedificantibus plana -ia fundamentorum 362, 19. a parricidio generis sui numerent -ia 387, 4. filii eius praeclara generis nostri -ia 320, 10. Galilaeae -ium 195, 12.
exortus *part.*: -a iurgia 413, 3. -o tumultu 413, 5.
exortus *subst.*: ad solis -um 399, 1.
exosculari: -bor 383, 3.
expendere: totum se -entem periculis 390, 9. non in uno Romana uirtus -batur 399, 24.
expergefactus: ad primum Romanorum impetum -i *translate* 309, 12. rerum molibus -um 288, 18.
experientia: notae uir -ae 241, 5.

experimentum: deuotionis nostrae detur -um 132, 1.

experiri: dolo 275, 26. -endi usu 271, 6, *u.* expertus.

expers: nec sororem munerum suorum -tem reliquit 122, 22. e. dulcedinis 414, 13. regio nostri e. cruoris 156, 15. -tem doloris mortem 264, 9. -tem potestatis 18, 12. e. consilii eius *i. q.* non conscius 34, 9.

expertus: -m belli uirum 187, 7; *cf.* 276, 10.

expetere: Areta a Damascenis ad regnandum -itur 17, 7. tanti nominis uirum ducem militiae suis -endum partibus arbitraretur 51, 19.

expilator: -em publicum *i. e.* populi *u. l.* 128, 15.

explere: -to tempore captiuitatis 329, 10. nec -tus est morte fratrum cruentus animus 115, 6.

explorato: e. prius si forte Romani militis deesset praesentia 359, 17.

exponere: quattuor libellis ipse minister -ebatur *i. e.* manifestabatur 91, 18. sortis euentu -sita est 249, 16.

expositio: -nem *i. q.* narrationem 180, 1.

exprimere: gemitus arte conpositos nec ullo -pressos dolore 115, 27. testamento -essisse iudicium propriae uoluntatis 130, 2.

expugnare: quae (multitudo) clausum -auisset 21, 22. innumerabilis sibi populus -ndus foret 303, 12. -ato hoste 324, 2. uideantur ipsi sese -auisse 260, 9.

expulsio: 112, 2.

exsanguis: -es reliquiae defunctorum 364, 13.

exsatiare: -ta sum 384, 10.

exsaturare: *sensu proprio* quae matrem -arunt 384, 9. *translate*: daemonium -aretur 12, 27. tantorum mortibus -atus 346, 16; *cf.* 407, 2. *absolute*: -atus 144, 18.

exsecare: -uit auaritiam Syrorum 359, 15.

exsecrabilis: -e lucrum 359, 18. -em cibum 387, 2.

exsecrari: -atus infelicis terrae contagium 384, 28.

exsecutio: 19, 10; 36, 1; 108, 4; 125, 12. 15; 126, 20.

exsecutor: *i. q.* minister: materni doloris 78, 19; *cf.* 90, 10. ministerii mutui 90, 14. testamenti 107, 8. legis 140, 7. 9. paterni triumphi 292, 5. missis industriis -ibus 158, 3. a te exspecto imperium, ab -re ministerium 219, 20.

exsequi: pietatis officia curamque seruandae necessitudinis -ebatur 6, 13. soliti uicem muneris -ebantur 27, 6. fraterni studia muneris -ebatur 51, 2. officium mandati muneris 210, 12. inuidiae magis quam doloris partes -batur 39, 3. ad exsequendas publicorum munerum necessitates 41, 16.

exsilire: -iuit (*u. l.* exiluit) de lectulo 77, 13. -ierunt (*u. l.* exilluerunt) 305, 20. in adpropinquantes -iunt scaphas 224, 4. -iens in medium hostem 204, 15.

exsistere: Damasceni nulla -ente causa VIII milia Iudaeorum strauerunt 412, 24.

exsoluere: pro scelere poenam -eret 6, 26.

exsors: regni 31, 23. muneris 93, 26. principatus 141, 21. triumphorum 205, 26. praesentium periculorum 308, 25. uictoriae 359, 12. sacrorum 374, 21. cibi 383, 17.

exspectare: *impersonaliter* -batur ut in omne nefas scelerum enormitas cresceret 175, 4.

exspectatus: ante -um 214, 6; 277, 2; *cf.* Ambros. Epist. I 63, 44. contra -um 175, 8.

exspoliator: -em publicum 128, 15.

exsurgere: -gat ignis 387, 23. -rexit mulier *i. q.* expergefacta est. -ge *sc.* e mortuis 295, 18. 23.

extendere: aperta fame ora frustra -di 336, 23. dexteram -dit 378, 4. toto campo -debantur 232, 2. impias manus -derent in auctorem salutis 301, 6. usquequaque audaciam -derent 386, 1. (odia) quae ultra uitae ac salutis defectum -derentur 76, 19. *part.* extentus *et* extensus: -sis manibus 113, 8. -ta longitudine 195, 9. -ta acie 257, 14.

extenuare: quibus modis offensiones (*sc.* accusatorum) -ret 113, 27.

exterminare: -andus 324, 20; -di 369, 26.

externus: *i. q.* alienigena: ciuitas ab -o difficilis accessu 283, 10.

extinguere: tyrannidem e. 280, 5. Ionathae primitias e. 7, 8. tuis manibus ultam tuam -eres *sc.* Christum 296, 21.

extollere: mulierculam -endo suam fecere 18, 16. muliebris inpotentia supra modum sese -eret 60, 7; *cf.* 84, 26. (mulier) per obsequium amantis -batur 72, 9. incolam suum auro turbida Pactoli unda -tulit in superbiam 152, 1. (Florus) facem belli -tulit 171, 17.

extorquere: *i. q.* ui auferre: feralior manus (*i. e.* agmen) de gremiis miserorum summo quaesita periculo per acerbissimum -ret nefas 336, 2. *translate*: reluctanti -serit ut incestum patraret 89, 5. illud Mithridatis iuuandi munus formido -serit 39, 13. metus officium non uotum -serat 128, 9. populum uniuersum ad mortem offerat ut libertatem (*sc.* ei) -queat 296, 8. ut prauis suggestionibus -queatur 9, 6. contactu noxii corporis uiuendi suauitatem -queas 113, 13. diuersis modis unicuique inrationabilem -bat furorem 220, 9. illis -bat pudor propositum regrediendi 256, 6. ultima sors dignitatem -serat 220, 10. populus inuitis bellandi studia -serat 232, 14.

extorris: -em habitationis paternae 39, 6.

extramuranus: 28, 18; 279, 12.

extremus: seruitutis -ae 320, 20. -a Persidis 150, 4. Indiae 319, 26. usque in -um *sc.* uitae 127, 2. *item* in -is 291, 4. salutis 378, 21.

extrudere: -sum urbe 158, 8.

exuberare: (aquae) ad potum -ent 331, 16.

exuere: aliquem armis 6, 4; 402, 4. potestatis insignibus 274, 9. spoliis 324, 17. uinculis 13, 1. seruitio 8, 20. imperio 40, 11. regno 41, 15. potestate 48, 5. aulico ministerio 18, 19. regiae liberalitatis conpendiis 111, 24. obsidione 174, 22; *cf.* Ambros. Epist. I 63, 29. periculo et opprobrio 305, 9. urbem incendio 351, 24. gladium uagina 324, 18. hoste se -it 29, 28. *cum accus. simplici* peccatum exuere 349, 2. -it hostem qui legatione fungitur 63, 20. *et seq. enuntiato* nolite exuere quod generati estis 83, 6.

exul: regni -em 118, 13. spei 221, 11. mundi 154, 17.

exulare: anima de paradiso -at 410, 1.

exulcerare: grauissimis eum poenis -auit 393, 26. usque ad mortem supremam -ati 88, 15. sceleris (*sc.* admissi) immanitas mentem -abat 11, 26.

exultare: tripudiat atque -at 379, 6.

exultatio: cum -ne ad bellum prodisse 365, 11.

exuuiae: -iis indumentorum 269, 14. reiectis exuuiis *i. e.* uestibus quas super arma induerant 305, 18. serpentini generis -is 336, 10. deformes exuuiae *sc.* cadauera 364, 12.

facere, fieri: facere *cum participiis praeteritis coniungitur quasi periphrastico more, ut* subiectam fecisti 66, 16. *crebro cum infin. praes. intransitiuorum uel passiuorum, Romanicarum linguarum more, ut* rerum omnium abundantiam exercitui suppeditari fecit 54, 11. locupletiores interfici faciebat 59, 19. a te desciscere fecit Antonium 66, 12. illum fecit resurgere 185, 12. deferri fecit custodiam 208, 19. sic epulari matrem fecistis 384, 18. per illos . . . insinuari faceret Antigono 10, 19. *locutiones dignae quae praecipue laudentur:* solius pietatis lucrum fecit 401, 21. dum sibi consulunt, terrorem fecerunt discessionis 143, 3. fidem fecit oblatio 220, 23. similitudo morum facit uoluntatum societatem 251, 23. qui uos ex inimicis amicos fecerit 83, 4. ex indigentia frumenti satias facta 30, 5. *in part. pass. praesertim* arte mira factus ad contemnendam pecuniam 21, 2. egregie factus ad emerendam societatem potentium 34, 16. super plagam factus 13, 17 (*BI* I 87 γίνεται δ' ἐπάνω τῆς πληγῆς). super aegritudinem factus 123, 24 (*BI* I 654 κρείττων τῆς νόσου γενόμενος).

facies: lapsus in -e 367, 11. fugiemus a -e dei 411, 26. templi 381, 9.

facilitas: *i. q.* indulgentia 80, 19.

factio: *i. q.* insidiae, dolus: 46, 26; 48, 26; 93, 19; 94, 10; 101, 17; 104, 19; 110, 26; 244, 19; 260, 14; 275, 6; *i. q.* partes 161, 14; 250, 25; 258, 4. 13; 260, 14; 261, 2. 3. 15; 262, 9; 274, 23; 277, 22; 299, 15; 302, 2; 305, 29.

facultas: fragmenta muralia ascendendi -tem datura 362, 6. nanctus -tem *i. q.* occasionem 407, 3. facultates *i. q.* opes: 94, 6.

faetere: dirum odorem -bant 299, 25.

faex: (Vitellius) nequior superioribus quasi f. resedisset 281, 3.

fallere: illa dextera (Caesaris) te numquam fefellit *sc.* epistulas exarans 119, 9. nec fefellit opinio Vespasianum 260, 18. *om. acc., ut* apud Ambrosium, De off. I 18, 72 nec fefellit sententia.

falso: *u. l.* false 70, 29.

fama: f. adstruebat perisse omnia 225, 19. Iosephum interfectum f. adseuerauerat 225, 26.

fames: f. auri 358, 11. in nostra potestate est f. omnium 398, 11.

famulari: alienis legibus -antur 149, 19.

farcire: repentino cibo farti 356, 22. auro 357, 22.

fas: contra f. 357, 24. contra ius fasque 63, 8. aduersum ius et f. religionis 141, 6.

fasciola: clausis -a oculis 402, 1.

fascis, fasces: iniusto sub -e 177, 23.

quae (*sc.* Aegyptus) decies DCCL milia hominum Romanis -ibus numerat adscriptos 152, 25. plurimi populi sex -ium uirgulis metu inclinantur 153, 17. habeat sibi uetus prosapia diuersorum -es honorum, habent et sacerdotia suos -es 353, 29.
fastigium: regalis -i 401, 20. terribili ac superbo -o 403, 19. pietatis -o 354, 3.
fastus: -u superbo 85, 1.
fatigare: aquae inopia -bantur 63, 29. -atus precibus 170, 10. clamoribus 390, 12. ictibus -atum muri latus 203, 22.
fatiscere: -unt ac resoluuntur in cinerem 272, 4.
fauces: ignis index -ium portuensium 285, 8.
fauilla: *i. q.* cinis. fructuum umbras inanes, foris gratiam intus -am 386, 20. *translate*: f. taetrior, quae sepeliat et abscondat disciplinam prosapiae 210, 16.
fax: -em belli 171, 17.
fel: atro -le exagitatus 124, 21. calumnia componitur acerbo -le 10, 2.
felix: (uxor) f. marito 70, 15. sibi minus f. quam patriae 352, 2. 9. minus f. imperio (abl.?) 352, 1.
femineus: -i sexus 29, 9.
fenestra: muri latus in rupturis -am daret 203, 23.
feralis, -ior: -ibus artibus *i. e.* magicis 183, 25. -ior manus *sc.* agmen 336, 1.
fere: *u.* ferme.
ferentarius: -ariis (-aliis M^2H) proeliis 202, 5; *u.* Index nominum.
feriari: ubi a domesticis -atum proeliis 16, 9. a consortio cladis -bantur 225, 14. nec ab hoste exitia -bantur 336, 14. desuetis edendi officiis ministerium -batur 356, 6; *praeterea* 174, 14; 274, 21; 293, 11. *particip.* maluit sabbato -atus mori 351, 16. -ati a suorum sensu periculorum 272, 21. -atis diebus 245, 16. -atis animis 364, 5.
ferire: f. coeperant arietes murum 403, 13. destinata -endi arte 201, 22. si conuincerentur parricidii -rentur *i. e.* capite multarentur 97, 27.
ferme: *frequentius quam* fere *occurrit, ut* 31, 2; 32, 15; 64, 5; 172, 7; 337, 8; 360, 27; 391 (16 *u. l.*) 25; 405, 1. *contra* fere *occurrit*: 48, 1; 391, 16; 412, 5.
ferratus: portae -ae 405, 6.
ferre: -antur ignes in artus noxios *sc.* ad torquendos 120, 20. incolarum ingenia nihil bellicum -ebant 244, 2.
feruere: in maximis regnis tamquam in magnis corporibus saepe aliqua pars -eat 92, 13. -bat in his locis congregatio latronum 172, 12. -rent proelia 294, 3. -bant calumniae 88, 2. circa eum uniuersorum odia 111, 17. studia rapinarum 279, 16. uindictae studio -rent 390, 3. -enti tempore aestatis 222, 6. -entibus incendiis solis 283, 17. -entis aegritudinis 365, 23.
feruor: aegritudinis 123, 2. -em uulneris 147, 13. cupiditatis 77, 21. naturae *i. e.* ingenii 20, 1.
fessus: caede -i 402, 19. -os nocturno itinere 303, 14. canitie 415, 27. (urbs) -a bellis frequentibus 69, 2. aeger animus inualido f. corpore 10, 8.
fetus: apium 269, 4.
fiala: 402, 29, *u.* Index nominum (fiola *u. l.* 234, 6. 9. 12).

ficus: *nom. et acc. casu plur. num.* 235, 19; 236, 3.

fideiussor: 349, 11; 372, 16.

fidelis: Romanis 28, 15. iustorum -bus studiis 268, 11. -issimos sibi milites 127, 5. fideliter credunt 391, 11.

fides: si f. adsertis adest 284, 1. res -m adsertis dabat 84, 17. ueri f. 368, 3; *cf.* 313, 20. defuncta -m fecit, quod huiusmodi coniugia nec uiuorum legibus inpunita sint nec mortuorum uoluntatibus 135, 11. matrem petisse filio sacerdotium f. uero propior erat 74, 11. *saepe Christiana uerbi ui* uacuum -ei negotium 4, 7. nos deseruimus -m 155, 16. -ei intentione 1, 14. ueritate 27, 10. altitudine 354, 2. ubi est illa Macchabaeorum f., quae fudit Babylonios 298, 9. bonus -e 328, 7. in sacerdote f. mentis quaeritur 310, 21.

fidicula: -ae quaestionum 120, 19.

fidus: -issimos 127, 1.

fieri: *u.* facere.

figere: -ite me 355, 18.

figura: f. quaedam . . . inaestimabilis magnitudinis 392, 25 (*BI* VI 296 φάσμα τι δαιμόνιον). *i. q.* τύπος minus delectat f., plus allicit gratia 247, 19. cultus (Iudaeorum) in -a praemissos 392, 8. princeps sacerdotum haec indumento suo exprimere consuerat . . . in eius -am qui uenturus erat 310, 18. (Iudaei) -as maiorum uitiis suis obtentui ducunt 85, 10.

figurare: cocco igneum caelum -batur 310, 12.

filia: duabus quoque -abus 133, 13.

finis: quae (mala) superiorum omnium -em uicerant *i. q.* terminum 360, 15.

finitimus: templo -a 379, 19. Hiericho in finitimis suis Pompeium tenebat *i. q.* in uicinia 24, 13. *translate*: excidio f. 378, 23.

firmamentum: f. omnium dispositionum suarum 127, 10.

firmior: f. sexus *i. e.* uirilis 387, 26.

firmitudo: f. pacis in hoste uirtus 282, 3 *i. e.* confirmatio.

flagrantia: (*nom. sing.*) aestatis 222, 8.

flagrare: alterius mulieris -uerat cupiditate 77, 2.

flamen: uentorum -ina 362, 14; 411, 17.

flamma: -as hostium 389, 8. -arum incendia 391, 11.

flatus: uentorum -ibus 51, 24. Boreae 223, 11. f. uehemens *i. q.* uentus 223, 16.

flectere: -xit equum in latus 302, 7; *cf. u. l.* 20. ex Syria in Iudaeam -xit iter 41, 1. *translate*: consilium 30, 26. quem f. nequiuit *i. q.* mouere 372, 22. Antonium -xit 52, 1. non uerborum monitu -untur 245, 3. nec promissis -itur 373, 10. socii non -bantur 337, 11. *eadem uerbi ui particip.* flexi 251, 5.

flexibilis: uices rerum humanarum -es 221, 6.

fluctuare: -antibus scaphis 223, 14. instabili -antes gradu 264, 13. *translate*: -abat animo 113, 22. -are Herodes 58, 21. -bat ciuitas 280, 26. bona natura inprobis monitoribus -at 82, 22. plebs lacrimis quaerere, ne se . . . -antem inter procellas gentilium destitueret 186, 17.

fluctus: aquarum 232, 21. fugisse ante se -us maris 385, 22. *translate*: in Cleopatrae mobilitate grauiores omni naufragio -us 51, 23.

fluentum: amnis -o 151, 17. Rheni -a 151, 6. Iordanis 195, 3. cuius (*sc.* Orientis = Orontis) -is frigidioribus 193, 5. manare coepit aqua et infundere terris -a 326, 22.

fluere: terram -entem mel et lac (*bibl.*) 197, 16. *translate:* plurimi ad eum nobilium -xere 290, 14. caelestibus in se -entibus beneficiis 67, 23. ex sententia -entibus 263, 8. rebus aduersum se -entibus 256, 26.

fluxus: -u corporis *i. q.* mollitia 279, 21.

fodere: 298, 28.

foederare: regibus amicitiam -auisset 6, 2. conuiuio -ta gratia 276, 7.

foedus: amicitiae -e 398, 16. -era nuptiarum 103, 11. officiorum 226, 18.

forensis: -e proelium 305, 13.

foret, forent: *saepenumero pro* esset, essent.

forma: -am corporis humani 284, 16; *cf.* 20. ultra humanam -am 369, 1. -am camelae 239, 5. -ae locorum 223, 8. -as suppliciorum innumerabili multitudine 337, 16. uiuendi f. *i. q.* exemplum 139, 8.

formatus: uuarum racemus 272, 3.

forte: = fortasse 255, 13.

fotus: (temporum) temperies quasi bona nutrix molli -u uniuersa educat 235, 25.

fouea: -am insidiatorum, *u. l.* -as (*bibl.*) 119, 16.

fouere: frigidos artus deficientis -eret 355, 1. praeceptum -erent 359, 16. profundae pacis securitatem -bat 30, 3.

fragmentum: nauium -ta 224, 9. -ta muralia 362, 5; *cf.* 367, 27.

fragor: curruum 327, 11. tubae 368, 5. flammae 407, 22. portus sinus placidatur a -ibus 286, 4.

frangere: *translate*: Maximus cunctando fregit Hannibalem 259, 26. totam fregerunt Asiam 149, 13. fracto gressu incedebant 279, 24. -bantur animis 346, 15; 378, 12. animi quadam fractus mollitia 211, 3. fidem fregere 331, 7; *cf.* 180, 12.

frater: *translate*: manete -res 83, 5. -ibus proeliaturos *i. e.* ciuibus 415, 7. salutatis -ibus *i. e.* ceteris Christianis 186, 19. *i. q.* patruelis 167, 9.

fraternus: parricidio -o *i. e.* occisione fratris 387, 4. -i incestus matrimonii 135, 9. cubilis 140, 8.

fraudare: abundans regio mediterraneis copiis nec -ata maritimis 198, 14. non -atus uocis libertate 347, 19. quae (mulier) uos nec dulcis filii -aret gratia *sc.* membris filii sui quae comedenda uobis adposuit 383, 23.

fraus: bona f. quae neminem laederet 395, 23. res -di calere uisa 380, 1. -de praedictae coniurationis Iudaeos urguere *scil.* mendacio 407, 5. -di esse *i. q.* detrimento: missa ministeria -di sunt 18, 7; *cf.* 240, 12. ne huic -di sit quod frater et filius rebellauerit 282, 15. (Caesarem) nulli -di suis futurum 390, 5. *eadem uerbi ui* ut sine ulla -de abirent 162, 16.

fremere: bellum -ebant 227, 23. Brittanias muro -entis circumuallatas elementi 397, 4.

fremitus: f. quadrigarum 327, 11.

frequentare: -atur plerisque (Galilaea) inhabitantibus 196, 1. per ordinum uices nox -abatur 344, 1.

frequentiae: (*num. plur.*): *i. q.* conuentus, coetus 334, 23.
fretus: -i armis 154, 5. patria uirtute 229, 4. non ingenii ope -is sed fidei intentione 3, 14.
frigidus, -ior: -os artus 354, 31. fluentis -ioribus 193, 6.
fructuosus: -is arboribus 271, 15. causa mihi -a fuit Romam petendi 81, 12.
fructus: fructum *casus patrius pluralis numeri in codd. M²CV* 197, 11. f. ramorum 236, 5. ingenia plebis agrestis contenta suis -ibus 244, 1. quinquaginta in -ibus talenta concessi 115, 17. *translate*: -um uictoriae 13, 10. parricidii 118, 5. f. amplissimi erat praemii quicquam strenue gessisse 315, 3. (Mater) deplorare occepit ad hos -us fecunditatis se reseruatam 354, 28.
frustrari: pauci in pluribus minus -entur *sc.* feriendis 242, 9.
fuga: *i. q.* exilium. -ae finis (*BI* I 98 ὅρος τῆς φυγῆς) 16, 7. -ae potestatem (*BI* I 661 φυγαδεύειν αὐτόν) 125, 20.
fugere: Mundo -iendi potestas permissa *i. q.* exulandi 139, 2. Mithridatem et Orsanen -ientes de Perside occulte remisit (*BI* I 178 φυγόντας) 33, 18.
fugitans: naui -ans 149, 12. -ans in Hispaniam *i. q.* exulans 140, 22. *translate*: labores 140, 16. laboris 195, 20.
fugitiuus *i. q.* exsul 151, 2.
fulcire: *translate* dolo partes Aristoboli -ret 34, 9. ornatu cultuque regis -ebatur 79, 23. fultus Sexti gratia 43, 12. nostris uirtutibus 282, 7. (Iudaea) quondam liberis -ta populis 131, 5; *cf.* 153, 15. -tum regali indumento 161, 7 (*cf.* Ambros. Hexaëm. I 2, 5 subsidiis regalibus fultum). urbs naturali -ta munimine 266, 11.
fulcrum: materies, quae f. cuniculo dabat 341, 5. *translate*: orientis spolia non ad f. dominationis quaesita 150, 8.
fultura: -is tabularum 341, 2.
functio: f. regionum 31, 16. sacerdotii 249, 17. dignitatis 171, 4. -num munia 152, 5.
fundamentum: -ta insulae 285, 18. usque ad fundamenta terrae (*bibl.*) 377, 2.
fundere: uina simul et sanguinem -ens 291, 10. -duntur dactylorum odores 196, 21. *translate*: (exercitus Romanus) LX Iudaeorum milia -uderit *i. q.* interfecerit 413, 10. lubrico soli fusus 369, 15; 242, 4. in terram 379, 2.
fundibalum: -o (*u. l.* fundibulo) ictus 394, 24.
funebris: ululatus 394, 15.
funereus: -eum canticum 394, 12.
funestior: -em humanitatem 338, 10.
funus: *i. q.* exsequiae *u.* curare. *etiam translate*: funus quoddam paternae sollemnitatis 301, 12. *sed saepissime pro corpore interfecto, ut* in medio -erum suorum *i. e.* propinquorum quos ipse interfecerat 181, 12. superstes -eribus liberum suorum ipse continuo f. futurus 347, 7. cadam super -era mea *i. e.* cadauera liberorum meorum 349, 28. quem superstitem optauerat eius uel f. teneret 355, 6. quindecim milia mortuorum elata additis adhuc octingentis octoginta -eribus 360, 3. hic tumulus nostra -era decet 416, 19. condiendis -eribus 344, 18. -era insepulta 349, 28. *plur.*

pro sing.: spectare mihi mea -era liceat *i. e.* corpus filii mei mortui 355, 7.
furiae: -iis actum 139, 26.
furor: minister sacrilegi -is *scil.* Iudaeorum contra Iesum 139, 21. esto f. latronibus (*BI* VI 204 ἐρινύς) 383, 5. -e animi 90, 15.
furtum: -a belli 56, 22; 61, 26; 320, 1. pia -a 345, 7.

geminare: sacrilegium parricidio g. 163, 21.
generare: (mulier) quinque ei -auerat filios *sc.* pepererat 71, 23. poma uiridantia ut edendi -erent spectantibus cupiditatem 272, 3. ad mortem -amus liberos 415, 20. nolite exuere quod -ati estis, *sc.* filii 83, 6.
generatio: -nis eius successio 4, 10.
genitalis: de intima sede secreti -is excuteret infantem *sc.* uteri 205, 14. ciuitas uelut quodam naturali uallo circumdatur, saepto -i abscondita 202, 23. pater -is 120, 9. locus 361, 4. pietatis -is usu ablitterato *sc.* maternae 382, 13. aqua -is *i. e.* quae uim habet ad gignendam 268, 11. aquae usus -is 267, 7. (fons) regionem -i quadam inrigat infusione 236, 10.
genit. nominum personarum quorum nominatiuus -ius est, in cod. M uno -i *finitur, in codd. aV duobus*; fili *occurrit in M* 383, 23.
gen. pluralis participiorum praesentis temporis praebet plerumque exitum -ium, nonnumquam -um ut deplorantum 344, 4. latrocinantum 356, 1. *quod in uerbis primae coniugationis fieri solet, sed cf.* insidiantium 91, 9; redundantium 331, 15. commeantium 222, 19.
gen. nominis personarum quod a personae nomine pendet patrem significat, ut Eleazarus Simonis 187, 17. Leuis Iohannes 244, 4. Iesus Naue 267, 17. Simone Arini 309, 7 (Ari Simone 370, 11).
genit. pro adiectiuo biblico more usurpatur, ut osculo caritatis 83, 16. inpietatis parricidium 111, 7. -tis flagitio 218, 10. corpore mortis (*ex Scriptura*) 212, 28. sensus naturae 356, 25. -rae gratia 386, 26. bello hostium 378, 27. uades mortis 40, 6. -tis uulnera 402, 8. ueritatis possessio 410, 17. sanctitatis sacrarium 413, 13.
genit. partit. pendens ab adiectiuis quae aliquam notionem numeri continent: plurimos uirorum *i. e.* uiros 75, 22. plura malorum 128, 20. paucis uirorum 277, 2. nonnullis Aegyptiorum 358, 9. uniuersi hostium 388, 12. plerique militum 305, 1. militum et sociorum 312, 24. cetera fontium 269, 12.
genit. partit. pendens a pronominibus neutri generis a) singularis numeri eo loci 145, 3; 225, 6. quo loci 37, 14; 173, 5. quod pacis est praeoptare et quod quietis praeferre 145, 12? — *b) pluralis numeri* ea locorum 193, 6; 223, 17; 271, 12. illa paradisi 219, 7. quae pacis essent potius quam belli sequenda 41, 5?
genit. substantiuorum pendens ab adiectiuis neutri generis quibus qualitas aliqua significatur: a) singularis numeri: uallis profundo 14, 6. incerto fugae 17, 2. animi dubio sententiaeque incerto 25, 11. praerupto montium 55, 14.

montis 192, 16; 193, 22. praeruptum periculorum 201, 20. naturae 208, 18. senectutis infirmum 72, 12. aspero hiemis 222, 6. imo maris 223, 6. humi arido 267, 9. lubrico soli 369, 14. — *b) pluralis numeri*: primitiua regni 21, 9. ualida murorum 25, 7; muri 314, 1. curarum superflua 28, 2. suspecta partium 32, 25. fortuita elementorum 61, 23. saeua hiemis 265, 14. bellorum 293, 4. abscondita corporis 124, 10. artissima uinculorum 147, 14. in Xysti superioribus 157, 15. superiora montium 172, 1; 304, 17. locorum 172, 16. superiora atque robusta arborum 203, 19. in arduis montium 172, 19. praerupta saxorum ac lubrica 176, 22. bellorum suprema 182, 3. uiarum strata 201, 7; 260, 20. patentia camporum 222, 4. aegra partium 226, 15. incerta rerum 231, 23. caua terrae 234, 24. caua muri 314, 9. infracta muri 243, 1. montana locorum 265, 25. ambusta materiarum 295, 4. ficta pacis 306, 23. hortorum inriguis 331, 17. angustiora uiarum 362, 28. asperiora palearum uel coriorum dura 382, 7.

genitiuum interualli auctor praebet: ultra LX stadia Hierosolymitanae urbis *sc.* ab Hierosolymis 144, 16.

genitiuum materiae praebet: cornu ferri solidioris 203, 16.

genitiuum finalem praebet ut: electos petendae deditionis uiros 402, 15. tuendi eius uitalem quandam substantiam subministrauit 400, 18. uagandi et quaerendi radices arborum liberior excursus 377, 19.

adde quosdam usus liberiores, ut turre murorum *i. q.* in muris 26, 27. pocula regis ministrare 87, 8.

gens: *i. q.* natio 141, 3; 159, 8; 175, 3 *cet.* Alani gens fera, cum ceteris feris -tibus cohibebantur 405, 4. *crebrius eadem ui qua apud ceteros scriptores ecclesiasticos significat nationes omnes extra Hebraeam aut Christianam religionem ut* 28, 1; 158, 24. 27; 254, 21; 300, 11 (*ex Scriptura*) *cet.* gentium populos 412, 27. *nonnumquam possis inter duas significationes incertus haerere* 6, 2.

gentilis: populus 406, 19; 412, 16. -ibus inhabitantibus 221, 20. usibus 143, 24. *plerumque plur. num.* gentiles *significat eos quicumque aut Christianam aut Iudaicam religionem non profitentur, ut* 58, 23; 143, 19. 21. 26; 162, 17; 184, 13. 20 *cet.*

genuinus: Gallias ferocia -ae temeritatis in bellum relapsas 182, 18.

genus: *i. q.* ratio, modus. hoc -ere Alexander cum se purgasset 93, 17. in Simonem pari -ere uindicaretur 184, 25. gnaris totius belli -eris Iudaeis 33, 4. obsidentium conatus quibus poterat -eribus eludebat 318, 8. solis sermonibus offensionum -era dissolueret 14, 19.

gerere: uirtutis fiduciam -ret 370, 21. madidas manus -entes sanguine 374, 26.

germanitas: *propria uerbi ui*: cum feminei sexus -tate *i. q.* cum sororibus 29, 9. ne adpetitae -tatis scenam proderet *scil.* germanorum 81, 2. concordia -tatis 83, 19.

germen: infelicium -ina patrum 102, 11.
gerundia et gerundiua nonnumquam antiquorum more in -undus desinunt, ut adoriundum 54, 26. potiundi 94, 5.
gerundia et gerundiua pro infin. futur. passiuo passim usurpantur: nonne scriptum est profananda omnia templi sacramenta *scil.* profanatum iri 155, 19. nec mihi blandior quod parcendum spondeant *scil.* sibi temperatum iri 214, 13. aduerterent Iudaei sibi quoque ueniam non negandam 287, 1. relinquendum adserebat populum 298, 1. illo se qui pro templo dei pugnauerint transferendos *scil.* fore ut transferrentur 338, 17. obtestor,nihil de uestris temerandum esse sacrificiis 375, 16. *gerundiuum sine substantiuo*: necandorum occasio non praetermittebatur 251, 22.
gerundiuum absolute: ad templum dirigendum putassent 257, 5. *gerundiuum uel gerundium cum uerbis aestimandi, credendi uel existimandi saepius occurrere periphrastice usurpatum: adnotauit* O. Hey, *Archiv für lateinische Lexikographie* XV, p. 55—62 (de Hegesippo, p. 60sq.).
gigas: -antas *acc.* 340, 12.
gignentia: passiue (τὰ φυόμενα) mons nudus -entium 266, 13. nudum -entium solum 360, 28.
gignere: quod imperante iam patre geniti forent *i. q.* nati (*BI* I 435 ὅτι βασιλεύοντι γεγόνεσαν αὐτῷ) 71, 27. ad aerumnam genitos 410, 19. auaritia -ebat superbiam 144, 8; *cf.* 81, 22. ne sibi inuidia populoque ultimum -eretur periculum 145, 3.
gliscere: bellum -eret 30, 10.
globus: stellarum 387, 22. ignium -os 389, 9.
gnarus: -i locorum 175, 14. -is locorum et totius belli generis 33, 4.
gradi: (Xerxen) in fluctibus -entem 149, 8 (*cf.* Arnob. *Adu. gent.* I 1 ut Xerxes gressibus maria transiret). populum dei cui peruium -ienti mare patebat 295, 20.
gratia: foris -am (*scil.* speciem) intus fauillam 386, 20. omnis illic -a uiriditatis 196, 22. fontis -a 236, 10. etsi pignus obierit, naturae -a non intercidit *i. e.* amor erga filium 386, 26; *cf.* 100, 5. ne per -am donaretur summi nominis praerogatiua *i. e.* per fauorem populi 248, 25; *cf.* 249, 1. propter Antoni -am 68, 2; *cf.* A. I XV 409 χαριζόμενος Ἀντωνίῳ. delicti -am 97, 14; 308, 11. quos Caesar sucepit bona -a 374, 4. mulieris, quae uos nec dulcis filii fraudaret -a *i. e.* dono, cum epulandum adposuisset 383, 23. cum -a sese obire (*BI* I 272 εὔθυμος) 50, 17. *Christiana uerbi ui*: ciuitas -ae sedes 413, 19. omnipotentis dei -a 372, 20. repletus cibo -ae spiritalis 216, 14. *absolute*: ut beatitudini suae responderet et -ae *scil.* dei 67, 21.
gratus: -is praestare sociis pericula sua 177, 14.
grauare: eos -aret proelium 314, 23. -abatur Alexander uxoris insolentia 85, 12. subornatis -tos testibus 121, 13.
grauis: portam solido aere -em 392, 15 (*cf.* Verg. *Aen.* I 728). somno -is 59, 23. *hoc adiectiuum translate ursurpatum apud Hegesippum crebro inuenitur, ut* ex indigentia -i 30, 4. -i corporis aegritudine

78, 2; 105, 1. anhelitus -is 124, 11. g. seditio 143, 18. g. sonus nauigiorum cum inter se conliderentur 223, 25. g. metus 280, 11. terror 299, 15. fames 327, 3. -i detrimento 34, 2. periculo 87, 2. uulnere 116, 26. proelio 336, 11. -e proelium 368, 14. nefas 353, 8. bellum 360, 16. -es crudelitates 162, 1. poenae 273, 22; 333, 21. -oribus interminationibus 393, 18. -ibus modis excruciatur 136, 27. latrociniis 171, 14. suppliciis 399, 11. -oris curae ac sollicitudinis 112, 11. aegritudinis 124, 6. -ior asperitas 137, 6. sensus poenarum 335, 11. -iore morbo 299, 27. -iora militiae probra quam mortis uulnera 402, 7. -issimae seditionis 141, 2. mortis 333, 22. -issimis poenis 393, 25. bellis 37, 2.

grauius: *adu.* ne grauius a suis perirent 385, 15.

grex: inter noxiorum -ges sternatur 353, 5.

gubernaculum: regni -o 17, 27; 168, 15. g. imperii 282, 18. commissum nobis nostri corporis g. 217, 7.

gubernator: Romani imperii -em 282, 1.

habere: *i. q.* tenere, seruare: eum, quem nulla -uissent tempora 164, 18. quem captiuum -ituri forent 378, 19. quid ueritas -eat 68, 25. *cum participiis praeteritis quasi coniugationis cuiusdam periphrasticae more*: matris necem inultam -erent 95, 21. quid esset princeps sacerdotum incognitum -bat 249, 12; *cf.* incertum -erent 313, 19. numeros distributos -eret 276, 15. — *intransitiue* *i. q.* esse: ut multorum opinio -et 365, 27. *item passiue*: in dexteram Caspia regna -eri 193, 20. (mons) usque ad Asphaltios fines diffusus -etur 266, 16. *cum genit. pretii*: his omnibus rex pluris -bat 67, 17. *existimandi ui, seq. ut:* -itum ut parentem optimum *i. e.* loco parentis 131, 16. *cum inf.* = *futur.*: mirari -etis . . . iudicare 383, 21.

habilis: bello -es 199, 15. aquae ad potandum -is 233, 13.

habitaculum: in arce regiae domus gemina -a maximi ambitus (*BI* I 402 οἴκους) 68, 4. piratica 225, 5. maiorum 270, 2. -is sanctorum *i. q.* paradiso 410, 5. caelestibus 366, 2. h. mortis (*de Hierosolymis bello ciuili uexatis*) 297, 13. terrenum h. *i. q.* corpus 212, 1.

habitare: in quo -aret cubiculo 89, 5. -asse in ea (ciuitate) Abraham 277, 7. -ant in reliquiis urbis 413, 17. *speciatim de exercitu, ut* militaris manus sub diuo -abat 61, 13. locus in quo -auerant Romani 177, 10. (Titus) -auit in ciuitate cui nomen Thanis 292, 10.

habitatio: extorrem -nis paternae *sc.* patriae 39, 6. facta est h. tua deserta *scil.* urbis Hierosolymorum 413, 26 (*bibl.*).

habitus: priuati -um 44, 15.

haerere: h. sibi fertur bitumen 271, 2. -enti ad mammillas pignore 335, 21. cutis -bat ossibus 344, 12. ibi (*scil.* in Aegypto) hereditas eorum h. desiderabat 320, 16. obiectu corporis tui -sit lues 295, 26. imminebant fessis, instabant -entibus 176, 26. *translate*: -ebat Cestius consilii incertus 176, 2. (Pompeius) -sit animi

dubio 25, 11. rex incerto -sit 55, 25. omnis sensus -ebat plus quam lacrimanda tolerantibus 345, 3.
haurire: -iam ictum carnificis super colla pignorum librantis securim 349, 16.
hebes, -tior: ignauia -tiorum 170, 22.
hebetare: *u.* ebetare.
hereditas: gentes uenerunt in -atem dei (*bibl.*) 300, 11. periculosam filiis suis odiorum suorum -atem 168, 11. *translate*: de Romanis legionibus nullus uitae elegit sed omnes mortis -atem 365, 17. morerentur relinquentes sui -atem triumphum 380, 18. Abrahae patris -atem non deseram *i. e.* legem quam posteris suis tradidit custodiendam 219, 23. hereditas *biblico more pro nomine* heredes *quasi* suboles *occurrit*: 295, 19; 320, 15; 321, 19; 322, 1.
heres: *translate*: doloris 212, 27. -des fluminum 386, 4 (*bibl.*).
herilis: -i praecepto 23, 18; 213, 3.
hespera: in hesperam *i. q.* in occidentem uersus *conieci* 283, 12.
hiatus: plerosque h. soli absorbuit 386, 16. Abyron -u suo uorauit terra 120, 9.
historia uetus: *i. e.* Iosephi Bellum Iudaicum 11, 7; eadem locutione ab Ambrosio *Epist.* 38, 8. — *Testamentum Vetus significatur:* -ae in morem 3, 3.
historicus: -o stilo 3, 7.
holocaustum: 387, 8. auersamini holocaustum meum *i. e.* filium quem occidi 384, 14.
homo: homine dei 328, 15 (*bibl.*), *de femina*: utrum deus possit homini misceri 138, 2.
honoratus: -ae militiae clarus stipendiis 368, 28.
honorificentia: 132, 15; *cf.* Gaudentius *PL* XX 983B et Wittig, *Kirchengeschichtliche Abhandlungen* 8, p. 23. *sed et biblicae Latinitatis est et Ambrosius praebet Epist.* 6, 1; 14, 7; 40, 13.
honos: *nom.* 42, 9; 70, 6; 352, 22; 390, 24. *sed* honor 82, 2. Romanae eum rei publicae -ibus adfectat 38, 21. habeat uetus prosapia diuersorum fasces -orum 353, 28. -rem induit *scil.* imperatoris Romani munus 282, 26.
hora: Eleazaro quidem uel Simoni cedendi potestas erat, ut quasi quibusdam uel -arum separarentur indutiis 294, 22; *cf.* Löfstedt, *Vermischte Studien*, p. 74sqq.
hortari: -atur ingruere certamini 376, 9. *sed* -atus est ut fratrem amarent 85, 22.
hospes: terrarum -ites 386, 4 (de Hebraeis, qui se de caelo genus ducere adfirmant).
hospitalis: -alem coniunctionem 52, 11. mensae -is 74, 17.
hospitium: quorum successistis -ia *i. q.* domicilia 242, 19. meliora uobis -ia deferentur *scil.* sedes in caelo 350, 14. -io quodam supernae quietis 366, 3.
hostia: -am meam *i. e.* filium quem interfeci 384, 13.
hosticus: tumulto -o 337, 28.
hostilis: -es manus 375, 17. -e agmen 389, 4. -is excidii 389, 26. domi forisque -ia streperent 256, 3.
hostis: communis h. atque inimici *i. e.* daemonii 102, 19.
humanitas: quae necessaria forent usui -tis ministrare effecit *scil.* hominum 37, 23. his bellum in-

ferri, quorum -tem speretis 156, 17.
humanus: *i. e.* hominis. -is affectibus 358, 14. -as sollicitudines 35, 3. -arum uarietatum 36, 19. -ae opes 156, 2. -orum cadauerum 7, 21. -a uocabula 138, 19. quibus ius -ae conuersationis negatur 154, 15.
humiliare: qua plaga -ati Arabes a rege 64, 7 (*bibl.*).
humilitas: acriorem animo emolliebat priuati -ate 18, 12.
humor, umor: per incisiones distillat h. 24, 17. *medicorum sermone*: -orum exasperatam ieiuniis intemperantiam 357, 3. saeua fames exasperauit -es 382, 9.
humus: -i (*gen.*) arido corruptior aer 267, 8. nec se (anima) attollere potest -i (*loc.*) nexa 409, 8.
hydra: suboles uelut quaedam h. regerminaret 106, 27.
hydria: -as aquae plenas 325, 23.
hymeneus: -is classicum mutans 58, 6.

iacere: cuius a laeua meridiem i. 193, 18.
iactare: i. coepit templo diuina praesidia non defutura 391, 7. superba et tumida -antem 379, 8.
iaculum: -o sagittae 205, 2; 316, 12. fundae -o 239, 20. bellatorum -a 26, 22. sagittariorum 315, 28. sagittarum -is 340, 6. -a telorum 396, 6.
ictus: quos fluminis i. abripiebat 263, 24.
idem: eadem nisi 234, 19; *u.* nisi.
idoneus: *cumdat.*: illum pugnae -eum 15, 18. i. propulsando periculo 22, 10. (uulgus) nec repellendo uulneri nec retorquendo -eum 390, 11.
ieiunus: sucus i. *i. e.* aqua sterilis, infecunda 268, 16. aegrum et -um solum 266, 17.
ignarus: -a quod elatus imperio nec matrem agnosceret 141, 23.
igniculus: amoris i. 36, 9.
ignis: *i. q.* excubiae: circumfusi -es templum oberrant 319, 8.
ille: illum *neutri generis occurrit*: 366, 1. illos 10, 19 *abundare uidetur; item* illi 160, 6; *u.* alius. ex illo 131, 19; 139, 2; 268, 5; 409, 2.
imago: macie confecti -inem mortis gerebant 344, 7. -inem timuimus *i. e.* tabulam pictam (de Iohanne Gischalensi qui se pingere solebat) 349, 10. *translate*: imagines *i. q.* figurae Veteris Testamenti, quibus Euangelium praenuntiabatur 247, 21.
imminere: i. aggerendis terrarum tumulis 26, 10. -bant partibus duces 314, 10.
immitior: -em Dario 129, 1.
immobilis: *translate*: -es perseueratis 332, 20.
immortalis: -is feminam decoris 77, 26.
immutilatus: sacerdotem -um 50, 5.
impedire: -uit ictum 126, 1. tenebris bellum -itum 176, 29. ut hi hostes uincerent, nox -iret 385, 24.
imperator: *latiore sensu rex Iudaeorum dicitur*: 43, 29; 82, 26.
imperatorie: (filios) uocatos i. perterruit *i. e.* quasi imperator reprehendit 85, 21.
imperialis: Otho potiretur rebus secundis ac successu -i 274, 11. *latiore uerbi ui Herodes inducitur dicens filiis*: do uobis uestem et cultum -em 83, 7.
imperitare: longe illum abesse a

iure -andi *scil.* regnandi 131, 7. -antem fluctibus Xerxen 149, 14.
imperium: superioris -i notam *i. q.* imperatoris 363, 7.
impetus: i. militum *plur. num.* (*BI* VI 260 τὰς ὁρμὰς τῶν στρατιωτῶν) 390, 7.
impius: miles i. 414, 9. -ae neci 6, 4. crudelitatis 299, 6. -i sceleris 12, 18. -o ministerio 26, 4. -e 414, 18.
in: = cum: proelium adorsus in XXX milibus uirum 33, 14. non in multitudine populi, sed in timore dei Abraham penetrauit in Aegyptum 323, 25. *cum ablat. instrumenti*: cuius (*scil.* Romani imperii) gratia in Macchabaeis parata *i. q.* per Macchabaeos 131, 24. quando in hasta et gladio fuit Hebraeorum uictoria? 323, 21. Macchabaeorum fides ... in paucis fudit Babylonios ... in paruulis et mulieribus Antiochi arma ... superauit 298, 10. in *cum nominibus urbium, qui a uerbis motus aut status pendent*: a) *cum acc.* in Amathun 14, 1. in Masadam 49, 18. in Arabicam Petram 49, 22. in Caesaream 99, 22; 172, 20; 262, 16; 292, 21. in Hierosolyma 161, 3. in Tiberiadem 200, 13. in Ascalona, in Iamniam, in Iopen 292, 20—21. in Aulonam 301, 24. b) *cum ablat.* in Samaria 54, 18. in Caesarea 221, 27. in Iope 225, 12. in Alexandrea 286, 12. *adde* in Cypro 134, 1; *u.* urbs.
inaccessibilis: Euphrates i. nisi suis incolis 154, 20.
inaccessus: Saxonia -a paludibus 319, 29. omnia occupant quae -a erant uiris sacrorum exortibus 374, 21.
inadsuetus: -a imbribus regio 284, 2.
inaequalis: -em *i. q.* aegrotum 9, 26.
inaequalitas: morum i. 14, 22.
inaestimabilis: intuenti i. cognitio superiorum 202, 21. numerum -em 360, 13. -is magnitudinis 392, 25.
inaestuare: querimoniis 145, 7.
inauditus: -os exitio dare 42, 23.
inbecillus: -a senectus 122, 24.
incandescere: -duit feruor cupiditatis 77, 21. Iudaeorum temeritas 191, 20.
incanescere: *u.* incanus.
incantare: i. atque immurmurare dira carmina 184, 26.
incanus: -um iam uerticem 106, 22 (*u. l.* incanuisse).
incapax: -aces affectuum per longam famem oppressit sensus naturae 356, 24.
incautior: 179, 22; 369, 10; 379, 2.
incendium: feruentibus -iis solis 283, 17.
incentiuum: belli 158, 29; 250, 19. celerandi itineris 201, 11. miseriarum 226, 9. bellandi 228, 11. proeliandi 230, 3. bello i. dedit sacrilegii dolor 4, 17. eo incentiuo excitus 315, 5. mors Sabini -o fuit 367, 21.
incentor: seditionum i. 330, 26. -es seditionis 333, 15; 384, 23. patrando flagitio -es 19, 16.
incertus: -os regionis 175, 14. -um salutis 221, 11. -is per noctem hostibus (*BI* V 294 μηδενὸς φαινομένου πολεμίου) 313, 17. maxima pars incerto fugae dispersa 17, 2. quo fugerent -um haberent 313, 19. incertum *quasi aduerbii more duobus locis occurrit*: extrusum urbe nonnulli -um an percusserint 158, 8. rebus

nouis et -um quo uergerent 274, 16.
incestus: fraterni i. matrimonii 135, 9. fraterni cubilis -um 140, 8.
incīdere: -isset facinus miserabile 29, 25. periculum -idit 51, 25. perturbationem 70, 18. -isse bellum 178, 22. i. pestem 240, 11. sceleris non -cidi societatem 330, 26. *sed etiam addito* in: in morbum -idit 11, 21; 19, 28. in manus nostras -dēre 399, 1.
incīdere: plerisque -debat manus *i. e.* truncabat 278, 7.
incircumcisus: 211, 13 (*bibl.*).
incisio: per -ones distillat humor 24, 17.
incitator: -es adulescentium 91, 10.
inclinare: *transitiue et passiue*: regis potentiam unius mulieris expetita societas -auit 70, 9. plurimi populi sex fascium uirgulis metu -antur 153, 17. nec intermixti proeliis propiore Magni accessu -abantur 26, 17. exiguis momentis subito -entur omnia quae in bello geruntur *translatione ex statua sumpta* 241, 26. (urbs) uetustate -ata in ruinam 69, 2. miseratus sortem -atam 71, 5. *intransitiue*: consilium non ex dispositione in Herodem -auit *i. e.* ei profuit 60, 25. destitutus idoneis successoribus ad unum -aret infirmiorem 100, 12. -aret aduersum se proelium 227, 23. *absolute*: eorum res -abant 226, 4.
inclinatio: mentium 374, 1; 389, 19.
includere: loculis -erentur 345, 15. tumulo -erem 382, 20.
incoctus: -um triticum 334, 19.
incognitus: quid esset princeps sacerdotum -um habebat 249, 12.
incoinquinatus: templum a gentilibus 58, 23.
incola: *is qui iuxta flumen incolit*: nec -am suum auro turbida Pactoli unda extulit in superbiam 152, 1. Euphrates inaccessibilis nisi suis -is 154, 20. *adiectiue*: Galliarum -as populos 151, 2; *cf.* 152, 25. -ae multitudinis agmina 263, 7.
incolatus: regio cuius i. Iudaeorum exercitus appellabatur 38, 4. -us gratia sibi nexi 412, 13. quidquid uniuersorum i. tenet, possessio uestra est *scil.* Romanorum 228, 21. Scythopolitani -us 180, 10.
incolere: Alani . . . incolebant Scythicum Tanain finitimaque eius et Meotis (*u. l.* meotidas) paludes (*BI* VII 244 περὶ τὸν Τάναϊν καὶ τὴν Μαιῶτιν λίμνην κατοικοῦντες) 405, 8.
incommoditas: *i. q.* aduersa ualetudo: 122, 24; 124, 5; 125, 16.
incommodum: *i. q.* morbum 105, 4.
inconsolabilis: malorum incrementum -e 156, 9.
inconsultus: -a temeritas 62, 20. -ae uoluntatis 146, 7. -o Caesare 129, 21. patre 274, 14. domino *scil.* deo 326, 11. -iorem 387, 18. -ius *adu.* 399, 1.
incorruptibilis: -ia elementorum testimonia 120, 3.
incredibilis: -e mihi est quod euasi 116, 12.
incredulus: amicis i. 88, 8.
incrementum: malorum 156, 9. poenarum -a 187, 3.
increpare: *transitiue*: -auit populum, quia non insurgeret 297, 24. *intransitiue*: quadrigarum -uit fragor (*ex Scriptura*) 296, 11. sonus tubae 367, 29.

incubare: Antipatrum i. alienis 39, 4.
incultus: terrae -a 360, 25. -o domino *u. l.* M^2 326, 11.
incumbere: -uit proelio 57, 23. i. suis artibus 110, 25. coeptis -uisset 174, 37. bello 178, 18. -cubuere obsidioni 239, 22. tyrannum -cubuisse libertati ciuium 161, 8. (Iudaei) fugienti -cubuerant 49, 19. hostem i. ceruicibus suis 403, 27. -cubuit ad murorum deiectionem 316, 23. tempestas domus in Alexandrum -cubuit 87, 2. saeua regni super ipsum -cubuerint 106, 19. *absolute*: bellum -cubuit 25, 4; *cf.* 200, 22. -umbentibus iam patriae ruinae 328, 24.
incuratus: -um bellum 292, 2.
incuriosus: haut i. extremi subsidii 361, 23. -sior 242, 2.
incurrere: ferro quod -erant 263, 20. -at nauis periculum 285, 12. -entibus sacris religionis diebus 26, 9.
incursio: frequentibus -nibus 19, 20. bellica -ne 54, 27. -num metu 55, 11.
incursus: crebro -u 180, 6.
incutere: fusus in terram -ussit sociis uerecundiam 379, 3.
indemnatus: 252, 23.
indemnitas: ad dominorum -tatem seruatam pecuniam 189, 17.
index: (ignis) index faucium portuensium 285, 8. lacrimas uoti -ices 72, 21. ultam uel ignauiae uel proditionis -icem 226, 2. si tenent -ices prodant 254, 2.
indicium: spectatae -ia uirtutis 39, 17; *u.* exprimere.
indigentia: -a cibi 343, 16. *absolute*: 30, 4; 317, 19. *i. q.* paupertas 244, 9.
indignari: riualem -gnata 165, 5. -gnantes qui cogerentur 316, 10. -gnantibus oculis 181, 5.
indignus: *seq.* ut 130, 16; 186, 12; 189, 23.
indoles: (uos) contemtu periculorum gloriosa i. 365, 19.
indomitus: -as pecudes 83, 2.
indubius: 77, 10; 222, 22. -e 101, 15.
inducere: *praepositione* in *omissa* templum (*sic* M^2, templo *cet.*) hostem -xerit 128, 18.
induere: infulas regni -it 20, 4. cilicio se sicut scuto -it 326, 7. armis inermos 161, 2. *translate*: dilectionis affectum -ant 82, 16. moriendi affectum -erint 410, 23. -ite mansuetudinem 323, 8. subiectionem quam etiam ferae -unt 323, 9. patientiam -it 324, 19. mentem -erant 416, 27. mortis eius (*sc.* filii) formidinem simul et fidem -it 354, 27. curam prius quam honorem (*scil.* imperium) -it 282, 26. regalem personam -eret 182, 14. speciem quandam pietatis -erant 346, 2. terra caelestis, quae non speciem corruptionis -erit 351, 10. discessionem animis -uissent 190, 15. -uisse corporis formam 385, 19. princeps sacerdotum haec indumento suo exprimere consueuerat, quasi totum mundum -eret pro populo supplicaturus 310, 17. *passiue, sed actiua significatione*: muliebrem amictum -ebantur 279, 18. -tus ueste candida 404, 12.
indulgens: *compar.* deos -iores 138, 16. *superlat.* -issimus pater 99, 27.
indulgere: amicis mensae hospitalis societatem -eant 74, 18.
indumentum: princeps sacerdotum haec quattuor -o suo exprimere consueuerat 310, 15. exuuiis

-orum 269, 14. nudus -orum 39, 15.
indurescere: mentem ipsae suorum -ruerant uirorum *u. l.* 416, 27. *quod pro* indurauerant *falso positum Weberus (an Caesar?) coniecit.*
indutiae: -ias malorum 293, 3. resipiscendi 400, 8.
inebriare: sanguine -entur 252, 9. magis sanguine quam uino -atus 16, 5. se -antibus 252, 3.
inefficax: i. iactus 243, 18.
inenarrabile: 196, 19.
inequitare: Simoni -bat Iohannes *i. e.* superiorem locum tenebat 305, 28. Hannibalem -antem fulminibus 398, 19.
inermis: *sing. nom.* (*u. l.* inermus) 10, 18. *gen.* 32, 7. *acc.* inermum (*u. l.* inermem) 183, 10. *plur. nom.* inermes 179, 11; 305, 20. *acc.* inermos 161, 2; 229, 23 (*u. l.* inermes).
ineruditus: -am bellandi temeritatem 228, 26. -i ingenii 241, 23.
inexcruciatus: -um 346, 19.
inexcusabilis: -is criminis 132, 5.
inexercitatus: -os 78, 22.
inexitiabilis: -e 262, 8.
inexorabilis: -is genero 92, 20. i. ad indulgentiam 308, 12. *passiua uerbi ui*: i. in desperatis rebus perseuerantia 245, 1.
inexoratus: -am in filio coniunctionem *i. q.* nulla uenia dignam 36, 13.
inexpectatus: -is uentorum flatibus 51, 24.
inexpertus: -is ueritatem rei 270, 18. *passiuo sensu*: aliis i. bellicorum usus malorum 145, 15.
inexpiabilis: -em riualitatis dolorem 75, 21.
inexpletus: cetera non requirere, sed -um in uulgus mittere quod delectauerit 274, 3. -a officia 344, 19.
inexpressus: non -um reliquit 396, 1.
inexpugnabilis: Romanis i. 141, 8. nostrae obsidioni i. 397, 2.
inextinguibilis: ignis, quem oportebat -em perseuerare 160, 16.
inexustus: aedificiis, si -a reseruarentur 388, 22.
infantulum: *acc.* 382, 10.
infelix: i. patriae 352, 8.
infensus: 41, 27. -o *u. l.* *BZa* 411, 27. -ior *u. l.* *aV* 104, 22. *u. l.* $M^{2}m3H$ 199, 29.
inferi: ad -os non feram animum parricidalem (*BI* I 596 καθ' ᾅδου) 109, 16. (orator) excitabat ab -is peremtorum animas 121, 11. -orum tenebrae (*BI* III 375) 219, 4. apud -os 365, 3 (*cf.* Cicer. Tuscul. I 101); 386, 21.
inferiae: immane facinus, quo uelut i. sibi populi mitterentur 124, 23. deberi sibi -as interfectorum 95, 23.
inferior, infimus: -em materno latere 79, 16. -um *i. q.* infirmiorum 307, 11. nullo inferius superiorum palatiorum 68, 2. infimus honor 82, 2.
inferre: fercula cenae i. 87, 9. flamma in aedem se furens -tulit 390, 14.
infestare: -abat prouinciam 41, 26.
infestatio: tuis -ibus auxiliatorem tuum interficeres 296, 22.
infestus: maxime -is odiis 17, 8. -o nobis caeli domino 411, 27. -a simul omnia caelum hostis mare rupes 224, 28. infestior *sensu actiuo*: 65, 14; 104, 22; 189, 16; 199, 29; 253, 15; 330, 12. *sensu passiuo*: 206, 28.

inficere: -ectum cruoribus mare 224, 14.
infidelis: i. amicis 354, 9. natura barbaros -es 48, 17. -es *Iudaei dicuntur* 369, 26.
infidelitas: Romanorum, Assyriorum i. 331, 6. (Sedeciae regis) -ate 329, 1.
infideliter: *i. e.* infidelium more *de Iudaeis u. l. HBZA* 391, 11.
infirmitas, -tates: *i. q.* mala ualetudo 10, 11; 409, 6.
infirmus: -ibus 200, 5; *cf.* Ambros. De interpr. S. Iob I 2. 6.
inflammare: *translate*: suae coniugis -auit suspiciones 76, 21. (Antonium) -antem in omne genus amatorium cupiditates 75, 20. ubi haec conpressa est insolentia, quasi in aegro corpore alia pars (*sc.* Iudaeae) grauius -batur 143, 15.
inflare: *translate*: -bantur insolito cibo corpora 356, 18.
inflectere: matrem ab exsecutione praecepti seuerioris ad molliora -eret 19, 11. imperiis eius oboediendo ad sui gratiam Pompeium -eret 24, 3; *cf.* 120, 27. *passiue et absolute*: -eris, Iosephe 211, 3. -exa est aliquorum sententia 373, 24. *partic.* precibus donisque -exus 21, 17. -exus ad eam sententiam 376, 6. uerbis in mollius -exis 25, 1. litus leuiter -exum 223, 5. *absolute*: -exus *i. q.* motus: 121, 4; 263, 5.
infodere: se -ientes speluncis 55, 13.
informis: i. laquei nodus 257, 21. nodum -em 406, 3. -em leti laqueum 216, 24.
infra: (rex) a Caesare super omnes, i. Agrippam tamen, diligebatur 67, 18.
infremere: -ebat indignationis suae motibus 92, 21. exercitus militari -uit ululatu 209, 9.
infringere: cuius -egit impetum Sepphoris egredientibus cunctis obuiam Cestio 172, 10. -fracta muri 243, 1. *translate*: affectu -acta materno regni cupido 18, 8.
infulae: -as regni 20, 4; *cf.* 169, 15. ueteris prosapiae -is 95, 7. sacerdotales -as 329, 22.
infulatus: -i sacerdotes 27, 25.
infundere: uenena uisceribus i. 121, 21. sucum lactis -ant 357, 2. *translate*: sui amorem -udit omnibus 67, 7. conuocatis bellandi incentiuum 228, 11. sermonem i. per uniuersos 276, 12. natura nobis uitalem -udit spiritum 363, 18. (anima) -dat insensibili materiae sensus uigorem 409, 10. conloquia et diuturnus usus pestem animis i. solent 82, 19. in superiora se ignis adtollens uictoribus laetitiam -udit 389, 25. quibus euadendi desperatio contemtum mortis -uderat 177, 4. captiuitas nostra gentilibus -udit nostrae religionis consortium 329, 29. insita gratia sacerdotum principibus ut his aliqua quae futura erant -erentur 9, 14. ipsis facile morum se -udit societate 275, 7. *cum accus. personae et ablat. rei*: se uino -uderint 252, 7. *i. q.* perfundere: uis pluuiarum terram -udit 52, 27. *militari sensu translate*: (Pompeius) Hierosolymitanis moenibus armatas acies -udit 24, 20. *cum accus. pronom.*: infundere se *uel* sese: Italiae 35, 4; Syriae 48, 2; Hierosolymis 49, 23. domiciliis 240, 7; urbi 312, 5; genti Medorum 405, 16; (populus) circa portas sese -eret 174, 23; -unt se de

muris 304, 14. Domitiano se -uderat libido 291, 25. clausis se -uderat fames 344, 2. coeperunt se i. terris fluenta 326, 22. *passiue*: Iudaei magis magisque -bantur 304, 29. -fuso Assyriorum populo genti Iudaeae 326, 2. sole -fuso 246, 8; 326, 24.
infusio: benedicti salis -ione temperatae aquae 268, 5. (huiusmodi piscis) in Alexandrino lacu ex Nili -one reperitur 236, 15. -one animae mortuus resurgit 409, 22.
ingemescere: i. militiae leges dissolutionis flagitio 307, 22.
ingenium: *i. q.* commentum 381, 1.
ingerere: dictauerit quod -batur 130, 8.
ingratus: i. salutis 40, 15. absolutionis 43, 20. -um beneficiis 65, 1. muneribus 90, 29.
ingrauare: omnibus modis -ans fratrem 87, 5.
ingruere: -eret regionibus 148, 20. -uunt praetendentibus 377, 23. i. certamini 376, 9. scaphis flatus -uit 223, 16. -entium malorum necessitate 394, 28. terror -eret a diuersae factionis principibus 299, 15. *absolute*: 331, 8; 340, 6; 388, 4; 389, 21.
ingurgitare: se flagitiis -arunt 252, 4.
inhabitare: regiones -ant 51, 13. regionem -abant 271, 11. Caesaream -antes 412, 7. te *scil.* Hierosolyma -abant 413, 22. *intransitiue*: in tabernaculis -et 413, 27. pulsum eo quo -abant loco 275, 3.
inhabitatores: 410, 28.
inhaerere: (ignis) facile ligno -sit 407, 20. *translate*: plerique templo -serant 294, 9. eorum i. gratiae 270, 4. familiaritati eius -serat 19, 2.
inhalare: -antes floribus paradisi 269, 5. horti -antes floribus 361, 1.
inhonorus: -um relinqueret 20, 20.
inhorrere: -entes specus 55, 15.
inhorrescere: i. super eum telorum uis plurima 339, 29.
iniquitas: naturae gratiam superfluere -tes *scil.* ἀδικίας 100, 5. resistendo eius -tibus 18, 2.
iniquus: -a decernendi condicio 242, 7.
iniunctus: -o sibi muneri 407, 16.
iniuria: ulti -m 153, 4. ne assiduo adsurgentis inpetu maris cedant fundamenta insulae atque -a uetere soluantur 285, 18.
iniustus: -o sub fasce *i. e.* grauiore quam ut ferri posset 177, 23.
inlacrimabilis: mors i. 125, 8.
inlaqueare: ipsi sese -abant *i. e.* suspendebant 257, 19.
inlex: i. dilectionis 99, 29.
inlicitus: -o iure matrimonii 140, 2. ab -is non reuocabat suos 141, 4.
inlidere: undae scopulis -sae 223, 12.
inludere: uirtuti -at dolus 307, 12.
inm— = imm—
inmaculatus: -o deo 331, 28.
inmanis: -e quantum 161, 4; 223, 11; 366, 27. -issimum 349, 21.
inmanitas: -tem bestialem 257, 18. bestiarum i. 118, 6. -em rupium 385, 2. uoluntaria mors -ti adscribitur 257, 21.
inmaturior: aetas i. 91, 8.
inmedicabilis: i. aegritudinis feruor 123, 1.
inmemor: domestici mali i. *i. e.* inprudens, inprouidus 76, 20. -es uitae ac salutis 242, 21.
inmergere: *translate:* se -sisset in

Iudaeam 94, 3. in Galilaeam sese -sit 200, 1.
inmoderatio: pugnandi i. 307, 19.
inmoderatus: i. honor 82, 2. -a maestitudine 12, 4.
inmodicus: animi i. 23, 20; 275, 11. i. animus 339, 22.
inmorari: uictores omnium gentium Iudaicis proeliis -abantur 202, 9. circa machinas -ante exercitu 339, 19. familiarium suorum consortiis -ati 341, 22. neque describendis aedificiis -andum uidetur 193, 17.
inmori: aris ac focis patriis -erentur 338, 14. condiendis suorum funeribus -iebantur 344, 18; *cf.* 161, 9.
inmunire: fundamenta quae castro Herodes -erat 377, 3.
inmunis: -em cladis urbem 172, 11.
inmurmurare: Volumnius funesta -at 99, 5. i. dira carmina 184, 26.
innatare: saniem dilaceratis uisceribus -antem 346, 7.
innauigabilis: -e pelagus 153, 20. -es Nili fluminis cataractas 283, 14.
innectere: (laqueo) hostem i. 406, 8. *translate*: querimoniae laqueis -eretur 95, 13.
innocuus: -i *i. q.* indemnes 62, 2.
innodatus: uinculis i. 404, 3.
innoxius: -ae aetati *i. e.* pueritiae 395, 19. -a aedificia 396, 12.
innumerus: -ae caedes 58, 14. -as copias 5, 13. -a milia 404, 23.
inoboedientia: 390, 3; 396, 26.
inoffensus: parietes -os ab ictu 388, 13. si (rex) -us maneret, ciuem praestaret 41, 6. Iordanes campum intersecat -a gratia 267, 3. -um naturae affectum exhiberet filiis 80, 28. regnandi ius -e exercuit 18, 4.
inolescere: -euit humanis affectibus quaerendi cupido 358, 14.
inopinatus: -is euentibus 369, 4.
inpacatus: -as Gallias 182, 18.
inpar: i. tam atroci calamitati 382, 12.
inparatus: i. insidiis patuit 275, 21. se in -am Syriam effunderent 192, 20. in -am Italiam se effundere 287, 13. in -os (Iudaeos) 400, 5. -am regionem percursauere 405, 16.
inpatiens: i. dolor 145, 7. -em dolorem 109, 11 *ubi* dolorem *accus. obiecti est pendens ab* inpatientem *cf.* Löfstedt *Syntactica* I, p. 199. -ienter doleret 112, 6.
inpatientia: ferendi (uulneris) i. 147, 13. festinationis i. 240, 6. i. amoris 383, 3.
inpendere: tibi -di uades mortis et ictus telorum hostilium 40, 6. pro pretio -si sanguinis 412, 22.
inpinguis: (fons) i. arua opimat *i. q.* inpinguans 236, 13.
inplacatus: -ae crudelitatis 76, 14.
inplere, *siue* implere: *transl.*: morte -uit somnia 135, 23. Syriam quaedam -uit dementia 412, 12. (Nero) scenam suis flagitiis -eret 182, 1. se -uerint ebrietatis 252, 8. parricidium i. 89, 18. caedem -bant 416, 25. promissum -eret 59, 5. aerumnae miserabilis -uit acerbitatem 169, 24. -ueris circa Feroram munia piae germanitatis 109, 7. quicquid ad cultus obseruantiam spectare poterat -etum est 27, 9. oraculum . . . -ri 373, 6. terrore exanimatus mortem -uit 243, 9. -eta uictoria *i. q.* integra sine ullo damno 209, 21.
inplicare: ferentem adiumenta

aerumnae societate -cauere 7, 24. ipsi uos periculis -uistis 242, 18.

inpos: animi i. 77, 13. mentis -tes 388, 2.

inpossibilis: 55, 16; 107, 17; 174, 11; 302, 22.

inpossibilitas: -tem 344, 17.

inpotens: -tis mulieris *i. q.* ἀκρατοῦς 72, 24.

inpotentia: muliebris i. 60, 6.

inpressio: non -nis nostrae esse quod uiolastis quae uestra sunt 375, 12.

inprimere: uulneribus -essis 306, 28. in litteris uetustis manebat -essum quod 395, 2. *translate*: ego haec uniuersa exitia -essi 348, 33. cessit potius -entibus quam recepit uoluntarius *i. e.* urgentibus 282, 24. id alte -essum aliquamdiu tenuit 346, 22.

inprouidus: i. consulendi moderandique 145, 6.

inpugnare: ut te -aret 117, 31.

inquam: *redundanter ad uim orationis augendam*: 109, 18. *absolute*: -it *i. e. Scriptura* 268, 4. *sed* 347, 17 „*Simon*" *suggeritur.*

inquietare: eum qui Romanam rem publicam armis -asset 35, 27. Symonem -bat Iohannes *u. l. BZ p. c.* 305, 28.

inquietudo: i. morum 13, 7. -inem gentis 31, 24. causa -inis Antiochi expeditio 16, 9. febrium uis -ine augetur 147, 16.

inquietus: canalis i. 285, 20. -issimam nationem 132, 3.

inquinamentum: -a alui 357, 15.

inquinatissimus: i. in obscenitatibus 144, 16.

inrationabilis: 47, 22; 61, 22; 220, 8. spes libertatis plerumque i. ad adipiscendum 145, 17. -iter 379, 10.

inreconciliabilis: rex i. 88, 7.

inreparabilis: -e templum 373, 23.

inrepere: -psisse (*u. l.* -pisse) in honorem indebitum (in *om. a*) 131, 10. -pserat in tyrannidem 280, 15.

inretire: *translate*: (anima) neruis -ita 409, 9. circumscribentium uersutiis -itur 91, 7. -iti mendaciis 251, 13.

inrogare: hostiles -turum manus 375, 16. -tum proelium 325, 27. bellum 130, 23. mortem -uissent 312, 15. neces 259, 10. ne quid iuueni insidiarum -aretur 43, 13.

inruere: -bant agris 261, 21. i. in urbem 199, 5; 232, 22. -uisset super eos 38, 9. super defectores -uit 298, 18. supra hostem 302, 22; 304, 15. *absol.* 58, 13.

inrumpere: -rupit aciem 32, 13. templum -rupere 26, 27. urbem -rupit 37, 18; *cf.* 58, 4; 240, 2. Petram i. 29, 22. in hostem 389, 6. in ipsa -unt penetralia 374, 20. uacillantibus alueis uidebant mare i. 224, 2. -rupto cubiculo 89, 4. -rumpendum in urbem putasset 174, 3.

inruptio: Iotopatae facta i. 209, 2. templi -nem 26, 1.

insanus: -um mare 397, 12.

inscius: haut i. quod requireretur 210, 2.

insensibilis: -ia *i. q.* ea quae sensu carent 62, 25; 332, 18; 388, 21. simulacrorum -ium 298, 2. -i materiae *i. q.* corpori 409, 10.

inserere: se i. periculo 369, 18. in interiora se templi penetralia -uit ignis 389, 17. neque regredi facile erat propter -tam hostium multitudinem 302, 14. sagittae iaculo -tus 237, 5.

inserere: non ex -sita in Caesarem beneuolentia *i. e.* sincera 39, 11.

insigne: i. immortalitatis 123, 15. domesticum 40, 13. -ia honoris 40, 28. fortitudinis 217, 19. uirtutis 229, 6; 259, 1. in terris remanere i. aliquod uel gratiae uel iniuriae 366, 4.

insignire: sedile aureum gemmis -itum 93, 22; *cf.* 194, 19.

insilire: murum -uit (-iuit *aV*) 340, 3. fragmentorum aggerem -uit (-iuit *BZa*) 367, 8. -uerunt super Caecinam (-ierunt *CV*) 289, 14.

insimulare: proditionis -atum 346, 20. quod uenenis adpetiuisset fratris salutem 86, 19; *cf.* 356, 24. *absol.*: 43, 17; 43, 22; 406, 29.

insinuare: epistulam prouincialibus -auit 286, 20. *absol.*: -antibus *i. q.* inuadentibus 326, 5. *sq. accus. cum inf.*: -auit Caesari mirari se *i. q.* notum fecit 95, 13. 338, 27. 10, 19; (epistulis -uasse) 32, 21; 265, 9; 278, 9; 313, 23; (per Iosephum) 375, 20; 401, 27. *i. q.* suadere: 21, 6; 165, 6; 346, 22.

insistere: nauiter -ens muneri 407, 16.

insitiuus: -is pomis 196, 15. uuae et ficus sunt in -is regalis cuiusdam gratiae 236, 4.

insolens: bellorum i. 244, 15. satis praesentium i. 84, 26. -ior: 145, 24; 248, 4; 276, 26. -ius *adu.*: 160, 23.

insolubilis: -e opus et mari et uetustati 70, 4.

insperatus: -tae merces inruptionis 257, 11.

inspirare: -ta uenia mortis 237, 24. (*sed BI* III 537 καταπνεύσας ἄδειαν ἀμφίβολον).

instabilis: -i gradu 264, 12.

instantius: *adu.* 250, 5.

instar: (anima) i. quoddam diuini muneris repraesentans 409, 17. ad i. Romanae militiae 188, 22.

insuere: -batur sagittis 264, 7.

insuetus: -is *sc.* belli 229, 13.

insultare: malebant i. diutius quam cito perdere 382, 4. sicut moris est -antibus 307, 2.

insultatio: statuitur in conspectu exercitus -nis specie 347, 15.

insuperabilis: bello -es 318, 29. -em uirtutem 374, 17.

insurgere: in Simonem -eret 185, 15. in arma -rexit 366, 27. i. in necem hostium 401, 15. aduersum me 116, 18. aduersus Christianos -rexit 183, 19. pro templi defensione -eret 297, 25. in periculum sororis -recturum 122, 11. -rexerat Elichus (*BI* I 236 Ἕλικος *uel potius, ut reor* Ἑλίκου . . . ἐπαναστάντος Φασαήλῳ) 45, 22. cum Iohannis factio esset intolerabilis, -rexit praeterea Simon *i. q.* exstitit 274, 24. -rexerant aggeres 403, 13.

intaminare: *i. q.* contaminare: templum -arent 160, 11.

intaminatus: *i. q.* incontaminatus: -am coniugem 324, 2. -um crinem 327, 25.

intectus: -o capite 303, 2. latere 389, 16.

integer: i. a uulneribus 339, 11. ab huiusmodi i. conscientia 258, 15. i. aeui 351, 5. -um *sc.* uiribus 65, 7.

intellegi: *eadem constructione et ui quae est uerbi* „uideri": deriuari minutione -antur 234, 15.

intemeratus: amoris -um signaculum 83, 8.

intemperantia: uxorum -am 75, 23. carnis -am 310, 22. manuum i. 307, 20. umorum exasperatam ieiuniis -am 357, 4.

intempestus: nocte -a 241, 10.
intendere: metus a latronibus -batur 373, 27.
intentio: -ne fidei 3, 14. perfidiae -nem 164, 9. uirtutis -ne 414, 22. ea mentis -ne *scil.* consilio 104, 25. nec minor tuendi quam ornandi i. 67, 28. a furore animi paulatim -nem eius (*scil.* Herodis) molliuit 90, 16.
intentius: *adu.* 10, 22; 11, 15.
inter: i. cenandum 241, 9.
intercĭdere: naturae gratia non -dit 386, 27.
intercīdere: -unt porticum 379, 15. nodum -disset 406, 4. -sa 379, 20.
intercipere: periculi metu nauigandi usus -eretur 222, 23. -ceptum *u. l. HBZaV* (intercepto M^2m2) 165, 24.
intercludere: interioribus gentibus -sit iter 193, 23. ciuitas -sa rupibus 202, 13. -sis faucium meatibus 356, 9. -so uentis mari 291, 27. -sa fugae copia 191, 14. supra uerticem locati hostium ipsos quodammodo anhelitus eorum -amus 362, 31.
interdicta: i. patrum 374, 22.
interequitare: -antes 263, 17.
interfundere: Brittanias -fuso mari a toto orbe diuisas 319, 27.
interfusio: (Iordanes) CXX stadia sine ulla -ne progreditur 235, 2.
interiacere: uallis media iter atque urbem -bat 303, 17. locus duas -ens porticus 314, 18. -entibus *u. l.* 234, 12.
interiactus: CXX-iactis stadiis 234, 12 *sic M^2; praetuli conlato Adamnano qui praebet* interiectis; *cf. Lactantius in Statii Theb.* II 737.
interimere: *u. sub* interire
interior: -um uiscerum 124, 9. (corporis) -a penetralia 120, 17. (oceani) -a secreta 154, 18. culminum -a 379, 23. omne -ibus gentibus interclusit iter *i. e.* quae ultra eos fines incolebant 193, 23. -is amicitiae 91, 20. -ibus amicis 74, 16. interius *adu.*: specie ciuili sed i. (sub uestibus) armati 305, 17.
interire: *impf.* -iebat *u. l. aV* 264, 8. -ierat summi ius sacerdotii . . . auaritia interemtum 165, 24. sensus doloris -ierat 345, 21.
interitus: -um tanti decoris *scil.* feminae tam decorae 78, 10.
interminatio: -nibus 393, 18.
intermiscere: -mixti proeliis 26, 17.
internasci: -nata parietibus herba 334, 11.
internecare: sucus i. solitus sata 268, 17.
internus: proelium -um 305, 13. hostem 348, 12. in ueterem morbum febris -ae aegris uisceribus reccidebant *i. e.* domesticae seditionis 309, 13.
interopertus: offendat -os fluctibus scopulos 285, 11. (*cet. editt.* inter opertos).
interpellatio: (femina) temtata Mundi -nibus 137, 11.
interpolare: bellandi successus domestica seditio -auit 13, 20.
interpres: suae absolutionis -ete *i. e.* teste 38, 17. nuntiorum -tes 254, 1 *i. q.* qui condiciones pacis quam nuntiabant explicarent.
interpretari: ad affectum amantis -atur 76, 11.
interrogare: i. si 121, 25; 159, 9.
interrogatio: in uiscera mea pergat i. ueritatis 120, 18. -nes flagitiorum 87, 29.
intersecare: fluuius eam medius (*scil.* urbem) -at 193, 2. (Iordanes) Semechonitin lacum pa-

ludesque eius -at 235, 1. medium campum 267, 3.
interuenire: officiorum foedera inter regem et Romanos -irent 226, 19. ipse pro reo suo apud socerum -iret 92, 24; *cf.* 93, 12; 181, 8.
interuentus: paschalis -u celebritatis 305, 14. *translate*: -u regis *i. q.* interpositione 226, 17.
interuertere: arua aratro i. 135, 19.
intexere: causas belli i. 148, 8. dolos -ant 307, 10. Drusi nomen insignibus sui operibus -erat 69, 21. -tis castellum custodiis circumuallarunt 407, 29. nemus -tum cupressis crebris 193, 9. arboribus 239, 14. ager uitibus -tus 196, 19.
intimare: palam militibus -auit 33, 10.
intimus: -is uisceribus 72, 22. -orum uiscerum 336, 7. -um Caesaris 117, 30.
intonare: Hannibalem -antem mundi ipsius tempestatibus (*dat.*; *cf.* Horat. *Epod.* II 51) 398, 19.
intorquere: Salome omnem saeuitiae regis in adulescentes procellam -sit 97, 15. pro iaculis orationem -sit 326, 8.
intra se: i. ipsum s. proeliabatur 6, 27. i. s. fremeret et desaeuiret 182, 6. dolor i. s. saltem liberam habebat sententiam 128, 9. trino proelio laborabat i. s. ciuitas 293, 15.
intractabilis: i. ad ueniam 121, 1.
introgredi: urbem -essi 280, 12.
intuitus: morum eius -u 142, 2.
intutus: ex urbe, quod eam -am uiderent 266, 8. i. aduersus hostium multitudinem 21, 21.
inuadere: duos de Romanis militibus -entes 401, 25. Cestium quidam -sit stupor 174, 26.
inualidus: -os morsus 356, 13. nudo regni nomine i. 103, 14.
inuelatus: -tas cupiditates 75, 19.
inuertere: arua aratro i. *u. l.* 135, 19. in exitium eius beneficii mercedem -eret 141, 25.
inuestigare: praecipitiis quae nec usus -aret 202, 15.
inueteratus: militiae -um stipendiis 182, 17.
inuidere: fratribus -erent amorem naturae 9, 15. nepotibus -eret copularum societates 104, 7. -entes beneficium mortis 334, 6. Herodes beatissimus, cui -sum est periculis alienis sese miscere 60, 19.
inuidia: -am paternae necis 84, 10. fraternae -am necis 121, 5. recurrit altera in uxorem Ferorae ueneni i. 108, 9. tantum bonorum, ut -as accenderet 118, 15.
inuidiosus: -o agmine *i. e.* quo inuidia excitaretur 43, 10.
inuisibiliter: 409, 11.
inuitare: alia curantes Romanos ad cognitionem regni sui -uerint 4, 1.
inuius: specus -o accessu 55, 15. quae nimio aestu aut gelu -a 319, 18.
inuolare: inimicam urbem diruere cupientes -auere 191, 7.
inuoluere: alium saxi -uit ruina 316, 22; *cf.* 204, 19. *translate*: conplures Iudaicae gentis ruina -ueret 175, 3. tempestas ipsum (Alexandrum) graui periculo -uit 87, 3. horror sollicitius intuentem -ueret 202, 16. -uit eum consortium degeneris societatis 328, 13. ne se captae urbis excidiis -uerent 318, 16. (exercitus) iter urguebat ne noctis periculis -ueretur 177, 21. conspirantibus uentis mare -ueretur 224, 19. illis

-luti casibus 240, 11. nomine pacis bellum -lutum 250, 20. -lutum dedecore parricidium 87, 16.
inutilis: -es (*scil.* bello) 391, 12.
ipse: *i. q.* is *uel* ille: mater Antifili et frater ipsius *i. q.* eius 109, 24. regionis ipsius *i. q.* illius 38, 4. ipsam urbem *i. q.* eam 227, 19.
ire: itum in ceteros 207, 18. hinc itum in caedes 248, 9.
iste: *i. q.* hic: 212, 28; 255, 2; 276, 1; 388, 5; 409, 27; 410, 2. 21; 411, 14. ille-iste 206, 23—24. iste-ille 352, 11. isti-illi 207, 1—2. ex illo, ex isto 288, 5—6.
istiusmodi: *i. q.* huiusmodi: 73, 25.
ita . . . quasi: 391, 24.
iterum: *i. q.* contra: 43, 11.
iubere: *sq. dat. et infin.*: neocoris -ssit mundare templi interiora 28, 12. *sq. infin. act. omisso subiecto*: quorum in conspectu filios iugulare (*u. l.* iugulari) -ssit 16, 2.
iubilare: i. populum 325, 18.
iudex: *i. q.* praeses, rector: 132, 2; 144, 14; 147, 3. 22. ad loci -cem 393, 23.
iudicium: *i. q.* praesidis munus: 29, 19; 131, 28. -a dei 95, 9 (*bibl.*).
iugiter: 234, 14; 394, 12; 413, 23.
iunior: ceteris 5, 26. ex tribus maribus i. 71, 24.
ius: i. germanitatis 11, 25. naturae 92, 12; *cf.* 141, 21; 299, 30. -re matrimonii 140, 3. i. copulae nuptialis 79, 4. imperii Romani 130, 15. summi i. sacerdotii 165, 23. regalium negotiorum 43, 3. regnandi 18, 4. bellandi 327, 22. possessionum suarum 374, 4. operis sui 345, 13. iura necessitudinum 100, 4. diuini -ris praecepta sacra 63, 17. quidquid ubique est i. uestrum est 228, 20. nos aliis cedamus quod in -re nostrae potestatis est 282, 9; *u.* fas.
iustitia: -as legis (*bibl.*) 5, 2.
iustus: *i. q.* secundum ius: -ae passionis 6, 15. causas -as 88, 20. i. hostis 261, 14. sub rege -o 131, 6. iustius *adu.* 72, 5.

labefactare: uicos eorumque incolas maxima strage -auit 265, 22. Iudaeorum insolentia gentis excidio captiuitatisque dedecore -aret 183, 15.
labes: mali prima l. 9, 16. malorum 248, 7. tanta labe dignum dolorem 389, 25.
labi: *i. q.* elabi: *absol.*: 221, 17; 233, 4; 337, 21. -psus custodibus 29, 6. fuga -psos 33, 20. corporis saltu -psus euasit 316, 21. spes -psae 22, 14; 32, 1; 178, 2. -psos non nego *i. q.* errauisse 114, 25.
laborare: trino proelio -bat intra se ciuitas 293, 15.
laborior: pro laboriosior: *comp.* 362, 24 *u. l.* CV.
lac: sucum -tis 357, 2. terram fluentem l. 197, 16 (*bibl.*).
lacerare: bellis asperis Iudaea et seditionibus domesticis -batur 293, 2.
lacessere: filium . . . ad sui gratiam l. 79, 13.
lacrima: -arum uiaticum sumsimus 350, 8. *translate*: perque incisiones distillat humor (*sc.* balsami) -is pulcher rorantibus 24, 17.
lacrimabilis: esca l. 334, 30.
lacrimandus: plus quam -a tolerantibus 345, 3.
lambere: -am lingua patria sanguinem meorum pignorum 350, 2. *translate*: quo templum -entibus incendiis eriperetur 371, 4.

languor: *i. q.* desidia: -e marcescunt 365, 25. -e conmaceratos 366, 5.

lanx: *translate*: aequa -ce odium mulieris et amor uiri aduersum se certabant 72, 4.

lapis: -idibus pretiosis 127, 20. cum -idibus (*scil.* pretiosis) 403, 1.

lapsus: *subst.*: proeliares -us (*BI* V 127 πταῖσμα) 108, 17.

laqueolus: -o insertus 406, 2.

laqueus: -os iacere 406, 7. informis -i nodus 257, 21. *translate*: l. mortis 71, 16. leti -um 216, 24. -is auaritiae 22, 22. querimoniae 95, 13.

lassare: -i rebus secundis 229, 2.

later: a dextra parte -e artatur (*BI* IV 614 χειροποίητα τείχη) 285, 14.

latere: urbem uis -bat malorum 209, 8. *absol.*: fraus -bat 341, 3. *translate*: Brittaniam inter undas adhuc -entem 182, 20. -ens causa 341, 10. -enti cuniculo 341, 1.

latibulum: Parthis mons l. daret ex quo se effunderent 192, 18.

latum: *subst.*: situs urbis, in -o angustior 192, 15.

lătus, eris: muri l. 203, 22; *cf.* 380, 16. *translate*: inferiorem materno -ere 79, 16.

lauare: *translate*: hic sanguis illum -at 297, 23. -emus superioris imperii notam 363, 7.

laxare: equum pabulo -auerat (*BI* VI 153 ἀποχαλινοῦντες) 377, 11. ictu muri ualida -bantur 314, 1. -ato corpore 124, 18. -ata sollicitudine 326, 24.

laxus: -o saccorum sinu 204, 1.

lectio: l. docet 392, 24.

lectulus: *i. q.* lectus: 77, 13; 87, 11; *u. l.* 184, 26; 185, 4, 5; 364, 11. *sed*

lectus: 127, 18; 128, 4; 184, 26.

legatum: *subst. neutr.* sanguinis 125, 2.

legere: sibi dominum -ant 129, 8. legi ... imperatorem 281, 18. regem -istis *u. l.* *M*² 321, 20 (*sed* dominus eligeretur 129, 6). cum lex uiros ad sortem -eret 249, 6. ultimos ore anhelitus -eret 355, 1.

legio: angelorum -nibus (*bibl.*) 63, 24.

legitimus: -os *scil.* liberos 95, 7.

lenitudo: -ine ingenii 41, 15.

lenocinanter 74, 26.

lentitudo: -ine ingenii *u. l.* 41, 15.

lentus: l. in flagitiis 144, 11. -a obsidio 7, 20.

lepra: perfusus -a 166, 9.

lepusculus: -um 378, 6.

letalis: causa -is exitii 44, 21.

leuare: -auit dexteram 125, 28. manus -aret 327, 23 (*bibl.*) ad caelum l. oculos 414, 12. arma ... nobis integimento (sunt), quia usu -antur 229, 23. mulum -ando oneri necessarium 377, 11. *translate*: uinclis -atum 35, 12. ut facti inuidiam -aret 7, 13. nec erat quo famem -arent 377, 21. confessione -emus pudorem 349, 1. blandae tranquillitatis species humanas -aret sollicitudines 35, 2. rerum secundarum successu -atus 125, 28.

lex: sacerdotalis successionis 249, 5. belli -ge 214, 8. imperatoris conluuio l. flagitiorum est 139, 9.

libare: per partes eis -o meum sanguinem 12, 21. -atus peremto parricidae sanguis 12, 12.

lĭber: de -bro caelesti deleri 211, 4.

līber: l. a cruciatibus 108, 27. a culpa 108, 28. a periculo 333, 1. aspectus 375, 7. conspectūs -os 375, 6. -ae manus 416, 2. -am sentententiam 128, 9. auctoritatem latrocinandi -am sibi uindicantes 199, 3. -ior excursus 377, 20. -ioribus locis 38, 3.

liberalis: litteris -ibus 71, 24.

liberalitas: -es suas *plur.* 68, 12; *cf.* 118, 15.

libere: adhuc quemquam uiuere libet *i. q.* iuuat 413, 28. *in formis praeteritorum temporum* libitum erat 258, 25. l. foret 50, 1; 261, 5; 405, 18.

liberi: -erum *gen.* 347, 7; 352, 15; 415, 23. periculis propriis rediment suos (*add.* liberos *u. l. a Vp. c. m2*) beluae 83, 3.

libertas: *i. q.* παρρησία 164, 25.

librare: se -at in murum adtollens 367, 10. -ntem ictus 340, 13.

licentia: regnandi *i. q.* potestate 43, 5.

licitare: pulchritudinem -aretur 73, 30.

limen: -ine urbis 255, 18.

lineus: 269, 13; 310, 20.

lingua: promtiore -a et secretorum prodiga 83, 27.

liquefactus: l. flammis auri rigor 389, 14.

liquens: stringuntur -ntia 386, 10.

liquido: *aduerbialiter translate*: l. clareat 4, 9. l. manifestetur 223, 3. haut l. scio 244, 8.

litterae: uetustis -is *scil.* libris 394, 26. -is liberalibus 71, 24. = epistulae *pluralis numeri ui*: 110, 18. -arum sequestrem 74, 10.

locare: stipatores iubet in hypogeo -i 10, 15. ille in summo -tus hostem auertit 367, 9. supra uerticem -ti hostium 362, 30. in suggestu regali -tus 408, 15. germanos (eius) in muris -bat praecipitandos 6, 18. pro uero l. 270, 20.

loculus: defunctorum cadauera -is includerentur 345, 15.

locus: *proprie*: -i situm 301, 27. regionem 124, 21. ex -o Antoniae 376, 5. l. patibulis deesset 337, 16. ad -um peruenit *scil.* constitutum 35, 15. ut pedites in -o manerent 225, 7. quo -i 354, 22. -orum exitus 177, 2. -orum impedimenta 302, 16. difficultas 242, 14. per id -orum 393, 23. incolis 55, 16. gnaris -orum 33, 4; *cf.* 175, 14. defossis intra urbem locis quae potuerunt dare usum sepulchri 345, 5. praefectum -i *scil.* Alexandriae 162, 20. ad -i iudicem *scil.* Hierosolymorum 393, 24. de -is Arabiae uxoris 34, 18. omnes uicos -i 265, 1. purum et splendidum superiorem -um 410, 4. splendidiora -a 410, 28 *i. q.* orbis lacteus, paradisus; *u.* elementum. *translate*: principe -o *i. e.* ante omnia 16, 20. in eius subrogati -um 171, 7. secundo -o fungebatur 255, 6. filios -o pignorum teneat 386, 25. mortem illam -o immortalitatis futuram 6, 25. maximi sceleris -o duceret 05, 20. oo -i habuit quo perfugas 388, 11. inmemor -i *i. q.* condicionis suae regiae 58, 17. nullus salutis l. *i. e.* effugium 236, 22. datus est inuidiae l. 118, 17. ille cui nullus inter quietos l. 275, 4. pacis l. *de templo* 254, 21.

longaeuitas: uitae -tem 183, 25.

longum: *i. q.* diu: 33, 23; 101, 14; 135, 9.

loricatus: -o pectore 305, 18.

lucrari: salutem -rentur 338, 4.

lucrifacere: quid -iam 217, 10 (*an diuisim*: lucri faciam?).

lucrum: pietatis l. fecit 401, 21.

ludere: alea bellorum inopinatis -dit euentibus 369, 4. = eludere: -sit operam 16, 16. obsidionem -serant 239, 11. -sae sunt dispositiones Caesaris 35, 17. ut effugio poenae -derentur 88, 18. -entem *u. l. aV pro* eludentem 169, 9.
ludus: epulari -o (*BI* I 88 εὐωχίαις) 13, 22.
luere: -bant scelerum suorum supplicia 163, 9.
lues: populorum -e unius mortem uindicatam 78, 11. *de homine*: indigena populi l. 244, 5.
lumen: oculorum 414, 16. -ina animi 39, 19. *i. q.* uita: carpere desideras istud l. seruitutis 212, 5 (*BI* III 357 φῶς ὑπομένεις ὁρᾶν δοῦλον).
luridus: tabe -i 344, 8.
lux: *translate*: pro hospitii munere gratiam se -cis repraesentare 95, 15.

machinari: insidias -arentur 96, 14. cum Iudaei conloquerentur, quae Romanis -ati forent 241, 10. *passiue*: in modum arcarum -ato munimine 55, 27.
machinator: m. sceleris 12, 18. calumniae -es 88, 26.
macula: sanguinis -as 12, 10. *translate*: -am proditionis 290, 5. ne pios -a contaminaret de consortio noxiorum 332, 3.
maculare: m. probro Romanae indolis fortitudinem 380, 23. -entur aurarum spiramina 387, 23. -tae militiae probrum 363, 4.
madere: sanguine -erent litora 224, 14. sanguine m. sacra limina 329, 24. -ente (-es *u. l.*) sanguine guttae 332, 20.
maestificare: ne in aliquo mulieris animum -aret 72, 4.
maestitudo: -ine 12, 4.
magis: *omisso comparationis membro*: m. gentilibus refertam inhabitantibus *sc.* quam Iudaeis 221, 20. m. gentilibus usibus mancipatam 143, 24.
magnus: *superl.* maximus *latissimo sensu adhibetur, ut* uir armis m. 368, 26. legionibus -is 65, 9. -os cantus 398, 3.
malum: *interiectio*: 116, 17; 370, 19.
mammilla: haerenti ad -as pignore 335, 21.
manare: (alui) -antia purgamenta 357, 26. *translate*: -bat opinio 225, 21. in omnes opinio -auit 357, 17.
mancipatus: (urbem) gentilibus usibus -am 143, 24.
manducare: 383, 29; 384, 15.
manere: si inoffensus -eret 41, 6. -ete fratres 83, 5. -entes in officio 256, 16. in proposito -ens 374, 27. *transitiue*: onera imperii et moles negotiorum me -bunt 83, 14. uos periculum -et 362, 27.
manganum: m. quoddam de ligno 272, 22.
manifestare: sicut libri Iudaeorum -arunt *i. e.* ἐδήλωσαν 392, 26. se remissurum indignationem scriptorum specie -aret 112, 1.
manifestus: nuntius hostilis excidii -um reddidit Titum *i. e.* certiorem fecit 389, 26.
mansio: *iter facientis exercitus* 292, 11. 14. *translate*: ad -nem praecedite *i. e.* ad paradisum 350, 11.
manubiae: -as Titi Caesaris 3, 6.
manus: necessitas remedium in -us uertit *i. q.* in proelium conserendum 263, 15. priusquam in -us

ueniretur 276, 23. *translate*: de -ibus uictoriam amisere 22, 18. uictoria de -ibus eriperetur 361, 20. hos prope de -ibus amisere, quos iam captos putabant 307, 1. ad extremam operis -um (*sc.* ad bellum conficiendum) utrimque studiis conspiratum 361, 8. seruierunt -us eorum in cophino 26, 5 (*cf.* Ps. 80, 7).

marcescere: languore -cunt *scil.* desidia 365, 25.

maritimus: in -is Caesareae 11, 19. -is *scil.* urbibus 29, 14.

martyr: -es 350, 29.

masculi: *i. q.* mares 207, 20.

materia, materies: -es *nom.* 341, 5; 407, 18. *translate*: 81, 1; 84, 25. *dat.* -ae 409, 10. *acc.* -em 343, 11; 346, 14; 389, 12. *translate*: -am 41, 23. *plur.* ambusta -arum 295, 4.

maturare: nox consilium -auit 327, 15. profectionem -andam constituit 292, 1. -ato (*u. l. CV* maturo) 111, 19.

mature: 250, 28. -ius 281, 20.

maturo: *u.* maturare.

meare: iter ad urbem -ntibus 238, 21. per desertum -ntes 326, 12. ductus aquarum ne in urbem -rent 203, 6. ut ne ad uxores quidem conatus istiusmodi tractatus -ret 179, 6.

meatus: (portus) qua -um maris ac nauium suscipit 284, 17. *proprio sensu plur. num.* aquarum -us 268, 7. fluuiorum -ibus 196, 22. *absolute*: (largiores) -us 331, 19. (Iordanes) eodem subterraneis deriuatur -ibus 234, 10. abdito per caua terrae -u 234, 24. faucium -ibus 356, 9.

medicabilis: lacus plerisque m. *i. e.* salutaris 124, 16.

meditari: inualidos morsus more infantum -bantur 356, 14.

meditatio: m. quaedam certaminis 229, 16. -nes nostrae bella sine sanguine, bella nostra -nes 229, 18. 19.

mediterraneus: abundans regio -eis copiis 198, 14. in -eis (*BI* I 156 ἐν τῷ μεσογείῳ) 29, 12.

medius: colo m. uexabatur 124, 9. Caesar inter urbem atque Pompeium m. 35, 9. uallis -a iter atque urbem interiacebat 303, 16. *translate*: pacis m. 251, 1. *cum nominibus locorum*: in -o sinu urbis 274, 10; *cf.* 297, 21. in -a ciuitate 16, 1. urbe 291, 9. in -as acies 363, 25. *translate*: in -o belli furore 26, 20. uulnere 384, 12. medium, media: *substant. cum genit.*: in -o urbis 19, 4. in -o urbis et turbae stipaminum (*u. l.* stipamine) 142, 13. in -o concubinarum 16, 3. in -um hostium 341, 20. turgescentibus -is sc. corporis 336, 7.

medulla: fames in ipsas populi -as descenderat 344, 3.

mefitis: praecipitii profundum saeuam exhalat -im 68, 20.

memini: memento quia 119, 14.

memorare: de quo supra -auimus 20, 8; 71, 1. sicut supra -auimus 406, 25. -atus *i. q.* supra dictus 19, 20; 24, 14; 36, 6; 48, 6. 25; 52, 20; 103, 1; 401, 27; 405, 10. -antes ipsius consilio octingentos illos cruci suffixos 19, 3.

mens: supra aerumnam negotiorum -em haberet 182, 11. m. Caesaris regnum tibi quod abieceras repraesentauit 119, 10.

mensis: curricula -uum 8, 19; 111, 14.

menstrua: (mulieres) -a soluentes 271, 5.

mensura: -am tritici 334, 13. *translate*: supra -am 82, 4; 356, 22. impietatis incremento supremorum adaequaret -am flagitiorum 175, 5. implesti -am scelerum saeuissimorum 349, 22.

mentiri: insensibilia sensus speciem -untur 332, 19.

mercennarius: *subst.*: effudit sese -o Antipatri 95, 3. ex duce m. *de Hannibale* 151, 1.

merces: pro -de adulterii 74, 1. qua stupri -de 87, 15.

mergere: se in ipsos -sere ignes 390, 15. *intrans.* nauigii -entis 178, 11.

meridianus: -um, -a *subst.*: -a (urbis) 239, 9. (mons) praetendit in -um 266, 21. a -o in septentrionem 196, 26.

meritum: pro dignitatum -is 414, 25.

meticulosus: *i. e.* timidus 200, 25; 414, 14.

metropolis: Syriae m. 192, 13. -im Iudaeae 265, 7. totius gentis m. 252, 16.

metropolitanus: urbe -a 283, 6.

metuere: *cum infin.*: -o apud te ingratus uideri 65, 3. urbem egredi non -eret 328, 26.

metus: -um incussere uictoribus quod 327, 12.

meus: *uocat.* 382, 24.

micare: portae auro -antes 413, 21.

migrare: *translate*: qui nos defendebat (*scil.* deus) ad hostem -auit 319, 15.

milia: *interdum idem casus requiritur*: talenta duo m. 28, 8; 33, 22. ad IIII m. uiros 189, 10. reperta caesorum VIII milia D uiri 257, 27.

militare: quae (*scil.* dextera) aduersus corpus suum -auit 218, 30. *translate*: naturalis fecunditas Romanis -at 152, 17. -arent tibi fluctus maris 295, 17. fulmina (*u. l.* flumina) -auerint uobis 398, 17. -antibus in excidium suum mundi procellis 256, 26.

militaris: uulgi m. 289, 8.

militia: *i. q.* militare munus: toleratam in Aegypto -am 52, 10. exhibebat hanc ciuibus aduersum suos -am 180, 10. *i. q.* militaris fortitudo: praeclarum -ae documentum dedit 37, 15. *i. q.* militares copiae: *unde* equestris -ae 137, 11; 315, 6. pedestris 222, 23. praefectum -ae 404, 17. Vespasianum omni -ae praefecit 187, 7. *praeterea* de -a decedere *scil.* castra deserere 363, 13. -ae probrum 363, 4. probra 402, 7.

minari: hostibus pariter ac muris -antem 367, 2.

minister: m. securitatis 116, 5; 117, 23. sceleris -os 111, 5. *adiect.* membra -a crudelitatis *u. l.* 120, 25.

ministerium: m. arripuisse 416, 13. exhibens 12, 6. recusauit m. 215, 4. mirari 383, 21. uterentur -o 107, 20. destitutus -o 215, 5. sacrificandi -um obibant 294, 4. parricidalis conuiuii -um perhorrescebat 384, 22. desuetis edendi officiis -um feriabatur 356, 5. refugere facti -um 403, 11. crudescebant impietatis -a 299, 11. cuius uita flagitiorum -um *u. l.* 84, 6. *i q.* minister: 44, 24; 100, 18. *translate*: membra -a crudelitatis 120, 25. missa -a fraudi sunt 18, 7; *u. Addenda* p. 419.

ministrare: pocula regis m. 87, 9. incendia -at *i. e.* faces 332, 16.

minitari: ipsi morti -ans 124, 22.

minuere: si quid ex praeda Romanis -eretur 391, 1.
minutio: -one 234, 15.
mirabilia: *i. e.* miracula 324, 22.
miraculum: *i. q.* res mira: 78, 8; 270, 23; 316, 11. *i. q.* admiratio: 73, 22; 74, 12; 163, 28; 269, 17; 398, 5.
miscere: *translate*: utrum deus possit homini (*sc.* feminae) -i 138, 2. mixta deo mulier 138, 7. regredientes -i ceteris uetat 307, 5. periculis alienis sese m. 60, 19. bello se alieno -uit 408, 18. solus se armis -uit 369, 24. ima summis m. 32, 1.
miserari, misereri: -eamur nostri dum est -andi potestas, ut de nostro -eamur 415, 25 (*BI* VII 380 ἕως ἡμῖν ἔξεστι παρ' ἡμῶν αὐτῶν λαβεῖν τὸν ἔλεον).
missilia, missibilia: missilibus 180, 15; 201, 21; 240, 2; 262, 25; 293, 20; 312, 16; 367, 13. *excepto primo loco ubique u. l.* missibilibus *cf. Archiuum Latinitatis Medii Aeui* III p. 142sqq.
mobilis: ad omnes -em suspiciones 103, 11.
moderamen: -mina cibi 357, 6. Romanae dispositionis -mina 228, 1. pio -mine parcendum putabat *i. e.* moderatione 232, 27.
moderari: acquisiuit -andi gratiam sacrae legis obseruatione *i. e.* fauorem populi regno suo 18, 5.
moderator: *i. q.* princeps, rex 8, 10.
modus: supra -dum 67, 23. sine ordine sine -o 326, 27. sine ordine et -o 368, 20. terra iacet in infinitum -um *i. e.* amplissima modum non patitur 283, 24.
moenia: (regionem) quasi quibusdam excelsam moenibus nauigiorum 284, 9. fluctibus tamquam moenibus *u. l.* 153, 16; *u.* munia.
moles: m. negotiorum 83, 13. -em formidinis 216, 8. calumniarum -ibus 88, 24. rerum 288, 18.
mollire: *translate*: obtrectationem -iuit 9, 18. m. indignationem 91, 15. -iret iram 92, 10. populi -iret impetum 189, 16. pietas -it 90, 12. cum matrem uerberari uideret, -iebatur 6, 29. a furore animi paulatim intentionem eius -iuit 90, 16.
mollitia: animi m. 211, 3.
momentaneus: -i bellatores 279, 25.
momentum: cum exiguis -is inclinentur quae in bello geruntur *scil.* ponderibus 241, 26. uno -o 38, 14. ad -tum 242, 10. intra -um 344, 6. -is omnibus 193, 7; 343, 26.
mons: praeruptus aquae m. 397, 5 (= Verg. Aen. I 105.). fluctibus tamquam -tibus hostem repellere 153, 16.
mora: is . . . totius erat nodus ac m. belli 180, 8.
moralis: praeceptis -ibus 163, 12.
morbus: *translate*: graui -o dissidentis inter se plebis 226, 21. in ueterem -um febris internae reccidebant, ubi remissior erat exteriorum -orum (*u. l.* -um *M a. c. m2 CV*) accessio 309, 12. 14.
mori: ab illis -eremur 253, 4. -turis 253, 28. agnosce tibi (Ierusalem) hodie Barabban uiuere, Iesum -tuum 297, 1. *translate*: mihi sermo -ietur 146, 13. mihi -tua ueritas est 11, 11. -uum illis consilium 63, 7. apud hos naturae pietas -tua et superstes defunctis religio 386, 23. quasi -uis eius (*sc.* corporis) cupiditatibus atque motibus *sc.* in

somno 410, 10. apud quos (inferos) etiam elementa -iuntur 386, 21. -ientes aquas (Asphaltii lacus) 388, 5.

mors: -tis sacramentum 401, 14.

morsus: habent laesae apiculae suos -us 364, 30.

mortales: *i. q.* homines *saepe ut*: 170, 22; 207, 10; 232, 25; 305, 24. -ia seruorum tuorum (*bibl.*) 300, 7.

mos: m. est *cum dat.* 410, 18. -ris erat, est *cum dat.* 40, 26; 307, 2.

motus: -us Persicos 193, 24. bellum magnis parabatur -ibus 60, 15. -u grauissimo (*scil.* animi) promit querellam 101, 8. diuinae -um sententiae 331, 9.

mouere: m. se *de duce* 45, 25. *de exercitu* 287, 14. temtamenta belli aduersus Romanos -eri 145, 2. nullis -batur lacrimis 120, 28.

mucro: ictus -nis 353, 15. -nem Romani demergant 214, 10.

mugitus: terrarum m. 256, 11.

mulcere: eum muneribus Alexandria -ebat 19, 24.

mulier: *i. q.* uxor 13, 1.

muliercula: elatam -am secundum scientiam iuris diuini 18, 16.

multus: m. pro fratris salute domini precator *i. e.* multas preces fudit 9, 28. -o fessi certamine 209, 14.

mundus: *adiect.*: m. ab 385, 6. -iore uestigio 350, 17.

mundus: *subst.*, *translate*: -i procellis 256, 26. contagionem 387, 21. quasi totum -um indueret (*de significationibus indumentorum sacerdotum principis*) 310, 17.

munerari: donis Archelaum -bantur 93, 25.

munia: *i. q.* moenia 291, 2. = officia: 187, 13; 188, 8. 16. germanitatis 109, 8. functionum 152, 5. uigiliarum 290, 13; 367, 22; *cf.* 343, 20. propria 188, 16. huiusmodi 342, 14.

munimen: templi -ine defensabant 389, 18. tuis manibus (Hierusalem) destrueres -ina tua 298, 27. urbem, quae naturali fulta -ine 266, 11. proeliari accincti -ine 305, 19. *translate*: patrio fretus -ine *i. e.* armis orationis 324, 14.

munimentum: -is cedere 339, 13. naturae -is circumdata 283, 3. -is quibus pudenda tegerentur 161, 29. *translate*: huic -um hereditatis paraui 115, 8.

munire: tectis -iti 256, 13. defunctos quos susceperant -iendos *scil.* sepulchro 344, 21.

munitiones: *i. q.* munimenta 177, 5; 342, 16. 25. *i. q.* castellum: 45, 29; 340, 21. Antiochi m. 17, 16; *u.* Index nominum.

munitior: armis m. 339, 9. -ioribus locis 168, 23. ad -iora se contulit 168, 29. in -iora sese contulere 262, 13.

munus: m. supremae senectae (filius) 384, 4. uitae -ere 381, 16. *i. q.* officium: clarior -ere religionis 353, 27. *de officiis erga homines uita functos*: supremi -eris officia 344, 19. supremorum -erum lacrimae 345, 1. eo, quod deferre gestierant pro bono -ere defraudabantur 345, 9.

muralis: munimentis -ibus 342, 11. machinamenta -ia 341, 18. *saepe usurpatur pro gen.* muri *uel* murorum *ut*: -i uice 188, 19. parte 361, 25. subsidio 411, 21. m. materies 407, 18. fragmenta -ia 362, 5.

murus: -os Iudaeae (τὰ τείχη τῆς πατρίδος *BI* I 199) *i. q.* muri quibus Iudaeae urbes circumdatae erant 40, 24. *translate*: -um oceani 397, 8. Brittanias -o frementis circumuallatas elementi 397, 4. populos naturalibus -is ferociores 151, 3. (urbs) saepta fluminis -o 152, 20. (Germanos) saeptos Alpium -o 397, 16. (Aegyptus) uno tantum -o septentrionali innititur terrae qui ducit in Syriam 283, 18. (audacia) sibi m. est 302, 24. quibus (*sc.* Iudaeis mare transmittentibus) unda m. est 386, 5.

musurga: per -am quendam 74, 9.

mutare: hymeneis classicum -ans 58, 6. ad -andum in mollius seruitium 322, 12. ibi -atur commercium *u. l.* 154, 29. (paleas) grandi pretio -abat 381, 26.

mutuari: ubi ante solum naufragium putabat, ibi nunc -atur commercium 154, 29.

mysterium: Hebraeorum mysteria *i. e.* arcana sacra 4, 20. *item* sanctificationum -a 28, 1. -orum gratiam 155, 21. *translate*: cuius uita erat flagitiorum m. 84, 6. summo -o silentii 179, 5. *i. q.* ἀλληγορία: Gedeon non arma praeferre sed -a praecepit 325, 22. Dauid cum Bersabeam hoc est filiam Sabbati suo coniugio propheticis -is copulauisset 328, 1.

mysticus: *subst.*: solis -is pateat secretorum cognitio 375, 6. *adiect.*: sine -a obseruatione 11, 6.

naeuus: *translate*: ne qui n. deesset rebus secundis 291, 24. latrocinium hoc quasi -um in corpore dissimulandum 396, 24.

namque: *nonnumquam postponitur, ut*: in medium n. hostium 341, 20.

nancisci: *part. modo* nactus *modo* nanctus: -nct.: immolantem 4, 25. -i potestatem populo praesidendi 167, 22. semiustam n. materiem 389, 12. n. facultatem 407, 3. nactus: n. regnum 170, 4. occasionem -i 256, 29.

nasci: terrarum -entia (= γιγνόμενα) 386, 18. ad dedecus nati 415, 25.

natare: -bant plateae sanguine 163, 2. pauimenta sanguine 368, 18.

natura: -am aquarum 268, 13. amorem -ae *i. e.* propinquorum 9, 15. pietas 80, 11; 386, 23. affectum 80, 28. religionem 82, 31. amplexus 349, 26. miseratio 350, 4. sensus 356, 25. necessitudine 350, 21. leges 299, 30.

naturalis: ciuitas uelut quodam -i uallo circumdata 202, 23. (urbs) -i fulta munimine 266, 11. -ibus muris (Oceano et Alpibus) 151, 3. uinculis (*i. e.* corporis) relaxaui 218, 21. n. fecunditas 152, 17. -i gratiae 233, 20. -i sterilitate 266, 18.

naufragium: *translate*: ultimo atque inouitabili -o demersi 97, 16.

naufragus: uitae -um 221, 10.

nauigare: -tur in harenis, -tur per sata 152, 15. (Xerxem) in terris -antem 149, 7.

nauiter: 407, 16.

ne: *i. e.* profecto (ναί) 155, 14.

nec: *ante uocalem aliquotiens, ut*: 10, 16; 113, 15; 115, 5. 11; 228, 1; 397, 18. nec *pro* ne — quidem, *ut*: 8, 21; 17, 9; 90, 6; 96, 23; 141, 24; 144, 21; 159, 5; 164, 6. 10; 234, 19; 273, 26; 383, 23; 386, 1; 396, 29. nec — quidem 364, 3.

necessarius: quae machinarum -o

conueherentur *scil.* usui 360, 27. -um fuit, ut 398, 21.
necesse: n. haberet regnum refundere 107, 4.
necessitas: aucupatus Antiochi -tem 7, 16. ipse quoque -tem imperii Romani quibus posset adiuuaret uiribus 286, 18. supremae solacia -tis *i. e.* mortis 416, 24.
necessitudo: curam seruandae -inis 6, 13. paternae hospitalitatis -ine 47, 7. naturae 350, 21. patriae -inem 348, 11. uiolatae -ini 12, 25. confundi iura -um 100, 4. -ines *saepe pro* necessarii *ut*: 74, 17; 332, 24; 415, 17; 416, 28.
nectere: ut eos uno osculo caritatis inuicem sibi -eret *i. e.* inter se 83, 16. similitudo morum cognata studia sibi -it *i. e.* inter se 251, 24. Iudaei atque gentiles incolatus gratia sibi nexi 412, 14. (anima) humi nexa 409, 8.
nefandus: -ae caedis supplicia 299, 5. -o iure matrimonii 140, 3.
nefarius: -os ausus 12, 28. -ae crudelitates 162, 2.
nefas: graue n. 353, 8.
negare: -i ius uiuentibus 299, 30. doloris uideamur -asse ministerium 247, 14. res fractae priores successus -runt 361, 18. (Iudaei) -uerunt prophetarum arbitrum 296, 14. (imperium Romanum) quod (Antonius) dereliquit et quod -uit 65, 10.
negotium: rei publicae -iis 33, 17. regalium -iorum 43, 3. -ia patrum *i. e.* foedera cum deo pacta 148, 27. apud LXX uiros dicebatur n. 258, 18. tantum n. postulauit et impetrauit *sc.* murorum reficiendorum 40, 25. ceteri Iuliano caeso facili -o cessere 370, 5. rerum exitus plus -i quam principia habere 362, 10.
nemus: -ora siluarum 346, 13.
nequire: 173, 14. nequibat 73, 23. nequitum (est) 138, 18; 346, 4. nequeuntes 87, 14. *sed* non queas (*u. l.* nequeas) 148, 11. non queat 106, 19. non queunt 388, 4.
nerui: *translate*: n. ciuitatis (*BI* τὰ νεῦρα τῆς πόλεως) 160, 25. urbis 295, 6.
nescire: uulnerum decus -it 40, 7. regni -iret prosapiam 83, 22. -it obsidionem 152, 20. -iunt arma 229, 11. famem -io 384, 11. nesciens *adiect. i. q.* ignarus 119, 25. *pass.* ubi pluuia -itur 152, 16.
nescius: *cum inf.* dactylos nisi locis feruentioribus generari -ios 235, 19. *seq. quod* n. quod . . . aerumnior esset 98, 27. *cum acc. c. inf.* n. tutius apud hostem captiuos degere 71, 18. *cum acc.* parem n. 244, 6. auiditas modum -ia 356, 21.
neutrum adiectiuorum absolute passim usurpatur, ut: reliquorum relator egregius 3, 6. prudentia perspicax incertorum 369, 22.
nexus: *subst. translate*: omni -u sese absolutos arbitrati 160, 23.
ni: 53, 27; 54, 5 (*u. l.*); 406, 3.
nihil: *cum genetiuo substant.*: n. uulneris 303, 4. *cum de*: de uestris sacrificiis 375, 16. *cum adiect. 2ae decl. congruens*: n. sincerum 316, 16.
nihilum: non de -o esse quod se praecipitauerit 108, 20.
nimie: n. cupidus 94, 4.
nimis: *postponitur*: alta n. suspiria 12, 3.
nimius: -o sole uel frigore 196, 17.
nisi: *post locutiones negandi*: nec a principio eadem Panii n. sola na-

turalis gratia *i. e.* praeterquam 234, 20. nec exspectauit regnum n. parricidio adipisceretur *i. e.* praeterquam ut 115, 11. quo spectaculo nihil funestius n. ille qui iubet *i. e.* praeterquam 349, 18. bello ciuili nihil foedius n. solus qui potuit inferre *i. e.* quam 328, 3. nisi *cum partic:* n. Iudaeis omnia procurantibus 33, 4 s.

niti: n. sui nominis praeiudicio 288, 1. singula fide -xa 90, 19. (urbs) locis -xa asperioribus 238, 17. Romani ordine suo -xi 304, 3.

nocturnus: -o tempore 393, 3.

nodus: informis laquei n. 257, 21; *u.* 406, 3. *translate*: is . . . totius erat n. ac mora belli 180, 8.

nomen: *i. q.* condicio: principatus gentis conuersus est in n. prouinciae 135, 24. *i. q.* cognomen: 4, 18; 7, 4. 22; 150, 5. summi -is praerogatiua *i. q.* summi sacerdotii 248, 15. in -ine Iesu genu flecteret 208, 7.

non ullus: n. -as 107, 12.

nota: lauemus superioris imperii -am 363, 7; *cf.* Claud. *De bello Gildon.* 429—430.

nouellus: Iuda (*gen.*) -um dilectum 351, 7.

nouercalis: odio -i 70, 20.

noxia: -am (*u. l.* noxam) 62, 27.

nudare: liquefactus flammis auri rigor lignum -auit 389, 15. -atis gladiis 27, 5. -atos atque exutos subsidio 407, 27. -ato latere (exercitus) 304, 17. -atus discessu Hebraeorum 15, 13.

nudus: intecto capite n. cetera 303, 2. n. indumentorum 39, 15. *translate*: utinam liceret ut -i eum euaderemus 107, 16. -a templi facies 381, 9. -a omnia a culminibus cremata 413, 25. mons n. gignentium 266, 13. *item* -um g. sŏlum 360, 28. -o regni nomine 103, 14. -a uirtus 242, 4.

nullus: *saepius quam* nemo: *nom.* 56, 6; 98, 21; 214, 4. 5; 225, 18. 20 (n. index; *sed* 225, 16 nemo index); 319, 22; 365, 6. 17; 369, 18; 375, 9. *gen.* nullius 183, 16; 199, 17. nulli 189, 5 (*cf. Terent. Andr.* 608). *dat.* nulli 87, 27; 114, 13; 162, 11; 180, 25; 237, 14; 244, 5; 257, 18; 273, 9; 362, 11; 366, 1. *acc. masc.* nullum 121, 19; 207, 6. *dat. plur.* nullis 131, 7; 251, 18. *acc.* nullos 71, 9. -i uersutorum secundus 244, 5.

numeralia: quadragensimo et octauo 209, 1. *cum gen. substantiuorum*: L seruorum et libertorum 128, 2.

numerosior: n. partus 71, 22.

numerus: *i. q.* πλῆθος, *ut*: ex eo -o 15, 28. in -o militum (*BI* ἐξ ἴλης ἱππέων) 378, 28. multitudinis n. 160, 2. *saepius militari sensu u.* Index nominum (*gen. plur.* numerum 343, 27).

nupta: n. Aristobolo *i. e.* uxor 10, 18. nouae -ae (*gen.*) 70, 20.

nuptiae: foedera -arum 103, 12.

nuptialis: copulae -is 79, 4.

nutare: -abat acies 389, 1. -antibus fundamentis 240, 9.

nutrimentum: incendii -is 380, 3.

nutus: -ibus deditus 73, 20. alieni n. sortem opperiri 221, 10.

ob ea: *i. q.* propterea 46, 7.

obducere: carceris tenebris -at 212, 7. silentio o. 272, 7.

oberrare: ignes templum -ant 319, 9.

obiacere: castrum Aquiloni -ens 68, 1.

obicere: *proprie*: -iecti ad imbres 256, 14. *translate*: -iebantur a patre insidiae sibi paratae 98, 19. extincti -erentur (Romanis) 374, 10. Archelao in os -iecta apud Caesarem 129, 13.

obiectare: *proprie*: cum ceto -aretur (*sc.* Andromeda) 223, 8. *translate*: -ans desidiae contumeliam 140, 15.

obiectio: -onum inuidia 147, 9.

obiectum: *i. q.* accusatio: -a 80, 13; 84, 8; 98, 17.

obiectus: quorum -u pestem euaserat 7, 3. -u corporis haesit lues (*bibl.*) 295, 26. ligneus muralis o. 407, 25.

obire: o. Syriam (*BI* I 131 ἐπιών) 22, 16. ambusta -iret 28, 3. ad -eundum murorum circuitum 302, 7. muros o. 374, 11. *translate*: ad -eunda negotia 41, 24. ad -eundam ultionem 45, 9. sacrificandi ministerium -bant 294, 5. -eundi munia 343, 20. qui excubias -bant 376, 14.

obligare: (fratres) onustos uinculis -auerit 121, 17. *translate*: -et se ritu quo soletis 372, 15.

obliquare: -at uelorum sinus 362, 14.

oblitteratus: pietatis usu -o 382, 13.

oblitus: matrem -a *i. e.* se matrem esse 382, 14.

obnoxius: anhelae senectutis suspiriis -am uitam 365, 23. innumeri reperti tanto furori -i *i. e.* affines 358, 24.

obortus: terrore -o 381, 30.

obrepere: bellantibus o. 336, 19. -unt *absol.* 377, 22. *translate*: in prosperis audacia -it 62, 19. amoris igniculus -psit adulescenti 36, 9. -pserat diffidentia 256, 7. in illis communis hostis -pserit fraudolentia 102, 20. domesticus -eret insidiator 183, 6. haec ad momentum saepe -unt 242, 10.

obrigescere: -uerant interiora uiscerum 356, 9. *translate*: -uerat animus 345, 2.

obruere: -bat se uini poculis frequentioribus 291, 6.

obsequium: turpi -o seruierunt manus eorum 26, 5. magno -o deductus uniuersorum 128, 7. -a uatum *i. e.* munera sacerdotum 27, 4. in seruitutis -a 238, 7. -a seruorum 322, 14.

obseratus: -as aures ad omnem defensionem 88, 21.

obseruantia: cultus sacri -am 27, 8. cultus -ae 255, 16.

obseruare: torum o. regium 87, 10.

obseruatio: mystica -ne 11, 6. uetus o. 26, 10. pro -ne patria 298, 12. sacrae legis -ne 18, 6. ritūs -nis 167, 11. paterni ritus -nibus 123, 13. -nis gratia templum adirent 305, 15. templum sua -ne defenditur 155, 25.

obses: fugae -ides 336, 25. cicatrices ... uoluntatis internae -ides 39, 20. dexteram -idem ueniae 209, 19.

obsidialis: -ium instrumenta machinarum 342, 1.

obstaculum: Pelusiacis repulsus -is *i. q.* munimentis 37, 4.

obstrepere: id quo minus liceret -bant 159, 11. sibi -entes (*BI* I 296 ἀντιπαρηγοροῦντες) 53, 26.

obstringere: -ictis sacramento 401, 9.

obstruere: -ctae uiae cadaueribus 57, 10. -cti erant ductus ciborum 356, 10. *translate*: mentem eius -xerant cupiditates 65, 18.

obtentus: -ui fuerint 3, 19; esset -ui 39, 13. -ui ducunt 85, 11.

obtexere: o. caelum iaculis 176, 18.

obuiare: conatibus eius o. 10, 6. *absolute*: -arent *i. e.* reniterentur 248, 24.

obumbrare: *translate*: inter omnes Hierosolyma eminet ita ut quasi caput in corpore non -et sua membra sed regat 198, 18. factionis suae studia -arentur 110, 26.

occasus: hominum -ūs (*acc.*) 410, 18.

occepit: 354, 27. occoepit: 24, 10; 261, 4. -erat 82, 3; 84, 26.

occĭdere: Abel -it 409, 1. -erant pietatis officia 299, 10.

occupare: o. urbium populos *i. e.* iis potiri 275, 15.

occurrere: criminationi -eret 113, 26.

oculus: sub meis -is 109, 16. mors in -is 142, 26. -os amisit 352, 9. -orum lumen perisset 414, 16. ne -i nouae nuptae odio nouercali offenderentur 70, 20. duri -i qui haec possunt uidere 413, 28. tranquillioribus -is uideam nepotes meos 102, 30. (Romani) neque speculari possunt trans maria -osque ad orientem ab occidente intendere 147, 27. prae -is habentes potentiam dei 271, 16. neque dei -um praeterire poteram 12, 18.

odium: -o nouercali 70, 20. *saepe num. plur. pro sing., ut*: de amore in -a conuertitur 9, 3. nullum -iis finem 76, 18. -a quominus se tegerent auctoritatem acceperant 113, 2. hereditaria -a 78, 18. paternis odiis 80, 9. accedebat -orum materia Glafyra 84, 25. quae (*sc.* urbs) DCCXX stadiis ab Hierosolymitana urbe discernebatur et -iis ingentibus 191, 6.

offendere: omnem -ēre exercitum Romanum *i. q.* obuium habuere 178, 1. ne oculi nouae nuptae odio nouercali -erentur 70, 22. -ensus regi 326, 19. ille -ensus, quia filiorum supplicia pater posceret 97, 20. *intrans.*: generationis eius (*sc.* Iudae) -erit in principum serie *i. q.* deliquerit 4, 11.

offensa: *subst.*: matris -ensa (*gen. obiect.*) 111, 22. o. dei (*gen. subiect.*) 411, 15.

offensio: causas -nis 107, 13. ne quid -nis oreretur ritu dispari 374, 6. *i. q.* detrimentum: quod in ipsis (*scil.* passionibus elementorum) -nis est 62, 28.

offerre: potum o. 395, 18. sese o. periculis 17, 1. -erat se uulneri 416, 16. unusquisque populum ad mortem -erat pro quo te morti -rebas 296, 8. *absolute* = sacrificare: ut -rret pro se et pro populi delicto 311, 1 (*bibl.*).

officere: sibi o. quod moraretur 176, 7.

officina: *i. q.* ministerium 354, 11; 387, 20.

officium: cui (Syriae) ducis officio (*abl.*) praeerat 20, 11; *cf.* 206, 4. -a mandendi, edendi 335, 28; 356, 5. o. religionis *i. e.* sacerdotii munus 166, 11. -a praetendentium uallo circumsonarent 177, 6. *de hominibus fame tabidis*: simulacra cerneres, -a desiderares 344, 11. *pro personis*: prosequentibus magistratuum -iis *i. e.* apparitoribus 52, 22 (*sed BI* I 285 σὺν ταῖς ἄλλαις ἀρχαῖς ὕπατοι).

offuscare: nihil dereliquerit, in quo actus eius -retur 8, 12.

olere: pro unguentibus bene -entibus 299, 21.

oleum: candentis -i feruor 205, 18. -i uim 205, 20. incendium -i 205, 27.

onerare: *translate*: -atur opprobrio 156, 26.

onus: -era imperii 83, 13. multitudo sibi -eri sit 242, 9. (anima) sibi -eri est, quamuis alii (*sc.* corpori) ad usum redundet 409, 25.

onustus: -os uinculis 121, 17.

operari: (anima) uidetur mortem o., cum soluitur corpore 217, 29; *cf.* 409, 19. fides tua nihil -atur 296, 16. *intrans.* gratia sacerdotalis in Christo amplius esset -atura post mortem 311, 24. ubi hostis deerat, fames -abatur 345, 10.

operatio: -nes sanctorum 296, 13. quod (animae) inesse uideatur immortalitatis o. *i. e.* creatio, effectio 409, 24.

operimentum: lineo -o tegebat 310, 20.

operire: -iant eam (urbem) ruinae suae 387, 21. o. agmen sagittis 176, 19.

opimare: Capharnaum arua -at 236, 13.

opimus: praedam -am 187, 20. -ae fecunditatis 235, 12. -o munere 366, 13; *cf.* 46, 18. -i . . . spoliis 406, 12. *compar.* fructus palmarum -ior 267, 13.

opinari: prudentiores contra -bantur 392, 1.

opinio: incredibilibus -bus *i. q.* δόγμασι 385, 18. o. mortis eius Pompei fautoribus adscribebatur 35, 16. ab uno in omnes o. manauit 357, 17.

opitulatio: diuina o. (*u. l.* M^2H opitulantia) 171, 11.

oportere: *abundat*: quos (*sc.* legatos) inuiolabiles esse oportere religio iubet 63, 19.

oportunitas: ciuitas -te et gratia loci praeminens 69, 3.

opperiri: alieni nutus sortem o. 221, 10. tempus proelii -ebatur 265, 6.

oppidanus: -is (*codd. grauiores* -eis) 37, 16.

oppidulum: -a 225, 9.

oppignorare: aes mutuum posceret pretium redemtionis, pro quo -aret redimendi filium 50, 23. *translate*: donis ac muneribus singulos o. 102, 2.

opprobrium: o. uinolentorum *i. q.* prae ceteris uinolentus 281, 26. mulieres ad -um trahi 415, 30.

(ops): urbem, opis subsidiique indigam 191, 4. ad -em defensionis 354, 11. ingenii -e fretis 3, 13. uirtutis -e Romanorum ducibus amicitiam foederauisset 6, 1. diues -um 258, 12; *cf.* 277, 2.

opus: opera *i. q.* aedificia, aedificationes: inter omnia -era templum praecellebat amplissimo -ere 310, 5. cultus sacrorum diuersus sed -era communis usus 375, 18. (aedem) praecellentiorem fuisse templorum suorum -eribus fatebatur 390, 19. Romanorum -era *sc.* quae Romani ad obsidenda Hierosolyma extruxerant 340, 26. opera *i. q.* uirtutes, miracula: 163, 26; 184, 13. opus *i. q.* facinus: praeclarum o. muneri commori 27, 22. prophetarum -era 296, 14.

oraculum: -a dei 329, 6; *cf.* 301, 1; 373, 3; 391, 9. diuina -a 300, 24.

oratio: completa -ne *i. e.* sermone quo orauerat (*BI* I 299 διήγησιν) 54, 10. *praeterea saepius Christiano sensu nomen* orationis *usurpatur, ut*: 185, 7; 186, 20; 296, 16; 311, 12 (*Script.*); 324, 1; 325, 11. pro iaculis -nem intor-

sit. ascendit o. descendit angelus 326, 8.
orator: ad -um uersutias 121, 10.
ordinare: -at qui muris ordines adpropinquarent *i. e.* disponit 303, 13. tetrarchas -auit *i. e.* creauit 47, 10.
ordinatio: in -nibus *sc.* sacerdotum 170, 19.
ordo: relinquit -inem suum *i. q.* τάξιν 308, 3. -ines militarium numerorum 301, 17. custodiarum -ines 343, 20. equestri -ine *i. q.* agmine 201, 16; *u.* ordo *in Indice nominum. translate*: palmarum -ines 196, 20. pro personarum -inibus *i. e.* condicionibus 414, 26.
orientalis: -ibus adoreis 287, 28.
orior: -eretur (*u. l.* -iretur) 374, 6. -iretur (-eretur *C*) 407, 14. Sylla -tus 26, 25. splendidissimo loco -tam 34, 12. claro genere -tus 353, 26.
ornatus: *subst.*: succinctus -u bellico 9, 27; *cf.* 10, 23.
ornatus: *part.*: -issimum populum 252, 14.
ortus: *subst.*: o. hominum 410, 18. suffragio erat iuuenibus suus in regno o. 71, 27.
os: ea Archelao in os obiecta 129, 13. in os regis ingerebat 100, 6. ora *n. plur. pro sing.* os *saepe usurpatur, ut*: spirantia adhuc ora 355, 2. oribus ora conectat 355, 15. *translate*: speleorum ora 56, 1. fontis 268, 6. portus 284, 19. portuensis oris angustias 286, 2; *cf.* 285, 24. oris *casus genit. abundare uidetur in*: uomitu oris 12, 5. ore lambebant 334, 11 (*i. e.* lingua).
ostensio: ad -nem gloriae 363, 28.
ostensus: pompam armatorum -ui uulgo futuram 10, 5.
otiosus: non -a materia diuersitatis *i. e.* superuacanea 310, 8.

pabulum: caelestia -a *i. e.* edulia Hebraeis de caelo missa 398, 8. *translate*: domus refertae frugibus -a incendio dabant 295, 3.
paenitentia: facti -am 102, 6. factorum p. 77, 19. deserti Vitelli p. 289, 9; *u.* conuersio.
palari: *tantum part.* -antes 191, 13; 232, 8; 263, 9; 264, 19.
palatium: castrum nullo inferius superiorum -orum 68, 3.
palea: uetustae -ae (*BI* VI 198 χόρτου παλαιοῦ σπαράγματα) 381, 24. asperiora -arum 382, 7.
palma: fructus -arum 267, 13. genera 269, 2. *translate*: hic currimus, ut illic ad -am perueniamus 408, 27.
palus: placidae -dis aequore 233, 17. incolebant ... Tanain ... et Meotis (*u. l.* meotidas) -des (*BI* VII 244 Μαιῶτιν λίμνην) 405, 9.
paluster: -ris uliginis 233, 14.
pandere: iter -eret 397, 27. *translate*: epistulis mors fratrum adpetita euidentissime -eretur 111, 9.
pangere: Salome ... quod Sylleo pepigisset nuptias 97, 11.
papae: 11, 10.
paradisus: inhalantes floribus -i 269, 5. de paradiso uoluptatis et de paradiso caelesti; *u. Index nominum.*
paratus: -a ad tormenta 6, 21. ad bellum p. 303, 3. ad mortem -i 343, 1. fraudi p. 303, 13.
parco: *part. fut.* parsurus *sed in codd. ZaV* parciturus 106, 13; 273, 16.

parens: -ti publico 42, 10. -ntes *i. q.* propinqui 82, 15; 84, 22; 121, 9.
parĕre: sibi gratiam p. 19, 11. cibus eis dispendio Romanorum -iebatur 377, 13. -ta bellandi quies 17, 19. -to per coniugem imperio 95, 10. praeda ingens -ta 264, 15. -tam uictoriam 385, 27.
pariter: p. fugiens *i. q.* una 32, 18. p. et 10, 26; 305, 9; 327, 1; 394, 21. p. ac 78, 6 *u. l.* (*u. Addenda* p. 421); 342, 27; 367, 2; 395, 18.
parricida: suorum -am domesticum 128, 15.
parricidalis: amentiae -is 113, 10; 182, 5. animum -em 109, 16. -em atrocitatem 95, 19. hostia p. *i. e.* quae parricidium procuret 12, 24. pompae -is 415, 13. -i spiritu 8, 25. ausi -is 112, 6. -e caput *i. q.* parricida 89, 16. flagitii -is 10, 14. sceleris 116, 21. spectaculo -i 353, 25. temtamenti -is 90, 20. coetus -es 252, 11. cogitationes 106, 10. frequentiae 334, 23. manus 163, 16; 387, 2. uenena -ia 121, 20.
parricidium: p. aduersum ciues 251, 20. ad -um patriae 347, 25. -o fraterno 387, 4. -o 182, 2 (de matris occisione).
pars: p. auditorii 146, 11. melioris -tis et tranquillioris sententiam 145, 11. imminebant -tibus duces 314, 24. -tis utriusque arbitros 252, 20. p. uicti *i. e.* sors 202, 10. conuulsa -te murali *i. q.* murorum 361, 25. secundis -tibus reseruatum *dicitur quod in praesens tempus omittitur ut serius agatur* 16, 20. flammae fragor Boreae spiramine a munitionis -tibus repellebatur *i. q.* a latere 407, 22. *crebro* pars, partes *pro* locus, regio *usurpatur, ut*: in aliis occupato -tibus 56, 25. Iohannes Essaeus, alius quoque . . , diuersis adtributi -tibus 188, 7. aegra -tium eius *sc.* Agrippae (*BI* III 442 τὰ νοσοῦντα τῆς ἀρχῆς) 226, 15. suspecta -tium Ptolomaei regis 32, 25. in -tes suas concessit 104, 23. ex qua inhabitabili -te socios postulabitis 155, 2. -tes alias debellabat gentis Iudaeae 259, 8. in -tibus Syriae 171, 21. Achaiae 181, 20. orientis 182, 16. ex Gallicanis -tibus 265, 9. de -tibus regni Agrippae 238, 6. Galilaeae 243, 26. *translate*: (*a theatro*) inuidiae magis quam doloris -tes exsequebatur 39, 3. (*e foro*) hoc non est iam praesentium -tium deliberare 253, 22.
paruulus: *sing. num. tantum* 415, 30. *plur.* 102, 11; 162, 27; 209, 25; 415, 23. liberos -os 410, 27.
passio: *i. q.* quod patimur, πάθος: -nem sui corporis 186, 12. uiuendi cupiditate -nibus reluctabatur *i. e.* morbi doloribus 124, 14. -ni (*sc.* animi) maerorem distulit 57, 6. -nes elementorum (*BI* I 377 τὰ τῶν στοιχείων πάθη) 62, 27. *i. q.* animi affectus: iustae -nis adfectu superabatur 6, 15. p. resuscitata est 77, 20. inlicitarum libidinum -nes 279, 20. me tenebat p. sed uicit necessitas 384, 18. compresso affectu -nem excluserunt 416, 25. *Christiana uerbi significatione* (*Germanice* Passion): intellexit Petrus de sua dictum -ne 186, 23; *cf.* 186, 15. miseranda p. (Iudaeorum) Tito uidebatur 337, 6.
patere: -et fallaciae 91, 4. -uit

errori 137, 12. insidiis 275, 21. p. uulneri 175, 20; *cf.* 204, 17; 379, 2. morti -bant 333, 25. -uit aula uni ad succedendum, quae multos successores habebat 115, 4. regio -uit direptioni 405, 24. cui peruium gradienti mare -bat 295, 20. quibus (*sc.* Romanis) secreta oceani et extrema Indiae -ent. 319, 26. apertă hieme frigori -ent 222, 8. -entia camporum 222, 4. *translate*: ante fugere coeperunt, quam ueri fides -eret 368, 3. -uisse Vespasiani exercitum esse ualidiorem 288, 26.

patescere: in porticum interiorem aditus p. 388, 18. *translate*: insidiae -rent 93, 18.

pati: comminus pugnantem Herodem p. nequiuere *i. e.* sustinere 55, 9; *cf.* 172, 17. *absolute i. q.* martyrium p.: 186, 23. 24; 187, 1; 350, 23. *translate*: aqua neque pisces neque laetas mergendi usu -itur aues 270, 10.

patibulum: *i. q.* crux 337, 16. 17. -o crucis 337, 4. -orum segete 337, 22.

patrare: dolum -auit 49, 5 (*u. l.* 305, 17). -ato excidio 361, 27. facinore -ato 11, 20. -ando flagitio 19, 16. incestum -aret 89, 6. -andi sceleris 10, 12. desperatio resistendi deditionem -auit 402, 19.

patres: *u. Index nominum.*

patriarcha: *u. Index nominum.*

patrius: -um animum *i. q.* paternum 110, 22. institutis -iis *i. q.* patrum 411, 3; *cf. Index nominum.*

patronus: -o receptionis suae 347, 12.

pauidus: p. ad omnia 88, 9. -ae mulieres 216, 6.

pauimentatus: -a humus *i. e.* in formam pauimenti exercitu commeante redacta 277, 21.

pauor: mentis p. fiebat imago uisus 403, 25.

pauxillitas: -atem hominis 378, 18.

pax: ficta pacis uersa in proelium 306, 23. pacis medius 251, 1. profundae pacis securitatem 30, 3; *cf.* 26, 21.

peccator: si mihi Saul utpote -i occurrerit 351, 5.

peccatum: p. mundi (*bibl.*) 310, 19.

pectus: loricato -ore 305, 18. aduersum p. hostibus refert 304, 25.

pecuniarius: -um quaestum *u. l.* *BZ a* 130, 14. -is negotiis 130, 13.

pecus: exercitus more -orum obtruncaretur 16, 27. sicut -ora trucidabantur 391, 13.

pedes: *i. q.* peditatus: 172, 17; 225, 6. 7. *i. q.* πεζῇ (*BI* IV 660) 292, 7.

pedestris: exercitus, militia p. 139, 14; 222, 23; 264, 26; 287, 9. -bus *i. q.* peditibus 227, 21.

pelagus: 153, 20.

penetralia: in corpus meum atque interiora p. descendant fidiculae quaestionum 120, 19. penetralia templi *habes*: 123, 10; 319, 14; 400, 24.

penetrare: -ta (*i. e.* effossa) rupium uastitate 69, 15. incautum -uit ictu sagittae 379, 9. *praesertim de locis*: secundum murum Iudaei non -rent 206, 22. frequenti inruptione -bat Hierosolyma 143, 11. in timore dei pater Abraham -uit Aegyptum 323, 26.

pensare: iustitia postulati pretio -tur 22, 5. uolentia regi tali auctore (Romano procuratore) -ntes

99, 6. arte -ntes moderamina cibi 357, 7. non uotorum species sed possibilitatis ratio -anda 322, 23.

Pentecoste: *u. Index nominum.*

per: *cum acc. usurpatur cum uerbis ablatiui loco* 1. *passiuis, ut*: per inuidiam accendebatur 43, 1. per obsequium extollebatur 72, 9. fugatis ceteris per iacula sagittariorum 315, 28. *et cum nominibus propriis*: per Hieremiam conuentus prophetam 328, 24. 2. *actiuis et deponentibus, ut*: summo quaesita periculo per acerbissimum extorqueret nefas 336, 2. per inopiam potus et cibi cogeret ad deditionem 202, 27; *cf.* 361, 11. *nonnumquam i. q.* propter *uel* causa, *ut*: per aegritudinem non considerasse 10, 21. dilapsis plerisque per Antipatri conuentionem 33, 12. cuius (*sc.* Romani imperii) gratia iam in Macchabaeis parata per usurpationem regni (ab Idumaeis factam) postea degenerauerint 131, 24. *praeterea animaduertenda*: nec licere per legem 50, 5. id per conuicium prodidit 73, 13. boni principis uita per uniuersos uiuendi forma est 139, 8.

percellere: eum sollicitudo -ulit 64, 11. ut congregati exercitus terror auersos -eret 226, 27; *cf.* 305, 19.

percĭtus: dolore -i 61, 21. indignatione 291, 19. materno affectu -a 335, 18.

percolere: multis -uit officiis 47, 9.

percursare: p. Iudaeam 30, 8. -rent finitima regionis 225, 9. -bant diuersa 376, 17. -bant singulos *i. e.* anxie adibant 403, 21. *absolute*: percursandi 377, 5.

percussor: *i. q.* interfector 142, 17; 206, 23; 214, 21; 326, 10; 340, 13; 368, 16; 382, 4. *plur. num.* 219, 1; 299, 3; 335, 12; 384, 4. *i. q.* carnifex: 352, 24; 401, 29. *et translate*: 12, 10; 349, 12.

percutere: -ssus iniuria 105, 3.

perdere: pericula sua p. 177, 15. uolebant -itum *i. e.* perditum iri 277, 23. moribus -itus 406, 26. perditi *i. q.* scelesti: 244, 18; 249, 19; 258, 6; 296, 6; 382, 3.

peregrinari: dum sumus in corpore anima a suo principe -tur 410, 2.

peregrinus: *i. q.* alienigena: 7, 15; 375, 8. 9. -i exercitus (*BI* I 112 ξενικήν) 18, 25. -um sanguinem 375, 10. in -is locis 324, 25; *u. etiam Index nominum.*

pererrare: liburnae -antes toto usque ad mare amnis fluento 151, 16.

perfectus: *comp.* -iora (*i. e.* Christiana religio Iudaicam secuta) 392, 9.

perferre: -remus quod 212, 13.

perfidia, perfidus: *u. Index nominum.*

perfunctorius: -a spes libertatis 145, 16. non -a bellorum materia 146, 27. quod nequaquam -um rati 393, 22. perfunctorie: *semper cum particulis negatiuis*: non p. 28, 17. haut p. 76, 23. nec p. 119, 26.

perfusus: p. lepra 166, 8 (*bibl.*)

perhorreat: *u. l.* 381, 28.

perhorrescere: 64, 13; 75, 25; 91, 3; 189, 12; 384, 22; 393, 15. *qua re* perhorrescat *praetuli* 381, 28 *ubi MaV* perhorreat; *cf.* exhorresco 119, 17.

periclitari: spectabat suos -ntes 380, 7. iudicium tuum, apud

quem non uirtutum merita sed crimina -ntur 65, 5. apud te et Caesaris testimonia -ntur 119, 20. *cum infinit.* -mur ... Iudaeis pares uideri 230, 11.
periculum: *i. q.* discrimen: noctis -is 177, 21. maris 358, 7. supremo -o *i. e.* mortis 130, 6. salutis extremum p. 26, 14. -i usu aduersus p. deprehendendi tutiores 55, 18. totius -o certaminis decernebatur 361, 9. in ipso portu consummandi cursus p. manet 362, 27; *cf.* a, ab. *i. q.* pernicies: cuius p. pro mercede adulterii postulauisset 74, 1. quid ageret in tua nece, nisi ut suum affectaret p. 91, 1. Salomes p. dolis temtabat 122, 3; *cf.* 122, 11. a cibo ad p. surgerent 356, 17. biniones aurei -o forent 357, 13; *cf.* 260, 25. p. introrsum pergere 379, 14. p. communem *u. l. MaV* 343, 11.
peridoneus: uir ad furta belli p. 56, 22.
peripetasma: *u. Index nominum* s. Hierosolyma p. 464, col. 1.
perire a: *i. q.* interfici, deleri; *cf.* a, ab. *de oculis*: utinam oculorum lumen -isset 414, 16. *de aliis rebus*: innoxia aedificia uestro scelere p. 396, 12. sibi iam p. quicquid -isset 317, 3. -isse obsidentibus quod obsessis abundauerit 416, 15. *translate dicitur* perire *uel* perisse: parricidii facultas -iret 101, 6. regnandi ius sibi -isse 106, 21. -isse sibi libertatem 146, 19. -ierat misericordia 299, 12. -ierat usus (ciborum) 356, 11. uindictae p. quicquid sine fraude gererent 378, 13.
permittere: quem ... Iudaeis postulantibus ... -serat 71, 5. *cum infin.*: sacerdotum principem redire -sit 167, 1. *personaliter*: rei adesse sibi non -bantur 98,12. conplexu filios suscipere -ssus 347, 19.
perpensus: -o consilio 130, 4. -a moderatio 340, 18.
perpetrare: quae in plebem grauibus flagitiis -uerant 317, 24.
perplurimos: *u. l. Z* 261, 8.
perspicax: p. ad fraudes cauendas 5, 29. incertorum 369, 22.
perstrepere: 47, 17.
perstringere: *u. l. u.* praestringere.
persuadere: periculosa furta -serant *scil.* sibi 345, 8.
persuasio: captus Agrippinae -onibus 141, 19.
pertemtare: gladiorum aciem in defunctorum cadaueribus -arent 345, 24.
pertendere: inconsulto patre si -eret *i. q.* pergeret 274, 14.
perterrefactus: -i 278, 12.
pertinaciter: 26, 1; 239, 19; 243, 5.
pertrahere: -eret *u. l.* 99, 21.
perturbatio: -nes Italiae 51, 22.
perturbator: -es regiae domus 91, 10. concordiae 238, 10. pacis 246, 17. *absol.* 249, 21.
peruenire: missilia -bant 243, 15. nidor -it ad principes 383, 14. *translate*: ad Hebraeos uictoria -it 325, 25; *cf.* 15, 12. ut nobilitas famulantium ad uictoris opes -ret 150, 10. -it ad eum quae seditio esset Hierosolymis 259, 8. ad Romanos huius facti immanitas 384, 26.
peruicax: *comp. adu.* 318, 14.
peruigil: 294, 27.
peruius: -um iter 283, 16.
perurgere *uel* perurguere: 91, 9; 247, 7; 250, 5.
pestilens: -tem uirum 246, 11. p. odor 360, 22.

pestilentia: p. aëris 78, 3.
pestis: *i. q.* pernicies, excidium: 7, 3; 78, 4; 208, 14; 236, 20; 240, 11; 247, 8; 405, 29. suorum p. *i. e.* pernicies a suis 260, 17. conloquia et usus -em animis infundere solent 82, 18. quasi -em aliquam sensit suam praesentiam declinari 112, 25. *de homine*: (*cf.* Verg. Aen. XI 792) p. et procella totius aulae Antipater 87, 3. Iohannes quasi quaedam p. infecit animos complurium 247, 25.
petitio: 51, 20; 252, 17.
petitus: *subst.*: -u Herodis 86, 12.
petra: 55, 20; 204, 6; 223, 19; 386, 8.
phalanx: Aegyptiae -ges 228, 25.
phantasma: *i. q.* species uana 185, 2.
pignus: caritatis -ora 34, 21. gratiae 38, 23; *cf.* 52, 12. fidei 39, 21. *saepius pro* filiis, *ut*: 90, 14; 94, 25; 99, 28; 101, 4; 157, 3; 335, 21; 349, 17; 350, 3; 386, 25; 387, 3; 416, 28. amoris -ora *i. q.* necessitudines 416, 23. *animaduertenda u. l.* -eri 387, 3; -erum 157, 3; 386, 25.
pinguis: fons -ior ad inrigandum 267, 16.
piscatorius: nauigia -a 190, 4.
piscina: 73, 12; 340, 22, *u.* Strutia *in Indice nominum.*
pix: -e 341, 4; 379, 23; 380, 3; *u.* adolere.
placidare: portus sinus -tur a fragoribus, per quos ingressus exasperatur 286, 4.
placiditas: p. (portus) maxima quauis tempestate 285, 24. cum simulata eius -te se circumueniri arbitrarentur 14, 23.
placitus: hoc animae et corporis nostri deo -um contubernium 213, 1.
plăga: -am septentrionalem 266, 14; *cf.* 283, 21. meridiana p. arat Romanis atque ipsis messem suam colligit 154, 24.
plāga: p. arietis 204, 1. qua -a humilitati Arabes 64, 7. super -am factus 13, 17.
planctus: *subst.*: 126, 3.
platea: *u.* natare.
plebs: *i. q.* gens, natio, populus: 15, 22; 101, 9; 221, 22; 226, 21; 250, 18; 254, 19; 257, 7; 280, 13; 291, 29; 308, 4; 317, 23; 346, 21; 348, 3; 351, 25; 354, 4. -i domini 211, 5. -is Israhel 408, 17.
plenitudo: in gratiae -ine 311, 18.
plenus: (Fiala) -a aquarum 234, 14. pyxidem -am ueneni 109, 25. p. uulnerum 39, 16. omnia -a speciei miserabilis 161, 30. -um uerecundiae arbitror, quod uos uincendo defetigamini 228, 28. innumerabilia de eo -a miraculi (*u. l.* miraculis) prophetauerunt 163, 28. -a iustitiae docebat 164, 23. -a prodigii (*u. l.* prodigiis) denuntiare 393, 17. -a funebris ululatus responsio 394, 15.
plerique: -orumque (337, 21), -isque, -osque *i. q.* permulti 5, 4; 23, 13; 31, 26; 78, 25; 107, 24; 124, 16; 196, 1; 240, 12. 13; 294, 7; 302, 9; 306, 16; 337, 21; 338, 6; 355, 29; 356, 14; 386, 15; 390, 15. *cum gen.* p. militum 305, 1.
plures: *i. q.* maior pars: 356, 17.
plurimus: -um pecoris 61, 11. turbarum 31, 26. tenebrarum 341, 9. -os uirorum 75, 22. multorum nex -a 57, 10.
plus: *pro* magis: 6, 27; 82, 25; 247, 19; 290, 18; 293, 23. plus ceteris fontibus 268, 22.

pluuiae: caelestis escae -iis 320, 20.
poculum: inter mensas et -a 6, 3. inter uina et -a 16, 4. uini -is 291, 6; *cf.* uinum.
polire: -to lapide sŏlum stratum 369, 12.
polliceri: ultorem -batur *sc.* se 45, 1.
pomerium: 360, 29 (*BI* VI 7 τὰ προάστεια τῆς πόλεως).
pomifer: arborum -arum 235, 11.
pompa: *i. q.* armatorum comitatus: 10, 4. 11; 23, 4. celebri -a funus 105, 7. -ae funebris celebritate 127, 18. -am triumphi 210, 21; 404, 21; *translate* 379, 5. uictoriae 406, 16. campos miserabilis -ae ordine (Iudaeis cruci adfixis) praetexebant 337, 9; *cf.* 356, 16. -ae parricidalis ludibrium *i. e.* gladiatorum 415, 13.
pomum: -a siluestria uel insitiua 197, 22; *cf.* 196, 15. uiridantia 272, 3.
pondus: *translate*: p. criminis 108, 12. cum summo -ere dicens 308, 12.
pone: *adu.*: p. sequentibus 302, 25.
ponere: *translate*: animam p. 371, 9. spiritum -suit *u. l.* 367, 16. quae uos fortitudo in tanta -suit insolentia 399, 5. in posterioribus -erent 27, 18. in secundis -uerit 164, 22; *cf.* 343, 7. in exiguo -ens 139, 10. positus *i. q.* ὤν: a) *proprie*: ante aram -i 26, 24. intra Iudaeam 53, 14. in medio -am 53, 18. extra bellum -os 63, 5. domi -o 70, 21. Romae p. 110, 27. in Gallia -os 281, 10. intra urbem -is 256, 12. Brixiae p. 278, 22. intus 279, 14. in urbe 374, 7. inter fluctus 325, 9. ante oculos -um 384, 21. b) *translate*: in obsidione -is 51, 29. in aduersis -um 66, 1. sub patre p. 91, 3. in excessu mentis 77, 22. in uulneribus et doloribus 213, 20. in tantis negotiis 287, 16.
populari: Aegypti commercia -bantur 222, 20. -ante uniuersos fame 354, 9. -antibus incendiis finitima 379, 19.
populus: populi *plur. num. i. q.* habitans multitudo: urbium -os 13, 19. Alexandreae incolas -os 152, 25. -os ubique disseminauit 156, 12. urbem celebrem -is 277, 1. *sing. num.* populus *i. q.* armatorum multitudo (ὄχλος), exercitus: 38, 11; 201, 12; 238, 8; 318, 6; 339, 28. *etiam plur. num.*: 23, 21; 224, 26; 277, 14; 340, 5. 6. populus dei *uel absolute* populus *dicuntur Hebraei, u. Index nominum.*
porrigere: mons in sublime -itur 68, 18.
portio: -nem exercitus 148, 24. nostri p. 156, 13. terrae 196, 1. 14. Gaulanitidis 239, 17. belli 317, 18. uestra portio *ut hodie apud Italos* „la vostra porzione“ *i. e.* cenae portio 383, 26. si quis commotus fuisset alieno uulnere, erat caesorum p. 142, 19. maxima p. salutis Iosepho Titus fuit 221, 15.
portuensis: p. oris angustias 286, 2. faucium -ium 285, 8.
portus: p. sinus 286, 3. *translate*: uos in ipso -u consummandi cursus periculum manet 362, 27.
poscere: noctem 137, 15.
possessio: *i. q.* usus: uindicantibus urbis -nem 143, 20. illis terram in -em datam 319, 24. -es *i. q.* res quae possidentur 272, 17. *translate*: ueritatis p. 410, 17. dei p. sumus 213, 5. *sing. et plur. numero i. q.* fines, regnum: 13,

15; 17, 13; 23, 16; 59, 17. 26; 396, 23.
possibile: 322, 22.
possibilitas: ultra humanam -tem 163, 13. -tis ratio pensanda 322, 23.
posterior: (urbs) a fronte abscidi-tur, in -a diffunditur 238, 19. -a agminis 175, 10. quid ueritas habeat in -ibus aperiendum uidetur 68, 25. *translate*: germanis -a pro primis reseruarentur 83, 24. in -ibus ponerent officium religionis quam salutis praesidium 27, 18.
posteritas: *i. q.* suboles: -tis meae successiones 102, 28.
posthabere: *partic. et gerund. tantum*: -ntes oracula dei 329, 6. -ito Anhelo 170, 15. -itis petitionibus 51, 20. -enda quae Antipatro conducerent *u. l.* 112, 14.
postis: sacros -es 319, 11.
potatio: -nes usque ad temulentiam 105, 25.
potens: *i. q.* δυνατός: 18, 27; 37, 9; 93, 28; 324, 14. -es quidam Romanae militiae uiri 265, 9. potentissimos regis comites atque amicos. 89, 8; *cf.* 19, 1.
potentia: *i. q.* δύναμις: singulorum -ae 31, 15. omnem -am 42, 17. minorem -am 141, 10. -am *et* p. (*magica*) 184, 8. 17. carminum -am 185, 19. magnam -am 184, 23; *u. Index nominum.*
potestas: *i. q.* potentia 31, 8. principalis -is 274, 13. Antigono in -tem datus 169, 23. *personaliter*: (dei) quaecumque in caelo p. es 385, 7. caelestes -tes *i. q.* τοῦ οὐρανοῦ δυνάμεις 398, 18. *i. q.* facultas: dedimus -tem uestris inseruire cultibus 399, 19.
potior: *i. q.* superior: conflictu -es 62, 14. dignitas p. 83, 20. uirtus p. ad congrediendum 314, 21. p. uiribus Antiochia 372, 4. *absol.*: potiores 165, 24; 322, 29. urbis -es 31, 15. potissimi: 158, 18; *u. l.* 19, 1; 89, 7.
potiri: *cum gen. et abl.*: -to rerum 31, 9. templi -retur 318, 1. triumpho -tus *u. l.* 28, 3; 276, 26. secundis 60, 13. -retur rebus secundis ac successu imperiali 274, 10. concubitu (*maris uel feminae*) 85, 16; 89, 22; 103, 21; 170, 1. concubitu -ta 138, 4. *cum acc.* maiora -undi spes 94, 5.
potus: -um offerre 395, 18. dulciores -us uenarum scaturrigo effunderet 268, 7. petra sese fundit in -ūs 368, 7. fons uberior ad -um 267, 16. si qui — (aquam) -ui paret 233, 22.
prae: prae gaudio inlacrimasse 72, 20. prae ceteris 17, 1; 20, 28; 34, 17; 77, 12; 91, 19; 183, 5. *neutri generis* 87, 24; 310, 21. *et seq.* quam 251, 16.
praeacutus: tela -a 345, 26. -o gladio 406, 3. ferro uel alia -a metalli specie 271, 3.
praecauere: diuinitus -tum uidetur, ut regno abdicaretur 110, 10.
praecedere: *semper intrans.*: 350, 11. 13. 16.
praecellens: *comp.* -tiorem 390, 18. *sup.* -tissimi ordines 199, 25. uiri 368, 32. -tissimum *neutrum habes*: 80, 24; 395, 1.
praecellere: *i. e.* praestare: uirtus Romana -it dispositionis ordine 307, 8. inter omnia opera templum -bat amplissimo opere 310, 5.
praecelsus: -a mole 223, 22.
praeceps: p. ad proelium 251, 4. ad auaritiam 357, 18. -ipitem

pertinaciam 318, 12. -ipitibus furiis actum 139, 26.
praecīdere: -sa undique spes 344, 1.
praecipere: Antonium -epit in Italiam se effundere 287, 12; *cf.* 47, 11. praecepti *i. q.* iussi 47, 15. praecepto ut 177, 5.
praecipitare: sese -at 108, 11; *cf.* 108, 20.
praecipitium: -i profundum 68, 19. *saepius plur. num.* 308, 20. 24. 26; 336, 16; 346, 5.
praeclarissime: *adu.* 125, 4.
praecordia: coquebant aegra p. curae 12, 1.
praedamnatum: 114, 10.
praedatio: crebrae -nes mare clauderent 222, 21.
praedatorius: -a manus 245, 8. -ae manus princeps 41, 26; 227, 3.
praedestinatus: *de hominibus*: tetrarchen faciens regno -um reliquerat 52, 8. *de rebus*: -ae mortis fides 11, 14. -o sibi regno 112, 17.
praedicator: *i. q.* laudator: ultionis exactae -em 90, 5. *Christiano sensu* p. euangelii 140, 7.
praedictus: -ae urbis 223, 2.
praeditus: regio ornatu p. 23, 3. regali -am nobilitate 16, 7. dolis et fraudibus p. 113, 19. incredibilem in modum -o ad omnium quos affectaret amicitiam 36, 23.
praedulcis: spes libertatis pr. ad expetendum 145, 17.
praeeminere: spectata uirtus p. soleat in bello 241, 20.
praeferox: -ces immanitate gentis 290, 19.
praeferre: *i. q.* ostendere: -ebant disciplinam bellicam 55, 5. uulnerum cicatricibus uirtutis insignia -rret 259, 1. non arma p. sed mysteria 325, 22. *i. q.* polliceri: quid uniuersorum exitia spei -rrent 244, 26. *i. q.* praeponere 117, 11. 18. 20; 132, 9; 253, 25.
praefestinare: 380, 1.
praefigurare: quod metuebat animus, oculi -bant (*u. l. aV* -bantur) 403, 25.
praegredi: *absol.* reliqua manus -ebatur (*BI* I 673 προῆγε) 127, 26.
praeiacĕre: -ientes se lapsis aedibus occupabantur 240, 12.
praeiudicare: non tamen ueritati -at, quia non credidit 164, 9. *absol.* -bat pietatis species 98, 25.
praeiudicium: *in bonam partem*: niti sui nominis -o 288, 1. adquiescendi p. excluderet 23, 5. *in malam partem*: p. minuitur 80, 12?
praelatio: 82, 6; 117, 19; 132, 8.
praelibare: bellum p. 230, 20.
praeminere: mons urbi -et 192, 27. *translate*: ciuitas oportunitate et gratia loci -ens 69, 3. alii de plebe quindecim -entes 354, 4. de -entibus loquimur *i. e.* de facinoribus clarioribus 315, 12.
praenuntius: ignis quasi terrae p. 285, 7.
praeoccupare: -tis munitionibus 43, 9. -to itinere 237, 27. -antur undecim uiri 354, 6 (*BI* V 540 ἔφθη ὁ Σίμων).
praeoptare: 47, 2; 145, 12. ferro quam siti -antes perire 64, 4.
praeponderare: *absol.*: mala rei publicae -bant 141, 27. gloria imperatoris -aret 287, 25. -uit huiusmodi sententia 343, 13. in bello meritum an casus -ret 408, 22. *cum dat.*: fictis facinora -bant 14, 20. gloriosa mors uitae opprobrio -aret 304, 24. *cum particula* quam:

p. remedium cum silentio quam proelium cum periculo 259, 24. *cum abl. rei qua quis praeualet*: Aristobolus -uit pecuniae oblatione 22, 3.

praepositus: *de tribunis militum* 45, 17. *castellis* p. *u. Index nominum.*

praeposteri: p. litigatores 130, 13.

praereptor: -em imperii 130, 8.

praeripere: (mortem) -iebat 213, 25. -uit sermonis relationem 245, 10. regnum -eptum 46, 8. -uisse uictoriam 231, 12. nec p. potuisse Caesari uel senatui 129, 28. *absol.*: 231, 13.

praerogatiua: *absol.*: 80, 12; 132, 19. *cum gen.* p. aetatis 94, 23. amicitiae 51, 27. -am consilii 352, 13. p. nominis 248, 25. patriae 94, 16. resurrectionis -am 197, 17. sacerdotii 166, 2. p. successionis 81, 22. *praeterea*: de summis rebus -am omnem 188, 2.

praeruptus: -is rupibus 238, 18. in -o montium 55, 14. p. aquae mons 397, 5. -um naturae 208, 18. *translate*: -o furore 73, 7. -ae mortis 76, 17. audaciae 158, 15. discessionis 158, 19. -um periculorum 201, 20. ad -a quaeque audendum 20, 1. mens praeruptior 8, 16.

praesagium: *i. q.* praesensio 136, 22.

praescientia: p. animi 8, 14.

praescriptio: *i. q.* exemplum 139, 8.

praesens: abes . . . sed in litteris p. 119, 2; *cf.* 222, 27. p. adesset 361, 4. praesentia, -ium = res ut se habent 145, 21; 78, 1.

praeses, praesidalis: *u. Index nominum.*

praesidium: p. murorum: 397, 3; *cf.* 155, 10.

praestare: ciuem -ret 41, 7. coheredem gratiae 89, 26.

praestrepere *u. l.* 47, 17.

praestringere: utraque ex parte -itur inportuoso litore 69, 7. -ictus sermone 46, 19. paterna necessitudine 56, 13. -ictum splendore imaginum et Sossi testimonio 74, 23. -icta contumeliis 85, 18.

praesul: *u. Index nominum.* deo -e 109, 4. -em templi *scil.* deum 373, 23.

praesumere: -bat de Scauri redemtione 23, 2. de innocentia sua -eret 88, 23. -sit de belli euentu 288, 28. *cum acc.* de uirtutibus uestris non solum consolationem, sed etiam uindictam -ite 242, 24. *cum inf.* -sit orare 103, 12. sedere -sit supra thronum 129, 23.

praesum(p)tio: uictoriae p. 58, 5. nimia 62, 17. ex coniugii societate 79, 2. scelerum -nes (*BI* I 509 τὰς τόλμας) 93, 8. conspicuus tantae -nis (περίοπτος τῆς εὐτολμίας *BI* III 232) 204, 20.

praesumtor: -es constituendi imperii 291, 17.

praetendere: uultum Anubis -it 137, 27. ignis et gladii -ens similitudinem 391, 17. -ta per dolum amicitiae fide 5, 23. species iudicii -retur 35, 25. *cum abl.*: dolis -erat ut caperet Herodem 49, 10. *militari sensu*: Romani uiri, qui -rent uigiliarum munia 367, 21. *cum dat. custoditae rei*: -entium uallo 177, 6. ciuitati -eret 222, 25. *absol.*: 187, 10. *additis nominibus loci*: p. in castris 188, 12. in his (castellis) -bat 343, 23. -entibus circa templum 376, 7. ad montem Olïueti 377, 22. *de regionibus absol.*: -it usque

ad Ptolomaidem 198, 15. in longitudinem XXX stadiis 236, 16.
praetergredi: *translate*: -ssus nequitiam superiorum 144, 10.
praeterire: -ieram de quinque regibus 326, 11.
praetexere: *translate*: litoris quo -itur Iope 223, 1; *cf.* 198, 16. (cruci adfixi) campos miserabilis pompae ordine -bant 337, 9; *cf. ib.* 23. dolo -ens 316, 26. fraude -erent 406, 7.
praeualidus: -am manum 287, 21. -ae potentiae 21, 1.
praeuaricatio: paternorum statutorum p. 254, 16. esse uestrae -nis quod uiolastis quae uestra sunt 375, 13.
praeuaricator: -em legis 140, 9.
praeuenire: omnes -it aditus (Cremonae) ne confugientes reciperentur 289, 22. morte -tus 141, 10. -ti ab armatis inermes 179, 10.
praeuersus: -o itinere 232, 9.
praeuidere: ille oculis uigilantibus lapidem -it 316, 20. hostis -etur, sicarius delitescebat 142, 25.
praeuius: me habebitis -um pugnae 242, 25; *cf.* Ambros. Epist. 79, 8.
precari: *absol.*: de ultimo orbe -tum uenerant 294, 8.
precatio: auxilia -nis 326, 18.
precator: pro fratris salute domini p. 10, 1.
premere: -bat studium suum contuitu reconciliatoris 81, 1. silentio p. immane facinus 95, 14. quondam liberas gentes seruitio -unt 151, 18; *cf.* 321, 3. (urbs) obsidione -eretur 318, 17. metu indignationem -bant 99, 25. quos somnus uberior -sserat 326, 24.
pretium: digno impietatis -o 3, 17. parricidii 12, 19. pro scelerum -o 271, 20. calumniarum -um luit 97, 10; *cf.* 110, 5. -o coaceruata regi insinuabat 95, 13.
pridianus: -as epulas 288, 2.
primitiae: *i. e.* exordia principatus 7, 8; 141, 11.
primitiua: p. regni 21, 9.
primitus: 257, 8.
primorem: urbis p. 262, 11. -es loci 393, 14. militiae -ibus 176, 4.
primum: *pro* prius 110, 16.
princeps: -ibus factionis 261, 3; *cf.* 375, 21. -es flagitiorum 248, 1. militiae 187, 12. seditionis 317, 23; 383, 14. *i. q.* auctor: -em cultus 387, 6. p. animae *deus appellatur* 409, 15; 410, 2. -es orbis terrarum = *Romani* 230, 12. -e loco 16, 19; *cf. Index nominum s. u.* princeps *et* sacerdos.
principalis: -es fructus (τὰ βασιλικώτατα *BI* III 519) 235, 21, *u. Index nominum.*
principatus: *u. Index nominum.*
prior: p. omnibus 197, 11.
priuatus: ultra -um modum 134, 8.
priuilegium: naturae -o 99, 14. diu exercitae -o potestatis 71, 15.
pro = iuxta: populus huc atque illuc p. euentu uario transferebatur 309, 10. Hyrcano p. mansuetudine ingenii eius sacerdotii honor mansit 31, 10. = ob: p. mirabili successu rerum gestarum 17, 18. p. sollicitudine pia, non p. potestate 41, 10. p. metu 45, 20. p. imperio petulantissimae mulieris 59, 24. p. amore 77, 26. p. numero spernendos *i. e.* ob paucitatem 227, 2. ueniam tibi salutis polliceor non p. mercede sceleris sed p. redemtione urbis 371, 28; 372, 1. genti nostrae p. peccatis nostris infestus 412, 1. *duae significationes*

apparent in una locutione: non p. finibus aut spoliis sed p. diuina iniuria proeliaturi 63, 15.
probare: p. operibus uoluntatem 411, 6. in aqua dimicaturos -sset 327, 25. -to sibi uiro 38, 22. -tus fraternae societatis triumphis 5, 28.
probatio: *i. q.* demonstratio accusationis 98, 19; 148, 2.
probrum: probrum (*gen.*) cupiditates 279, 16.
procedere: e medio eius (frontis arietis) quasi cornu -it ferri 203, 16. usque ad bellum contentio -ssit 13, 21. non -ssisse sceleris apparatum 112, 7. -ssa aetas 13, 2.
procella: p. intolerabilis 256, 8. uentorum 224, 18. uenti 243, 19. *translate*: p. totius aulae Antipater 87, 3. saeuitiae regalis -am 97, 15.
processus: -u temporis 102, 5; 258, 8. crudelitatis 15, 28. proelii 62, 15. in meliorum -u 307, 14 *i. e. cum res in melius procedant.*
procinctus: *subst.*: *significatu militari*: in -u positos 364, 4. semper in -u 294, 23. *translate*: p. laboriosior messis quam segetis 362, 24.
procumbere: pro patria p. 355, 24.
procuratio: Iudaeae -nem agere 47, 11.
procurrere: fluctus inlisus -entibus saxis 69, 12.
prodere = palam facere: -disse affectum suum 72, 21. ne adpetitae germanitatis scenam -eret 81, 2. -it quaestio missum ex Aegypto uenenum 108, 1. quae -ita erant apud regem *i. e.* regi 113, 23; *cf.* 165, 11. indiciis quibus sese ipsi quicumque turbantur p. solent 177, 9. dolum dies -idit 177, 16. motus uiuentem -eret 344, 13. *i. q.* posteritati tradere: Andromedam illic fuisse formae locorum p. uidentur 223, 9. *i. q.* προδιδόναι: militiae sacramentum captus -idit 402, 6.
prodigium: *i. q.* immane facinus 385, 10.
prodigus: sui -um 390, 8. lingua secretorum -a 83, 28.
producere: tua suauitas -xit matri diem mortis 384, 3.
proeliari: *cum dat.*: fratribus -turos 415, 7. aduersus Vitelliana arma -turum 301, 20. -turus aduersus Persarum exercitum 365, 1. plus intra ipsum se quam in hostem -batur 6, 27.
proeliaris: -is certaminis 22, 4. -i munimine 305, 18. -es lapsus 308, 17. -ibus temtamentis 196, 6.
proeliator: 160, 3; 190, 8; 251, 15; 277, 19.
proelium: libertatis p. 151, 21. p. *pro* bello: 36, 25; 53, 25; 358, 3.
profanare: mysteria -i iusserat 4, 21.
profectus: *subst.*: doli -u 303, 8. sine ullo -u 124, 16.
professio: quia Alexandreae commoraretur sub medicinae -ne 110, 1.
profluuium: sanguine et quasi -o decurrente 294, 13.
profluus: Hister inter saeuas pr. gentes 154, 23. sudor pr. 205, 20.
profundus: *proprie*: -ae rupes 223, 5. ad -as congregationes aquarum 55, 20. *subst.*: uallis -o 14, 6. praecipitii -um 68, 20. praeruptorum -o praecipitiorum 336, 15. *absol.*: in -um deici 270, 14. de-

merso 239, 2. in -o haerere 270, 13. sidebant 224, 5. *translate*: -a pax 26, 21; *cf.* 30, 2. -am tranquillitatem 8, 6. -a dispositione domini 12, 11. *comp.*: -iora seniorum ingenia 256, 21.

progredi: *cum acc.*: -ssi tumulos 312, 21. *translate*: uulgi ira -ssa in potestatem necandi 163, 7.

proicere: *i. q.* repudiare: -ecit Dosidem 70, 16. proiectum (*BI* I 624 ἐκ τῆς χώρας ἀπερριμμένον) 115, 12.

prolapsio: *proprie*: 361, 27. *translate*: 82, 10; 92, 6; 242, 2; 289, 15.

prolepsis: cum et ualida murorum circumspectaret, quod expugnari nequirent, et templum in urbe . . . ut geminum esset ingressis periculum = cum circumspectaret et quod ualida murorum expugnari nequirent et templum in urbe . . . ut geminum esset ingressis periculum 25, 7sqq. inrupto adulescentis in quo habitaret cubiculo 89, 5.

prolixus: -ae nauigationis 287, 10. *comp.*: belli -ioris 295, 2.

proludere: equitatus bellum -it 229, 26. concussoque clypeo simul et gladio -it 370, 6.

prolusio: p. belli 199, 21.

promereri: -endae pacis studio 321, 10.

prominere: petra continenti iugo -ens 55, 21. frons arietis obductis lamminis -et 203, 16.

promisce: 294, 12.

promissus: *subst.*: eius -u 138, 8.

promouere: nec aduersus Romanae dispositionis moderamina quicquam temeritas -eret 228, 2.

promtior, -issimus: -ore lingua 83, 27. -em fortitudinem 364, 23. -issima ad incursandam Syriam 193, 20. promtius *adu.*: 210, 11; 339, 4.

pronuntiare: me -uit pietatis interpretem 119, 12.

propendēre: in eum (Archelaum) pr. gratiam interioris amicitiae 91,20.

propense: 52, 7; 200, 25.

properantius: *adu.*, *u. l.* 177, 21.

properare: cum . . . templo excidium -etur 332, 6.

properus: p. ad delicti gratiam 308, 11.

propheta: sanctus p. 326, 19. secundum -rum scripta 163, 27. -rum arbitrum (deum) 296, 14. opera 296, 14. -is denuntiantibus 300, 5.

prophetare: innumerabilia de eo -uerunt 163, 28; *cf.* 372, 28.

propheticus: p. sermo 3, 5. (Macchabaeorum libri) -o spiritu 143, 8; 211, 15. -os libros 372, 25. -is mysteriis 328, 1.

propinquare: spes -at *u. l.* 362, 18. -antibus siluis 346, 12.

propinquitas: noctis -atem 175, 13.

propinquus: spes -a 362, 18. *subst.*: -a urbis 173, 9.

propior: p. lasciuiae 193, 12. -em ignauiae pudorem 43, 2.

proponere: *i. q.* consilium capere: -suit adulescentem occidere 73, 1. contendere in Aegyptum 75, 26; *cf.* 358, 26. -situm adulescentibus adserebant, ut occiderent patrem 88, 16.

propositio: quarum -onum separanda mihi conplexio uidetur 146, 20.

propositum: -o mortis 211, 10.

proprius: *i. q.* suus: 36, 12; 76, 22; 83, 3; 85, 17. 26; 104, 21; 108, 7; 125, 24; 181, 15; 188, 16; 278, 10; 289, 11; 406, 13. 28. propriorem *compar. uidetur* 187, 22.

propter = ob: 149, 13. = prope: *adu.*: propteradfuit 389, 3. qui propteradstaret 205, 10. propter adstantem 316, 21. *praep.*: cum Caesarem propter adstaret 368, 29.
propugnantes: *i. q.* defensores 314, 2.
propugnatores: aduersi agminis p. (*BI* V 288 προμάχων) 313, 1. Aristoboli -ibus 25, 14. inter -es Iudaeae 258, 27. p. partium 294, 15. caelestium p. sacramentorum 338, 20.
proripere se: 338, 29; 389, 27. de Antonia se -uit 368, 31; 369, 23. Masadam -iens sese 160, 27. in urbem se -uit 340, 4. -uisse gradum 364, 3.
proruere: -amus in aduersarios 231, 3. in medium hostium -entes 341, 20.
prorupta: p. porta (*an* pro rupta) 340, 10.
prosapia: cum sua -a egressus urbe 352, 4. Iudas Iudaeorum p. 320, 11; *cf.* 321, 9. -am regni 83, 23. uirtutis 365, 19. uetus p. 353, 28. splendidissimae -ae 210, 16.
prosecutor: *i. e.* comes 278, 1.
prosequi: multa alia dicendi ualidus -ebatur 129, 18.
prosilire: ad bellum -unt 254, 6. in hostem -uit 339, 23. in machinamenta -ierunt (*u. l.* *ZA* -uerunt) 341, 18.
prosocer: 72, 12.
prospectare: 192, 23; 303, 10.
prospectus: ruina -um ademerat 313, 18. -ūs excluditis peregrinorum *i. e.* impeditis quominus prospiciant 375, 8.
prostituere: se -uisse 73, 30.
protectio: p. dei 63, 17.
protector: *translate* 116, 8; 117, 2.
proterere: iacentes reliquias cruentato p. uestigio 360, 25. Caesar . . . -ns facile quos repperisset 389, 3.
proteruior: 72, 25.
protestari: *i. e.* magna uoce clamare: 87, 7; 384, 29; 410, 23.
protrahere: cum se -i uiderent 64, 1.
proturbare: incursantes coeperunt p. iactu telorum 304, 4. (Caesar) fortitudinis gloria -bat hostem 304, 27.
prouectior: p. aetas 8, 16; 29, 8.
prouide: 31, 24.
prouidere: pestem -it 405, 29.
prouincia: *i. q.* regio: 70, 6. 19; 96, 1 (*neglegentia fortasse scriptoris* scriptum).
prouisio: *i. e.* suppeditatio: regali -ne aquarum affluentia subministrata 67, 6.
prouocare: cum -retur a Iudaeis ut sese his committeret *i. e.* inuitaretur 380, 21.
proximi: *i. q.* propinqui 71, 10; 337, 20. genere proxima regis Adiabeni 280, 8. de -o 53, 11.
prurigo: 124, 8.
psalmus: suauitatem -orum 296, 5.
pseudopropheta: 143, 7; 391, 7.
publicare: ne . . . scenam criminis -aret 112, 10.
pudenda: 161, 29. -is corporis 335, 10.
pudor: -i putabant cedere 339, 13. uniuersos reuocauit p. 305, 4. (p.) dum ignauiam declinat, uirtutem inuexit 305, 10.
puer: -i agricolarum 24, 16.
puerulus: 114, 24.
pugnare: *cum dat.* ut Romanis -res 297, 5. uobis -uit 396, 19. *pass.* bellum inter domesticos -batur 381, 11.
pugnator: -es *u. l.* *aV* 313, 1.

pulcher: per incisiones distillat humor lacrimis p. (*i. q.* bonus, aptus) rorantibus 24, 17. pulchre *adu.*: *u. l.* 24, 17. moderator p. sobrius 8, 10 (*BI* I 68 κάλλιστα διοικήσας).
pullulare: aliud latronum -uit genus 142, 10.
pulsare: muros nostros armis -bat 398, 21. gemitu -bant alta nimis suspiria 12, 3. fratrem ipsius -andum arbitrabatur *i. e.* adoriendum 45, 24. ne innoxios grauissimi criminis -ret atrocitate 246, 20. graui -asse iniuria dominum 213, 4.
pumicare: p. genas 279, 22.
purgamentum: -a olerum 334, 9. (alui) manantia -a 357, 26.
purgare: aluum -rent 357, 10; *cf.* 360, 18. *abs.*: 113, 14. 20.
purgatorius: p. ignis 387, 23 (*BI* VI 110 καθάρσιον πῦρ).
purificatio: *plur. num. i. q.* ἐναγισμοί 371, 4; 413, 1 (*ubi obuersata sunt Hegesippo uerba* καθαρωτέραν δίαιταν *in BI* II 488). *sing. num.*: quicquid ad -is sollemnitatem spectare poterat (*BI* I 148 ἐναγισμοί) 27, 7. baptismum propter -nem animae et corporis instituerat (de Iohanne Baptista) 164, 24.
purus: -ae conscientiae 80, 16. -as a sacrilegio manus 319, 10.
pusillitas: -em *u. l.* *aV* 378, 18.
putare: *cum* quod *et coniunctiuo modo* 24, 2; 114, 22.
putatio: (*scil.* arborum) 362, 25.
putredo: resolutorum p. uiscerum 299, 25.
pyra: 410, 25.
pyxis: 109, 22. 25.

quaerere: patriam -bat 301, 5. alterum orbem q. 399, 9. imperium -eret 400, 2.
quaestio: amicos eius in -nes uocauit 88, 12. prodit q. missum ex Aegypto uenenum 108, 1. fiduculae -num 120, 19.
qualitas: -tem affectus 18, 14. indicii 10, 18. munimentorum 302, 1. rotae 234, 13. regio utriusque -tis (montuosae atque campestris) habet gratiam 197, 8. utroque diuersae -tis lacu 267, 5.
quam: *omisso* „*magis*“: dum condemnare se simulat q. interuenire 93, 12. quibus oneri q. usui forent 359, 14.
quantus: -a uellent strage edita 405, 22. quanti, -os = quot 339, 24; 368, 4; 373, 19.
quartanus: -is febrium uicibus 17, 20.
quasi *i. q. Graece* ὡς: q. pacis exsecutorem 48, 18. q. amici desertor 64, 26. id se q. adfini negotii committere 76, 5. q. deus excidium futurum adnuntiauit 164, 13. q. fons 234, 10. ponite arma q. uicti 401, 6. *cum part. fut.*: q. moriturus 105, 2. q. portas reseraturi 174, 6. q. fessos reparaturus 176, 4. q. satiaturi furorem 294, 16. q. daturi leges 400, 29.
quassare: -ta murorum 361, 13.
quatere: nare adorsos nauium fragmenta crebris -iebant ictibus 224, 9. -iebatur mundus 398, 20.
queo: *u.* nequire.
querimonia: -ae laqueis 95, 12.
qui: *abl.* quis = quibus: 61, 23; 88, 10; 101, 24; 309, 8; 312, 17; 399, 22. *sed pluribus locis* quibus, *ut*: 88, 28; 309, 7; 312, 26; 398, 3.
quia: eo fretus q. 389, 4. *cum part.*: q. metuentes 257, 5.
quidam: q. e iuuenibus = iuuenis q. 133, 16.
quies: bellandi q. 17, 19. Armenia

limitis sui seruat -tem 154, 1. animas suscipiat hospitio supernae -tis 366, 3. *i. q.* somnus: 410, 9. *i. q.* pax: 8, 8; 154, 1.
quiescere: adpetere germanos non -bat *i. e.* desinebat 79, 18. non diu -tura iudicia dei 95, 9. proelium paulisper -uit 305, 13.
quietus: *i. q.* securus: memoratam urbem -am reddidit 193, 24. *comp.*: -iora ingenia 243, 27.
quis: = aliquis 82, 4. quis = uter 280, 27. *interrogatiuum cum nominibus rerum*: quis locus? 277, 16.
quisquam: *pro* aliquis: 40, 10; 355, 13; 357, 14.
quisque: *coniungitur in plur. num. cum subst.*: quique reges 310, 3. *cum adiect.*: ignobiles -osq. 170, 9. obuiis -busq. 289, 12. finitima -aeq. 179, 13. *cum comp.*: -iq. potiores 46, 13. -osq. nobiliores 124, 25. *cum superl.*: optimi -iq. 31, 22. potissimi 158, 18. ualidissimos -osq. 55, 28; 188, 11; 362, 8. fidissimos 127, 2. carissimos 273, 13. ignauissimos 281, 15. maxima -aeq. 363, 19; proxima 379, 18. quisque *pro* quisquis: 220, 24; 366, 10. quibusque *pro* utrisque 22, 1.
quo: = ut 30, 20; 75, 4; 140, 14; 225, 10. = ut eo 330, 24. = quin 140, 18. = eo quod 414, 2.
quod: *post locutiones metuendi* (*cf.* metus) *et dubitandi* (*cf.* dubitare, dubius).
quominus: *u.* abesse. *i. q.* ne, uerbo impediendi nullo: odia quominus se tegerent auctoritatem acceperant 113, 2.
quotiens: = quotienscumque 6, 28.

rabidus: -i canes 381, 17 (*cf. Verg. Aen.* VII 493).
rabies: -em beluarum ac ferarum 385, 1.
radix: montis -ces 68, 23. -ces rebellionis eruendas 388, 25.
rapere: spolia -it 369, 8. r. uictoriam (*BI* III 481 ἁρπάσαι τὴν νίκην) 230, 20. cuius uocem et animam -uit 315, 10. in uincula -eretur 144, 7. insimulatum apud se -i cum filiis iubet 347, 2. coniuges ad uictoris libidinem -i 411, 25. -ptis facibus 162, 18.
rapina: *i. q.* res raptae: huiusmodi -ae 377, 16.
raptum: *substantiue*: equum aut mulum -o auertebant 377, 12.
ratio: -nem daret (*BI* I 209 ἀποδώσοντα λόγον) 42, 22.
rationabiliter: humanissime milites suscepit r. duces 59, 6 (*BI* I 356 ἀναλόγως).
reatus: *i. e.* accusatio: -um huiusmodi non reformido 231, 15.
rebellare: *i. q.* rursus bellare: -andum putastis 399, 20. -andi adsuetudine 15, 25. audaciam 31, 4. -antibus *u. l.* 376, 30 *i. q.* resistentibus. *i. q.* desciscere 282, 16.
rebellio *masc.*: *i. e.* rebellis 200, 26; 405, 2.
rebellio *fem.*: *i. e.* renouatio belli 31, 18; 36, 2; 40, 16; 388, 25; 406, 18; 407, 14. ambigue: 53, 24.
rebellis: usque ad excidium sui -es 371, 26. religionum -es 364, 18.
reccīdere: in ueterem morbum -bant 300, 13.
recedere: *translate*: quod cultus fuit a nobis -ssit 375, 19.
receptaculum: 14, 8. castella reparauit -o sibi futura 30, 18.
receptio: 347, 13.
recīdere: 271, 4.
recidiuus: -a bella 35, 22.
recipere: diuina non -iebant ora-

cula 300, 24. in honore Antipatrum inter amicos -epit 38, 19. proelium -episse *i. e.* bellum renouasse 53, 25. a conuiuio regis se -ientibus 105, 26.
reclinare: supra quos rex patrium animum -bat 110, 22.
recludere: filios Aristoboli in castrum -sit 20, 7.
recognoscere: *i. q.* fateri: omnia de quibus argueretur r. 92, 5. *i. q.* nouisse: se condemnatos capitis a rege -bant 100, 10. *i. q.* agnoscere: pomerium incola non -uit 361, 3. me filium pater in uulneribus meis -at 231, 10. aquae, in quibus caelestis ignis reliquiae -untur 272, 1. *i. q.* parcere: nec mater -it filium 387, 1.
reconciliator: 81, 2.
recondere: centum annua talenta -bat 86, 10. in hypogeis se -ens 404, 7.
reconpensare: -uisset *u. l. Z* 324, 13.
recreare: iubet eam -i 108, 18.
recrudescere: ne iterum temeritas -eret 388, 26. -uerant in odia aerumnae eius occasione 14, 9 (*u. l. H* -uerant odia).
recurrere: recurrerunt 361, 22. recurrisse 385, 23 (*sed* recucurrisse *BZ*).
recursus: *i. q.* reditus: ad propria -um fecere 406, 13. *translate*: ne ei pateret r. ad sacerdotium 50, 4.
reddere: subiectum filium patri -eret 89, 24. animum sibi regis conciliatum 91, 21. Brittanicum principatus exortem 141, 21. undae inquietum maris sinum -unt 223, 13.
redemtio: -ne urbis 372, 1. pretium -nis 50, 23. pecunia deerat ad -nem 260, 22. praesumebat de Scauri -ne 23, 2.
redhibendus: *i. q.* reddendus 189, 15 (-a).
redimere: Scaurum -emit *i. q.* pretio corrupit 30, 1. *Christiana uerbi ui*: 163, 21; 311, 25.
redire: ad se -iret 108, 19. desueta edendi caro in suos usus 357, 8. -it Alexandro saeuitia cum securitate 15, 20.
reditus: -ūs *i. e.* πόροι: quae (regio) . . . -uum copias multiplicabat 86, 11.
redoperire: -uit ambusta membra 383, 23.
redundans: aquarum -tium 331, 15. *translate* profectus -tior 268, 20. -tioribus dapibus 291, 4.
refarcire: dapibus -batur 291, 5.
refectio: -nis aliquid assumeret 125, 26. exceperunt Rinocori exercitum non sine -ne 292, 17.
referire: 175, 20.
referre: gradum rettulit 241, 3; *cf.* 308, 22. -endo in Antipatrum inuidiam necis 121, 5. *saepius i. q.* respondere, contradicere: 51, 9; 107, 12; 138, 1; 245, 13; 259, 15; 320, 5; *u. l.* 143, 20.
reflectere: -xit impetum plebis 250, 8. hostile agmen 389, 4. -xis equis 302, 20. ad urbis muros -untur 378, 2.
refluere: plerisque -entibus ad eum 31, 26.
reformare: *proprie*: -auit Gadaram 28, 27. murum in ueterem statum 41, 2. (sancta Iudaeorum) -ata 301, 9. -andos aggeres 343, 9. *translate*: pacem et quietem publicam -uisset 42, 4. concordiam r. 162, 22. Syriam suis -tam finibus 29, 19. Alexandro regnum in suos et usus belli -tur 15, 21; *cf.* 21, 10.
reformidare: periculum introrsum

pergere -rent (*u. l.* formidarent) 379, 15.
refractio: sine -ne *u. l. aV pro* refragio 362, 15.
refragium: sine -o fretum scinditur 362, 15. *translate*: r. (quaerendum) Vitellio 282, 29.
refrigerare: zephyris tota ciuitas -tur 193, 7. festina, dum cruentatum sanguine filiorum gladium geris, percutere patrem, ut uulnus -eret 353, 14. impetum non -bant *u. l.* 8, 2.
refrigere: impetum non -bant 8, 2.
refrigescere: spes -xit 341, 15 (*BI* V 471 τὸ συμβὰν ἔψυξε τὴν ἐλπίδα).
refugere: *i. e.* fuga salutem quaerere: 314, 12; *cf.* 30, 15. *translate*: -iendum ciuile bellum 282, 20. templi et sacrae legis contagia -ientes *i. e.* narrare nolentes 247, 11. *absol.*: si -isset 282, 23.
refugium: 247, 8; 333, 17.
refugus: a conplexu r. 135, 2.
refulgere: -ens murice 127, 19. lumine 366, 2; *cf.* 391, 24. colorem aquae ad radios solis uarie r. 270, 20.
refundere: Herodi -sus salutis uigor 45, 28. regnum r. *i. q.* tradere: 107, 4; 399, 3. sacerdotum creationem . . . nostri Persis -dēre 320, 21. cessauit aqua Iudaeis, -udit se hostibus 331, 22; *cf.* 331, 14. ab oriente -ditur mare Rubrum 283, 15.
regalis: -i nobilitate 46, 7. prouisione 67, 6. -e fastigium 70, 15. -ibus contumeliis 76, 25. -ium negotiorum 43, 3. -ibus ministeriis (= ministris) 44, 23. regalia *i. q.* regalia iura 25, 25.
regerminare: hydra renatis capitibus -aret 106, 28.
regio: *i. e.* situs: -nem loci qui appellabatur Hiericho 124, 21. regio *urbi opponitur*: 54, 10; 237, 18. e regione *i. q.* uersus, contra: 237, 25; 340, 21.
regius: frater r. 57, 25. in adiumentum -um 58, 10. -ium nepotem 72, 24. -ae coniugis 86, 14 (*cf. Verg. Aen.* II 783). ex subole -a 29, 6. amicos -os 84, 21. *absol.*: regii (οἱ βασιλικοί) *i. e.* milites regis 26, 16; 160, 18.
regressio: -nis pretium 30, 1. tempus -nis (*u. l.* regressio) patrum democratiam tenuit 167, 18.
relabi: in fluctus relapsae (undae) inquietum illum maris sinum reddunt 223, 13.
relatio: sermonis 245, 10 (*cf.* referre).
relator: *i. e.* scriptor 3, 6.
relatus: *subst.*: opinio quouis maior -u 225, 22.
relaxare: -bantur diuites *i. e.* egredi sinebantur 260, 21; *cf.* 218, 21. poenam -uit 347, 13.
releuare: -andum metum 31, 18.
religio: -ni ducunt 26, 15. -ni esse 95, 19. templi -nem 5, 10. *saepe Christiana notione.*
relinquere: *crebro de successoribus ut*: curae ac sollicitudinis suae successorem -iquit 5, 11. Antipan tetrarcham -iquit 126, 10. -nquens Tiberium successorem imperii 136, 5.
reliquiae: -arum Iudaeae 131, 4. caelestis ignis r. 272, 1. ueterum sacrorum -as 297, 27. urbis 370, 28. defunctorum *uel* mortuorum r. (-as) 346, 5; 364, 13; 414, 7. *eademque ui absolute*: -as 360, 25.
reliquus: -i = qui superfuerant 17, 3; 20, 14 (*cf. sing. num.* 121, 20). per tempus -um 394, 11. *subst.*:

-um patriae 59, 4. quid -i speratis 401, 5. in reliquum 8, 6; 66, 21; 85, 26; 173, 17; 258, 22; 341, 15; 388, 24.
relisus: -i 263, 20.
reluctari: uiuendi cupiditate passionibus -batur 124, 14. *part.* -ans: 89, 5; 163, 17; 249, 13; 282, 21.
remeare: 8, 20; 62, 6; 135, 7; 329, 11; 341, 22.
remediare: ad -andos (*u. l.*) et sanandos eos 163, 22.
remedium: obsidionis -a 152, 23.
remigium: Tiberiadem -iis petiit 190, 5. -iis alarum 185, 20. brachiorum 264, 8.
remissior: ingenio r. 18, 11 (*BI* I 109 νωθέστερον). ubi r. erat exteriorum morborum accessio 309, 14. in -ibus contentionibus 364, 24.
remittere: *sine acc.* -sit omnibus *i. q.* ignouit 246, 18; *cf.* 92, 19.
remotior: 290, 18. in -ibus (*neutr.*) 267, 11.
remouere: bellum -otum 161, 10.
remunerare: 66, 19. -i 66, 19 (*u. l.*); 59, 7; 82, 28.
renidēre: portae argento -ntes 413, 22.
renĭtēre: aquarum -entium ad solis exortum 398, 25.
reniti: 16, 26; 25, 15; 26, 7.
renuntiare: ne bello -arent 251, 10. furori 318, 22. somno r. 288, 19.
repagulum: elementorum -is oppressi 243, 21.
reparare: murum r. 30, 10. castella -uit 30, 17. -tis aggeribus 361, 6. -ta culmina 372, 26. *translate*: bella r. 35, 22. nisi -asset proelium 304, 7. r. sese nequiuit 150, 27. quibus (auxiliis) -rarem adflictum 65, 16.
reparatio: -nis (machinarum) subsidia 361, 11. -nis (templi) arbitrum *scil.* deum 373, 23.
repercussus: *part.* 203, 26.
repetere: patrum r. uestigia 269, 22.
replere: ut fossas -erent 26, 4. iubet -ri praecipitia 308, 23; *cf.* 308, 26. ut -rentur ordines militarium numerorum 301, 17. *translate*: -uit urbem tanti sceleris nefas 384, 20. *addito abl. et gen.*: puluere et fumo -ta omnia 341, 8. ut -rent pice 379, 23. -etur caupulis 151, 16. -ta cadaueribus 360, 21; 364, 12. seminecibus aut cadaueribus -tae uiae 402, 11. qui questu -rent 121, 12; *cf.* 355, 16. -ta dilabentium 260, 20. aquarum -entur 331, 15. -ta seminecum et cadauerum 344, 5.
reposcere: 217, 23. ut uindictam -camus 63, 18; *cf.* 162, 18. priusquam poena -eretur 251, 1. sanguis uindictam -it 63, 22.
repraesentare: pro hospitii munere gratiam se lucis r. 95, 15. Oresten parricidio -ret *i. e.* iterum ante oculos poneret 182, 2. defensorem adhibuit qui expugnato hoste intaminatam sibi coniugem -aret 324, 3. (anima) instar quoddam diuini muneris -ans 409, 18. cum accusatores adulescentium insidiatoresque iudicium -arent *i. e.* τὸ δικαστήριον 98, 11. deesset nec Iudaeis Vespasianus quem filius -aret 292, 5. omnes interfecit et . . . Romano sese exercitui -auit 241, 11; *cf.* 23, 29.
repressio: turbarum -nes 188, 18.
repressor: percussorum r. 384, 5.
repromissio: terram -nis *u. l.* 269, 22 (*bibl. cf. Hebr.* 11, 9).
repulsor: *i. e.* refutator 84, 12.

repulsorium: (Antiochia) Persarum r. 193, 15.

requiescere: amoeno loco -bat *i. e.* quietem agebat 57, 4. priusquam -eret Dauid 321, 23.

res: res ultimae *i. e.* egestas 31, 27. in ultimis et desperatis -bus 245, 2.

reserare: -ta ora fontis 268, 6.

reseruare: ille propter senectutis infirmum -i debuerit 72, 13. quod ad excidium urbis illius uir tantus -retur 303, 6.

resīdĕre: quod -ederat ueneni 109, 23. quasi faex -edisset 281, 3. *translate*: reliqui qui -ederant 329, 3; *cf.* 212, 10; 402, 10. *i. q.* superesse: perisse omnia nihilque -edisse 225, 21. regem cui nihil praeter nomen -edisset 42, 18.

resilire: quaecumque mergenda putaueris, tamen r. opinio est 270, 7.

resipiscere: resipuit (*u. l.* resipiuit) Antonius 59, 24.

resistere: -endi aduersum inuictos fiduciam 263, 5. *absolute*: 16, 26; 26, 2; 342, 19.

resoluere: (poma) si carpas -untur in cinerem 272, 4. custodiam templi -utam uideri 392, 20. laxato -utus corpore 124, 18. -utorum putredo uiscerum 299, 25.

respirare: *translate*: -uerat aliquantum Alexander 86, 27.

resplendere: si ad radium solis -eat 270, 23.

respondere: uotis agricolae sperata culturae non -eret fecunditas 405, 12; *cf.* 67, 21; 411, 3. responsum est ei *bibl.* 207, 29.

respuere: allegationes eorum -i 114, 19.

restinguere: gaudia -nxit 361, 29.

resultare: -bat galea tinnitu 339, 30. funereum canticum canens -bat: „uae Hierosolymis" 394, 13. conclamatae urbis -uit sonus 361, 28. seditio dementer -uit 306, 11.

resultatio: caelestis oraculi r. 268, 14.

resumere: quantam anima post obitum -at gratiam 410, 9. *absol.*: ubi -sit paululum 108, 24; *cf.* 124, 20.

resupinus: 264, 7.

resurgere: paleis -entibus (post subterraneum fluminis cursum) 234, 17. ibi Iordanes -rexisse proditus est 234, 18. infusione animae mortuus -git 409, 22; *cf.* 185, 12.

resurrectio: -nis praerogatiuam 197, 17. in terram -nis 269, 22. gratiam 351, 11. apostoli testes passionis ac -nis 311, 16.

resuscitare: quod mortuos -aret 184, 9; *cf.* 386, 13. passio -ta est 77, 20.

rete: circumuentum uelut quibusdam -ibus 113, 5. plurimis quasi inter -ia locatis 380, 2.

retegere: mysteria -cta gentibus 28, 1.

retexere: quibus sermonibus sollicitati forent -uerunt 87, 16.

retinaculum: (magnitudo arboris) in staterae modum sustentata -is 203, 21. in speleorum ora armatos -is quibusdam deposuit 56, 1. -um ante suum Rhenum putabant 151, 14.

retinere: Hyrcaniam a sorore Antigoni diu -entam 60, 18. in Parthia -entum 71, 3.

retorquere: -ent uestigium 178, 2. nec repellendo uulneri nec -endo idoneum erat 390, 11.

uenti procella -bat sagittas 243, 19. nefas quod non potest uoto r. qui patitur 353, 9. pro admonitione -bant conuicia 338, 9. in alios sese -et 304, 26. flammae fragor, qui . . . in castellum sese -sit 407, 24; *cf.* 411, 17.
retractare: *i. e.* recusare: *absol.* 341, 21.
retractatio: urbs Syriae sine -ne prima 192, 12. sine -ne profectus 206, 5.
retrudere: in carcerem -bantur 258, 4. -sos specus 404, 1.
reuellere: patrum -itis testamenta 321, 19.
reuerentia: r. senum 163, 1.
reuereri: r. patrem imperatorum 82, 26. -mini Caesarem 83, 3. ne hoc (templum) quidem -iti latrones 250, 4. urbem omnibus -endam 258, 2.
reuerti: cum fratribus -it dissensio 83, 19. ad proelii necessitatem inuitus -it 375, 24. in dicionem Romanam -terant 266, 6.
reuincire: -ctis manibus 270, 14. gemitus ex -nctis 253, 26.
reuocare: gradum 247, 7.
reuolare: r. ad superna 212, 1. in illum purum et splendidum superiorem -at locum 410, 4.
reus: *i. q.* accusatus 98, 12. *i. q.* sons 144, 8. reus patriae (*dat.*) 347, 10. 26; 348, 8.
rex: *i. q.* regis filius 60, 8.
rhetoricus: more -o 408, 4.
rigare: fluuiorum meatibus superfusus ager -tur 196, 24. plus ceteris fontibus -at 268, 22.
rigidus: ferro -iores 332, 8.
rigor: (lacus) temperatior fontis -re 233, 16. rupium r. 332, 17. auri r. 389, 15.
rimari: *proprie*: 336, 20; 360, 18. *translate*: -andae ueritatis gratia 393, 25.
riualis: -em indignata 165, 5; *cf.* 75, 5.
riualitas: -tis dolorem 75, 21.
rogare: Simonem ingredi -ui 347, 22. -tus ad conuiuium 6, 3.
rorare: lacrimis -ntibus 24, 17. aquis 203, 8. -ntes adhuc sanguinis maculas 12, 9.
rosa: in spinis -am quaerentes 3, 16.
ructare: -ntem *u. l.* 288, 3, *u.* eructuare.
ruere: tot -entibus spiculis 340, 7. ut in amplexum -eret 113, 7. in oscula -it 137, 26. -bant super defunctos 344, 20.
ruina: aquarum r. 284, 14.
rupes: montium -ibus 197, 8.
ruptura: muri latus in -is fenestram daret 203, 23.
ruralis: -bus cultoribus 188, 27.
ruricola: r. uir 393, 7.
rutilus: *substantiue*: aquarum -o decepti 398, 25.

sabbatum: feriato die -i 412, 8; *cf.* *Index nominum.*
sacerdos: *cf.* *Index nominum.*
sacra: *i. q.* τὰ ἅγια: propinqua loca -is 160, 6. -orum penetralia 332, 14.
sacramentum: *i. q.* ius iurandum: -o interposito 97, 1; *cf.* 161, 12. seruate mortis -um quoniam uitae repudiastis 401, 15; *i. q.* mysterium: si quid -orum diuulgaretur 58, 26. diuinorum penetralia -orum 311, 4. caelestium propugnatores -orum 338, 20. uasa -orum 403, 6.
sacratus: dies s. religioni 10, 10; *cf.* 72, 18. (mons) illis -us 139, 12. neminem nisi -um debere templo adpropinquare 375, 4; *cf.* 130, 25.

sup.: templi contuitus -issimi 157, 4.

saepenumero: 36, 26.

saeptus: stipatores, quibus -a incedebat Cleopatra 67, 15. Romanum militem ferro -um 229, 22. ciuitas natura loci -a 206, 8. praesidio murorum 397, 2. Aegyptus incendiis solis 283, 17. Saxonia inuiis regionibus 319, 29. *subst.* saeptum: ciuitas uelut quodam naturali uallo circumdata, -o genitali abscondita 202, 23. hic tumulus nostra funera decet, ut -o uirtutis tegamur 416, 20.

saeuire: fames s. coeperat 333, 26.

sal: deiecit in fontem -es (-is *codd.*) 268, 1.

salsus: sapor s. 267, 6.

salubritas: consilii -te 220, 8.

salum: 69, 9.

salus: auctorem -tis (Christum) 139, 22.

salutaris: -e tuum (*bibl.*) 296, 20.

saluus: -o pudore 324, 11.

sanare: -at te dominus Iesus (*bibl.*) 185, 8. -ui aquas istas (*bibl.*) 268, 2; *cf.* 268, 3.

sanctificare: -ti aquarum meatus 268, 6.

sanctificatio: -num mysteria 28, 1.

sanctitas: deplorare ueteris -tis species uideretur tantam sacri nominis contumeliam 297, 19.

sanctus: Iacob 324, 22. propheta 326, 29. sanctus cetera (Tosias) 328, 11. sancti *de uiuentibus*: -os domini 297, 22. operationes -orum 296, 13. *de iam mortuis*: tempus aderat quo -i uocarentur Petrus et Paulus 186, 6. -orum domicilia (*i. e.* templum) 332, 14. -orum habitaculis (*i. e.* caelo) 410, 4. cum -is conuersamur 410, 11. sancta: *i. e.* templum 301, 8. -a -orum, *u. Index nominum* p. 464. *superl.*: *de matre* 331, 1; 333, 2. *de sacerdotibus*: 157, 5. *de commilitonibus*: 232, 16 (*Vopiscus Vita Tac.* VII, 3 sanctissimi milites).

sanies: 346, 7.

sarcina: inuidiae -am 44, 6.

sata: 268, 17.

satiare: -turi furorem 294, 16. ne mortibus quidem -retur 107, 14. uberiora adeptus non -batur 94, 10.

satias: frumenti 30, 4. necandi 246, 27.

satis: s. certus sum 114, 14. s. in bello ualere famam ducis 287, 26. *cum adiectiuis*: bellandi artibus s. spectatus 5, 30. muliebriter s. insolens 84, 26. amoeno s. loco 57, 4. *cum aduerb.*: astute s. 48, 20. *compar.*: ignorari satius fuit 4, 2.

satisfacere: praecepto -iunt 11, 3.

satrapa: -ae (*dat.*) 48, 19. -en 48, 6. 28 (*hic* -am *u. l.*). -e 48, 3.

sauciare: curae -bant artus 12, 2.

saxosus: 61, 5; 201, 5; 223, 20.

saxum: -is duriores 332, 7.

scandere: per angustiora uiarum -endum est ad Antoniam 362, 28.

scatere: niueis fontibus -ens 196, 24; *cf.* 236, 14. abscondita corporis -bant uermibus 124, 10.

scaturrigo: uenarum s. 268, 7.

scaturrire: fontes -iunt 68, 23; *cf.* 234, 10.

scena: -ae species erat 99, 12. reluctanti quasi in -a aliena persona inponitur 249, 13. *quibus locis* scena *pro* theatro *ut apud Apuleium, Metam.* IV, 26. *translate*: s. adulterii 73, 24. adpetitae germanitatis -am 81, 2.

s. inprobitatis 84, 5. (*BI* I 470 κακίας μυστήριον) totius -ae architectus 91, 18. -am criminis 112, 9.
scenicus: -am coronam 181, 22. ludi -i 192, 24.
scenopegia: 9, 22; 393, 9; *u. Index nominum et quae disserui in Actis Regiae Lynceorum Academiae* 1933, p. 342sqq.
scilicet: 168, 7; 221, 14.
scindere: (regio) montium rupibus -itur 197, 8. a Solomone scissum in duo regnum 321, 25.
scitari: 274, 6 (*u. l.* sciscitari).
scopulus: 204, 4.
scribere: -it ad urbem Hierosolymam bellum incubuisse 200, 22. -itis ut nullus ingrediatur aduena 375, 9. scriptum est (sit) *de Scriptura sacra*: 213, 26; 155, 19. *seq.* quia 198, 2; 216, 11. 15.
Scriptura: *u. Index nominum.*
scrupeus: inter -as rupes 285, 20.
scrutari: aluum -antur 357, 26.
scrutator: Agesilaum -em Asiae *u. l. quam praeferre debui* 149, 21 (*BI* II 359 ἐρευνήσαντα).
secessus: Caprearum s. 137, 2.
secretum: *subst.*: de intima sede -i genitalis excuteret infantem 205, 13. naturale secretum 383, 1. euiscerant uentris -a 357, 26. *crebro de locis*: Indorum -a 150, 4. in solitudinis -o 106, 4. maris -a 399, 9. *absol.*: -orum cognitio 375, 6. -is abditi 142, 11. omnipotens pater, redde animam meam -is suis 219, 16. *translate*: cognitionem -orum caelestium 409, 13. -orum seruabo silentia 108, 24.
secta: s. Iudaeorum 392, 6.
secundo: *i. q.* iterum: 225, 3 (5 iterum); 307, 4.
secundum: *i. q.* κατά: s. illud tempus (*BI* VI 312 κατὰ τὸν καιρὸν ἐκεῖνον) 395, 2. s. septentrionalem plagam (*BI* IV 453 κατὰ τὸ βόρειον κλίμα) 266, 14. s. carnem genitus ex Maria 395, 7. s. uerbum Helisei 268, 4. s. suos ritus 208, 8. s. elementorum gratiam 197, 15. s. qualitatem affectus 18, 14. s. scientiam iuris diuini 18, 16.
secundus: -a *i. e.* quae secuta sunt 199, 28. -is partibus reseruatum 16, 20. destitueretur -is *i. e.* rebus secundis 366, 24. in -is constituentes 179, 18. posuerit 164, 22; *cf.* 343, 7.
sĕcūris: -i iussit feriri 231, 18. carnificis librantis -im 349, 17. euasit -im 404, 5.
securitas: -tem pacis 30, 3. salutis -te 290, 4; *cf.* 374, 4.
sēcūrus: s. labitur 369, 13. sub carnifice mortis s. 231, 21. *i. q.* certus: datae fidei s. 40, 25. s. uictoriae 98, 26; 367, 11; 407, 26. -i salutis 333, 12. s. triumphi 209, 20.
secus: uirile ac muliebre s. 207, 14.
sedere: id -isse sententiae 74, 22.
sedes: ut -es mutaret 88, 9.
sedile: s. aureum 93, 21. nullum s. 334, 20.
seditio: s. belli 300, 28. contentionum 143, 25. -nis studia 303, 19. -ni deditos 143, 26. seditiones *plurali numero i. q.* turbae 293, 2; 330, 26; 340, 25; 346, 15; 378, 28; 395, 11; 401, 28. -nis *uel* -num auctor (-es) 336, 26; 395, 11; 401, 22. -num incentor 330, 26. princeps uel principes -nis, -num 317, 23; 346, 15; 361, 21; 383, 14; 401, 28. ministri -num 335, 8. facta -ne 47, 15.

sedulus: *i. q.* sollicitus 10, 1. -o uerborum monitu 245, 3. -a inuitamenta 210, 18. indiciis -ae caritatis 105, 8. -a officiorum foedera 226, 18.
seges: *translate*: s. telorum 294, 3. patibulorum -te 337, 22.
semen: uxorem habentem s. de germano 140, 11.
seminator: -es discordiarum 91, 11.
semineces: 240, 13; 334, 8; 367, 18; *u. l.* 402, 11. -um 344, 5. -ibus 402, 11.
semirutus: 329, 24; 355, 27.
semiuir: 414, 13.
semiustus: -am materiem 389, 12.
senecta: -a grauem 87, 18. supremae -ae 384, 4.
senectus: inbecilla s. 122, 24. anhelae -tis 365, 23. -tis infirmum 72, 12.
senex: decrepito -e 87, 22. anhelos -es 411, 24.
senior: s. natu ceteris 5, 25; 255, 6; *cf.* 86, 16.
sensibilia: *i. q.* sensu praedita 385, 1.
sensus: -us speciem 332, 19. uigorem 409, 10. -u doloris 288, 4. cum belli minas praetenderet s. eorum 208, 10. quaemadmodum furor omnem suauitatem ex perditorum -ibus aboleuerit 296, 6. ... exustorum nidor -us omnes atque ora complebant uiuentium 299, 26. mutis -ibus aspicientes templum 344, 27. omnis s. haerebat plus quam lacrimanda tolerantibus 345, 3.
sentina: principes flagitiorum eo quasi in -am confluxerant 248, 1.
sentire: muta animalia solent s. iniuriam 298, 4. qui nec declinare nouit quod noceat, similis est non -entibus 298, 6. ardebant animis ut nullum corporis -irent incendium 205, 24; *cf.* 398, 6. -sistis Romanam uirtutem non bellando sed moriendo 396, 27. cum latrones latrocinio temperent, ubi praedam non -serint 359, 23.
sentis: discissus et dilaceratus -bus 273, 20.
sepelire: *translate*: in te (Hierosolyma) pax -pulta est 297, 2. *itidem* pietas 298, 18.
septennis: -em puerum 50, 24.
septentrio: porticus quae uergebat ad partem -nis 314, 16.
sepulchrum: locis, quae potuerunt dare usum -i 345, 5. hoc se sublimi solantes -o, quod in uisceribus Caesaris reconderentur 380, 15.
sepultor: 300, 19. 20; 345, 11. 18.
sequester: litterarum -em 74, 10. -stra: legationem pacis -am 250, 13. dexteram salutis -am 209, 19.
sequestrare: a quo (castro) dirutis porticibus templum separastis, ut custodia (Romanorum) -retur 157, 24. *saepius i. q.* deponere, deserere: -ui regni insignia 65, 23. pator, -a pietatem 90, 11. ubi consilium sumitur, -atur affectus doloris 145, 8. hostibus aduenientibus -ata bellorum ciuilium certamina 303, 20.
sequi: ut -erentur Caesaris fidem 374, 13. libertatem -endi 411, 2. odorem secuti 383, 15. scopulis inpulsos mors -quebatur 224, 11. *absol.*: quando praesumsit de belli euentu, uictoriam -cutam 288, 28. habetis regni honorem ... ius -etur 83, 11. sequens *de filio i. q.* secundus 34, 14. *saepe* sequenti die: 113, 27; 327, 7. 17; 381, 6; 389, 5.

serere: cum frumenta -antur 197, 12. *translate*: -eret tamen (bella) 244, 16. tumultus -unt 232, 18. conuicia -ens 378, 26.
sermo: ne cum patruo -nem haberet (*BI* I 589 μὴ διαλέγεσθαι) 107, 10. Romano militi -nem conserit 313, 5; *cf.* 312, 12.
serpentinus: lacertis uiridibus ceterisque -i generis coctis exuuiis 336, 10.
serpere: -ebat caeco uulnus dolore 12, 1. -sit uitium in uniuersos 358, 15. (morti) -enti in omnes 215, 14.
serra: -rum sonus 257, 1.
seruare: militarem -bat ordinem 127, 24. secretorum -bo silentia 108, 25. cum intaminatum crinem -aret 327, 26. puram deo -tis urbem 371, 12. -ari ad ludibria 50, 9. Armenia limitis sui -at quietem 154, 1. -auimus uobis ut uestris legibus uiueretis 399, 18.
seruator: Asiae -rem, *u.* scrutator.
seruire: ferrum Romanum, cui -it aurum Pannoniorum 151, 22.
seruitium: libertatem -o praeferendam 143, 16. quondam liberas gentes -o premunt 151, 18. -o exutus 8, 20.
seruitus: ad -tis miseriam 129, 4. solacium 129, 7. ad pretium 150, 9. patientiam 150, 20. mercedem 151, 19. iugum 148, 26. in -tis obsequia 238, 7. reseruati ad -tem 207, 20. carpere lumen istud -tis *i. e.* uitam 212, 5.
seruula: remotis praesertim -is et ministris (*BI* I 585 μηδένα μήτ' οἰκέτην μήτε θεράπαιναν ἐῶντες παρατυγχάνειν) 106, 2.
seruulus: -is 49, 17; 207, 22.
seuerius: s. interrogatus 97, 4.
sexus: sine ullo feminei -us impedimento 18, 5. ne mulierum quidem parsurum -ui 106, 13. cum feminei -us germanitate *i. q.* cum sororibus 29, 9.
si = an 121, 26.
siccare: uirga quae -uerit mare fluctibus 325, 6. *intransitiue*: Siloa -uerat 331, 11.
siccitas: uitio nimiae -atis corruptior aër 267, 9.
siccus: cutis -is haerebat ossibus 344, 12.
sīdĕre: plerique cum ipsis in profundo -bant myoparonibus 224, 5.
signaculum: amoris intemeratum -um 83, 8.
signare: nemo recusare poterit euentum, quem uel casus intulerit uel dei uoluntas -uerit (*BI* III 391 εἴθ' ὑπὸ τύχης χρὴ λέγειν εἴθ' ὑπὸ θεοῦ προνοίας) 220, 22. *praeterea* signandum *u. l. pro* sic dandum *maior pars codicum praebet* 214, 18.
signum: de -is stellarum etiam in Euangelio docemur quia erunt -a in sole et luna et stellis 392, 10.
silentium: in noctis -o 106, 5. ut -o egrederentur (*BI* II 551 ἡσυχῇ) 177, 9. secretorum seruabo -a 108, 25.
silere: -bant omnia metu 345, 18.
silua: nemora -rum 346, 13. per inopiam -rum (*BI* VI 11 ὕλης ἀπορία) reparationis subsidia non subpeditabant 361, 11.
siluester: poma -ia 197, 22. uirga recisa de -i radice 298, 17.
similis: qui locus -i uocabulo aeque ut ille nuncupari solebat 11, 18. qui -i modo cruci figeretur ut passus est dei filius 186, 28.

similitudo: s. gladii *i. q.* imago 391, 19; *cf.* 391, 17. animalium -ines 123, 4 (anima) ad imaginem similitudinemque sui principis *i. e.* dei (*bibl.*) 409, 14. ad rei publicae Romanae -dinem 31, 21; *cf.* 167, 12.

simplex: -ici morte *i. e.* tormentis non aucta 120, 23. simpliciter: si s. aperiret gestorum ordinem (*BI* I 594 εἰ εἴποι τἀληθές) 108, 19.

simul: *cum participiis coniunctum*: simul dicens *i. q.* cum diceret 383, 23. simul a suis monitus 23, 22. simul et: uina s. et sanguinem fundens 291, 9; *cf.* 327, 5; 354, 27.

simulacrum: -is *i. q.* idolis 328, 21. s. Isidis 139, 1. -orum insensibilium 298, 1. *translate*: *de hominibus fame exhaustis*: -a cerneres, officia desiderares 344, 11.

simulare: *i. q.* fingere: tam grauia -bantur apud eum 96, 12. mortem s. 381, 16. s. aliqui mortuos aestimabantur 381, 13; *cf.* -bat fratrem intercessorem 11, 6. simulato quod 379, 24.

sinuare: egredientes in eam partem, quae praeruptorum profundo praecipitiorum -uerat (*u. l.* -uerant) *locus corruptus* 336, 16. -to cliuosis anfractibus solo 239, 1.

sinus: saccorum -u 204, 1. uelorum s. 362, 15. lacus 233, 10. undarum 285, 9. *saepius* s. urbis *uel* medius s. urbis: 192, 23; 257, 4; 274, 10; 297, 21. in patriae -u sepeliri 27, 21.

sitire: quicumque -ierit sanguinem 116, 22.

sitis: -im 327, 1; 395, 23. -i 331, 22; 395, 17; 396, 2.

situs: *adiect.* s. in *i. q.* positus: 21, 16; 23, 17; 60, 1; 69, 7; 238, 17. *de hominibus quasi* ὤν: in Achaiae partibus -o 181, 21. in templo -i 256, 5. in inferioribus -i 366, 17; -os 379, 18.

situs: *subst.* s. urbis 192, 14; *cf.* 193, 16. loci 222, 3. de -u locorum 283, 5. lubrico -u 55, 22.

siue ... seu ... an: 136, 20—22.

sobrie: s. uiro pudica 78, 14.

sobrietas: sermonum -ti 3, 8. mentis -tem 78, 7. prudentiorum s. 145, 23. firmitudo pacis in hoste virtus (sit), s. in rei publicae moderatore 282, 3. debuerat Hierosolymitanis causa -tis esse sociorum periculum 226, 10.

sobrius: inter aduersa s. 241, 27. minime -as cupiditates 74, 27. turbato mentis -ae statu 87, 6.

sociare: Vespasianus prae ceteris (a Nerone) -batur *i. e.* comes adsumebatur 183, 5. sociare sibi aliquam *dicitur qui eam uxorem ducit*: 70, 16. *addito* iure conubii 103, 26. *uel* matrimonii 140, 3. *praeterea* sociata *mulier uiro nupta* 70, 14. *uel etiam non iustis nuptiis iuncta* 75, 5; *cf.* 133, 15.

societas: ad fugae -tem 31, 3. proelii 377, 25. mensae hospitalis -tem 74, 18. ad -tem flagitiorum 251, 19. uoluntatum -tem 251, 23. mulieris expetita s. *i. q.* coniugium 70, 9. seiungi se ab uxoris -te 76, 12. ex coniugii -te praesumptio 79, 2. ex Pompeianae conscientia -tis 39, 12.

sol: -is oceanique ultima 399, 9. -e infuso (*BI* IV 112 μεθ' ἡμέραν) 246, 8; 326, 24.

solacium (solatium): ultionis s. 6, 23. ad -um studii ferocis 88, 19.

s. seruitutis 129, 7. subiectionis 321, 14. -a calamitatis 352, 14. famis 381, 21.
solamen: si quid in his (in corticibus arborum) uiriditas ad cibi -ina subministraret 335, 25.
solari: rapientes (herbam) suco infelici -bantur famem 334, 13.
solidus: inlisa -is -a nocent 204, 2. -um aliquid efficere 184, 5. solidiora mollioribus cedunt 204, 3. cornu ferri -oris 203, 16.
solitudo: in -inis secreto 106, 4. suspectae -ines *i. e.* uita seorsim acta 334, 22.
solitus: acerbiorem -o pestem 15, 27. audacius -o 160, 17.
solium: de sublimi -o (*BI* II 2 ἀφ' ὑψηλοῦ βήματος) 129, 24.
sollemnis: -es custodiarum strepitus 177, 11.
sollemnitas: sacrificiorum -tati 26, 21. purificationis -tatem 27, 8. festorum dierum -tatibus 70, 25. feriarum -tate 155, 25. ritus ueteris s. 167, 1. Pentecostes -tate 393, 2. -tatis dies qua ligna altaribus solebant inponere 160, 14. circumscriptio ueteris -tatis 249, 18. arma sumere aduersus uiros ... suae -tatis 251, 17. abrogauerat legitimae successionis -tatem 167, 17.
sollemniter: 294, 4.
sollertia: culturae s. 235, 11.
sollicitator: 118, 1.
sollicitudo: *u.* cura.
sollicitus: -um pro urbis statu 227, 14. -i de seruitute 333, 13. -itior 102, 17. *adu.* -te 25, 28. -itius 105, 17.
solubilis: murum facile -em 362, 4. ad exercitium culturae -is terra 197, 9.
soluere: ut -erentur catenae 286, 25. -ui uinculis 286, 24; *cf.* 13, 1. soluta obsidio 7, 1; *cf.* 361, 10. 16. -ta parte murorum 314, 5; *cf.* 316, 25. -to ponte 25, 18. -uite templum (*ex Script.*) 301, 3. ut -eret Hyrcani potestatem 43, 25. ut -eret sacerdotium 48, 8. quia Caesaris pax -eretur 159, 3. -ta factio *i. e.* dolus 93, 19. propositum -uit 401, 19. si coniugium -eretur 93, 1. foedera nuptiarum -uenda 103, 12. Caesari tributum -uatur 157, 25. -bas mercedem 298, 26; *cf.* 328, 21; 333, 6. ni scelesti parricidii merita -uisset 9, 2. nox proelium -uit 202, 3. petra -uitur ac sese fundit in potus 386, 7. -ui leges naturae 299, 30. -ui mundus aestimaretur 256, 11. (mulieres) menstrua -uentes 271, 5. odio persecuturus eum, cui mors soluta esset fratrum duorum 100, 14. ne assiduo adsurgentis impetu maris fundamenta insulae atque iniuria uetere -uantur 285, 18. uino solutum 288, 2. somno -ti 368, 1. inedia ac somno 209, 7. aluo 336, 8. non fatigatione corporis sed animi magis desperatione -utus 256, 25. (sancta Iudaeorum) spiritus diuini calore -uta (*u. l.*) 301, 11. inlisa solida solutioribus euacuantur *i. q.* mollioribus 204, 2.
sŏlum: hiatus -i 386, 16.
solutio: praemiorum -ne 290, 5. -nem legis (*BI* IV 154 κατάλυσις) 294, 4.
somniare: quod dormientes -amus, hoc defuncti adipiscimur 410, 15.
somnium: impleuit -a sua 135, 23.
somnus: mulier plena -i 137, 24. quod in -o imago, hoc in morte ueritatis possessio est 410, 16.

-os et tempora uigiliarum sortiebantur 343, 25. quasi -o demersus 287, 14. in -is *i. e.* in somniis 135, 1; 137, 22.
sonitus: s. armorum 327, 12. tubae *u. l.* 367, 29. ingentem strage sua -um dedit 369, 14.
sonus: ad -um planctus 126, 3. grauis erat nauigiorum s. cum inter se colliderentur 223, 25. serrarum 257, 1. tubae 367, 29.
sophista: 161, 1 (*BI* II 433 σοφιστὴς δεινότατος).
sopire: -to corpore 410, 10. *translate*: quo mulieris erga uirum -ret querellas 76, 9.
sorbere: si quid -uissent alimoniae, interclusis faucium meatibus strangulabantur 356, 8.
sors: omnes mortis sententiam diuerso affectu sed pari -te expromunt 99, 7. -tis euentus 249, 1. -e agi 249, 7. substituendos in sacerdotii principatum mos erat ad -em uocari 249, 4. cum lex successionis uiros ad -em legeret 249, 5. *translate*: proelii s. 62, 15. periculi 368, 3. -tem iudicii 80, 22. conubii 86, 15. inclinatam 71, 5. miserabili quidem -e sed tolerabili tamen 355, 5. populorum lue unius mortem, -e tamen inpari uindicatam 78, 11. alieni nutus -tem opperiri 221, 10.
spado: -oni Aegyptio 36, 15. -nes 87, 13. -num 87, 25 (eunuchos 87, 8, *BI* I 488 εὐνοῦχοι).
spargere: -it ignes 332, 16. ut incendia in machinas -erent 361, 16.
spasmus: -i totius corporis 124, 11.
spatium: *plur. numero et absolute*: si quis ad ulteriora -a prodiret 336, 20. *saepius cum gen.*: per -a terrarum 152, 21; 395, 9. Europae totius -a 149, 9. campi 267, 8. metandae urbis 192, 17. cadauera in maximis domibus diuersorumque operum -iis constipata 360, 13.
specialiter: 250, 27.
species: *i. q.* aspectus: genera piscium -e quam in alio lacu praestantiora 234, 1. Fialae nomen s. dedit 234, 13. locum, in quo conspicua foret s. nauigiorum 190, 7. suburbana praedia gratam sui -em dabant 361, 2. cum belli minas praetenderet ipsa congregationis s. 208, 10. exercitus -e territi latrones 55, 4; *cf.* 24, 21. sola -e sui proturbabat hostem 304, 26; *cf.* 368, 32. -e miserabili 92, 3; 357, 15. *i. q.* fallax aspectus: -e ciuili 305, 17. terrentis 400, 22. -e uolentium se Romanis tradere 306, 3. data -e regnandi 107, 1; *cf.* s. regni 103, 16; 107, 5. illi ad -em de sacerdotalibus tribubus unam statuunt 249, 6. ut maioris multitudinis -em darent 405, 20. cui se remissurum indignationem scriptorum -e manifestaret 112, 1. insensibilia sensus -em mentiuntur 332, 19. ne simulationis -e dolus adornaretur 179, 21. -em magnanimitatis praetexere 182, 9. *i. q.* imago: missa sui decoris -e 76, 4. *i. q.* genus: alia metalli -e 271, 4. uarias poenarum ∾ 337, 15.
speciose: *i. e.* ut conspicuus esset 302, 5.
spectaculum: s. miserum parricidii circumferens 99, 22. sese offerebant uulneri, ut malorum suorum -is eriperentur 209, 16.
spectatus: -a uirtus 241, 20. -tissimi generis feminae 137, 7.

speculari: urbis moenia s. 25, 5. ingressus -bantur uniuersos 173, 12. ut -rentur locorum exitus 177, 1. *absolute*: Simon ad sepulchrum Iohannis -batur 318, 7.

sperare: de muris -astis 319, 4. de armis s. 364, 9. praesidium -atur diuinum atque auxilium de penetralibus 319, 14. -ueram quod me pasceres 382, 18.

spernere: imperii . . . spretam potestatem 130, 16.

spina: *u.* rosa.

spiramen: Libis -ine 69, 10. Boreae 407, 22. Noti 407, 24. aurarum 389, 24. -ina 381, 17; 387, 23.

spirare: *absolute*: -ntibus zephyris 193, 6. auris 233, 19. *de odore*: thymiamateriis bene -ntibus 299, 21. *translate*: -bant semineces solo adhuc spiritu 334, 8. -ntia adhuc ora 355, 2. faucibus quibus quaedam -ndi subsidia portui subministrantur 284, 18. *cum accus.*: -ns ferociam (*u. l.* ferocia) 20, 6.

spiritalis: gratiae -is 216, 14.

spiritus: -u uenti 270, 15. quae (natura) nobis uitalem infudit -um, ut eum pro gloria libenter refundamus 363, 18. usque ad mortem trahens -um uitae 404, 4. qui extremum fame -um traherent 361, 20. spirabant semineces solo adhuc -u 334, 8. cum ultimum exhalasset -um 125, 5. -um prius quam bellum deposuit 367, 16. emisit -um 394, 25. spiritus *i. q.* animus, animi: parricidali -u ferox 8, 26. nec mediocris mulieri -us 18, 22. non minore -u accusatum profecti 46, 22. quilibet horum exitus (*sc.* mors) principium habuit -us ferociores (*u. l.* ferocioris) 50, 14. quo -u sedere praesumserit supra thronum regium 129, 23. ne fraternae insolentiae -u pax turbaretur 169, 16. graue taedium . . . et parandae expugnationis -us refrixit *u. l. aV* 341, 15. cuius tam semiuiri sic mollis -us 414, 14. contumacis populi -um 238, 16. ut in -u omnis homo adoraret deum (*bibl.*) 208, 6. sancta (Iudaeorum), ubi Iesus uenit, -us diuini calore resoluta uanuerunt 301, 10, *u. Index nominum s. u.* spiritus.

splendidus: -ioris familiae uiri (*BI* VI 114 εὐγενῶν) 374, 3. ad urbem -dissimam 94, 1; *cf.* 271, 12. -dissimae prosapiae 210, 15.

spoliare: dum aliena spolia rapit, ipse -atur 369, 8. *translate*: castimoniam s. 324, 7.

spolium: orientis -a 150, 8. regni -iis 406, 13.

spondere: quod spopondisset nuptias suas 86, 28.

sponsio: 372, 13.

sponsor: -es concordiae 82, 14.

sponsus: *i. q.* maritus: 89, 20.

spontaneus: suppliciis nos -i offerimus 254, 8. Archelaum -um successorem *i. q.* a se ipso nominatum 129, 4. repperit -um fraudis ministerium 275, 27. dona -a *i. q.* non petita 210, 19. -os fructus 235, 9. -os imbres (Nili) 284, 4.

sportula: hanc -m ciuibus datam *i. q.* munus 131, 2.

spurius: *scil.* filius *i. e.* non legitimus 95, 8.

stabulum: -a ferarum 254, 24.

stagnare: sanguine s. templi recessus 294, 13.

stagnum: s. uentis exagitantibus adsurgere in aestus ualet 82, 21.

in -i morem sternitur aqua 233, 18.
statera: *trabs* in -ae modum sustentata retinaculis 203, 21.
statio: s. (nauibus) tuta 285, 23.
statiuae: (-arum *i. q.* statiua, -orum) duobus diebus -arum gratia Pelusi transactis 292, 12.
statuere: quem reum ante Caesarem -it 80, 2. nullum inpensis -ens modum 69, 13. cum solem statueret *i. e.* sisteret (*bibl.*) 327, 24.
status: s. rerum humanarum 62, 10. -u mentis 87, 6. s. Iudaeae 136, 4. periturorum culminum -um 372, 2. patriae 372, 18. deiecti illam -ūs *i. e.* humili loco natam 85, 14. restituite -um superiorem 157, 24. murum in ueterem -um reformauit 41, 2.
statutum: *subst.*: -is caelestibus 183, 16. paternorum -orum 254, 15.
sterilis: aquae s. usus 267, 6. (fons) s. ad generandum 267, 19. s. ab eis (*bibl.*) 268, 3.
sterilitas: naturali -te (*BI* IV 453 διὰ τὴν ἀγονίαν) 266, 18. s. ab eis (*u. l.* cod. B; *bibl.*) 268, 3.
sternere: polito lapide solum stratum 369, 12. uiarum strata 201, 7; 260, 20. Romanis (Hannibal) triumphis quibus Alpes aperuit, uiam strauit 150, 24. in stagni morem -itur aqua 233, 18. *saepius pro* necare: -it duodecim propugnatores 313, 1; *cf.* 353, 5; 369, 7; 379, 9; 412, 25.
stibium: *u. Index nominum.*
stillicidium: uitae ultimae -a 335, 2.
stilus: -o persecutus 3, 2. circa alias urbes -um occupamus 247, 12. melius est in descriptionibus uel ceterorum elementorum miraculo quam Iudaeorum seditionibus -um occupare 269, 18. ne noster in eo lacu excutiatur s. *i. e.* ex eo resiliat 270, 6. historico -o 3, 7. quem sibi cupiant succedere ultimo scribant -o 132, 15.
stimulator: 48, 4.
stimulus: conscientiae -is exagitari 113, 2.
stipamen: turbae -inum 142, 13. factionum -ine 302, 2.
stipare: sese ad oram fluminis -ant 263, 14. circumfusum -antibus numeris militaribus 129, 24. -tus pompae ambitu 23, 4; *cf.* 275, 17; 309, 4. *absolute*: -tam multitudinem 306, 2.
stipatores: 127, 15.
stipendium: militiae -iis exercitato 25, 26. inueteratum 182, 17. clarus -iis 368, 28. -iis militiae regnum praeueniret 183, 7. (Aegyptus) mauult Romani imperii tributis se exercere quam suis militare -iis 153, 1.
stola: sacerdotalibus -is 297, 15.
stolus: s. nauium 154, 5.
stomachus: -o indulserit 91, 12.
strages: quae (turres) ruentes ingentem late -em dedissent 313, 15. *de milite*: ingentem -e sua sonitum dedit *i. e.* casu 369, 14.
strangulare: interclusis faucium meatibus -bantur 356, 9.
strenuissimus: 365, 28.
strepere: quandoquidem domi forisque hostilia -erent 256, 3.
strepitus: custodiarum s. 177, 11; *cf.* 177, 6.
stringere: ferrum -imus 416, 3. gladios strictos 416, 20. -untur liquentia 386, 9.
strues: lignorum -ibus 285, 7.

studiosus: -i ad imitandum 367, 4. studiosius *adu.*: 10, 25; 312, 9.
studium: circa filios regis -o propensior 100, 1.
stupefacere: tantis eius successibus -cto 14, 2.
stupere: -bat acres uirorum animos 26, 18. *intransitiue*: -bat omnis Syria 99, 15.
suauitas: uiuendi -tem 113, 13. psalmorum 296, 5. citharae -te 296, 4. tua s. *i. e.* carnium tuarum 384, 2. sucus (aquarum) ante amarus potantibus -em infundere 268, 18.
subesse: matura flagitio ultio -est 12, 19.
subicere: -iectis facibus 285, 6. ignibus 342, 1. materie -iecta 341, 2. indices -iebat 84, 6. quae uero gentes luxui se -iant 282, 1. se promerendae pacis studio -iecit 321, 10. subiecti *i. q.* subditi 321, 2.
subiectio: -nes gentium 183, 24. solacium -nis 321, 14. suscipite -nem *i. e.* subiectorum animum 323, 9.
subintrare: 206, 12.
subire: non prius . . . quam sagittae ictum -iret 408, 21. -eundae mortis 75, 25. bellum s. 60, 16. quicquid est immanissimum -eo 349, 22. -eat uos patriae amor 157, 2.
subiugatus: -arum gentium 182, 23.
sublimis: -i solio 129, 24. sepulchro 380, 14. mons uertice in -e porrigitur 68, 18.
sublimitas: *u. Index nominum.*
subnixus: muris -am ualidis urbem 191, 4. Iudaeorum -i cateruis 30, 24; *cf.* 339, 1.
suboles: *plur. num.* 103, 22.
subrigere: soli ubertas in uniuersa genera se -it arborum 235, 11. cum in aduersum mare (scaphae) uiolenter (uento) -erentur 223, 20.
subrogare: *i. q.* substituere: in locum Agrippae filius eius a Claudio rex -tus est 141, 16; *cf.* 96, 3. *i. q.* subiungere: in secundarium locum principibus factionis tertiae sibi -tis 305, 29.
subruere: turrem -erunt 243, 6.
subsidium: murali -o 411, 21; *cf.* 17. militaria -a 199, 1. *cum gen.* s. alimoniae 222, 16. -iis alimentorum 295, 2; 364, 17. herbarum -a 377, 17. naturae -o 283, 20. murorum -a 201, 24. loci superioris 304, 13. reparationis *i. e.* reparandis machinis 361, 11. in faucibus (portus) angustior quibus quaedam spirandi -a portui subministrantur 284, 18.
substantia: *i. q.* soliditas corporis: consumta ieiunio s. 344, 10. exhaustae uires fame ... s. defecerat 361, 18. nulla arteriorum s. 356, 7. *i. q.* οὐσία: uis diuina Romano uigori uitalem quandam -m subministrauit 400, 18. arcana -ae caelestis 311, 5.
substituere: -endos in sacerdotii principatum 249, 3.
substratus: s. est nobis ille praeruptus aquae mons 397, 5.
subterlabi: si qui fluentis -entibus se suspenderant 263, 25.
subtexere: ut praetento pietatis patrocinio inpietatis -eret parricidium 111, 7. de iniuriis queri et bellum s. 147, 1. *i. q.* addere: de pace pauca praemittit, plura -it ad belli incentiuum 250, 19.
subtrahere: exitio -cti 367, 19. -entes se periculis 240, 19.
subuertere: quod muros -eret 278, 9; *cf.* 317, 1. ad -endos aggeres

368, 10. -sis dispositionibus regis 104, 14.
succedere: murum s. 338, 28; *cf.* 354, 21. templum s. 389, 6. -essistis hospitia 242, 19. in hereditatem -essit 20, 9. in eandem sortem -essimus 409, 3. in gratiam -esserat generi *i. q.* in locum 86, 16. pro templo sibi paradisum s. 338, 16. patuit aula uni ad -endum quae multos successores habebat 115, 5. -essit non mediocris timor consideranti 101, 17.
succensus: s. indignatione 107, 23. cupiditate 250, 16. -a furore 412, 10.
succenturiatus: *u. Index nominum.*
successio: *i. q.* proles: posteritatis meae -nes 102, 29. ardere so inuidia regalis -nis 106, 18. ut subolis opima s. largam posteritatis copiam subministraret 268, 9. lex -nis 249, 5. ius 95, 8. -nis sollemnitatem 167, 17.
successor: s. alienus *i. e.* cui successio non competeret 96, 3. s. nequaquam indignus magistro 267, 21. -em imperii 118, 13; 136, 6. curae ac sollicitudinis 5, 11.
successus: *uox media in bonam partem semper accipitur uel sola ut* 17, 6. *uel comitante genit. rerum bene gestarum ut*: bellandi s. 13, 20. -u priorum 61, 1. s. praesentis certaminis 339, 6. *cum adiectiuis coniuncta haec uox reperitur quae bonum exitum significant, ut*: tantis eius -ibus 14, 1. mirabili -u rerum gestarum 17, 18. notis uirtutum -ibus 61, 24. prosperis -ibus 70, 9. prosperioribus 208, 12. quod Otho potiretur -u imperiali 274, 11.
succīdere: -sis omnibus quae ad usum militis conueherentur 360, 26. eius processus -endos putarunt 275, 19.
succingere: corporis castimonia quae s. debeat carnis intemperantiam 310, 22. -ctus ornatu bellico 9, 27. orientalibus -ctum adoreis 287, 28. comitatu -ctior 339, 9.
sucus: *i. q.* aqua: 268, 16. -um lactis 357, 2. (herbarum) -o infelici 334, 12. (ueneficium) compositum ex -is serpentium 110, 15.
sufficere: bellorum alea quae ... inopinatis ludit euentibus -iens nouos exitus 369, 5.
suffigere: cruci -xos 19, 4.
suffodere: cuniculum -it 340, 26. *alia uerbi ui*: turrem -ientes 243, 6.
suffragium: *translate*: loci -o 290, 24; *cf.* 304, 12. inbecillitatis s. *u. l.* 217, 17. de caelo uincendi -a 364, 3. -a suppetere ceteris ualidiora 103, 6. -o erat iuuenibus matris nobilitas 71, 26.
suffugium: inbecillitatis s. 217, 17. *u. l.* 290, 24.
suffusus: s. lacrimis 92, 2. s. oculos lacrimis 12, 15. lacrimis s. ora 102, 9.
suggerere: promissa uenia -rit quod pater necem parasset regi 101, 2. ut caueret -entibus sociis 339, 10.
suggestio: 9, 6; 96, 5.
sui, sibi, se: spem sui 82, 23. proditori sui 95, 4. amantem sibi uirum 72, 6. spem sibi *u. l.* 82, 23. *adde dubia exempla*: sibi fratrem 73, 14. auum sibi 74, 8. se *ante infinitiuos nonnumquam omittitur, ut*: respondit libenter procumbere pro libertate 371, 10. *etiam ante gerundiua ut*: captiuum futurum, si defendendum putasset 328, 27. *liberiorem pronominis usum habes*

nonnumquam, ut: a se fratres separantur *i. e.* alter ab altero 97, 18. secum milites uociferantes *i. e.* inter se 282, 17. multi supra se ruunt *i. e.* alius super alium 191, 16. sibi = ei 108, 22. *u. etiam* nectere, aduersum.

sulpur: 341, 4.

sumere: marcentia s. *scil.* ad comedendum 335, 1.

summa: s. proeliaris certaminis 22, 4. militiae 182, 16. -am periculi 304, 20. -am regni Arabiae Petram *i. e.* caput 29, 21.

summus: imperatorem Titum -is praedicantes uocibus 395, 14; *u.* sacerdos, sacerdotium *in Indice nominum*. -um, -a *subst.*: ima -is miscere 32, 1. in -o locatus 367, 9.

sumtus: qui latrocinio -um exercerent suum 251, 24. -u gloriae uirtutem alebant 368, 22.

super: *cum acc.*: gladius s. gladium, ictus s. ictum 368, 16. *compar. ui*: s. aquilas leuiores s. leones potentiores (*bibl.*) 211, 23. uox s. Hierosolyma et s. templum 393, 11. *u. etiam sub* facere. *cum abl.*: s. regni negotiis 168, 19.

superare: ui amoris et formae -tus gratia 139, 3.

superbus: fastu -o 85, 1. -a imperia 152, 5. -a quadam ultra humanam formam uirtutis auctoritate 369, 1. quo -i milite? 154, 5. *comp.* 129, 2. 9.

supercilium: *translate*: dignitatis s. 23, 10. de -o montium 55, 22; *cf.* 202, 22.

supereminere: unda praecelsa mole -ns oppressos demersit 223, 22. campo, cui -net mons 266, 13.

superesse: cum -sit ebdomadis dies *i. e.* nondum praeterierit 245, 14. ut reliqua omnia (genera pomorum) tota anni aetate usque ad finem -sint 236, 3. necdum superatum Antonium arbitrabatur, cum Herodes -esset uictoriae *i. e.* nondum uictus maneret 64, 16.

superfluere: ita plena est aquarum, ut neque -ant (*BI* III 501 μένει ἐπὶ χείλους ὕδωρ) 234, 14. *translate*: cui magnanimitas -ebat 78, 15. naturae gratiam -ere iniquitates 100, 5.

superfluus: -m negotium 4, 7. curarum -a 28, 3. superfluo *adu.* 236, 12.

superfundere: amoenis fluuiorum meatibus -sus ager 196, 23. (Iordanes) uisibili per terras flumine incipiens se s. 234, 25.

supergredi: priuati habitum -ssus fuerat 44, 15.

superior: -um *i. q.* decessorum 144, 10. a -ibus *i. q.* a maioribus 239, 4. -a *i. e.* -es loci 209, 11. urbis -is *i. e.* pars s. urbis 403, 21.

superlatiuus pro comparat.: altissima murorum (*sc.* turres) 313, 25.

supernatare: 270, 11. 15.

supernus: -ae quietis *i. e.* qua animi in caelo fruuntur 366, 3. reuolare ad -a *item de animis* 212, 1.

superstes: patriae s. 211, 4; 353, 11. cineribus tuis (patria) s. non ero 349, 6.

superstitio: (Paulina) uitio nimiae -nis patuit errori 137, 12.

superuenire: Cereali mandat negotium, ut Iudaeis -ret (*BI* VI 132 ἐπιθέσθαι) 376, 8. inter obsidionis moras feriatus -it annus 6, 31.

superuiuere: ne plebi domini -eret 211, 5.

supina in -u *desinentia*: auditu 180, 2. dictu 359, 2. uisu 180, 1; 360, 19; *u.* ultu ire.
supina in -um *desinentia*: accusatum 40, 10; 46, 22. aquatum 208, 20. defensum 174, 24; 248, 6; 252, 1. equitatum 301, 26. ereptum 95, 16. euersum 342, 13. exploratum 276, 9; 301, 27. obpugnatum 174, 24. obsessum 175, 24. oratum 257, 11; 326, 18. petitum 25, 4. praereptum 46, 8; 240, 8. precatum 24, 23; 51, 29; 144, 24; 227, 9; 294, 8. purgatum 93, 14. quaesitum 190, 14. rogatum 252, 15. ultum *codd.* 44, 17; *u. l.* 49, 8; 289, 14; *u.* ultu ire.
suppar (subpar): 235, 22; 325, 15.
suppetere: -bat mulieri odium de flagitio, fiducia de amore 72, 7.
supplantare: *translate*: ille praestantissimus qui -at superiorem 242, 1.
supplementum: -a uictoriae 363, 10. caedis 416, 29.
supplicium: nefandae caedis -a 299, 5. miserabilis mortis 344, 4. *translate*: incommoditatis -is 125, 16. luebant scelerum suorum -a 163, 9.
supra *praep.*: *de loco* s. Euphraten inhabitabant 71, 4 (*BI* I 403 ὑπὲρ Εὐφράτην). s. fluuium dispersi 65, 11 (*BI* I 308 ὑπὲρ τὸν ποταμὸν ἐσκεδάσθησαν). *de numero*: uiros s. octingentos amisit 38, 12. *translate*: s. bellum et incendium 378, 11. s. uindictam constituens ius naturae 92, 11. ut s. aerumnam negotiorum mentem haberet 182, 10 . s. uim uulneris uirtutem animi gerens 205, 4. s. omnia fructus amplissimi erat praemii illo spectante quicquam strenue gessisse 315, 3. auiditas modum nescia s. mensuram ingerebat 356, 22.
supra *adu.*: 127, 21.
supragredi: -ens usum priuatum 161, 4.
supremus: ad mortem -am 9, 1; 88, 14. -ae necis 19, 14. -o exitio 45, 13; *cf.* 326, 5. -orum flagitiorum *i. q.* maximorum 175, 5. -orum munerum lacrimae 345, 1. -a *subst.*: bellorum -a 182, 3. interesse filii morientis -is 355, 4. uentum ad -um *i. e.* εἰς τὸ τέλος 403, 15.
surgere: propere murus -rexit 343, 17.
susceptio: sine uenia deditionis aut -nis indulgentia 261, 25. *de uerbi ui cf.* suscipere 226, 17; 388, 10.
suscipere: cum honore -eptus 51, 18. humanissime milites -epit 59, 6. opimo conuiuio 81, 4. Hister ... obsides -it 154, 23. Gaditana ora nouos -it hospites 154, 26. quod animas aetherium elementum -iat hospitio quodam supernae quietis 366, 2. *de deditione cum uenia*: se interuentu regis -i posse cognoscere deberent 226, 17. quos Titus dubitauit s. 388, 10. *de re amatoria*: quod Iouem Alcmena -erit 138, 4. *praeterea*: bellum s. 5, 5. calciamentum solutum pedibus ore s. 381, 23. non -itis hostiam meam 384, 13. confinia haut ullo -epta Parthorum transitu 35, 1.
suscitari: -tare et tu *scil.* a mortuis 295, 17. -tare, Dauid 296, 3. -tare, Helisee 296, 9.
suspectare: -bat uersutum ingenium regis 52, 13. motus Persicos -antem 193, 25; *cf.* 49, 11 (*u. l.*); 93, 15. quod maiora de

factis talibus -rentur 123, 27. quos -ret patrando flagitio incentores fuisse 19, 15. *personaliter*: ne uiuentes habere aliquid alimenti -rentur 381, 15.
suspectio: 71, 19; 76, 16; 103, 11 (*u. l.*); 179, 27.
suspectus: *actiua ui*: s. insidias 301, 22. s. dolum 306, 4; *cf.* 379, 29. *sine accus. rei*: 112, 22; 94, 18. -i, ne 345, 17. *ui passiua cum accus. rei*: -um partes Caesarianas 35, 24. *cum gen. rei*: s. doli 34, 8. consilii 346, 21. *cum praep.*: -um propter regni cupiditatem 70, 29. *absolute*: -ae gratiae 98, 9; *cf.* 253, 1. -a fides 255, 22. -ae societatis 178, 27. -ae solitudines 334, 22. -a fraus 335, 7. -a partium 32, 25. s., ne 275, 6. *cum dat. agentis*: s. alteri 102, 29. decessori 107, 5. -um uicinis 21, 11. gentibus 179, 19. s. ipsis 275, 6. aliquem, aliquid -um habere *uel* -haberi: 14, 22; 31, 5; 87, 28; 103, 18; 170, 14; 273, 10. -os patri fecerat 122, 19. *cum uerbis accusandi*: quod (Salome) consilia regis Arabis (*dat. plur.*) adnuntiare -a arcesseretur 97, 14. rex Cappadociae -ae in generum arcessitus gratiae 98, 9.
suspendere: fugientem arboris suae ramis terra -it 120, 10. -so a ceruice pignore 335, 20. (aquam) aestiuis -sam ad auras noctibus 233, 21. si qui natandi usu fluentis subterlabentibus se -erant 264, 1. cuniculum suffodit et Romanorum opera -it 340, 26. fulturis tabularum materieque subiecta superiora cuniculorum -erant 341, 3. concito equo dexteram extendit et unum de Iudaeis fugientem -it 378, 5. -ende reum tuum 120, 17. *translate*: -bam proelium 396, 14. -ensum bellum 400, 19.
suspiritūs: s. perniciosi 124, 11.
sustentare: solus s. aciem (hostium) 180, 7. *absolute*: totis uiribus decernebat, sed nequaquam diutius s. potuit (*BI* I 173 ἀντισχών) 32, 17.
sustinere: genu se -ens 369, 15. cum eum (*scil.* Xerxen) nec maria caperent nec terra -ret 149, 9; *cf.* 396, 20. *translate*: exiguam partem Romani exercitus non -uere 148, 25. angusti animi molem formidinis et metum mortis s. non queunt 216, 8.
synagoga: *u. Index nominum.*

tabernaculum: *u. Index nominum* p. 464.
tabes: -e luridi 344, 8.
tabescere: cum esurie ieiunioque -erent 335, 18.
tabidus: fame 335, 27; 404, 1.
tabula: fulturis -rum superiora cuniculorum suspenderant 341, 2; *u. Index nominum.*
tacitus: *ui passiua*: id -m soror non tulit, sed per conuicium prodidit 73, 12.
taedium: -o peregrinationis 71, 11. regni 141, 13. euacuati laboris 341, 13.
taeter: *u.* teter.
tam *cum subst.*: cuius t. semiuiri sic mollis spiritus 414, 13.
tamen: *i. q.* autem 265, 6; 283, 20. *nonnumquam primo loco enuntiati occurit, ut*: 88, 15; 350, 13; 403, 8.
tangere: quem innoxiae aetatis -eret misericordia 100, 15.
tanti: *i. q.* tot: 36, 17; 114, 7; 277, 16. 18; 346, 16; 348, 22; 295, 9. in tantum ut 61, 23.

tantillus: 382, 17.
tegere: fames nuda ossa tenui cute -xerat 334, 8. campos terrarum corporibus suis -xere 399, 4. terra -cta cadaueribus 360, 21. moriturus patriam -gat 416, 17. hic tumulus nostra funera decet, saepto uirtutis -gamur 416, 20. in lacu XL uiri sese -bant *i. q.* celabant 210, 7. *translate*: promissa t. nequeuntes 87, 14. nox dolum -xerat 177, 15. odia quominus se -gerent auctoritatem acceperant 113, 2.
temerare: nihil ex regis -tum liquet fuisse beneficiis 413, 4. obtestor nihil de uestris -andum esse sacrificiis 375, 16.
temperamentum: (reginam) gratiorem populo, quod fuerit coniugi -o 168, 14.
temperare: (Nilus) arua -at 284, 5. cum latrones latrocinio -erent, ubi praedam non senserint 359, 23.
temperatus: *comp.*: (aqua lacus Gennesar) -ior est fluuiali aut fontis rigore 233, 16.
tempestas: *translate*: t. domus in Alexandrum incubuit atque ipsum graui periculo inuoluit 87, 2. desaeuiebat t. furoris 294, 19.
templum: uere t. dei (*i. q.* τὸν ἀληθῶς νεών = Christum) domesticis manibus crucifixerunt 301, 2.
tempus: nocturno -ore *uel* nocturnis -oribus 73, 9; 285, 3; 375, 29; 393, 3. aspero hiemis et feruenti -ore aestatis 222, 6; *cf.* 235, 24. t., -ora captiuitatis 166, 20; 329, 10. cuius (Tiberii) -ora 137, 1. tempus regressionis patrum democratiam tenuit *scil.* aetas 167, 18. sibi uiuendi curricula euoluta -orum 106, 22. -ora uigiliarum 343, 25. Vespasianus t. proelii opperiebatur 265, 6. *cum praepos.*: fuerat illo in -ore uir sapiens (*celeberrimo illo loco de Christo Iosephus Antiq.* XVIII 63 κατὰ τοῦτον τὸν χρόνον) 163, 24. in -ore (*BI* I 483 ταχέως) 86, 2; (*BI* I 499 διὰ τάχους) 89, 9. in breui -ore (*BI* III 428 ἐν ὀλίγῳ χρόνῳ) 225, 3. ad t. 101, 3; 107, 2; 303, 19; 336, 9. per t. reliquum *i. q.* τὸ λοιπόν 394, 11.
temtamentum: -i parricidalis 90, 20. -a belli 145, 1. quibus deerat spes ulla -orum 224, 7.
temtare: dolo fugam -auit 177, 3. maior Iudaei nominis -tur ruina 210, 14. Paulina -ta Mundi interpellationibus 137, 10. *i. q.* conari: si quis fugere -ret 337, 19. -bat simulare audaciam 182, 8.
temulentia: 105, 25.
tenax: *comp.*: referendis muneribus -ciorem 50, 22 *i. e.* auariorem.
tenebrae: -rum caliginem 175, 13. inferorum t. 219, 4. carceris -is 212, 7. -as exteriores (*ex Scriptura*) 218, 22.
tenebrosus: ac noctis caligo 368, 4.
tenere: qui intra templum clausi -bantur 257, 6. Hiericho in finitimis suis Pompeium -bat 24, 13. tertius iam mensis anceps certamen -bat 26, 25. feriendi cura uniuersos -bat 299, 10. me -bat passio, quod uicit necessitas 384, 18. id alte impressum -uit *i. e.* non oblitus est 346, 23. tua suauitas (*i. e.* carnis tuae quam edi) animam -uit meam 384, 3.
tenon: -ntem quendam ceruicis medio attollens 293, 3 (*BI* IV 5 μέσον ἐπαίρει τένοντα).
tenuis: t. carina 285, 10.

tenus: agricolae cortice t. uirgulas incidunt 269, 7. animaduersio procedere debeat in multitudinem uerbo t. 308, 16.
tepens: (aqua) hieme t. 269, 13.
terebinthus *u. Index nominum.*
terere: armatos otium t. 364, 4. incursionibus incolas urbis -bat 19, 20.
teres: saxorum -tium lubrico offensi 264, 12.
terra: *i. q.* ager, fines: Scythopolis urbis -m 266, 15. in Trachonitide -a 234, 11. t. Assyriorum 167, 19. Acrabattenorum 197, 5. *i. q.* cultus ager: XX milia uirorum nullis -rum intenta cultibus 251, 6. -ae inculta 360, 25. coepere crebrescere fructus -rum 268, 16. -rum nascentia 386, 18. *plur. pro sing.* aggerendis -arum tumulis 26, 11. arsere -ae 272, 1. diffuso per spatia -arum alueo *de Nilo* 152, 21. -ae *pro* -arum orbe *nonnumquam ponitur, ut*: -arum finibus 149, 10. campos -arum 399, 3. -arum ruina 386, 17. uniuersa -arum spatia 395, 9.
terrenus: -m habitaculum *i. q.* corpus hominis 212, 1.
terribilior: 367, 29.
territorium: progrediens uastabat -a 277, 13.
tertio: *i. q.* tertia uice 306, 1.
testamentum: quod Caesaris iudicio seruari oportuerat pro iure -i 129, 27. *translate*: patrum reuellitis -a 321, 19. uere bellicum t. non atramento scriptum sed sanguine 380, 28; *u. Index nominum.*
testari: de quo (*scil.* de Christo) ipsi Iudaei -antur 163, 23. (Iosephus) testari dei omnipotentis gratia (Iohannem) saluum fore cum suis 372, 19.
testificari: -e, Caesar, quid ego de patre apud te loquebar 118, 25.
testimonium: scripturarum -iis (aduersarios) conueniendos arbitrabatur 323, 13. incorruptibilia elementorum -a 120, 3. *translate*: maliuolentiae meae in Caesarem -a *scil.* uulnera pugnando excepta 39, 18. apud te Caesaris -a periclitantur *i. e.* Caesaris litteris fidem non adiungis 119, 19.
testis: deus mihi t. est quia nihil laesi 121, 27. hos apices defero innocentiae meae -es 119, 8.
teter (taeter): -um horrorem 162, 1. -a alimenta 7, 21. -ior fauilla 210, 15. fames 360, 17.
tetragonus: -um templum 394, 26. circuitum templi 394, 29. plateam 407, 4.
tetrarches: 86, 12. -a 104, 24; 110, 13. -en 52, 8; 136, 18. -am 126, 9.
tetrarchia: -am 140, 21.
theatralis: -ium uoluptatum obscenitate 182, 4.
thesaurus: Aristobolus -os occupat (*BI* I 177 χρήμασι) 20, 2. *translate*: deus -um nobis optimum dedit *i. e.* animam 217, 21.
thronus: -um regium 129, 23; 352, 12.
timere: si incipere bellum -uerimus 230, 24.
timidus: -iores 242, 26.
tiro: t. (*i. e.* rudis) criminibus ut potestatibus 291, 26.
tolerabilis: -ior 39, 7; 128, 24; 352, 14; 376, 22; 415, 1; *adu.* -ius: 246, 20; 353, 1.
tolerare: -tam militiam 52, 10.
tollere: -ite eum in tenebras exteriores (*ex Script.*) 218, 21. Antigonum sustulit regni aemulum *scil.* e medio 126, 12. ille

ministrum sibi sublatum ingemescebat 112, 7.
tormentum: ne credas -is *i. e.* testimoniis per tormenta extortis 120, 16.
torquere: spicula -bant 243, 14. -bat gressum 339, 27. in populum inuidia -tur 254, 9. sucus solitus tristitia bibentium ora t. 268, 17.
torus: 87, 10.
totus: grauior in his locis aestatis flagrantia est, in quibus solem -um recipiunt 222, 9. -um se expendentem periculis 390, 8. -ius erat nodus ac mora belli *de Simone Scythopolitano* 180, 8. totis uiis *i. q.* omnibus 257, 15. totum: *subst.*: frequenter t. eripitur, quibus uel nomen libertatis remanserat 145, 19.
tractare: de pacis condicionibus 245, 14.
tractatus: conatus istiusmodi t. 179, 6. consilii -um 388, 27. de rebus communibus 245, 11. -u habito unde oporteret 287, 5.
tractus: *i. q.* locus, fines: 193, 3; 196, 3; 399, 8.
tradere: neci -itur 6, 5 incendio -diderunt 149, 6.
traditio: argui et condemnari patrum nes *i. e.* mores a patribus traditos 158, 22.
traducere: (Herodes) in aliud genus ultionis -ctus est 45, 5. *translate*: cuius causa etiam uxor -retur *i. e.* diffamaretur 92, 27.
tragoedia: ueritatem cernimus atrociorem -iis 387, 25. *translate*: tantae -ae finis exspectabatur 99, 17.
trahere: -ctus per humum discerpebatur 337, 19. maiore numero quam usu agmen -bat 32, 6. -endum diutius bellum 282, 29.
transactio: *i. q.* pactio 20, 21.
transcribere: quos (rex) in seruitutis obsequia -psit (*BI* III 541 πιπράσκει τούτους ὁ βασιλεύς) 238, 7.
transducere: iudicis, qui nec ab Herode -i per gratiam posset 80, 4. huiusmodi oratione -xit Herodem 90, 15.
transferre: Pannonius opes suas ad Romanum aerarium -fert 151, 24.
transfretare: -ntibus nauigiis 150, 21. -ati maris 358, 7.
transfugium: *i. q.* fuga ad exteras gentes 21, 5. 53, 1.
transfundere: Machedonia atque Africa . . . per duos duces totius orbis imperium in sua iura et possessionem -uderant 149, 23. bellum intestinum, a Iudaea remotum sed Romanorum internecioni -usum 44, 12. a quo, cum uellet, regnandi ius -eret in se 87, 20. in se morituri necem -udit 380, 27.
transgredi: in speleum quoddam de turre -essus 192, 4.
transigere: dies in sanguine, noctes in formidine -bantur 162, 7; *cf.* 292, 12. minore cruciatu quibus ars (natandi) deerat mors -ebatur 224, 8.
transilire: *i. e.* silentio praetermittere: non -am Cyrenenses 153, 1. ut -am captiuitates 322, 1.
transire: (Iordanes) lacum medio -it fluento 235, 4. per ipsa (pudenda corporis) poena -ibat 335, 11. obiectu corporis tui haesit lues nec -ire potuit ad contagionem uiuentium 295, 26. in se periculum omne et odia -isse 106, 12. in ipsorum (Romanorum) enim nomen elementa

etiam -ierunt in quos -iuit etiam orbis terrarum 154, 7.

transitus: Europae totius spatia t. eius (*i. e.* Xerxis) itineris includeret 149, 9. desperato -u 37, 5. impedito 263, 11. exasperato -u periculosus nauigiis ingressus 285, 22. *i. q.* locus per quem transitur: illum obscurum -um 11, 1.

transuerberare: gladio -auit 4, 25; *cf.* 27, 2; 181, 6.

transuersarius: -iis semitis 55, 17.

tremere: terra -uit 62, 2. ad omnem -entes sonum 246, 5. *transit.*: -it hos Scothia 319, 28.

trepidare: miserae conuertebantur sibi catenas inici -antes 246, 6. in medium hostium proruentes non -auerunt 341, 21.

trepidatio: t. uestra (*BI* I 357 ὁ ὄκνος ὑμῶν) 62, 22.

tribulis: *i. q.* ciuis 179, 19. -e collegium 179, 18.

tributarius: -ae solutioni 158, 4.

tributum: Romani imperii -is se exercere 152, 27.

trinus: murus -o ariete conuulsus 240, 4 (*BI* IV 20 προσάγοντες τριχόθεν τοὺς κριοὺς διασείουσι τὸ τεῖχος). -o circa urbis munia congressu habito (*BI* IV 650 τριχῇ κατὰ τὴν πόλιν συμβαλόντες) 291, 2.

tripudiare: 379, 5.

tristitia: sucus solitus -a bibentium ora torquere 268, 17.

triumphalis: militiae -is inueteratum stipendiis 182, 17. in urbem -i saltu sese proripuit 340, 4.

triumphare: maluit se interfici quam ab hoste -i 211, 11. cuius (Britanniae) -tae opibus Roma ditior aestumabatur 182, 21. *translate*: -tis domesticis passionibus 181, 13.

triumphator: (Hannibal) ex -re fugitiuus 151, 2. Actiaci t. certaminis 64, 15.

triumphus: in secundis -i ponens curam salutis 343, 7. inedia potius sua quam nostris fusi gladiis in opprobrium nobis erubescendos uertant -os 364, 7. (elementa) subegimus, ut ad -i cumulum oceanus accederet 397, 15. (Hannibal) -is Alpes aperuit 150, 24.

tropeum: (Claudius, Nero) quarum gentium bella non uiderant subiugatarum -a celebrauerant 182, 23. inbecillitatis suffugium est, non uirtutis t., captare lucrum suppliciorum 217, 17.

trudere: fuere alii qui contis t. uolentes nauigia perforauerint 224, 22.

truncare: plerisque incidebat manus quos -to corpore dimittebat 278, 8. manus et uiscera truncaturum omnibus 278, 11. -tae manus 415, 2.

tuba: sonus -ae 367, 29. -a canentibus 296, 1. *translate*: suasit ne cuius alienigenae donum uel sacrificium reciperetur, quae t. belli aduersus Romanos fuit 158, 16. conpescuit -as aequitatis sententia 254, 27.

tuitio: quasi caput in corpore non obumbret sua membra atque eis -ni sit 198, 18.

tumescere: cruorem t. 294, 14.

tumidus: -a iactantem 379, 8.

tumor: regni t. *i. q.* superbia 23, 10.

tumulus: imminere aggerendis terrarum -is 26, 11.

turba: *i. q.* multitudo 142, 13; 266, 9. plurimum turbarum *i. q.* θόρυβον 31, 26; *cf.* 408, 1.

turbatus: t. animi 100, 3.

turbidus: auro -a Pactoli unda 152, 1. nec (lacus) palustris uliginis crassum aliquid aut -um recipit 233, 15.
turgescere: quae (frons arietis) lamminis -it 203, 15. -entibus mediis *scil.* corporis 336, 7.
turpare: ne honorem militiae -aret 200, 22. si communem uictoriam -aret 378, 24. qui (*Nero*) -aret Oresten canendo 182, 1.
turris: *acc.* -em 11, 18; 243, 6; 316, 1; 381, 2. -im 354, 13. 14. *abl.* -e 26, 27; 251, 12.
tutamen: t. portus 286, 5.
tutamentum: t. salutis 396, 29.
tyrannus: (rex) qui, si inoffensus maneret, ciuem praestaret, si commoueretur, -um exhiberet 41, 7. pater (*scil.* Vespasianus) ad urbem Romanam a -is (*i. e.* imperatoribus anni 69) recipiendam me a sua diuisit societate 400, 20.

uacare: ab omni u. opere 26, 10. ne scelere -ret 273, 28. celebritati -bant 305, 20.
uacillare: -ntibus alueis 224, 2.
uacuare: -ta est domus nouercae filio (*dat.*) 115, 4.
uacuus: -um negotiorum 13, 6. -um eius cuius arguebatur facinoris 86, 23. ab insidiis u. *i. q.* ab insidiarum machinatione 122, 2. grauioris curae ac sollicitudinis 112, 11. Lydda -a incolarum 172, 25. (nauigia) -a proeliatorum 190, 8. Gadaram -am bellatoribus 200, 4. uiae -ae uiuentium 414, 5. (nomen) -um potestatis 42, 19. nihil honestum quod pecuniae -um 358, 13. quod nec a coniurationis -um temtamento 106, 2. -um fidei (*dat.*) et superfluum negotium 4, 7. in -um 51, 1.
uadari: nunc mihi trepidatio uestra -tur praerogatiuam uictoriae 62, 23.
uadosus: -is locis 264, 12.
uadum: *translate*: quo u. uictoriae constitueretur 412, 14. eoque fieri ut illis effectus fraudis in -o sit 307, 15.
uae: u. miser 209, 20.
uagitus: u. infantiae 335, 19.
ualescere: uirtus secundis -it 230, 2.
ualide: u. resistentibus 312, 26.
ualiditas: nescias pulchritudinem an -em operis praestare amplius putes 70, 2. -em parietum 388, 23.
ualidus: uir -ae fortitudinis 241, 5. manu u. 267, 17. dicendi u. 129, 18. -um *subst.* -a murorum 25, 7.
uallare: qui u. circumfuso exercitu Syros proposuerat 358, 25.
uanescere: (sancta Iudaeorum) penitus exusta, ubi Iesus uenit, et spiritus diuini calore resoluta -uerunt 301, 11.
uapor: inmodicus per spatia campi exaestuat u. 267, 8.
uaporare: campestris et maritima regio urbis etiam aestu maris amplius -batur 222, 11.
uas: -dem sponsionis Iosephum damus 372, 13.
uastitas: penetrata rupium -te stationes tutas composuit 69, 16.
uates: *i. q.* sacerdos: nec obsequia -um impedita 27, 5.
uber: *adiect.*: fontes -es 193, 10. *saepe comparatiuo gradu*: fons -ior ad potum 267, 16. fructus -iores 235, 22. *translate*: donis -ioribus 87, 11. -iore deploratione 301, 11. -iora adeptus non satia-

batur 94, 10. ornatus loco -ior additus 234, 21. *subst.*: lacte distenta pecus -a gerit 197, 22. ego infelicia -a dedi 355, 19. lacteis -ibus 239, 16.

ubertas: -tem frumenti 327, 7. caeli u. 284, 5.

uehemens: -ntius exitium 294, 20.

uel: *pro* et *frequentius occurrit ut*: mulieres u. paruuli 207, 19; 246, 2. paruuli u. mulieres 246, 26. (Glafyra) contumeliis afficere Salomen regis sororem u. Dosidem coniugem 85, 6. deposita uiduarum u. pupillorum 390, 28; *cf.* 338, 8. *cet.* uel — uel = et — et, *ut*: referta utraque u. Samaria u. Iudaea hominum multitudine 198, 1. consimilia praesidia u. in urbe Tiberiade u. Taricheis 227, 26. u. ipsa (*sc.* sacrae pecuniae talenta) u. si qua sacrorum uasorum inuenta sunt, intacta seruari praecepit 28, 10. *item* 273, 8. uel = saltem, *ut*: non quo operire libidines suas u. in his quae nuptae essent soleret 75, 2. totum eripitur, quibus u. nomen libertatis remanserat 145, 20. quem superstitem optauerat, eius u. funus teneret 355, 6. de trecentis Lacedaemoniis u. unus subterfugit 365, 15. *item* 109, 16. 18; 231, 17. uel quod: non perfunctorie in suo proelio iuuit hostes suorum u. quod extramurani populi multitudinem retraxit ab eius (Aristoboli) societate 28, 18.

uelamen: honoris specie susceptus quo insidiarum u. obtenderetur 170, 2.

uelare: -anti insidias 48, 20.

uelle: uolens *part.*: se Mitridatis societati uolentes dedere 38, 2; 224, 23; 289, 14. uolentia regi *i.e.* grata 99, 6. *cf.* 112, 23.

uellere: ut herbas -erent 335, 23.

uellicare: tacitus Hyrcanus ad iuuenum laudes -batur 42, 13.

uelox: -cioris generis iaculis 342, 18.

uelum: -orum sinus 362, 15.

uena: *translate*: fluminis -am 236, 12. fontium -ae 331, 11. -arum scaturrigo 268, 7.

uenari: *translate*: -andi artifex (*BI* I 513 ἐθηρᾶτο) 94, 7.

uenatus: -ibus salubritatem corporis recepit 78, 6.

ueneficus: ille u. gener meus 89, 15.

uenerabilis: in ipsa -i apud suos paschae celebritate 130, 24.

uenia: -am dare 346, 9. orata u. 247, 4. promissa 101, 2. ut -am rogaret 321, 11. spondet -am 108, 19. paruuli reseruati non ad -am 207, 20. indignatio nullum -ae locum reliquit 67, 1; *cf.* 289, 10. rogatus a quodam ut ei dexteram daret obsidem -ae 209, 19.

ueniabilis: -is erroris 108, 27. -es spes libertatis 244, 26. -e flagitium 403, 7; *cf.* 173, 15.

uenire: priusquam in manus -irent 191, 25; 276, 23. uenio crucifigi 186, 22.

uenter: -tri deditos 281, 16.

uentus: -orum procella 203, 18; *cf.* 243, 19. -i spiritu 270, 16.

uenum: -o et emto uiuitur 358, 15.

uenumdare: reliquorum XXX milia -dedit 238, 5.

uenustare: colossis ingentibus totam portus illius gratiam -auit 69, 25; *cf.* 129, 16. ut campos eius (*scil.* Pereae) arbores -ent 196, 17. speleum decore admirabili -tum 234, 23.

uerecundius: *adu.* 147, 10.

uereri: Creta centum urbibus nobilis unum consularem -etur 153, 16.
uergere: incertum (*adu.*) quo (res) -erent 274, 16.
ueritas: pro -te deuotionis et fidei 27, 10. salutis -tem 164, 22. interrogatio -tis *scil.* inquisitio 120, 18. mihi mortua u. est 11, 11. -tem atrociorem tragoediis 387, 25. phantasma illud non -tem 185, 3.
uermis: abscondita corporis scatebant -bus 124, 11.
uernaculi: habebat -orum ualidam manum 324, 16.
uersutia: insimulandi u. 79, 27. regis u. 24, 5. in -a spem constituere 102, 1. ad oratorum -as 121, 11. -is inretitur 91, 7. cuius uita nihil erat nisi quoddam -rum conciliabulum 84, 5.
uersutus: u. adulandi 79, 15.
uertere: *transitiue*: principatum sacerdotii ad regni potentiam -it (*BI* I 70 μετατιθείς) 8, 17. inuidia in miserationem -rsa est 11, 24. -rsa omnia in rapinas bellum tumultus 49, 24. -rsa uice 191, 13. *intransitiue*: harum contentionum seditio in manus -it 143, 25. quia noluerunt intellegere, ut bene agerent in exitium -it (*ex Script.*) 226, 11.
uortex: 247, 2. *i. q.* caput hominis: incanum -icem 106, 22. diadema adhaerebat -i 127, 21; *cf.* 205, 17. *translate*: u. (montis Tabyrii) 247, 2. supra -em locati hostium 362, 30; *cf.* 293, 12.
uerus: -um patrem = deum 219, 1. uerum: *subst.*: insimulatio aliena -i 74, 5. fides -o propior 74, 11; uere *aduerb.*: u. templum dei (τὸν ἀληθῶς νεών) crucifixerunt 301, 2.
uesania: qua tandem u. 190, 14.
uesanus: -o dolore 61, 21. furore 218, 30.
uesper: ad -um 191, 17.
uespera: ad -am 392, 15.
uester: Assyrii -ri 398, 22. incendia -ra 398, 2 *i. e.* Assyrii, incendia de quibus narrare soletis.
uestibulum: *translate pro* portus faucibus: -i limitem 285, 5. -i anfractus 285, 9.
uestigium: *i. q.* pes: fratris inhaerens -is *i. e.* pedibus 92, 3. sese ad -a deiciens patris 114, 9. inuersis -is cruci adfigeretur 186, 27. oleo ardenti . . . quod facile a uertice ad ima defluebat -a 205, 18. *latiore sensu i. q.* passus: hydrope grauabantur -a 124, 10. fuere etiam qui . . . harenoso ingressi litore merso -o deprimerentur 264, 11. solo peditum (*u. l.* pedum) -o in modum pauimenti proterebantur uniuersa 277, 17. iacentes reliquias cruentato proterere -o 360, 25. instabili deceptus -o 362, 23. mundiore supernum iter carpentes -o 350, 17. e -o *aduerbialiter* 246, 15. *translate*: fuerit licet in illis (*scil.* sacris Iudaeorum) umbra, non ueritas, sed tamen umbra designat ueritatis -a 247, 16.
uestire: *translate*: olea -tus ager 196, 18.
uetus: -ri more 263, 17. *translate*: uir militiae u. 24, 18. -eris militiae uir 99, 26. militiae u. disciplina 342, 14. -is uir disciplinae 207, 7. ne fundamenta insulae iniuria (*scil.* fluctuum) -e soluantur 285, 18. -em illum *de Iephta* 387, 16. historia u. *i. e.* ab antiquo scriptore composita 11, 7. in -em morbum reccidebant 309, 12.

uetustus: -am urbem 277, 1. -a boum stercora 360, 18. -is fabulis 223, 10. -ae paleae 381, 24. *subst.*: (urbes) 'a -is conditae 277, 5.

uexillum: *translate*: quisque uirtutis u. praeferens in murum ascenderit 366, 10.

uia: *translate*: qua uia *i. e.* ratione 262, 8.

uiare: -antes sine carpento *i. e.* nauigiis 284, 8. secunda mansio -antibus 292, 11. arta -anti (Hannibali uisa) Gallia 398, 16. Romanis supra nubes -antibus *i. e.* supra montes celsissimos 151, 9.

uiaticum: *translate*: solius secum orationis ferens -um 324, 24. iam satis lacrimarum -um sumsimus 350, 8. illi desperatione salutis omne effundebant uirtutis -um 368, 24. hoc erat morituris u. . . . quod in uisceribus Caesaris reconderentur 380, 14. si nullum praeceptum (*sc.* mortis a deo), nullum u. et quomodo peruenimus sine -o? 218, 14.

uiator: -ores aequoreos *i. e.* Iudaeos per aequora ambulantes 386, 4.

uicanus: u. uir 249, 8.

uicarius: u. (regnandi) 107, 2. mortis -um 381, 1. uicaria: -ae necis *i. e.* alteri iussu eius inlatae 214, 24.

uicinia: -am *u. l.* 271, 10.

uicinus: uicina *subst.*: -a Caesareae 172, 8. Sodomorum 271, 10.

uicis: -e priore 191, 23. uersa -e 191, 14. ut clypeos intexerent . . . murali uice 188, 19. diuersis populis deum per -es dedisse potentiam 319, 20. per ordinum et numerum -es nox frequentabatur 344, 1; *cf.* custodiendi -es 343, 19. -em tuendae urbis susceperat *i. q.* munus 314, 19. solliti -em muneris exsequebantur *i. q.* ordinem 27, 6. non ut -e militis pugnaret sed imperatoris 304, 21. quos ad cuiusdam carceris -em circuitus muri clauserat 377, 20. -es rerum humanarum 221, 5.

uicissitudo: u. amoris 72, 2. uindictae -inem 298, 4.

uictor: gloriosae rapinae u. *i. e.* u. hostis quem cum gloria rapuerat 378, 6. *translate*: u. doloris 204, 20. machinamenti 204, 22. -es elementorum 397, 13. u. incendii 398, 5. (Iordanes) duos lacus u. egressus in tertio haeret 235, 6.

uictricia: armis -cibus 150, 28.

uictrix: -cis securis *u. l.* 414, 29.

uictus: in nostra potestate est u. uniuersorum 398, 12.

uidere: -bat enim quod deus aduersum te pugnaret 298, 29. -te quia suauis filius meus 384, 11. -i *passiue nonnumquam quasi* conspici *ut*: si -erentur 98, 14. -tur 271, 22. uisus est 302, 6; 391, 21. uisa fuerat 334, 12. uisis 356, 14. uisi 392, 27. -i *i. q.* significari 391, 26. si uidetur *i. q.* si placet 329, 27.

uigilare: oculis -antibus lapidem praeuidit 316, 20.

uigilia: tempora -arum 343, 25.

uigor: pietatis u. 5, 8. salutis 45, 28. Romano -i 400, 17.

uilis: apud improbos affectus u. 9, 6. cuius tam -e imperium apud exercitum 307, 27. contemtus in dies -ior 123, 3. de -ioribus testibus requirendam ueritatem 119, 26.

uilitas: u. (-tem) frumenti 327, 7. 17. 18. quibus praesentia -ate sui displicent 145, 21.

uincere: sceleri uicisse *i. e.* sceleste 288, 16. malorum, quae superiorum finem uicerant 360, 15. tormentorum et poenarum uicti acerbitate 88, 15. oblatione 153, 4. tantis uicta immanitatibus 382, 11.

uinculum: *plur. num.* uincula: 144, 7; 190, 18; 213, 21 *cet.*, uincla 136, 27 *cet.*. uinculis: 8, 25; 13, 1; 30, 6; 32, 18; 34, 24; 35, 20; 91, 22; 97, 17; 121, 17; 286, 24; 398, 1; 410, 3, uinclis: 35, 12. Antipater in -cula ducitur 122, 1. plerosque in -cula rapit 190, 18. matrem alligauit -culis 8, 25. quos onustos -culis obligauerit 121, 17. exuit -culis fratres 13, 1. e -culis elapsus 30, 6. -clis leuatum 35, 12. solui -culis 286, 24. fugiens de -culis 32, 18. ruptis -culis 398, 1. absoluta -culis 410, 3. quod ipsis erat durius -culis a se fratres separantur 97, 17. *translate*: magnum u. conexionis et conspirationis indicium 106, 3. scelerum -is 91, 22. -o peccati 197, 20. *saepe de coniunctione animae et corporis*: uitae huius -a non disrumpebat 213, 21. naturae -o coniuncta est anima corpori 212, 29. quem ego (*i. e.* deus) naturalibus -is non relaxaui 218, 21. tu (*sc.* deus) rumpe naturale hoc u. 219, 15. anima non ullo mortis -o adstringitur 217, 28.

uindex: dexterae -icis ministerio 107, 20; *cf.* -e manu *apud Pentadium, Baehrens* IV *PLM* p. 343, Nr. 408, 3—4.

uindicare: I. *id q.* sibi asserere: de bene gestis rebus u. gratiam 39, 10. II. *i. q.* ulcisci: Dauid parricidam suum quia seruare non potuit, -auit 120, 13. ego de inimicis et calumniatoribus -ri non expeto 120, 14 (*passiue*). -bant se mortui, ultorem sui faetorem creantes quo se de latronibus ulciscerentur 345, 30. III. *i. q.* punire: quod -tum sit in eos 307, 29; *absolute.* propitius iam potest esse (deus) qui -uit 63, 2.

uinum: -i poculis 291, 6. laetus inter -a et pocula sed magis sanguine quam -o inebriatus 16, 4. -a simul et sanguinem fundens 291, 9; *cf. Löfstedt, Syntactica* I² p. 48.

uiolare: *translate*: depositum u. 217, 25. 26. -ri depositi religionem 217, 20. imperii Romani -tum ius 130, 15. qui non solum fidem sacrilegio, pietatem parricidio, pudicitiam incesto -uerat sed ipsam quoque potestatem Romani imperii 273, 7.

uiolator: -res sepultorum 345, 22.

uiolenter: 223, 20.

uir: uirum *gen. plur.*: 33, 14; 64, 6; 172, 7; 191, 17; 402, 3; *u. l.* 24, 22. *quadam pronominis ui usurpatum nonnumquam uiri nomen inuenitur, ut*: egregiam mercedem debemus -o qui nos in haec supplicia deduxit *i. e.* ei qui 109, 3. Haec Iosephus allegabat . . . sed illi . . . -um circumstetere 220, 4. *nonnumquam abundare uidetur, ut*: posteri sui XV numero uiri 167, 3. militares -i *i. q.* milites 283, 2; 369, 11. sacerdotales -i 248, 24. equestris militiae u. 315, 6; 367, 25. pedestris militiae u. 401, 25. *haud raro*

uiri *pro* milites *ut* 33, 14; 177, 3. 19. factionum uiri *i. q.* seditiosi 303, 22. familiari peste huiusmodi Iudaeorum -is *i. q.* Iudaeis 13, 22. trecentis illis Lacedaemoniis -is 365, 4. a superioris temporis -is 234, 19. epulas uirorum *sc.* uiriles 384, 17.
uirens: arui uirentis 222, 9. -tium fructuum umbras inanes 386, 19. -enti corpore *scil.* ob malum cibum uiridi facto 336, 6.
uirgula: -as, in quibus balsama generantur 269, 7. sex fascium -is 153, 17.
uirgulta: *i. q.* balsami uirgulae 24, 15.
uiridans: -antibus ripis fluminis alluuione 267, 4. poma -antia 272, 3.
uiridis: lacertis -bus 336, 10.
uiriditas: (nemus) Daphnen uocant, quod numquam deponat -atem 193, 10. omnis illic gratia -atis est 196, 22. si quid in his (*sc.* arborum corticibus) u. ad cibi solamina subministraret 335, 24.
uirilis: -i mentis uigore 107, 19. -iter 416, 24.
uirtus: -tis conscientia 202, 10; 220, 6. conscientiam 65, 24; 240, 24. adorea 398, 24. prosapiam 365, 19. uiaticum 368, 24. -tum merita 65, 5; 260, 2. proeliares lapsus futuris -tibus causas 308, 18 (*BI* V 127 ἀρεταῖς). *i. q.* robur: non solum -tem corporis sed etiam mentis 359, 4. animis uis diuina regendi corporis -tem dedit 400, 16. u. edendi 356, 21; *cf.* 12. u. regni *i. q.* potestas regnandi 103, 16. u. *i. q.* δύναμις, στρατιά 149, 2; 193, 25; 280, 20. uox equitum et uox -tis *sc.* peditatus (*Script.*) 296, 11.
uis: aegritudinis u. 124, 6. ui amoris 74, 1; 139, 2. uim doloris 116, 20. u. febrium 147, 16. u. morbi 12, 5. necessitatis 383, 4. olei (candentis) uim 205, 20. effera u. animi 99, 19. u. diuina 123, 11. uim rerum *i. q.* naturam 184, 1. agendi u. 18, 17. ulciscendi 209, 12. *i. q.* multitudo: telorum u. 175, 19; 339, 29. totis uiribus decernebatur 32, 16; 239, 25.
uiscera: interiora -um 356, 10. intimorum dolore -um 336, 7. uenena suorum -ibus infundere 121, 21. resolutorum putredo -um, exustorum nidor 299, 25. matri dederis cibum -ibus tuis 383, 10. de meis uobis -ibus cibum paraui *i. q.* de filio meo 383, 20. furentibus tuis inter se -ibus *i. q.* filiis 299, 4. tuis mucronibus foderes -a tua 298, 28. *translate, quasi* animus, cor: intimis -ibus significauerit quod studium erga cultum adulescentis haberet 72, 22. ut te intimis -ibus concluderem 118, 11. hoc erat morituris uiaticum, quod in -ibus Caesaris reconderentur 380, 15. *medicam translationem habes*: in ueterem morbum febris internae aegris -ibus reccidebant 309, 13.
uisibilis: (Iordanes) -i atque aperto flumine 234, 24.
uita: apud quem gloriosa mors -ae opprobrio praeponderaret 304, 24. de Romanis legionibus nullus -ae elegit sed omnes mortis hereditatem 365, 17. nec u. eorum periret, quorum uiueret gloria 380, 16. *i. q.* homines qui nunc sunt: esto (fili) cibus mihi, -ae fabula (*BI* VI 207 τῷ βίῳ μῦθος) 383, 6.
uitalis: -em substantiam 400, 18.

uitium: -o nimiae siccitatis 267, 9. -o nimiae superstitionis 137, 12.

uiuacitas: *i. q.* alacritas: consilii -ate 107, 19. Iosephi -ate 190, 24.

uiuere: boni principis uita per uniuersos -endi forma est 139, 8. seruauimus uobis ut uestris legibus -retis 399, 18. *participium* uiuens *saepe pro adiectiuo ponitur, ut*: 77, 22; 118, 21; 127, 22; 128, 20; 163, 27; 299, 27. 30; 344, 6. 13; 378, 7.

uiuidus: longae senectutis -um 107, 7.

uiuificare: anima omnia membra -at sua 400, 13; *cf.* 409, 10.

ulcisci: I. *i. q.* uindicare II: ultus aerumnam 61, 8. ulti tamen iniuriam 153, 4. -endi cupidinem 191, 21. -endi uis 209, 12. cum ultu ire patris exitium destinauisset 44, 17. uolentes ultu ire iniuriam suae prolapsionis 289, 14. cum (Iudaei) pertinacius se de ciuibus ultu ire uellent 413, 8. *Cf. J. Patrick McCormick: A Study ... in Hegesippus* p. 141. II: *i. q.* uindicare III: ultu ire cupientes barbarorum periuria et perfidiam proditionis 49, 8.

ulcus: -era fibraeque patentis uulneris 250, 1.

uligo: Gennesar nec palustris -nis crassum aliquid aut turbidum recipit 233, 14.

ullus: *i. q.* aliqui(s) 349, 24; 374, 8. *i. q.* quisquam 354, 19. non ullus *i. q.* nullus 107, 12; 141, 28; 217, 28. haut ullo 35, 1. quibus deerat spes ulla temtamentorum 224, 7.

ultimus: solis oceanique -a 399, 10. a Seleuco u. *i. e.* ultimus Seleucidarum 16, 13. in -is suis *scil.* moriens 50, 15. -a supplicia *i. e.* mortalia 141, 5. -ae uiam salutis 201, 26. -o exitio 144, 4. -um periculum 145, 2. -os anhelitus 355, 1. belli dura aduersum omnes condicio aduersum Romanos -a 148, 9.

ultor: sceleris u. deus 63, 12. -e pietatis gladio 12, 23. uindicabant se mortui -rem sui faetorem creantes 345, 30.

ultra: u. Iudaeam discederent *i. e.* ex Iudaea 16, 6. progredi ulterius 302, 15. *translate*: quem (Herodem) u. leges Iudaeorum et priuati modum progressum 42, 15. nec (Iudaei) sunt ausi resistere ipsa specie praecellentissimi uiri et superba quadam u. humanam formam uirtutis auctoritate 369, 1.

ultrix: -ces materni exitii manus 79, 10. diuersae neces -cis ictu securis 414, 29.

ululatus: -u maximo omnes ad miserationem inflexit 120, 27. exercitus militari infremuit -u 209, 9.

umbilicus: *translate*: Hierosolyma quasi u. regionis totius 198, 13 (*BI* III 52 ὀμφαλὸν τῆς χώρας).

umbra: *translate*: urbes, quarum u. quaedam et species in fauillis uidetur 271, 22. uirentium fructuum -as inanes 386, 19. *de hominibus quos uires deficiebant*: color ita niger ut -am (= hominem mortuum) putares 344, 14. *de religione Iudaeorum cum Christiana composita*: ut euacuaretur u., ueniret ueritas 208, 4; *cf.* 247, 15; 392, 8 (*bibl.*) nisi cum -am ei excitauerit iniquitatis *i. q.* suspicionem 44, 8 (*BI* I 215 σκιὰν ἀδικήματος).

umor: *u.* humor.

unanimus: ut quasi -o sese crederet 90, 17.
unctio: ad filios -one legitima transmisit sacerdotii praerogatiuam 166, 2.
unda: nec incolam suum auro turbida Pactoli u. extulit in superbiam 152, 1. (Hebraeis) quibus u. murus est 386, 5.
uniuersi: *per abusionem cum genit. part.*: praeter paucos Galilaeorum u. (*BI* I 291 πλὴν ὀλίγων πᾶσα ἡ Γαλιλαία) 53, 16. u. hostium 388, 12. -os Iudaicae gentis 175, 2.
uocabulum: *i. q.* appellatio, nomen loci 11, 4. 18; 22, 12; 233, 13; 235, 8; 265, 26. *uel* hominis 34, 14; 100, 17; 136, 1. 8; 138, 19; 321, 9.
uocare: cum ad mortis -rentur periculum 123, 20. cum ad seruitium -remini 148, 16. *i. q.* esse: iam tempus aderat quo sancti -rentur apostoli Petrus et Paulus 186, 6.
uolatile: deformi iacuerunt cadauere, escae -ium 297, 17. posuerunt mortalia seruorum tuorum escas -ibus caeli (*bibl.*) 300, 8.
uoluntas: parcendi u. 390, 2. aduersa u. dei 175, 1; 256, 2. -tum societatem 251, 23.
uolutare: morientes et supra suorum se -ntes sanguinem 350, 20.
uomitus: ut sanguinem -u oris reiecerit 12, 5.
uoracitas: bestiarum -tem 300, 14.
uorago: Vitellianam -inem, priuatorum dedecus, non dicam imperatorum 281, 23.
uorare: Abyron hiatu suo -uit terra 120, 9.
uotum: Gadarenses confugiendi u. habebant, sed qua uia non reperiebant 262, 7. nefas quod non potest uel -o retorquere qui patitur 353, 9.
uouere: uouisse, ut 387, 10.
uox: in castris Syriae increpuit fragor et u. equitum et u. uirtutis 296, 11 (*bibl.*). u. ab oriente, u. ab occidente, uox a IIII uentis *sqq.* 393, 10.
urbs: *i. q.* Hierosolyma: 6, 6; 70, 22. *i. q.* Roma: 274, 10. *saepe cum adiectiuis populorum coniungitur, ut* urbs Hierosolymitana 14, 8; 144, 26; 191, 5; 247, 24; 273, 3; 381, 31; 406, 20. Romana 400, 20. Scythopolitana *u. l.* 221, 28. *nonnumquam cum gen. nominum incolarum, ut*: urbem Cremonensium 287, 20. *saepe in accus. uel ablat. casu praemisso* in *et sequentibus urbium nominibus inuenitur, ut*: in -e Roma 108, 5. Caesarea 143, 18. Scythopoli 221, 28. Tiberiade 227, 26. in -em Caesaream 273, 1.
urguere: fessos u. 263, 18. ne in inferioribus sitos -eret 379, 18. sagittis hostem -bant 205, 8. multitudinem in uallem -bant 305, 6. iter -bat 177, 21. -eri periculo 122, 16; *cf.* 339, 5. -eri imminentibus coniuratis atque agmine aduerso 273, 18. Romanus quem spectator certaminis Titus -bat 376, 28. -bant milites (Vespasianum) *sc.* ut imperii susciperet gubernaculum 282, 25.
usura: uitae -am 347, 4.
usurpare: diadema primus imponere sibi -uit 8, 18.
usurpatio: 129, 20.
usurpator: 168, 27.
usus: neque parandis belli -ibus

tempus ullum dare (*BI* I 138 ταῖς παρασκευαῖς) 24, 11; *cf.* 54, 9. nullus panis in publico -u 333, 28. Aegyptiorum cum quibus uobis bellandi u. est 397, 20. nec -um aut uocem mutauit 393, 19. periculi -u *i. q.* consuetudine 55, 18. ex -u uulgi 259, 13. laetas mergendi -u aues 270, 10. pietatis genitalis -u oblitterato 382, 13. -um gentium 68, 16. usu *i. q.* more, ritu 70, 11; 85, 10; 99, 20; 234, 8; 298, 1. -u ueterum, ueteri -u 266, 22. 24. more usuque 94, 11. more et usu 129, 25. puer regiis -ibus exhibens ministerium 12, 6. complura quae ad -um reseruabantur *sc.* sacerdotum 403, 4. figura hominis remanserat, u. interciderat 344, 11. perierat u. *sc.* edendi 356, 11. locis quae potuerunt dare -um sepulchri 345, 5; *cf.* 299, 19. cultus sacrorum diuersus sed opera (*i. q.* aedificia) communis u. 375, 18. u. *sc.* alienarum mulierum 75, 3. utinam tam domestico -u quam publicis laetus successibus 126, 14. maiore numero quam -u agmen 32, 6. quem ad hos -us (*sc.* pretium redemtionis) secum deduxerat 50, 24. Dellius in hos -us directus 53, 9. culturae sollertia in quos uoluit -us opimae fecunditatis deflexit gratiam 235, 12.

ut: I. *adu.*: u. frons arietis *i. q.* quasi 203, 15. egisse ut hostem non ut rectorem *i. q.* partes hostis non rectoris 131, 20. II. *coniunctio*: ut quid *in locis biblicis i. q.* cur *ut*: 213, 22 (*non* 332, 21). *nonnumquam omittitur cum uerbis rogandi* (*u.* 206, 28; 282, 18), *poscendi* (*u.* 316, 14), *etiam subornandi* (*u. l. MZ* 305, 14). uouisse ut 387, 10. non formidabitur ut *pro* ne 372, 4. *i. q.* quominus: intra Syriam detinebatur, ut in Iudaeam transiret *cet.* 48, 10.

uti: regno tuo utere *i. e.* regnum tuum habe 65, 28. permissa sibi -endi (filio) ut uellet potestate 125, 23.

utilis: portio (Pereae) insitiuis u. pomis 196, 15.

utilitas: obstare eos suis utilitatibus (*BI* I 602 ἐπανακύπτοντας αὐτοῦ ταῖς ἐλπίσι) Antipater arbitrabatur 110, 24.

utrobique: 337, 27. utrubique 227, 26.

utrum: *i. q.* an 132, 1; 138, 2; 190, 7; 234, 3; 277, 12; utrum — aut 132, 25.

utrumnam: 96, 26; 97, 25.

uulnus: *i. q.* ictus: -eri patuit 379, 2. nec repellendo -eri nec retorquendo idoneum 390, 11.

CORRIGENDA IN VOLVMINIS LXVII PARTE PRIORE
(praeter ea quae V. Vssani ipse correxit p. 418—423)

a) in textu:

p. **187, 14**: *dele cancellos* (u. LXVI/2 p. XXVIII)
p. **234, 24**: usibilli: *lege* uisibili
p. **306, 10**: clementer: *lege* dementer (u. LXVI/2, p. 527 *sub* dementer)
p. **330, 18—23**: *sexies dele* me
p. **355, 28**: *margini appone* 2
p. **399, 19**: uoluimus: *lege* noluimus

b) in apparatu critico:

p. **95**: *ante* religionis *pone* 19
p. **111**: *ante* parricida *pone* 12
p. **135, 20** app.: *pro* mg *pone* s. l. (super lin.)
p. **189**: *ante* ipse *pone* 2
p. **199**: urbes—B *ad lin*. 23 *remouendum est*
p. **224, 9** app. buatiebat: *lege* quatiebat
p. **326, 14** app. sitis] *incipit* M: *lege* vexare] *incipit* M (u. LXVI/2, p. X)

c) in auctoribus et testimoniis:

p. **129**: *ante* 30 *insere* 89
p. **143**: *pro* 263 *lege* 265
p. **188**: *pro* 577 *lege* 573
p. **212**: *pro* 361 *lege* 303—382
p. **251**: *adde* 231 *ad* 224
p. **256**: *adde* 290*s*. *ad* 283—287
p. **271**: 4—6 *cf*. Tac. Hist. V 6
p. **309**: *adde* 439 *ad* 438
p. **312**: *dele* 267—268. 275 *et adde* 276 *ante* 278
p. **408**: *ante* 487 *adde* 457, 468, 477.